U0819387

权威·前沿·原创

皮书系列为
“十二五”国家重点图书出版规划项目

管理蓝皮书
BLUE BOOK OF MANAGEMENT

中国管理发展报告（2015）

ANNUAL REPORT ON MANAGEMENT IN CHINA (2015)

中国管理科学学会学术委员会
南京敏捷企业管理研究所
主　编／张晓东
副主编／张　卫

社会科学文献出版社
SOCIAL SCIENCES ACADEMIC PRESS (CHINA)

图书在版编目(CIP)数据

中国管理发展报告.2015/张晓东主编.—北京：社会科学文献出版社，2015.10

（管理蓝皮书）

ISBN 978-7-5097-7503-5

Ⅰ.①中… Ⅱ.①张… Ⅲ.①管理学-研究报告-中国 Ⅳ.①C93

中国版本图书馆CIP数据核字（2015）第099522号

管理蓝皮书

中国管理发展报告（2015）

主　　编／张晓东

副 主 编／张　卫

出 版 人／谢寿光

项目统筹／祝得彬

责任编辑／刘　娟　杨　潇　张苏琴

出　　版／社会科学文献出版社·全球与地区问题出版中心（010）59367004

地址：北京市北三环中路甲29号院华龙大厦　邮编：100029

网址：www.ssap.com.cn

发　　行／市场营销中心（010）59367081　59367090

读者服务中心（010）59367028

印　　装／北京季蜂印刷有限公司

规　　格／开 本：787mm×1092mm　1/16

印 张：20.75　字 数：311千字

版　　次／2015年10月第1版　2015年10月第1次印刷

书　　号／ISBN 978-7-5097-7503-5

定　　价／98.00元

皮书序列号／B-2014-385

管理蓝皮书专家委员会

管理蓝皮书编委会

主要编撰者简介

张晓东　中国管理科学学会副会长兼秘书长，南京敏捷企业管理研究所所长，研究员，多所大学兼职教授，管理学博士，北京大学经济学院访问学者。从事管理、信息化、信息安全等理论研究与实践近三十年，获得国家科技创新创业人才等荣誉、奖励、成果各数十项，发表相关文章近百篇。

张　卫　南京敏捷企业管理研究所执行所长，高级工程师，工商管理博士，兼职教授，中国科技咨询协会注册高级咨询顾问，江苏省333工程中青年科学技术带头人。长期从事管理及信息化咨询、企业管理理论研究与实践，多次荣获中国科技咨询协会咨询项目创新奖、咨询创新英才奖和省部级奖励等荣誉。

摘　要

2014 年是“全面深化改革元年”，重大改革方案相继出台，中国经济发展进入新常态。随着国家十三五规划的出台，以及“互联网 +”、中国制造 2025、“一带一路”等国家发展战略的落实，中国管理将迎来新的挑战和发展。《管理蓝皮书》是关于中国管理发展的年度研究报告，在选题上立足中国管理实践和创新，分享海内外管理思想及经验。2015 年《中国管理发展报告》由总报告、管理科技篇、管理实践篇、管理教育篇、管理咨询篇、管理专题篇六部分组成。

总报告《全球互联背景下的中国管理》，在分析全球化发展以及互联网引发的人类深度融合的基础上，结合年度管理热点，阐述了全球互联已成为现时代的主要特征之一，并给中国、管理及中国管理等带来变化与挑战，同时对中国管理的未来进行了展望。管理科技篇阐述了“互联网 +”带来的社会变革、智慧制造下管理的创新、思想管理和创新生态的研究。管理实践篇分享了企业管理创新的新思路和新方法，以及基于移动互联网技术的管理创新。在管理教育篇中，结合中国商学院的未来发展趋势，从教育理念、培养模式以及运营模式等方面展望了 MBA 教育的未来发展。管理咨询篇中，分析了中国管理咨询业的发展现状与趋势。

党的十八届四中全会提出全面推进依法治国，本书专题篇的《依法治国下的中国管理及创新》一文分析了随着法制建设的不断完善和规范，如何实现中国管理的创新，在国家治理法治化、现代化要求下政府和企业的积极作为等问题。

本书反映了 2015 年中国管理发展的新热点、新趋势、新应用，内容丰富，相关数据翔实，对研究中国管理的学者和企业家等都具有指导性和借鉴作用。

关键词： 中国管理　互联网　全球化　创新　管理教育　管理实践　依法治国

序一

我们正处在一个伟大的变革时代，变革是当代的主旋律。中国梦、新常态、转型升级、中国制造2025、绿色发展、互联网+、智能制造、智能交通、智能化城市等热词，回荡在中华大地，呼唤着创新与变革，给中国的社会经济、科学技术、文明意识等方面带来了深刻的挑战和巨大机遇，也给管理科学提出了新的实践命题和理论命题。

回顾20世纪的管理，泰勒开启了一个量化的科学管理时代，二战过程中，在军需后勤的管理中运筹学牛刀初试，颇有斩获，进而在战后的工商管理等方面取得成效；在我国则优选法、质量管理等也大获进展；在当代，则大数据、云计算、互联网+等进一步强烈地推动管理的科学化发展。我们可以从某种角度看出，上述诸多方面，基本上都是作为一种工具性的手段，沿着可分析、可量化、可调控的路径，有力地推动着管理科学的科学化进程。

然而，管理科学应该是价值取向（功效取向）和真理导向的交汇点。"形而上为道，形而下为器"，"器"和"道"应该相互呼应，相互贯通。因此管理科学必须要有可靠的、可量化的工具性手段的创新（工具、方法等），而且，面对大变革也应该有科学的、富有哲理的管理理念的创新。

管理理念应该体现哲学意蕴。管理理念是从一系列管理观点的进一步综合－集成中凝练出来的。这不同于"工具"。

必须说，研究管理科学的过程中，工具性手段、可量化方法是十分重要的，否则就难以科学化。可是，除了研究工具性手段、工具理性以外，价值性、功能性等学术性研究同样重要。而且时代的进展，社会、经济的发展，都将影响到管理目标的创新、管理战略的变革、管理功效的提升等，还将进一步扩展到管理中的系统观、社会观、生态观、伦理观和文化观等。这样，

"形而上为道"的"道"就会突现出来，甚至会在大变革的进程中，出现一些学术反思。实际上，面临重大机遇、重大挑战、重大转型时，进行战略性、全局性的反思是十分重要的。反思不是否定前人，而是为了更好的发展和进步。所谓"否定之否定"不是否定一切，而是为了寻求新的立足点，明确未来的方向、目标和路径。从这层意义上讲，管理科学应该有批判性思维。特别是在当下，大数据、云计算、互联网+等手段，能够对海量的、异质异构的、动态变化着的数据和行为进行有效的、精确的映射，对各种不同的行为和物理世界的动态特征展开数字写真，从而逐步接近对事物、对世界的真实认识。正是有了这一系列有效的工具性手段，使得我们可以真实地、深刻地认识以往实践的成效甚至以往的观点的正确性；为管理理念的反思提供科学的、量化的依据。因此，对管理科学的发展方向而言，我们必须高度重视信息化发展，这是重要的方向和工具性手段，也是重要的发展动力之一。然而，不应仅此而已，必须高度重视管理理念和战略反思问题，要用新的认识工具扩展我们的视野，在新的时代命题下，对管理进行哲学反思，对管理理念确定正确的路径导向，这也应是管理科学要进一步拓展的新疆域。同时管理创新，首先要知识创新，获取新知识，应用新知识。探索管理理论创新。

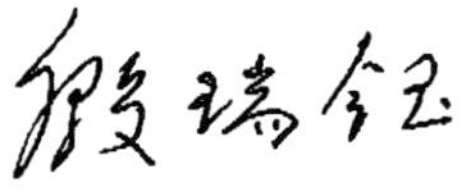

2015 年 10 月

序二

《中国管理发展报告（2015）》的主题是“全球互联时代的中国管理”，从不同的角度阐发了互联时代所关注的世界性问题及规则对策。大家看后会有不同的体会。互联时代互联什么？怎么连接？连接之后将产生什么管理问题？“互联管理”成了全球关注的问题，而“互联的中国管理”却是对中国管理科学界的挑战。

2015 年 6 月，英国的一家智库发表研究报告预测，到 2050 年，中国、美国、印度将成为全球前三大经济体。届时的 GDP，中国为 105.916 万亿美元，和 2014 年比增长 10 倍；美国为 70.913 万亿美元，和 2014 年比增长 4 倍；印度为 63.542 万亿美元，和 2014 年比增长 31 倍。这种预测靠谱不靠谱，不必在意。因为全世界的大智库都在预测中国，说明中国的发展引起全球的特别关注。只要中国自己不乱，稳定有序地健康发展，GDP 超越美国、成为全球第一，这是不可阻挡的趋势。至于谁第二、谁第三，到时再看。对这种趋势，我们可以肯定地说，中国经济增长的背后，有“中国管理”不可磨灭的功劳。

问题在于，中国经济上去了，中国人民富裕了，中国国家强大了，中国的管理科学思想能出来、能上去吗？这可不一定。当年为日本经济起飞快速发展探求原因、梳理思想的大多是美国学者。中国上去了，中国管理思想能不能上去，对中国管理科学学界是个巨大的压力。目前的互联网经济，其效率和效果，除了技术以外，大量的是互联管理问题。在实体产业与互联网机制融合的进程中，制造业与互联网如何连接、能源产业与互联网如何连接、金融业与互联网如何连接，还有物流业、交通业、教育、社会服务、军事等方面与互联网如何连接等，一系列发生在中国的互联管理问题，都需要中国管理界来解决。

进行“互联管理”这样的“中国管理科学”的研究，总体上看，研究的核心是“管理”，研究的方向是“科学”，研究的情景是“中国国情”。这就是说，在中国的国情条件下，用科学的态度和方法，研究管理的机制和管理的规律，得出适应中国情景的管理思想和管理规则，为提高中国人的管理素质和管理水平服务，为中国的稳定持续发展服务。这个说法只是个抽象的愿景，只是个逻辑性的出发点，并不解决实际问题。但管理科学必须解决实际问题，必须有实际效益，管理科学才成其为科学。美国的一个世界级公司对工业互联网进行科学分析，发现工业互联技术每节省1%的燃油，未来15年将带来300亿美元的效益；在燃气发电领域，工业互联网每节省燃油1%，未来15年将带来660亿美元的收益；在医疗系统，系统低效率每减少1%，未来15年将带来630亿美元的收益。这个研究得到的公司管理思想是“工业互联网机制是个节约能耗、提高效益的机制”；延伸的管理规则是“凡是需要节约能耗、提高效益的设备、机构，都要采用工业互联网”。

就研究方向而言，“科学”的要求主要有三个：一是力求管理科学化。这就是尽量用数理的和实证的方式从管理经验中寻求规律和普遍的准则，推动管理的科学化。这里要注意借鉴世界上新出现的科学研究方法，用于中国的管理研究，中外结合，能陆续出一些独到的管理思想，或进一步转化成基本规则。二是力求管理工程化。这就是把一些管理思想、基本规则等带有规律性的东西转化成管理程序，转化成作业流程，转化成产品、服务，转化成盈利模式等，即将管理思维转化成生产力，并使每个技术环节和管理环节尽可能合理有效。三是力求管理人本化。这就是将产品的制造、服务的提供、软件的设计、作业流程的配置、流程的运行等，和人的群体的理念、习惯、传统结合起来，将中国的劳动力用管理科学装备起来，将“管理科学化”成为中国人的“习惯力量”。这样，在管理中国的过程中，有希望形成“中国式管理”。

这里，比较难做的是人本化问题。拿中国、美国、德国、日本、印度等国家的企业群体制造计算机、轿车、冰箱来看，技术流程都可以采用世界上一流的制造技术和通用的管理方式，这是可以做得到的。这种情况下，技术流程应该是科学化了、工程化了，甚至是一流化了。实际上，流程及流程的结果，在质量、成本、效率、效果上相互之间还是有许多差别。这里主要的差别出现在人本基础上。其中，人的素质有的受过大工业的训练，有的还在小农社会的影响之中；有的精细到底，有的是差不多看着办；有的关注个人权利，有的崇尚集体目标；等等。学术上讲，这是文化差异。文化差异作为习惯产生的不同影响，还非常难以消除。所以，管理的科学化、工程化会经常受到人本化方面的修正。中国情景是什么？总体上是中国文化，但这个概念太笼统，边界模糊，研究起来比较困难。但是研究中国国情、研究中国文化就是在研究中国发展的动力系统，非常重要。所以，科学化、工程化最终都会落到人本化上，这是形成中国管理最关键的一步，也是中国管理科学学界的责任和挑战。

研究中国国情，从中国实际出发，解决中国管理问题，这是中国管理的基本路径。最好的实证是改革开放 30 多年，中国的发展是在我们自己的管理理念和管理规则下实现的。改革开放前，中国的发展尽管有不少毛病，但在管理理念和规则上，还有不少独到之处，如宏观上的量入为出、综合平衡、地区协调、以农业为基础、编制五年规划等，现在还在发挥作用。还有国有企业管理、部门管理、县域管理、集体所有制管理、街道社区管理等，有经验有教训，其思想和规则现在还受关注。再往前，历朝历代都积累了丰富的管理思想和管理规则，现在还在参考。“和为贵”“和而不同”“己所不欲、勿施于人”等理念，不但是中国管理的指导思想，还日益成为全球管理的指导思想。

近几十年，中国管理科学在发展，中国管理学者独到的见解不断涌现。除部分的思想成果外，多数有效的是政策的实证研究，以及先进理念和规则的引进、消化、吸收，这给予了中国改革中宏观管理、微观管理源源不断的支持。同时应该看到，管理领域不少的核心思想、基本观点还是在引进吸收；大量的数据是中国的，但处理数据的概念、论证方法也是引进的；在范畴和体系上，新的创造也不多。有特色的中国管理，这是个吸引人的概念。

探讨了许多年，实特色说的不多，虚特色说的不少，基本上处于论证假设的半途之中。中国管理学界还没有成为管理思想的世界引领者。

管理研究上学习借鉴的状态并不完全是学者个人的原因，还有大环境的基础性影响。因为在现代化轨道上，西方国家先经历了大机器工业的洗礼，而中国处于小农社会和半封建半殖民地的社会，那些先进的国家总会比中国先期遇到现代化的管理问题，先期解决，如环境污染与治理问题。中国学者尽管对中国问题比较敏感，但不处于现代化的先行实践之中，就难以先期感觉现代化的管理问题。如同美国利用先进的航天技术，对外空间探索得到的第一手资料，及时设立课题进行研究，不在其中的学者，是无法先行的，只能跟随。由于中国是现代化的后发国家，所以在现代化的道路上一直处于追赶状态。看到这种基础性的影响，就能理解我们的学习和借鉴是很正常的，成效也格外显著。问题在于我们能不能在学习和借鉴的基础上进行创新，构建中国管理思想体系。13 亿人口的管理及其富裕进步，只能由中国管理来解决。中国管理思想成为世界的引领者，应该说是迟早的事情。

从全球情况看，当前世界的管理科学在 20 世纪 80 年代以后，更多的是对过去的发现和成就进行阐释、深化和应用，新发现的东西并不多。但近 30 年，计算机和互联网及其衍生技术带来了新的时代性的变化，涉及观念、技术、经济、政治、管理、社会、教育、军事、情报、家庭等一系列领域跟着变化。变化在不断加速，但“管理”却来不及理解，来不及梳理，来不及规则。现在的状态是：上世纪的管理还在解释，本世纪的管理刚刚开始。

就目前的管理领域来看，眼下出现了许多前所未有的新现象，等着我们去思考。例如，线下作业都试图在线上运作、金融的当面操作正在转成网络交易、校园的教学企图进入虚拟的空间、军事上的较量正在向网络战争延伸、网络便利和效率正在替代现实中繁琐和跑腿、网络营利模式越来越奇巧于实体的赚钱逻辑、大脑运动的时间越来越多于肢体运动的时间、网上的社交越来越多于现实的亲情等。还有抑郁症、宅客族、网络欺诈、黑客攻击、信息恐怖、电子辐射等新问题也在不断涌现。这些现象和问题后面的背景、关系、机制、思想是什么？这些现象和问题继续衍化的结果是什么？对经济和社会的发展，以及对人的健康哪些是有利的、哪些是不利的？对哪些需要干预、哪些不要干预？这些等待我们研究和回答。

对这些现象和问题，各国都十分关注，尤其是斯诺登揭露的可怕的现实，再次引发了全球互联管理的问题。中国管理界十分努力，对互联管理中各种问题不断地提出新见解、新措施。尽管有些措施引起非议，但还是要在试错的过程中出台新规则，以便改善管理。全世界对互联问题没有现成可用的经验，全靠各国自己的探索、研究和应对。谁觉悟的早，谁论证的快，谁的结果更加可信，谁的理念和方法就能得到更大范围的认可。互联网的现实把中国和美国等先进国家放在同一起跑线上，而且，中国是人口大国、产业大国，又是互联网大国。对互联时代的管理研究，中国管理有条件、有机会出人头地。问题在于我们能不能先机做到。有实践不一定能出思想，出思想需要更深的机制。

尽管有几十年的新现象、新问题、新研究，为什么还没有出现我们所期望的像 20 世纪那样系统的管理思想和基本规则呢？总起来看，能想到的原因至少有四个：一是新问题新到了前所未有，既缺乏经验基础上的推理，又使无经验的逻辑推断难以奏效；二是追逐现实问题，但问题没有到极点，矛盾不充分，难以给予合理的判断和及时的研究；三是对出现的问题来不及结论，更新的问题又出现了，叠加交叉的矛盾加深了研究的困惑；四是研究者希望进行系统的实证研究，但又耗不起时间，时常受到走捷径、急于出论文的诱惑，快餐式的研究不少，系统的成体系的不多。尽管这样，还是有勤奋的管理科学研究者，其观点和论述让我们兴奋不已。

创造具有中国特色的管理科学，这是个好概念，也是我们的期盼。但这么多年来，在“特色”的问题上模糊太多，界定不清。实际上，特色是成功的表现，是要有耐心、要下大工夫循序渐进的事情，不能谁说是特色就是特色。假定在山沟里栽培苹果树，我们希望长出的苹果是全红的，这是期望的“特色”。但实际长出的苹果是半红半绿的，这是实际的“特色”。如果半红半绿不是我们所需要的，那就要继续培育，直到长出全红的为止，而且方法方式经过验证是合理的。这时，对“全红”的管理就是这个山沟环境中的有特色的管理。如果实在长不出全红的来，那你就只能说“半红半绿”是特色。如果“半红半绿”的特色可以接受，那么对获得这个结果的管理就是有“半红半绿”特色的管理。但决不能把“半红半绿”硬说成是“全红”的特色。毛泽东把1921年以后中国革命的道路总结成是“农村包围城市，武装夺取政权”的道路，与其他国家工农阶级获得政权的道路明显不同，是典型的中国特色。如果革命没有成功，这个特色就不存在。所以，特色是成功的标志。但在成功之前，中国的革命者并没有先验地以此标榜为特色，而是以“走得通”的方式进行革命，觉得农村薄弱，有群众基础，就从农村开始。这是实事求是的道路。实践证明这是对的，走得通的。所以，中国有特色的获取政权的道路，其理念、政策、方式、经验都是成立的。关键是要从“走得通”开始。

现在中国的发展，有理念、有目标、有措施，按循序渐进的方式、按实事求是的道路发展，中国的成功大有希望，有中国特色的管理科学也大有希望。实际上，到了中国十几亿人富裕了、健康了、文明素质提高了，中国成了世界强国，那时我们回过头来，看其中的机制和道路究竟是什么，看成型的这套办法是什么，这时就能概括出我们的管理特色。我们现在的重点不是强调特色，而是根据中国国情，更多地研究“便利”、“走得通”的理念、规则和方法。不断地研究，不断地出思想和规则，帮助中国成功。现在我们搞改革和对现代化进行研究，中央非常清楚，一直要求全党研究中国国情，脚踏实地，实事求是地办好中国的事情。所以，实事求是地进行中国管理科学的研究，按现实逻辑去探索，这个原则是我们必须长期坚持的。在学理的基础上，事实上得出的结论是什么就是什么。至于使用这个结论的人如何使用，那不是研究者能管的事。但绝不能违背客观逻辑，按人为意志修改事实结论，迎合某种需要。否则，有中国特色的管理科学永无出头之日。

一年一度的《中国管理发展报告》是一个研讨的园地、争议的平台，大家在作“报告”，对这一年的中国管理主题发表见解。这实在是个好事情。中国管理科学学会学术委员会的同仁，让我在报告出版的时候谈一些想法，我就冒昧地说了上面的那些话。妥当不妥当，请各位指正。我希望各位能更多地参与中国管理科学的研究工作，共同为新时代、新现象、新问题做出更多的“走得通”的贡献，继续关注并在《中国管理发展报告》上发表见解，为中国管理科学的发展尽心尽力。

张国有

中国管理科学学会会长

2015 年 9 月 6 日

目 录

𝔹 I 总报告

𝔹 II 管理科技篇

𝔹 III 管理实践篇

BⅣ 管理教育篇

BⅤ 管理咨询篇

BⅥ 管理专题篇

皮书数据库阅读使用指南

总　报　告

General Report

B.1

全球互联背景下的中国管理

张晓东*

摘　要：本文在分析全球化发展以及互联网引发的人类深度融合的基础上，结合年度管理热点，阐述了全球互联已成为现时代的主要特征之一，并给中国、管理及中国管理等带来变化与挑战，同时对中国管理的未来进行了展望。

关键词：全球化　互联　中国管理

一　中国的新篇章

2014 年是“全面深化改革元年”，进入经济发展新常态的中国将翻开崭

* 张晓东，中国管理科学学会副会长，南京敏捷企业管理研究所所长，研究员。

新的历史篇章。在敏捷智库中国管理年度调研中，改革、互联、新常态、法治、价值观等均进入热词榜单。

（一）全面深化改革，进一步对外开放

中央全面深化改革领导小组第一次会议 2014 年 1 月 22 日召开，中共中央总书记、国家主席、中央军委主席、中央全面深化改革领导小组组长习近平主持并发表重要讲话强调，全面深化改革，我们具备有利条件，具备实践基础，具备理论准备，也具备良好氛围，要把握大局、审时度势、统筹兼顾、科学实施，充分调动各方面积极性，坚定不移朝着全面深化改革目标前进。① 会议审议通过了全面深化改革的若干工作文件以及六个专项小组名单。在 2014 年内先后八次召开中央全面深化改革领导小组会议，针对不同工作，出台多个系列的深化改革工作文件。2014 年 1 月 24 日决定了国家安全委员会设置，2014 年 2 月 27 日中央网络安全和信息化领导小组宣告成立并在北京召开第一次会议，2014 年 3 月 15 日中央军委深化国防和军队改革领导小组举行第一次全体会议。这些举措真正体现出落实深化改革“真抓实干，蹄疾步稳，务求实效”。②

（二）面向全球，积极推动互联互通

时隔 13 年后由亚太经济合作组织发起的，包含领导人非正式会议、部长级会议、高官会等系列会议的 APEC 会议，2014 年 11 月中旬在北京召开。本次 APEC 领导人会议的主题是“共建面向未来的亚太伙伴关系”。在此主题下重点讨论推动区域经济一体化、促进经济创新发展，改革与增长，加强全方位互联互通和基础设施建设等三个重要议题。

以“互联互通共享共治”为主题的首届世界互联网大会，2014 年 11 月

① 习近平：《改革要做到“蹄疾而步稳”》，新华网，http：//news. xinhuanet. com/politics/2014 - 01/22/c_ 119087717. htm，2014 - 01 - 22/2015 - 09 - 28。

② 《把抓落实作为推进改革工作的重点真抓实干蹄疾步稳务求实效》，《人民日报》2014 年 3 月 1 日第 1 版。

19~21日在浙江乌镇举行。它是迄今中国举办的规模最大、层次最高的互联网大会，也是世界互联网领域一次盛况空前的高峰会议。中共中央总书记、国家主席、中央军委主席习近平给大会发贺词，国务院总理李克强出席。

（三）经济进入新常态，又上新台阶

进入中高速增长新常态的中国经济，在带动世界经济等方面继续发挥着重要的作用。据世界贸易组织秘书处2014年公布的统计结果，2013年中国货物进出口总额为4.16万亿美元，其中出口2.21万亿美元，进口1.95万亿美元，已成为世界第一货物贸易大国。这是中国继成为全球第二大经济体、最大外汇储备国和最大出口国之后又一项新的突破。百多年来首次发展中国家成为世界货物贸易第一大国。

（四）推进依法治国，弘扬民族文化和价值观

2014年10月20~23日，中国共产党第十八届中央委员会第四次全体会议在北京举行，决定全面推进依法治国，把建设中国特色社会主义法治体系，建设社会主义法治国家作为总目标。全会审议通过了《中共中央关于全面推进依法治国若干重大问题的决定》。国家在历经“政治挂帅”“以经济建设为中心”等过程之后，将全面步入依法治国的国家治理现代化时代。

以史为鉴、缅怀先烈，致力弘扬优秀文化、树立社会新风、振奋民族精神。2014年2月27日全国人大常委会决定将9月3日确定为中国人民抗日战争胜利纪念日，将12月13日设立为南京大屠杀死难者国家公祭日。以“壮士断腕”的勇气和“零容忍”的态度坚持“老虎”“苍蝇”一起打，高压反腐并推动从严治党和社会改革。[①] 11月26日国务院常务会议讨论通过了《中华人民共和国大气污染防治法（修订草案）》；2014年11月12日，

① 《习近平在第十八届中央纪委第三次全体会议上发表重要讲话》，中央纪委监察部网站，http://www.ccdi.gov.cn/special/dscqthy/dscqhhg_dscqthy/201410/t20141026_29385.html，2014-10-24/2015-09-28。

国家反恐怖情报信息平台联合坐席制在京启动。维护民众健康、安全等权益也在国家层面的管理举措上多层次、多角度、多方面凸显出来。

一年来，各项治国理政方略及一系列务实举措，带动和促进了从宏观、中观到微观各层面各领域转型与变革。2014 年 12 月 1 ~5 日的一个交易周内，A 股成交总量超过 4.24 万亿元，超过了全国 2014 年三季度的财政收入。[①] 七年来一直低迷的股市在年末云开雾散的表征，似乎印证了坊间对“改革牛”的热切期盼。诚如李克强总理在 2015 年 3 月 5 日全国人大第十二届三次会议作的政府工作报告中所总结的：2014 年“面临的国际国内环境复杂严峻，遇到的困难和挑战比预想的大”，“主动适应和引领经济发展新常态，始终坚持稳中求进的总基调……把转方式调结构放到更加重要的位置”，“向全国人民交出了一份增强信心、鼓舞斗志、凝聚共识的成绩单”，“为坚持和发展中国特色社会主义、实现中华民族伟大复兴中国梦而奋斗的‘四个全面’战略布局完整形成”。

二　全球化的新阶段

全球化至少已经走过了一个世纪以上的历程。伴随着新技术革命、市场经济在全球范围的确立，在 20 世纪中后期，尤其进入本世纪以来，国际贸易、跨境旅游、移民，以及跨国公司、资本和国际金融体系、版权法等国际通用标准，乃至文化、意识形态的大量输出等，使全球化形成浪潮。经济全球化也同时推动了政治、文化、教育等的全球化。思想的交互、交流、撞击，文明的影响、磨合、冲突，国家界限的突破，主权威胁，价值观侵蚀，政治制度、政治模式、意识形态的渗透和演变等，在带动整个人类走向现代化和加速推动人类文明进一步高速融合的同时，也带来许多矛盾、不协调，甚至敌对、斗争、暴力恐怖等一系列问题。

---

① 《一周成交超 4 万亿“疯狂 A 股”钱从哪来?》，新华网，http：//news. xinhuanet. com/2014 -12/07/c_ 1113549611. htm，2014 -12 -07/2015 -09 -28。

近年来，全球化引起许多的争论与反思。然而无论如何看待，全球化都已成为无可争辩的现实，并且其势头也将更加强劲。但经历汹涌的浪潮之后，单纯以西方发达国家为主导的，单向输出其产品、技术、价值观等为主轴的全球化已接近尾声。此番浪潮由于新的科技革命在世界范围的蔓延与渗透，以及新兴经济体影响力的日益扩大，使得世界经济越来越融合，国际日益趋于一体，势必彼伏此起多元交融、多向交织的新一轮全球化将呼之欲出。

（一）新兴经济体有望引领新一轮全球化

中国改革开放的过程适逢全球化浪潮的兴起。2001 年中国加入世界贸易组织，由于劳动力成本等比较优势使得劳动密集型行业出口大幅增长；而引进、消化、吸收等策略使得大型跨国公司投资中国并大举实施兼并；同时外国许多资本或技术密集行业产品冲击或占领中国市场。中国加入 WTO 十年，到 2011 年进出口总值由 5096.51 亿美元增长至 2.97 万亿美元，年均增长 21.6%，成为世界第一大出口国和第二大进口国。海关税收由 2001 年的 2492.3 亿元增长至 2010 年的 12518.3 亿元，是入世之初的 5 倍。[①] 到 2014 年，中国进出口总值已达 26.43 万亿元人民币，比 2013 年增长 2.3%。其中，出口 14.39 万亿元，增长 4.9%；进口 12.04 万亿元，下降 0.6%；贸易顺差 2.35 万亿元，扩大 45.9%。按美元计价，2014 年，我国进出口、出口和进口分别增长 3.4%、6.1% 和 0.4%。[②] 同时无论金砖四国还是上合组织成员国等新兴经济体在世界经济中的影响力日益增大。

习近平主席在 2013 年 9 月和 10 月出访中亚和东南亚国家期间，先后提出共建“丝绸之路经济带”和“21 世纪海上丝绸之路”（以下简称“一带一路”）的重大倡议。在 2014 年 6 月 22 日卡塔尔多哈的第 38 届世界遗产大

---

① 《入世 10 年外贸年均增长 21.6% 今年前 11 个月进出口总值 3.3 万亿美元》，人民网，http：//finance.people.com.cn/GB/16566648.html，2011－12－11/2015－09－28。

② 《2014 年我国进出口总值 26.43 万亿 同比增 2.3%》，新华网，http：//www.sh.xinhuanet.com/2015－01/13/c_ 133916642.htm，2015－01－13/2015－09－28。

会上宣布中哈吉三国联合申报的"丝绸之路：长安—天山廊道的路网"成功申报世界文化遗产。接着推进"一带一路"建设工作会议于2015年2月1日在北京召开。2013年10月2日，习近平主席提出筹建"亚洲基础设施投资银行"倡议，2014年10月24日，包括中国、印度、新加坡等在内21个首批意向创始成员国共同决定成立亚洲基础设施投资银行。截至2015年4月15日，亚投行意向创始成员国确定为57个，其中域内国家37个，域外国家20个。成员遍及五大洲，涵盖了亚欧区域的大部分国家及除美日加之外的主要西方国家。

随着中国开始从被动转为主动、从主要是输入转为输出为主，积极推动新的国际经济、政治、军事、文化等全方位的交流与合作，以中国为代表的新兴经济体国家将改变单一由西方主导全球化进程的格局，引领一个以人类共同繁荣、富裕、和谐、文明为宗旨的新的全球化浪潮的兴起。

（二）科技长足发展不断加速全球化进程

经济全球化的根本动力，是由现代科学技术驱动着商业持续变革及生产力的长足发展。现代网络通信技术极大地缩短了信息传递的时间，甚至可以使信息交换瞬间完成。不断提速的带宽和大幅下降的传输费用，使人们得以应用更高、更快、更强的信息技术越来越便捷地组织全球范围的知识传播、商品生产和贸易活动，极大地促进了全球知识的整合。企业、大学和研究机构更加有效地实现分布在世界的各机构间和组织内部的信息和知识的交流。基础设施的改善大大降低了专业知识生产者间的沟通与协作、知识整合等的成本，普遍参与到科技全球化、经济全球化之中的单位和人群日益扩大。技术的发展促进了全球知识分工与合作，使科技人员的分工更加专业化、专门化，更易于在全球知识生产网络的协作中形成和发挥各自专门知识上的独特优势。知识生产效率的大幅提高，推动全球科技更高速、更深入地持续发展。

现代交通技术的发展同样极大缩短了货物运送和人们旅行的时间，以月、周为时间单位的跨国交通变成了日、时以计。便利的全球资源配置、协同分工、高效沟通等，大大缩短了世界的距离，加强了经济活动的全球联系。作为世界经济全球化的主要载体，跨国公司日益成为世界经济的主导力量，同时又反过来强有力地推动了经济全球化。技术和管理科学还促进共同技术、经济标准和规则的建立和世界统一生产体系和技术体系的使用，全球供应链、跨国贸易、跨文化管理等有效方法被跨国公司广泛运用。

2015 年 9 月 9 日，以“描绘增长新蓝图”为主题的夏季达沃斯论坛在大连举行。正如世界经济论坛一位执行董事在发言中指出：“贸易自由化作为推动技术进步的动力已到强弩之末。在此背景下，我们的焦点就需要从生产全球化向研发全球化转变——包括企业研究中心和权威学术机构之间合作的全球化。”同时，“中国正在经历变革——新一代数字创业者在不断颠覆传统产业，新一代研发人员申请的专利数量超过了其他任何一个国家。”可以预见，以信息、材料、能源、生物等为代表的高新科技的长足进步，不仅是新一轮全球化的重要特点，也将成为助推全球化的最主要动力之一。

（三）互联与融合将推动秩序与规则的重建

现代科技、经济的飞速发展推动了全球化进程，全球化也进一步促进了世界的互联与融合。以互联网为主力的新一代信息技术与传统产业跨界融合日趋广泛和深刻，同时面向传统产业的互联网新兴业态也层出不穷，产业的加速集聚与协同创新成为趋势。技术、产品、产业乃至区域、国际的经济融合都在不断加深。应对这一趋势，各国和全球各主要经济体纷纷制订战略力图抢占竞争制高点。同时开放、共享与主动融合的策略也有所呈现。

2014 年 3 月 14 日美国政府机构出人意料地宣布，计划把互联网域名系统等的管理权移交给“全球利益攸关体”，朝着解决互联网管理纠纷正确方向迈出了一步。2015 年 2 月 21 日德国总理默克尔在联邦政府播客中说，数字化生产对德国的繁荣富裕至关重要，德国可成为“工业 4.0”标准的推动者，并在欧洲甚至全球推行这些标准。

2015 年 3 月 5 日李克强总理在第十二届全国人大第三次会议政府工作

报告中提出，“制定‘互联网+’行动计划，推动移动互联网、云计算、大数据、物联网等与现代制造业结合，促进电子商务、工业互联网和互联网金融健康发展，引导互联网企业拓展国际市场。”同时要扶持新兴消费，“把以互联网为载体、线上线下互动的新兴消费搞得红红火火”。

2015年3月，国务院办公厅印发《关于发展众创空间推进大众创新创业的指导意见》，部署推进大众创业、万众创新工作，在公共服务、财政支持、投融资机制等方面予以支持。2015年7月国务院印发了《关于积极推进“互联网+”行动的指导意见》。

2015年6月29日在第十二届全国人民代表大会常务委员会第十五次会议上，工业和信息化部部长苗圩向会议做《信息化建设及推动信息化和工业化深度融合发展工作情况》的报告。报告提出：“推动两化深度融合，重点是围绕落实《中国制造2025》，加紧制定‘1+X’实施方案和规划体系，组织实施国家制造业创新中心建设、智能制造、工业强基等重大工程，努力在若干重要领域和关键环节取得实质性突破。”它包括“以智能制造为主攻方向，加快推进两化深度融合”，“实施‘互联网+’先进制造行动计划，促进业务模式创新和产业转型升级”，“完善国家制造业创新体系”，完善中小企业信息化服务体系”，“建设下一代国家信息基础设施”，“加快建立现代信息通信技术产业体系”。

在敏捷智库中国管理年度调研中，全球化、互联网+、新兴经济、创新管理等在热词榜单中均位于前列。技术、产业和经济的演化给管理带来一系列课题、挑战和变革的张力。网络的互联、产业的融合也必将使国际的联系和依存更加广泛而深度，甚至跨业、跨国、跨种族，甚至超越信仰的社会融合。既有的规则必然被打破，突破“奇点”、管控“失控”，重构全球产业、经济、政治和社会秩序的责任已经来到我们的面前。

三　互联的新世界

网络化、全球化、融合互通将使一个互联的新世界呼之欲出。移动终端让西藏哨所的士兵能够实时听到情侣来自纽约的问候；网络视频令在墨尔本读书的女儿瞬间见到正在北极科考的父亲；通讯传媒会让一个在非洲突发的事件立刻引起北美的关注。高速铁路使得中国多数省际间、国际航空运输使得多数国家间的交通均可当日到达。跨越大洋的采购从订单下达到物流送货上门可以日计；跨国公司全球生产的复杂产品也已数周即可交付客户。

（一）互联网成为新生态

2014 年是互联网和移动互联网快速发展的一年：全球活跃社交用户于 2014 年 8 月突破了 20 亿人，全球独立移动设备用户渗透率于 2014 年 9 月超过了总人口的 50%，全球活跃互联网用户在 2014 年 11 月突破了 30 亿人，全球接入互联网的活跃移动设备于 2014 年 12 月超过了 36 亿台，这个数字相当于全球人口总数的一半。[①] 2004 年 11 月，中国举办的规模最大、层次最高的世界级互联网大会——首届世界互联网大会在浙江乌镇成功举办。中国在会上提出了促进网络空间互联互通，尊重各国网络主权等 9 点倡议。在外访问的习近平主席给大会发来书面贺词指出："当今时代，以信息技术为核心的新一轮科技革命正在孕育兴起，互联网日益成为创新驱动发展的先导力量，深刻改变着人们的生产生活，有力推动着社会发展。互联网真正让世界成了地球村，让国际社会越来越成为你中有我、我中有你的命运共同体。同时，互联网发展对国家主权、安全、发展利益提出了新的挑战，迫切需要国际社会认真应对、谋求共治、实现共赢。"

正如习主席所指出的，国际社会已成为高度互联的命运共同体。以互联网为纽带的比特世界成为与人类原子世界并存且互为依托、补充和交织作用的又一新生态。今天，无论是工作、生产、购物，还是阅读、娱乐、交际，人们与互联网已经密不可分，以至于产生了对它的依靠、依赖和依存。同时，网络空间的信息垃圾、数据泄密、恶意入侵等也成为新的困扰甚或灾

① 《2015 全球互联网数据全景图》，36 大数据网，http：//www.36dsj.com/archives/21982，2015 - 01 - 27/2015 - 09 - 28。

难。随着网络依存度的日益提高，通过网络进行蓄意破坏、恐怖活动、军事攻击等也将成为新的越来越常用的战争形态。

互联网生态的安全健康有序发展，网络环境的净化和保护，网络空间的管控与治理，都将给管理提出许多新的课题。而互联网及其应用发展的有效实践，也将给管理科学技术的进步不断供给的丰富的材料。

（二）世界的融合不断加深

信息化、跨国制造、国际金融、全球贸易等，使得人类以及人与自然之间的相互联接与依存从未像今天这样如此密切！学科、技术、产品、产业乃至经济、社会的交织融合越来越深。云计算、物联网、大数据、移动互联网、脑科学、大交通、非化石能源等新兴科技，将推动人类的生产和生活走向智能时代，世界将你中有我、我中有你地更加紧密地融合为一体。

美国白宫2015年9月14日宣布，将推动“智能城市”计划以提高城市服务水平。投入1.6亿美元资金的“智能城市”计划将首先推动由互联设备、智能传感器和大数据分析构建的一个无所不在的网络的“物联网”应用试验平台建设。该计划发布声明表示，当今世界54%的人口居住在城市。持续的城市化和人口增长将会为智能城市相关产品和服务创造巨大的商机。到2050年，全球城市人口预计将再增加25亿人，其中约90%的增长将集中于非洲和亚洲。

2015年2月21日，德国总理默克尔在联邦政府发布播客说，德国可以成为“工业4.0”标准的推动者，并在欧洲乃至全球推行。德国工业产值占国内生产总值的20%，德国欲继续保持工业强国地位和繁荣富裕，生产的数字化十分关键。因此，德国工业生产必须迈向数字化，即实现“工业4.0”。默克尔认为，德国应抓住欧洲内部市场的优势。“德国可以成为特定标准的推动者，并使其扎根欧洲”，“同时我们也有机会将其推向全球。”“工业4.0”是德国政府2010年正式推出的“高技术战略2020”十大未来项目之一，它强调“智能制造”，大规模生产高度个性化产品。因此在生产要素高度灵活配置条件下，数字技术在其中至关重要，物联网、数据网等将成为未来工业的基础。

电子商务已经推动了商贸流通的根本变革。互联网和智能化将城市和城市服务功能日益深度融合。工业联网计划拟将分布于全球的生产制造资源和要素紧密地融合。与此同时，快速发展的智能交通、高速运输，以及新一代通信技术等，始终不渝地加速着城际、国际、洲际间的融合不断向纵深挺进。今天，北京期货指数的变化或许会令全球股指应声暴涨或下跌。明天，北美的台风有可能导致南亚粮食价格的大幅波动。一个经济体的碳排放会影响到全球的气候变化，一个偏僻部落的瘟疫能引起全世界的恐慌，一国内战掀起的难民潮令几大洲为之不安。高度融合起来的世界越来越是一荣俱荣、一损俱损，人类间的相互依存从来没有如此的紧密。

（三）开放共享与安全保护并进

开放和共享是高度互联与深度融合的重要基石。没有开放的接口就不能实现联网，没有共享的数据就不能交换信息；没有开放的贸易就难以实现商品的流通，没有共享的知识就无法传播科技从而使创新难以为继。但开放与共享的社会必然成倍地增加交互性和复杂性，多元交织的网状世界令非确定性几何级增长，显在和潜在的缺陷或漏洞也有可能被迅速地放大。因此，安全和保护则同时成为互联与融合的另一重要基石。

同样是默克尔在德国联邦政府“工业 4.0”发布的播客中说，伴随数字化生产带来的海量数据，数据安全与利用也成为重要话题。然而数据保护的重视，又不能太多地限制数据加工，这会妨碍新产品诞生。默克尔呼吁欧洲尽快就《数据保护基本条例》达成一致，以便在保护个人隐私的同时避免给工业生产带来负面影响。

我国互联网管理部门自 2014 年 4 月起，相继组织开展“净网 2014”“剑网 2014”“打击新闻敲诈和假新闻”、“微信等即时通讯工具治理”等专项行动，全面治理网络乱象，依法治网正成为依法治国的重要基础工程。十八届四中全会通过《中共中央关于全面推进依法治国若干重大问题的决定》，明确互联网领域立法的重点和方向，依法规范网络行为。《最高人民法院关于审理利用信息网络侵害人身权益民事纠纷案件适用法律若干问题的规定》也已出台，网民权益得到法律保护。

2014 年 7 月、10 月、12 月，受国际政治、经济形势影响，全球原油价格接连暴跌。2014 年 8 月 19 日 ISIS 发布一段视频，显示一名操英国口音的武装人员把一名人质砍头杀害，以报复美军对其进行空袭；9 月 14 日，美国白宫正式宣布，美国与极端组织“伊斯兰国”处于“战争状态”。自 2014 年 2 月开始爆发于西非的大规模埃博拉病毒疫情，截至 2014 年 12 月 2 日，世界卫生组织关于埃博拉疫情报告称，几内亚、利比里亚、塞拉利昂、马里、美国以及已结束疫情的尼日利亚、塞内加尔与西班牙累计出现埃博拉确诊、疑似和可能感染病例 17290 例，其中 6128 人死亡，感染及死亡人数都达到历史最高。

互联的世界里，国际技术、经济、金融等的融合日益深化。政治军事、社会生活的交互影响也日益深刻。在敏捷智库历年的中国管理年度调研热词榜单中，安全管理、生态管理今年首次进入，融合、智能化排序均有前移。

四　管理的新时代

在全球互联的背景下，世界风云变幻，政商跌宕起伏。既定的规则正在被打破，固有的秩序可能会分崩离析。我们充满梦想和期待，同时也面临诸多的问题、艰巨的困难和莫大的挑战。管理科学、技术、方法与工具，似乎并未为此做好充分的准备，甚至还没有开始做准备。管理发展在途中，探索于实践之中。未来的管理新思想、新理论、新技术、新方法将成熟和成就于时代之中。

（一）互联的新问题

2014 年全球互联网的用户数 28 亿人，39% 的人是网民；智能手机用户 52 亿人，互联网渗透率已增长至 73% 。2015 年全球前 15 家互联网公司的总市值为 2.4 万亿美元。2014 年电子商务零售额占总零售额比例的 9% ，全球零售金额超过 3000 亿美元。①

2014 年 4 月，中国互联网迎来全功能接入全球互联网 20 周年。中国建成全球最大的 4G 网络，拥有全球最大的用户规模，移动互联网用户总数达到 8.7 亿。中国互联网发展站在新的起点上，成为世界互联网格局中的重要一极。②

2014 年 9 月，阿里巴巴在美国纽约证券交易所上市，成为世界第二大互联网公司，引发全球聚焦。新浪微博、聚美优品、京东等企业也先后赴美上市，掀起中国互联网企业海外上市热潮。在全球十大互联网企业中，中国占有 4 席；2014 年中国电子商务交易额突破 12 万亿元。③

互联推动全球商业的突破性进步，带来人类生活方式的巨大变化，极大地促进了生产力的发展，使人类文明跃上一个新台阶。与此同时，由于全球互联潮流来得如此迅猛，更从各个方面、各个层面给管理提出许多需要解决的现实问题。

技术上，云计算、物联网、移动化、大数据，以及初露端倪的量子化、生物计算等如何作为管理的新手段、工具和方法，更便捷、更有效地降低成本、提高效率、改善工作、提升品质等；另一方面，对这些技术本身也需要不断研究出管理和控制的有效方法和途径。经济上，新的业态、新的商业模式、新的经济范式层出不穷。其间的内在逻辑、整体架构和核心要领等远远不够清晰。社会和文化意义上，面对更高度互联的人类，旧有的价值体系、行为准则多面临被改造或淘汰的考验。同时人们心理和心灵层面的调适、疏导和管理等，也存在许多的待解决之道。况且，互联本身的特征、特性和意义也需要得到解析和结构。

---

① 丽丽卡、徐利：《全球互联网 2015 年发展趋势》，http://mt.sohu.com/20150610/n414792040.shtml，2015-06-10/2015-09-28。

② 《2014 年影响中国互联网发展的 12 件大事》，电子信息产业网，http://cyyw.cena.com.cn/2015-01/07/content_257559.htm，2015-01-07/2015-09-28。

③ 《2014 年影响中国互联网发展的 12 件大事》，电子信息产业网，http://cyyw.cena.com.cn/2015-01/07/content_257559.htm，2015-01-07/2015-09-28。

（二）智能化的挑战

用于工商业的智能化，以及智能交通、智慧城市建设等已经受到广泛的关注并将掀起热潮。

2014 年 12 月，我国工业与信息化部提出“要以智能制造为主攻方向，大力发展新一代信息技术、高端装备制造等新兴产业，全面提升制造业产品、装备、生产、管理和服务的智能化应用水平”，加速绘制工业互联网发展路线图。在推进中国制造转型升级中，新技术、新产品、新业态、新商业模式不断涌现，网络化、智能化、绿色化特征已在生产中显现。

2014 年《科学》杂志评选出的 10 个重大科学突破包括了人造探测器首次登陆彗星、机器人“自主”合作、仿人脑芯片、操纵记忆、立方体卫星、生命基因密码“添丁”等等。《科学美国人》评选出基因精灵、可重新编辑的细胞、透明的生物、唾液燃料电池、视觉矫正屏幕、原子尺度的乐高积木、超硬的可回收塑料、用声波进行无线充电、用低级废热充电的电池、纳米粒子摄像机等等 2014 年十大科技成就。这些多体现了智能科技成为时下的热点与重心。①

前章所述的美国“智能城市”计划和德国“工业 4.0”计划的实施都是在此潮流中把握先机的战略举措。

然而，智能化的过程将充满对管理和控制的挑战。设备的普遍联网在便于遥控操作控制的同时，也使远程发起攻击、破坏的潜在威胁和风险大为增加。具有自适应、自学习、自进化能力的人工智能装置一旦出现故障或因设计失误导致的疏漏，完全有可能让机器转而不受指挥和控制，甚至对人类进行反抗或反制等。如何对“失控”进行事先的预估和过程中的预警，怎样管理未来人机共事和共同生活的社会等，都是智能化带给我们的管理挑战。

---

① 房琳琳：《〈科学美国人〉评选出 2014 年十大科技成就》，http：//www.wokeji.com/kbjh/zxbd_10031/201412/t20141221_903306.shtml，2014-12-21/2015-09-28。

（三）中国管理上下求索

中央网络安全和信息化领导小组 2014 年 2 月宣告成立，习近平总书记亲自担任组长，充分显示出中国最高层在推动互联互通、保障网络安全、加速信息化发展的决心。习近平总书记在第一次小组会议上提出“没有信息化，就没有现代化”，“建设网络强国的战略部署要与‘两个一百年’奋斗目标同步推进”，标志着中国将从网络大国加速迈向网络强国。

2014 年 8 月，中央全面深化改革领导小组第四次会议审议通过《关于推动传统媒体和新兴媒体融合发展的指导意见》，从发展战略的高度明确了媒体改革与发展的方向。2014 年，媒体报道了多起信息泄露事件、越来越多的木马病毒、互联网侵权等安全问题，“维护网络安全”首次列入政府工作报告。2014 年中国高速铁路每天开行动车组列车 3000 多列，[①] 日运送旅客约 300 万人；中国民航完成年旅客运输量 3.9 亿人次，旅客周转量 6334.2 亿人公里。[②]

2014 年 12 月，国务院常务会议部署推动大众创业、万众创新的新政策，互联网成为大众创业、万众创新的新工具，掀起“大众创业”“万众创新”的新态势。2014 年，互联网金融呈现爆发式增长，以余额宝、理财通等为代表的互联网金融产品涉足银行、基金、票据、保险、证券等诸多金融业态。同时，互联网金融产品和服务创新加速，百姓理财需求更旺盛、渠道也更多元，业务规范化管理受到重视，市场竞争环境逐步走向理性。

我们面临一个瞬息万变、机遇众多的时代。在国内，仅仅一年左右的时间，“国家治理体系和治理能力”、“互联网 +”、“大众创业、万众创新”、“中国制造 2025”、区域经济一体化，面向国际，“一带一路”、“亚投行”、南海维权等新概念不断出现并迅速落实为具体的战略规划和国家政策。为此，在逐步展开行动的过程中，一方面我们需要消化、理解和准确把握核心思想、

---

① 顾时宏、何华武：《中国高速铁路总台技术水平位居世界前列》，http：//www.chinanews.com/gj/2015/08－13/7466445.shtml，2015－08－13/2015－09－28。

② 交通运输部综合规划司《2014 年交通运输行业发展统计公报》，2015－04－30。

战略意图和技术要领；另一方面又必须迅速找到解决具体实践中管理问题的有效方法和处理方式。中国管理的特色理论将在疾风骤雨般的生产、生活和发展实践中获得发现、总结和抽象、升华而形成和不断完善。

面对现实、展望未来，在国际风云变幻莫测、科技和产业革命波澜壮阔的大变革之际，在从粗放式野蛮生长向精益化品质提升、从只谋数量不看黑白向注重质量更讲诚信的转型发展的过程中，为实现民族伟大复兴的中国梦，迫切需要管理的系统化创新。中国管理的务实实践，和系统化创新的理论构建，将为担当大国责任、奋斗人类福祉奠定基石，使中国对于人类产生较大的现实和历史贡献！

B.2

2014～2015年中国管理现状调查及分析

张 卫 张晓波 蔡国斌*

摘 要： 本文从学术和实践两个视角对2014～2015年中国管理科学现状进行调查和分析。前者从管理学者、期刊、高校、科研机构、科技奖励等角度出发，从不同方面分析2014～2015年中国管理科学的学术状况；后者是从管理实践案例、管理创新、科技奖励等角度进行调查和分析，从而了解了2014～2015年中国企业在管理科学方面的实践情况；本文对管理研究热点和管理热词进行了统计和分析。

关键词： 中国管理 学术 实践 统计 热词

管理科学是一门以人类社会组织管理活动客观规律及其应用为研究对象，跨自然科学、工程科学和社会科学的综合性交叉学科①。其体系的主要内容包括管理理论、管理技术和方法、管理的应用研究三部分。

一 中国管理学术发展情况

本文的统计主要采用了三种数据采集方式：第一类数据来自国家自然科

* 南京敏捷企业管理研究所课题组。

① 国家自然科学基金委员会、中国科学院：《未来十年中国学科发展战略·管理科学》，科学出版社，2012，第1页。

学基金委员会管理科学部遴选的22 种 A 类管理刊和8 种 B 类管理刊，这30种期刊代表了国内管理领域的学术水平；第二类数据来自专业的网络数据库（如知网等）；第三类数据来自更广泛的网络媒体。

（一）管理期刊统计概况

1. 基于管理类期刊数据统计分析

主要采集了国家自然科学基金委员会管理科学部遴选的22 种 A 类管理刊物和8 种 B 类管理刊物于2014 年1 月至2015 年8 月所发表文献（约7510篇），统计数据见表1。

表1　主要管理类期刊文献统计情况

单位：篇

序号	期刊名	类型	2014 年度	2015 年度	合计
1	《管理科学学报》	A	99	59	158
2	《系统工程理论与实践》	A	412	235	647
3	《管理世界》	A	251	47	298
4	《数量经济技术经济研究》	A	119	83	202
5	《中国软科学》	A	212	129	341
6	《金融研究》	A	0	0	0
7	《中国管理科学》	A	346	290	636
8	《系统工程学报》	A	87	31	118
9	《会计研究》	A	149	62	211
10	《系统管理学报》	A	121	79	200
11	《管理评论》	A	222	162	384
12	《管理工程学报》	A	111	84	195
13	《南开管理评论》	A	97	47	144
14	《科研管理》	A	239	240	479
15	《情报学报》	A	0	0	0
16	《公共管理学报》	A	52	42	94
17	《管理科学》	A	73	47	120
18	《预测》	A	50	40	90

续表

序号	期刊名	类型	2014 年度	2015 年度	合计
19	《运筹与管理》	A	213	111	324
20	《科学学研究》	A	229	143	372
21	《中国工业经济》	A	152	85	237
22	《农业经济问题》	A	177	129	306
23	《管理学报》	B	243	149	392
24	《工业工程与管理》	B	145	68	213
25	《系统工程》	B	275	159	434
26	《科学学与科学技术管理》	B	235	141	376
27	《研究与发展管理》	B	90	57	147
28	《中国人口．资源与统计》	B	35	24	59
29	《数理统计与管理》	B	124	95	219
30	《中国农村经济》	B	96	45	141

2. 基于管理类专业数据库的统计分析

通过对中国知网数据库管理类文献的检索，结果显示 2014 年文献数量为 117 万篇，2015 年截止 8 月份文献数量为 68 万篇。为了对管理领域文献进行有效、准确、可行的统计，重点对 2014 年全年和 2015 年 1～8 月份月下载量排名前列的 2000 篇文献进行统计，总计获取了 40000 篇受关注度最高的文章，在排除重复和与管理关联性不大的文章后，总计获取采样文献 39207 篇，其中学位论文 9742 篇，刊物文献 29449 篇，会议相关文章 16 篇。学位论文中，博士论文 1599 篇，硕士论文 8143 篇。

（二）管理热词分析

通过对 30 种管理类期刊文献和 4 万篇采样文献进行关键词的词频统计，并对相同概念的词语进行合并后，我们可以得到热词的排名结果。

对 30 种期刊 7510 篇文献的统计共获得关键词 31554 条，通过合并后获得不重复的词语 19429 条。在对所有词语进行词频统计后，将排名前列词语中相同概念的词语进行合并获得如下热词统计结果（见图 1）。

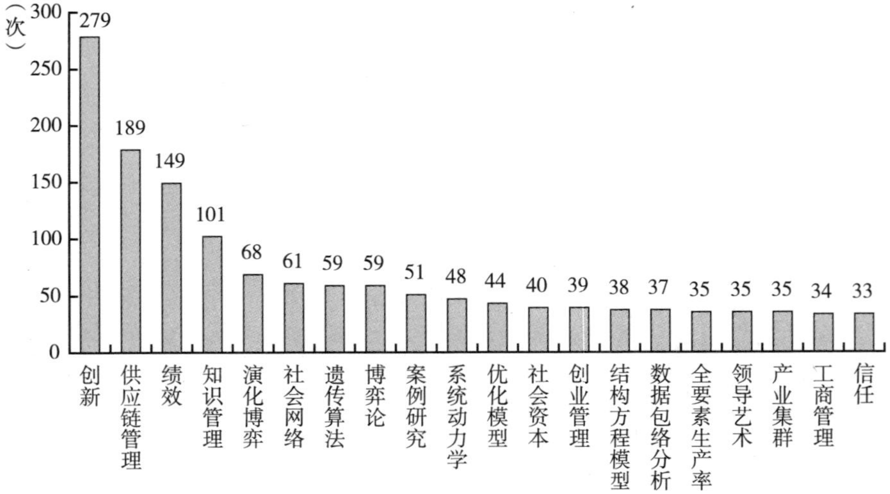

图 1　基于国家自然科学基金委遴选的管理期刊热词排名

从图 1 可以看出，目前管理学术领域最受关注的热词是“创新”，在 7510 篇文献中，有超过 200 篇内容与创新相关，总计频次为 279 次，关注度为 3.7%。这个词的统计结果里合并了“创新”“技术创新”“创新管理”“创新绩效”“创新能力”“协同创新”等一系列相关词语。第二个热点是“供应链管理”，这是合并了“供应链”“供应链管理”“闭环供应链”“供应链协调”等词语后的结果，关注度为 2.5%。排名第三的是“绩效”，包括了“绩效”“工作绩效”“绩效考核”“绩效评价”等，关注度为 2.0%。

为了获取更广泛的管理研究领域的热点和热词，对知网数据库中受关注度比较高的 4 万篇文献进行关键词统计，获得的词语总数高达 170970 条，在进行重复合并后，一共获得不重复的词语 67008 条。进行词频统计后，获得整个管理领域热词统计结果如图 2 所示。

与 30 种刊物统计出的热点词语做对比，“创新”仍然排名高居榜首，关注度为 2.1%。“新型城镇化”则异军突起排名第二且关注度同样达到了 2.1%，这个词统计结果包括了“城镇化”和“新型城镇化”等，说明十八大后建设新四化（工业化、信息化、城镇化、农业现代化）的方针受到瞩

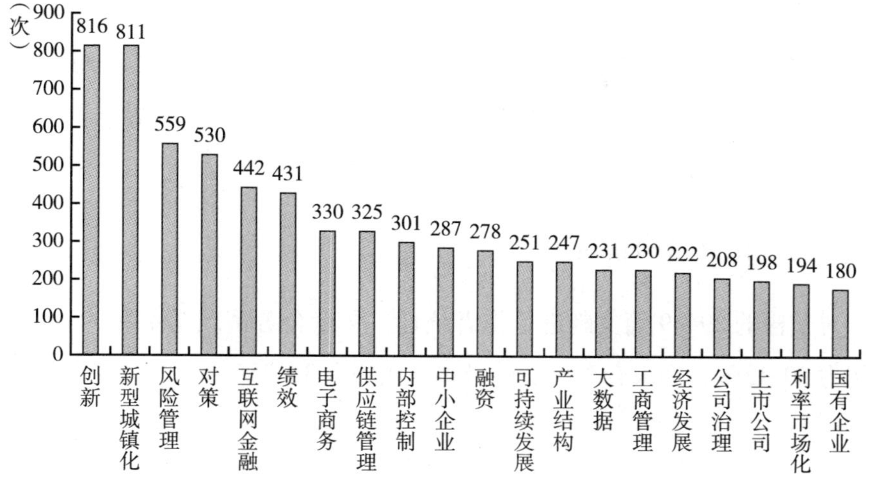

图 2　基于管理类网络数据库的热词排名

目。排名第三的为“风险管理”，包括“风险”“风险管理”“风险控制”等，关注度为1.4%。其他排名靠前的“风险管理”“对策”“互联网金融”体现了当下管理学者对经济和社会热点的广泛思考。

本文也对学位论文进行了统计，学位论文所关注的研究热点排名如图3所示。

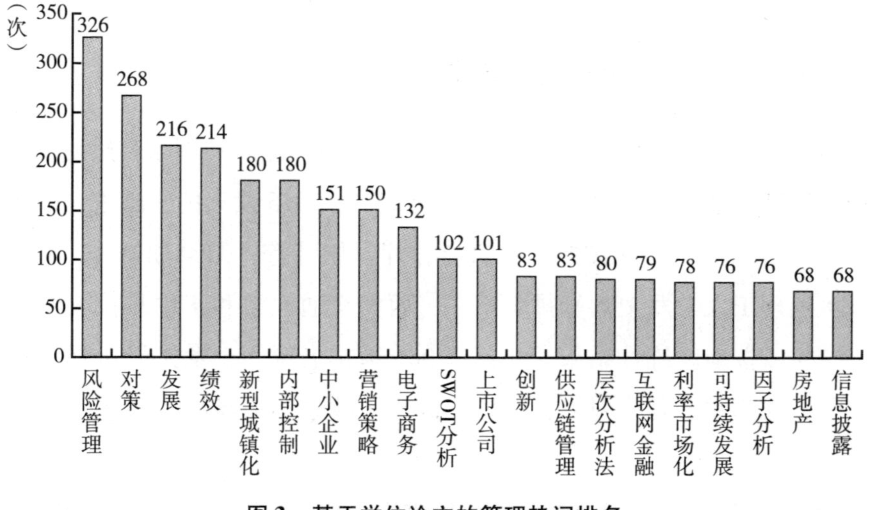

图 3　基于学位论文的管理热词排名

从学位论文词语排名汇总，可以看到学位论文中对风险管理关注度最高，达到了 3.3%。“创新”相关词的关注度相比采样整体大幅降低，只有 0.85%。而诸如 SWOT 分析、因子分析、层次分析法这类词语排名前列，体现了学位论文所采用的分析方法及工具的特点。

（三）论文合著情况

对采样的 29449 篇文献进行作者统计，文献合著情况基本在 3 人以内，比例占 90.13%，两人合著完成的最多，比例占 36.75%。

表 2　2014～2015 年管理科学领域文献合著情况

单位：篇，%

作者人数	文章数	占比
1	9214	31.29
2	10823	36.75
3	6504	22.09
4	1843	6.26
5	677	2.30
6	247	0.84
6 人以上	141	0.48

（四）热点研究领域相关高校的活跃度统计

目前，高等院校是我国管理科学研究的主要力量，从国家自然科学基金委员会管理科学部遴选的 30 种管理期刊 2014～2015 发表的文献中，筛选出第一作者所属单位，并按照名单进行排序、统计等，结果如图 4、图 5 所示。大连理工大学发文数量排名第一，西安交通大学和华中科技大学分列二、三位。按地区统计结果，北京以 986 篇排名第一，发文量达到总数的 14.3%，江苏和上海分列二、三位，这些区域也都是经济和科技发达的地区。

同时，课题组又基于 CNKI 数据库进行采样分析，对采样的 39207 篇文

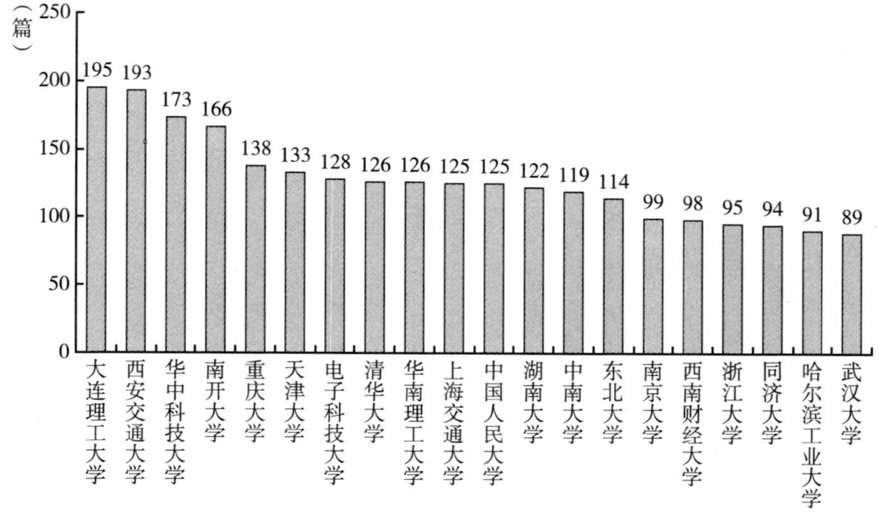

图 4　基于国家自然科学基金委遴选的管理期刊的高校活跃度统计

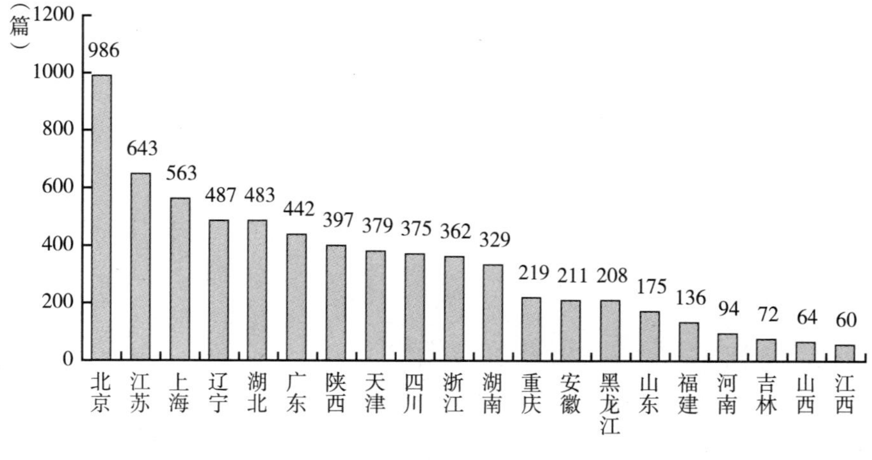

图 5　基于国家自然科学基金委遴选的管理期刊的区域活跃度统计

献第一作者所属单位进行统计后，获得院校发表文献一共 32755 篇，占了总量的 83.5%。对院校及院校所属地区进行活跃度统计和排名，吉林大学、西南财经大学、中国人民大学排名前三（见图 6）。地区统计结果排名基本相同，北京、江苏和上海排名前三，北京的发文量占到了总数的 15.9%（见图 7）。

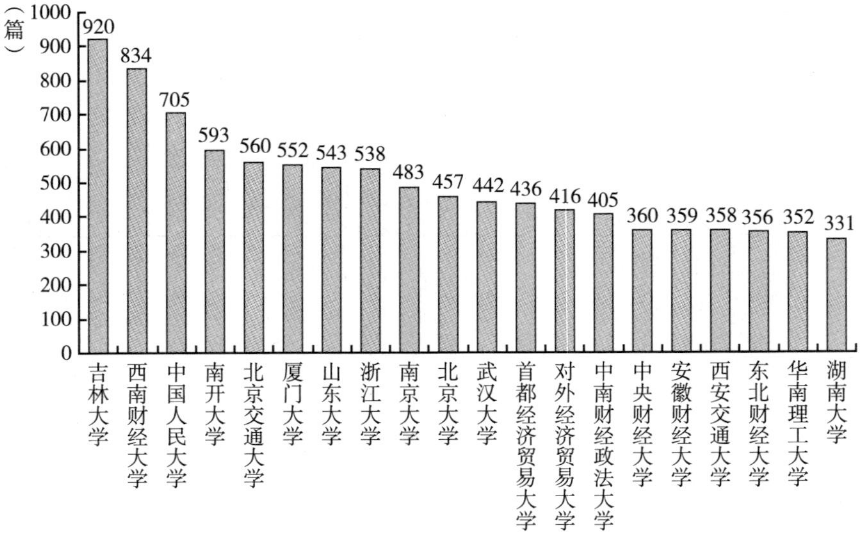

图 6　基于管理类网络数据库的高校活跃度统计

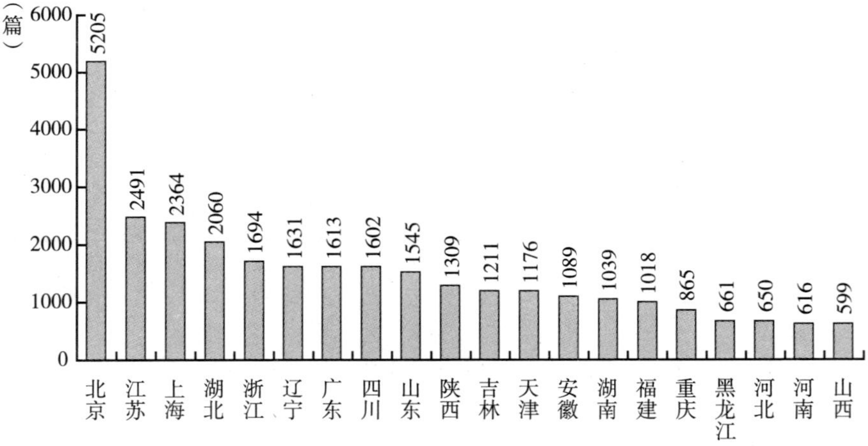

图 7　基于管理类网络数据库的区域活跃度统计

（五）管理科学各主要领域的发展情况

目前我国管理科学主要分为管理科学与工程学科、工商管理学科和宏观管理与政策三个子学科。本部分通过专家调查所确定的研究领域、重点方向和关键词，在知网上进行文献统计与分析。数据统计时间范围为 2014 至 2015 年 8 月。

管理科学与工程学科主要以技术型学科为主，最受瞩目的领域为信息技术与管理。信息技术与管理、风险管理和电子商务三大领域的论文数量远超其他领域，而整个学科论文数量 2014 年比 2013 年增加了 5.8%（见表 3）。

表 3　2013 ~ 2015 年（截至 8 月）管理科学与工程学科各领域发表的论文统计

单位：篇

序号	领域	2013 年	2014 年	2015 年	合计
1	信息技术与管理	44484	47294	28355	120133
2	风险管理	13609	13853	6815	34277
3	电子商务	10618	13170	9483	33271
4	评估理论与方法	5014	5217	2468	12699
5	服务管理	3496	3253	2045	8794
6	供应链管理	2203	2029	906	5138
7	知识管理	2027	1705	844	4576
8	管理中的运筹与优化方法	1146	1264	660	3070
9	预测理论与技术	814	730	362	1906
10	决策理论与技术	666	559	232	1457
11	基于行为的管理理论	493	440	231	1164
12	工业工程	373	448	217	1038
13	交通运输管理	206	168	127	501
14	金融工程	161	169	95	425
15	对策理论与方法	164	160	66	390
16	管理系统工程理论与方法	38	26	18	82

工商管理学科主要以企业和市场行为研究为主。最受关注的领域是服务和创新的管理。论文数量 2014 年和 2013 年比略有所下降，幅度为 3%（见表 4）。

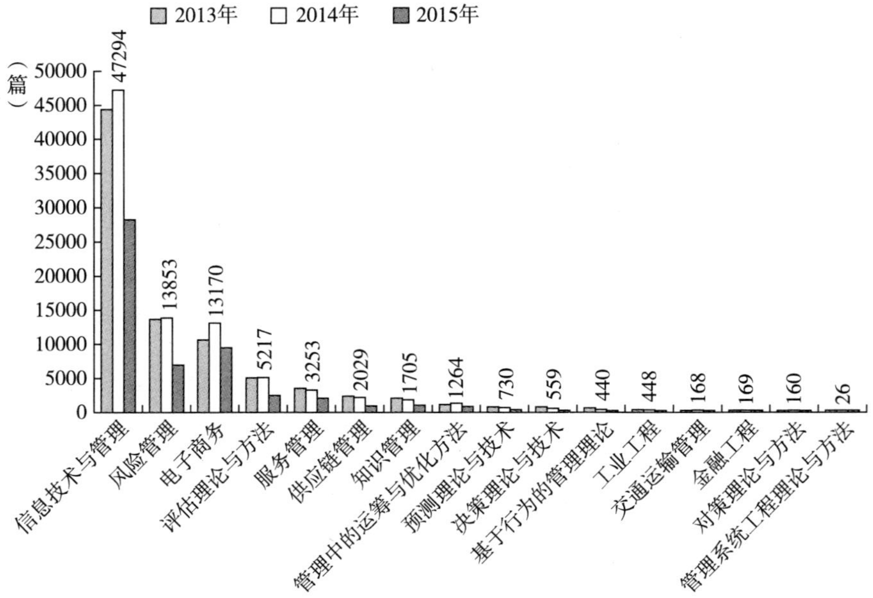

图 8　2013 ~ 2015 年（截至 8 月）管理科学与工程学科各领域发表论文统计

表 4　2013 ~ 2015 年（截至 8 月）工商管理学科各领域发表的论文统计

单位：篇

序号	领域	2013 年	2014 年	2015 年	合计
1	服务管理	58743	58193	30316	147252
2	创新管理	48025	47519	24050	119594
3	项目管理	39172	40520	21029	100721
4	企业理论	38711	35774	12243	86728
5	战略管理	21878	20499	9294	51671
6	人力资源管理	17391	16466	8549	42406
7	企业信息管理	16029	14972	6350	37351
8	市场营销	14663	14572	6887	36122
9	运作管理	7505	7064	2825	17394
10	物流与供应链	1893	1864	893	4650
11	组织行为与组织文化	1814	1550	491	3855

续表

序号	领域	2013 年	2014 年	2015 年	合计
12	会计与审计	1400	1438	807	3645
13	非盈利组织管理	135	128	38	301
14	创业与中小企业管理	97	117	41	255
15	公司理财与财务管理	71	59	13	143

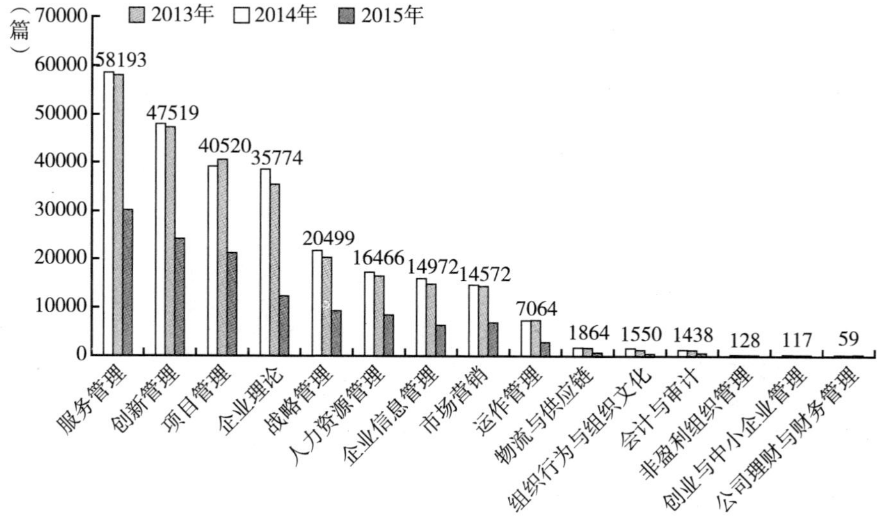

图 9　2013～2015 年（截至 8 月）工商管理学科各领域发表的论文统计

宏观管理与政策学科从社会层面关注相关领域的管理问题。教育和就业问题是最受关注的领域。2014 年论文发表量与 2013 年比基本持平。

表 5　2013～2015 年（截至 8 月）宏观管理与政策学科各领域发表的论文统计

序号	领域	2013 年	2014 年	2015 年	合计
1	教育管理与政策	58897	60799	32712	152408
2	劳动就业与社会保障	45754	44353	21210	111317
3	科技管理与科技政策	22951	25503	12647	61101
4	金融管理与政策	23720	23535	10075	57330
5	资源环境政策与管理	20735	19294	6665	46694

续表

序号	领域	2013 年	2014 年	2015 年	合计
6	图书情报档案管理	14259	14488	8804	37551
7	医疗卫生管理与政策	4949	4777	2529	12255
8	公共管理与公共政策	4791	4584	2000	11375
9	农林经济管理	4540	4622	2007	11169
10	宏观经济战略管理	1927	2131	1242	5300
11	城镇与区域发展管理	1572	1638	923	4133

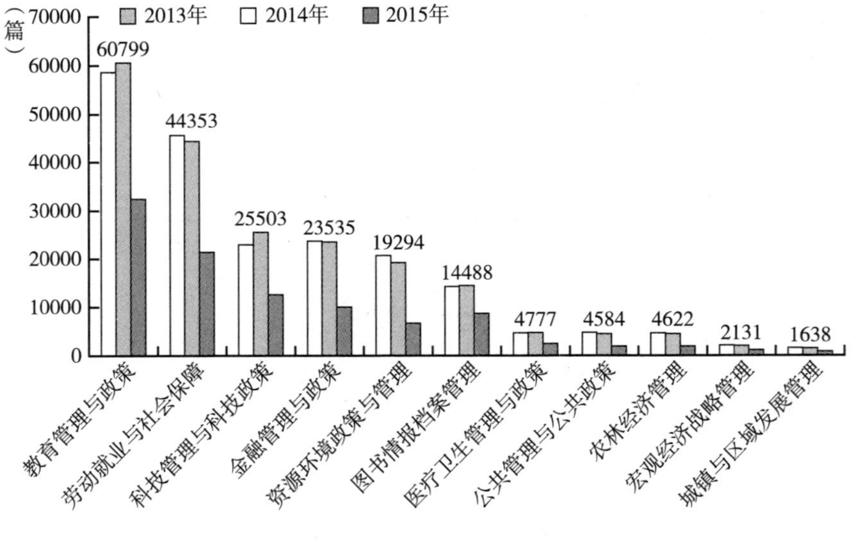

图 10　2013 ~ 2015 年（8 月）宏观管理与政策学科各领域发表的论文统计

（六）国家自然科学基金资助情况

国家自然科学基金资助体系目前主要分为面上项目、青年科学基金和地区科学基金项目三大类。管理学科类的项目资助由管理科学部负责，2014 年全年资助项目总数为 1495 项，资助总金额为 5. 89 亿元，与 2013 年基金持平。管理学科又分为管理科学与工程、工商管理、宏观政策与管理三大子学科，图 11 为 2013～2014 年管理科学部资助项目和金额对比图。上排为按照分类的统计，下排为按照子学科的统计，左列为项目数统计，右列为金额统计：

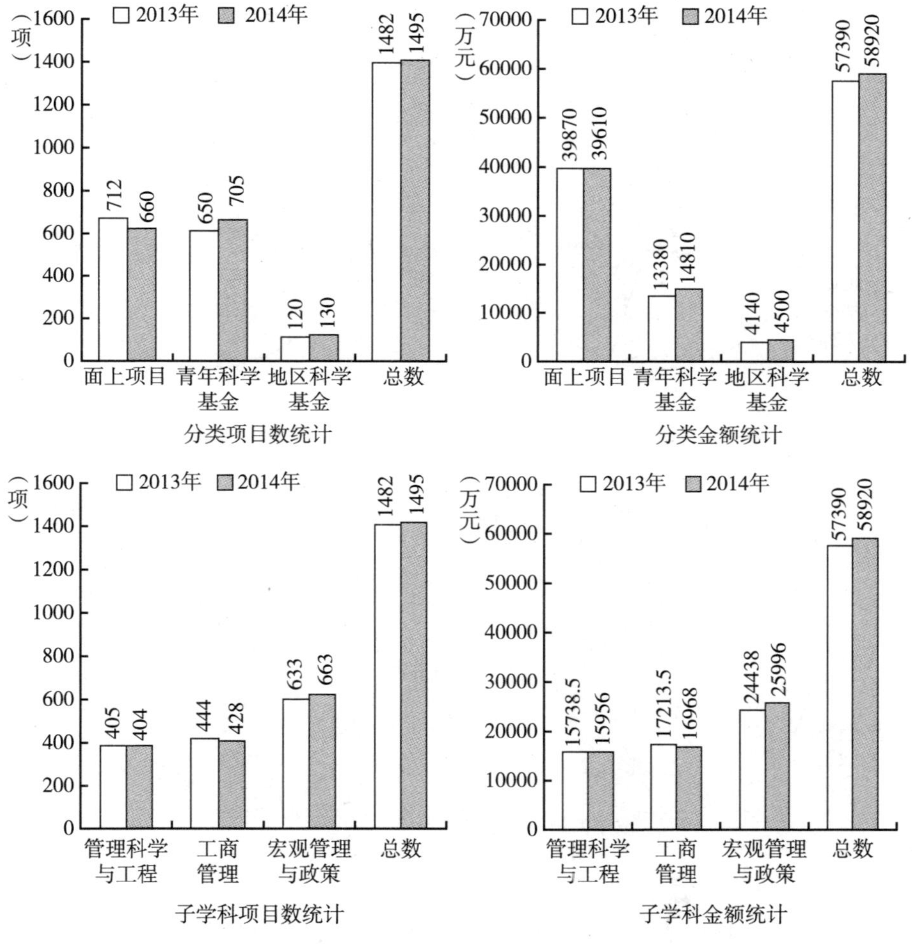

图 11　2013～2014 管理科学部资助项目和金额统计图

按照类别和学科的资助比例对比见图 12，上排为分类对比图，下排为子学科对比图，左列为项目数对比，右列为金额对比，从图上来看，按照分类对比项目数和金额的百分比差异比较大，而按照子学科对比则差异比较小，原因是面上项目的资助额为 60 万/项，比青年科学基金 21 万/项和地区科学基金 34 万/项要高不少。

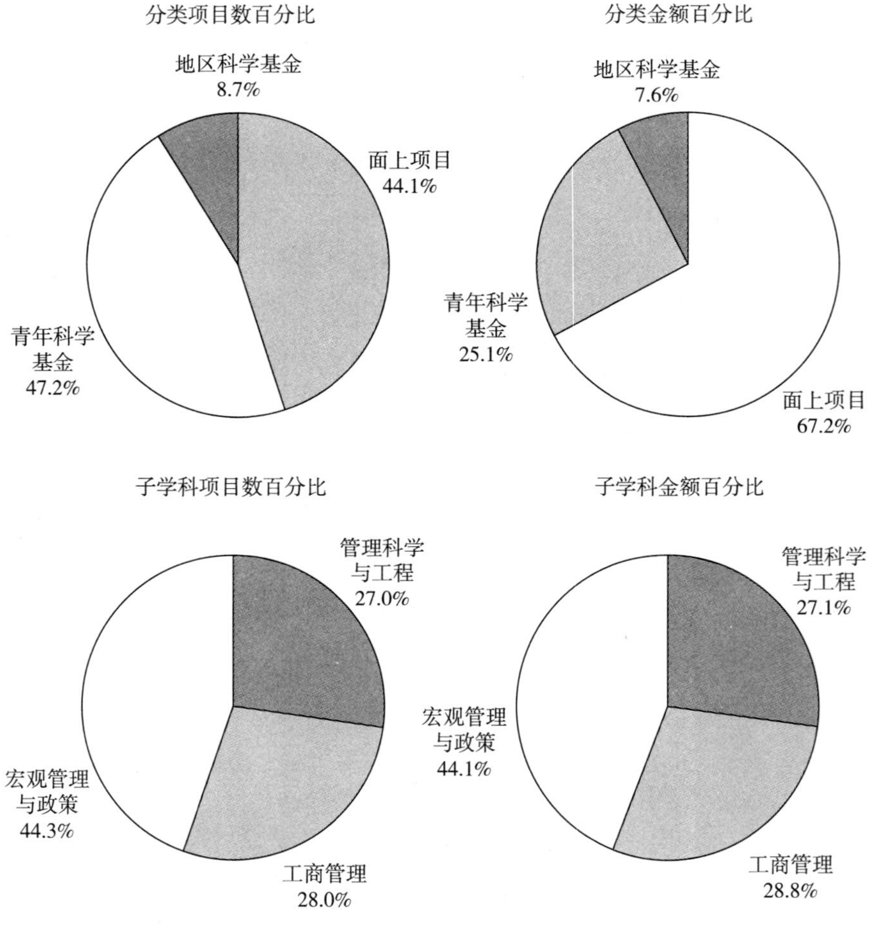

图 12　2013～2014 管理科学部资助项目和金额百分比图

图 13 为项目类型和管理子学科领域的双球图对比，上排内环为资助类型，外环为管理学科三大子领域，下排内环为子领域，外环为资助类型。左列为项目数比例，右列为金额比例。

管理科学部近年来资助项目和金额的趋势变化如图 14 所示，上排为按

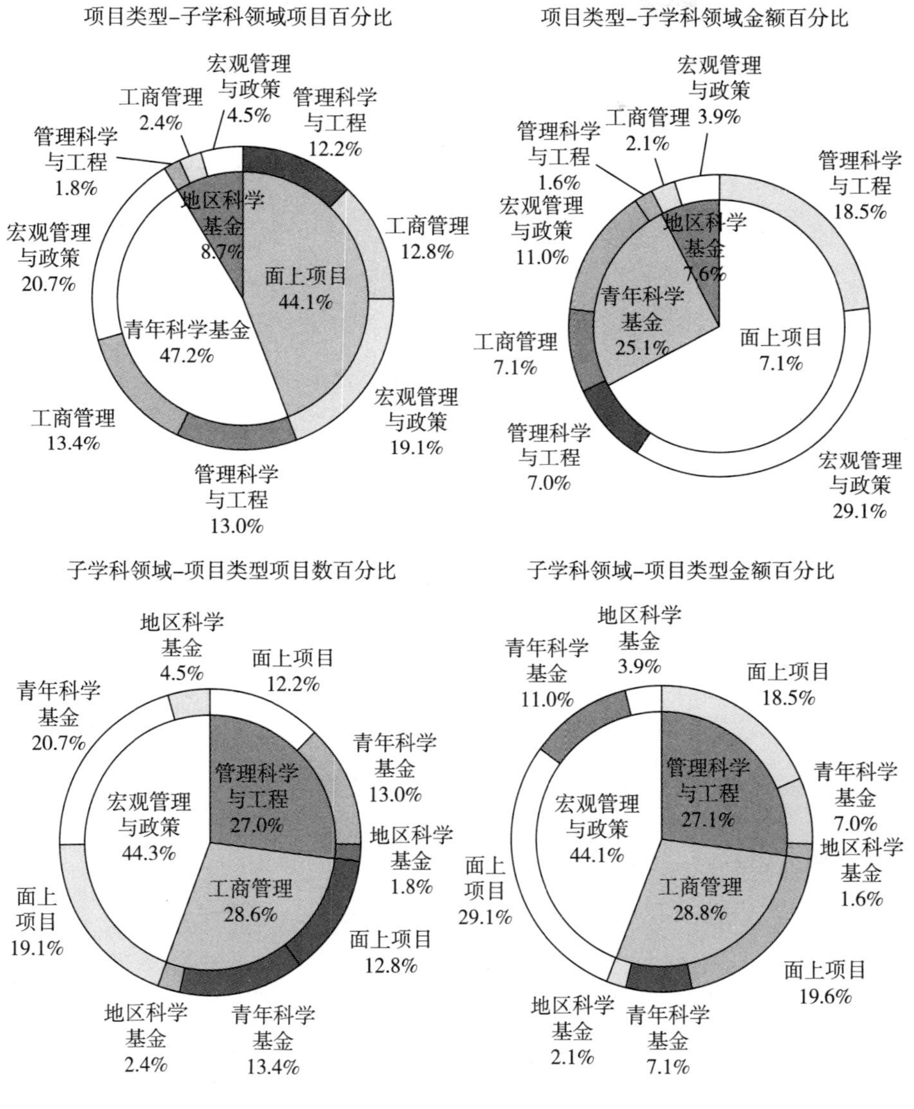

图 13　2013～2014 管理科学部资助项目和金额双环图对比

项目类型显示，下派为按管理学科子领域显示，左列为项目数，右列为金额统计，可以看出 2012 年资助总数有个比较大的上升后，目前每年资助金额基本维持在相同的份额。

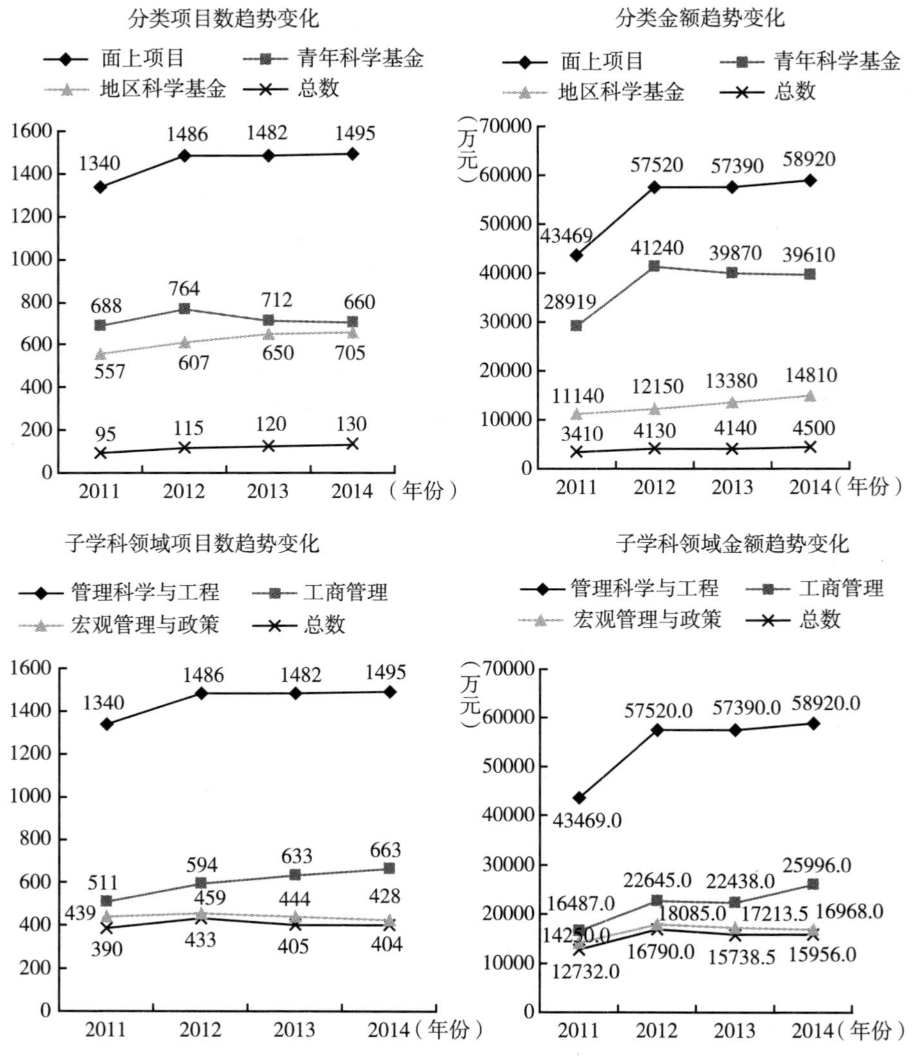

图 14　2011～2014 管理科学部资助项目和金额趋势变化

二　中国管理实践发展情况

管理科学作为作为一门实用的科学，管理实践需求无疑是管理发展的最主要的原动力，管理科学基础研究所解决的问题正是来源于实践问题的抽象，提出解决这些问题的方法和模式并加以检验，进而构成了管理科学的理论。①

（一）与管理实践相关的热词统计

项目组基于网络媒体对于管理实践相关的热词进行了统计，与管理相关的主要热词有："互联网 +"、安全管理、企业竞争力、企业转型、国企改制、虚拟企业、网络化组织、共享经济、企业国际化、"一带一路"、大数据、企业全球化、众筹、新常态等。这反映了中国经济新常态下的转型与发展得到广泛的关注，随着国家十三五规划的出台，以及"互联网 +""中国制造2025""一带一路"等国家发展战略的落实，企业管理将迎来新的创新发展。

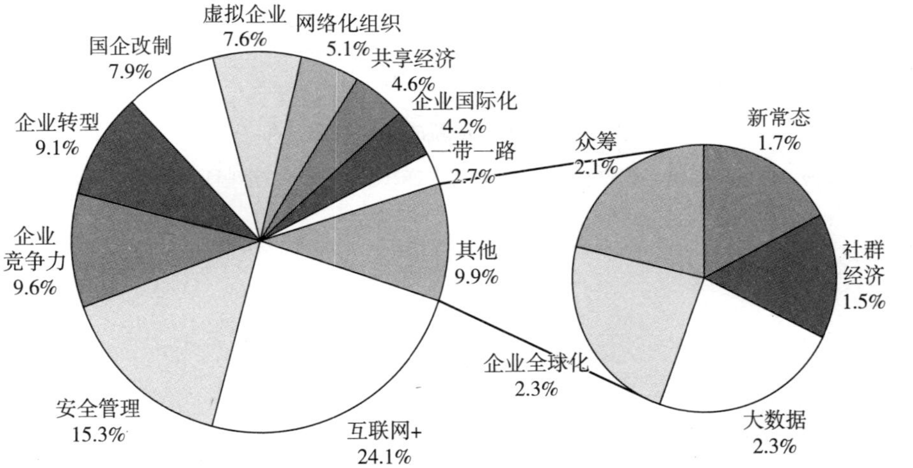

图 15　基于网络媒体的管理相关热词的排名

（二）企业管理创新情况统计与分析

图 16 为 2014 年企业创新成果奖的行业分布。从柱状图中不难看出

① 国家自然科学基金委员会、中国科学院：《未来十年中国学科发展战略·管理科学》，科学出版社，2012，第 29 页。

2014 年企业管理创新在石油石化、电力及水利行业较多，其次是通信和轻工业。这些行业在国内基本上都是由大型国企或央企占据的市场，同时基于行业在市场中的领先地位，在管理创新的投入上也是比较多的。

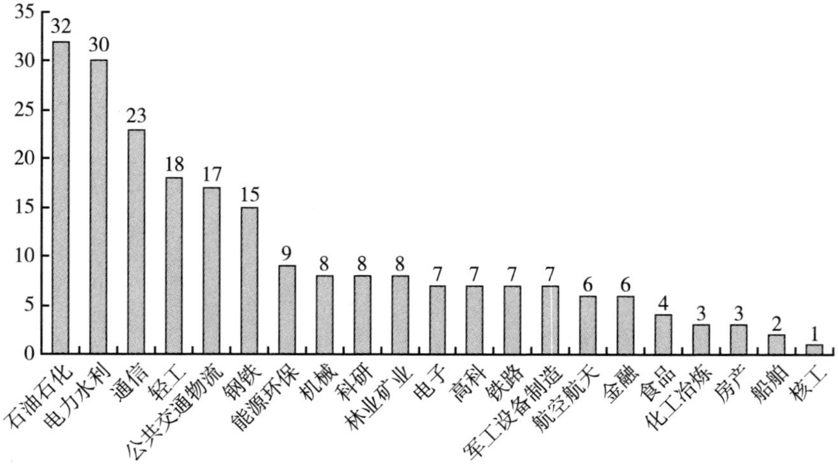

图 16　2014 年创新成果奖行业分布

数据来源：《国家级企业管理现代化创新成果〈第 21 届〉》，《中国管理科学奖〈第 4 届〉》。

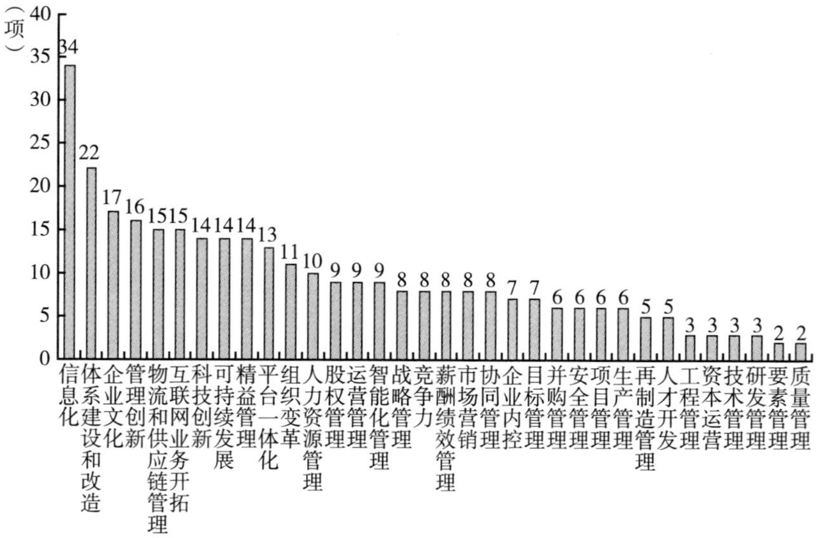

图 17　2014 年企业创新成果奖研究领域分布

图 17 描述了 2014 年企业创新成果奖研究领域分布情况，信息化研究是所有领域中最高的，有 34 项获奖，这个跟目前的国家信息产业化有很大关系。其次是体系建设和改造领域，有 22 项获奖，此领域跟目前国企改革有关。可持续发展、物流和供应链管理领域分别获得了 14、15 个奖项，这些领域的研究与国家的发展方向和目前电子商务的繁荣有关。总体来说，最近三年的数据显示，企业管理创新方面，信息化是大势所趋，也是最近几年国家的发展方向和重点。

管理科技篇

Management of Science and Technology

B.3

"互联网 +"：破坏性创新是一场产业、经济与社会的变革

郭重庆*

摘　要：“互联网 +”是指用互联网技术（移动互联、云计算、大数据、物联网）以开放、平等、协同、分享的互联网理念改造传统行业、经济与社会，以期达到一个开放的、公平的、分享的和竞合的可持续发展的经济和社会。“互联网 +”是一种破坏性创新，这个过程并不容易，甚至会伴随痛苦和冲突，但它最终将引领我们进入一个全新的经济社会。

关键词：“互联网 +”　创新　改变　互联网经济

---

* 郭重庆，中国工程院院士，同济大学教授。

一　中国正处于新一轮科技革命、产业变革和经济转型的历史交汇点上，抓住了就是机遇，错过了就是挑战

今天，我们必须面对这样一个现实：人类社会－计算机－物理世界三元融合使信息服务进入了普惠计算时代，这是一个划时代的大事，怎么高估，都不为过。前几年人们还在算计着何时进入普惠计算时代，随着智能手机、平板电脑及移动互联网的兴起，2007 年乔布斯一下子把人们带进了普惠计算时代。手握一个智能终端，随时随地都可获得一个所想要的解决方案，就此，一个新的移动互联时代开始了。由于对移动互联的思想准备不足，一些企业由此贻误了商机。

2008 年，IBM 的 CEO 彭明盛在金融危机后对奥巴马说，在人类历史上第一次出现了几乎任何东西都可实现数字化、互联化的情景。没有什么信息不能被挖掘、分析、优化、决策，并最终提供一个整体解决方案。这就是"智慧地球"的起始点，自此一切开始"智慧"化了。

2007 年，"云计算"就像戳破窗户纸那样轻松地豁然开窍：为什么硬件和软件不能外置？使用而不占有。"云计算"开始商业化了。"网格计算"被边缘化，只是因为没有企业界的参与。

又是 2008 年，三位学者敏锐地发现了一个人类再认识的大宝藏：大数据。海量、多源、异构、非结构化、连续性、实时性、网络结构、精准映射等，简直就是一个记录人类行为和物理世界特征的数字写真，大数据无限接近真实世界。大数据被认为是继实验研究、理论分析、计算机模拟仿真之后的第四种科学范式，将取代还原论及传统的复杂性科学。数据处理能力被认为是一个国家竞争力的标志，数据决定成败，大数据的热潮就此开场了。

"云"＋"海"可以说是信息技术发展上两大技术突破的一个重大不期交汇："云计算和大数据相遇"，再加上移动互联网，凑齐了，简直是绝配。

继而又出现了“万物互联”的物联网概念，物联网犹如琵琶半遮面地千呼万唤不出来，难点就在传感器、CPU 芯片及操作系统。新的竞争就从这里开始，这倒给中国人以想象空间。至此，“移动互联 + 云计算 + 大数据 + 物联网”便成为一个完整的互联网概念，立即成为人们追逐的一个新战场，尤其是物联网更是被高度关注的焦点。

就像用水用电那样方便，消费者随时随地都可获得想要的信息、解决方案。世上任何物体（如汽车、各类机械、桥梁、道路）都可互联起来，可感知、可度量、可通讯、可操控，使人和物更聪明，操控更准确，得心应手。

作为这个时代的引领性技术，信息技术正在彻头彻尾地变化着，而且是看不见止境的变化，其规模之宏大，发展之迅速，令人应接不暇。信息革命的影响远远超过了工业革命。各行各业唯有变革，融入信息技术的变革，才能适应时代而生存。

传统制造业处于信息化大潮的冲击下，就连沉寂了好几年的海尔的张瑞敏也逐渐回过了神，正如他觉醒到：“谁能把用户带进网络时代，谁就能赢，载体是什么，反而不重要。”

就连那个与互联网无缘的汽车，最后也得变成一个智能汽车（SmartCar）。这就是大势所趋，就像弗里德曼在《世界是平的》里所描述的压路机那样，将碾平一切前进的障碍物，顺我者昌，逆我者亡。诺基亚和摩托罗拉的陨落就印证了这个进化的规律。联想的杨元庆说：“谁跟不上时代步伐，谁就是下一个柯达。”

作为制造业，需要反思的是：我们的产品和服务在数字化、智能化和互联化上远跟不上信息技术发展，我们的拖拉机仅是把农耕时代的牛换成了柴油机，仅此而已——一个没有脑的工具。制造业愈发显得跟不上潮流。

按目前科学技术发展的态势，人工智能终将超越人的智能，《科学》杂志编辑部认为：“计算神经科学已是成熟的领域。”按 OECD 预测，信息分析与模拟仿真技术和人脑工程将是未来最前沿的技术。无人驾驶汽车、无人驾驶飞机、无人操作工程机械、智能电网……都已出现，有人断言，无人驾驶飞机、无人驾驶车辆、无人驾驶潜艇将决定未来战争的方式。

当前，各国都对此做出了反应。

美国沃顿商学院的里夫金首先发难，他发表了《第三次工业革命》及《零边际成本社会》，引起了各国政要的注意，但学界的反响并不大。

2012 年，美国 GE 的 CEO 伊梅尔特和美国 IT 业的精神领袖《连线》主编安德森认为：“工业互联网，这可能是一个生产力革命的焦点。”

2012 年，美国发布《先进制造业战略计划》。

2012 年，德国发布《确保德国未来的工业基地地位——未来计划“工业 4.0”实施建议》。

2015 年，中国开始实施“互联网 +”，并发布《中国制造：2025》。

比较而言，里夫金的“第三次工业革命”没有得到广泛响应。里夫金始终认为历次工业革命的发端是能源革命，因此，他认为绿色能源应是新的工业革命的主线。德国人的“工业 4.0”的表述太过技术，趋向于未来的无人的智能化工厂和数字化车间，重硬配置、重过程，偏传统工业化思维。美国人的工业互联网重产品和服务的智能化和网络化，倒没有过分强调过程的智能化。《中国制造：2025》过分强调“智造”过程，与过去曾推行的《计算机集成制造系统》（CIMS）有同样的过程偏好，忽视了满足消费者的产品和服务的主旨。尽管都是强调物理系统和信息系统的融合（CPS），但路径和结果可能不一样。

笔者这几年受英特尔原 CEO 格鲁夫——《只有偏执狂才能生存》的作者——的影响很大。在本世纪初，当网络经济泡沫破灭时，IT 业经历了一场浩劫，就连这个左右了 IT 产业十多年的行业领袖也颓丧地说：“IT 产业面临死亡之谷”。当时他对 IT 的前景也感到不知所措，但他说了一句让世人永远记着的话：“互联网将重新定义 IT”。事实证明，格鲁夫的话一点没错，互联网的确重新定义了 IT，一个无处不在的互联网正在改变着世界。因此，笔者这几年来一直在到处说：“互联网将重新定义各行各业”。但李克强的“互联网 +”更直观、更聚焦地把人们拖到了新时代的门口，路径、目标全解决了。

“工业文明是不可持续的！”尽管制造业满足了我们极大的物质文明需

求，但也带来了不可持续的资源消耗和环境破坏，中国的经济结构和发展方式的失衡必须转变。尽管喊了多年调整和转型，但收效并不大，苦于没有抓手。一次千载难逢的机遇，在与新的科技革命的交汇点上，总算让人们找到了新引擎，重新启动中国经济，在经济下行中找回新的增长动力。过去是“水泥 + 钢筋”，这次是“指尖 + 点击”。伴随物理层面和信息层面的融合，中国经济与社会的能阶必有一个量的提升。

二 “互联网 + ”已经成为当今中国一个滚烫的热词，公众的积极性已经被调动起来了，甚至有人已经在算计那些领域由此可能获取的红利

必须提醒：“互联网 + ”是一场破坏性的创新，过程未必轻松，甚至可能会是痛苦的、对抗性的，但结果是一个全新的经济社会。

“互联网 + ”是技术、经济、社会相互促进的结果，是市场化的产物，是“自发秩序”（哈耶克），不是人设计的结果。德国的“工业 4.0”和中国的《中国制造：2025》要力避自上而下的人为主观意愿和政府闲不住的手的干预。切忌《中国制造：2025》又变成一场自上而下的政府主导的运动。

“互联网 + ”是重塑、重构、再造一个产业的过程，不是小打小闹，不是改良，是颠覆，是一场产业革命。因此，必须把“互联网 + ”提高到产业革命的高度来认识。

“互联网 + ”的过程必然伴随着一些行业的消失、衰落，伴随着职工的失业和新的就业机会的产生。如牛津大学的弗雷和奥斯本所说：“未来 20 年，美国全部 702 种职业中 47% 的职位将被机器取代”。

能否达到里夫金所描绘的“零边际成本社会：物联网，协同分享，资本主义的消失”，需要走着看。

理论界倒可以从生产力的角度研究一下“互联网 + ”对经济社会发展的作用。

三　必须深化界定“互联网 +”的定义、范畴和内涵

“互联网 +”的定义：用互联网技术（移动互联、云计算、大数据、物联网）以开放、平等、协同、分享的互联网理念改造传统产业、经济与社会，以期达到一个开放的、公平的、分享的和竞合的可持续发展的经济与社会。

互联网经济的特征：开放、公众参与、普惠、脱媒、平等、公平。互联网经济弱化了空间的地理距离影响，削弱了经济活动信息的不对称性，强化了消费者的主导地位。

“互联网 +”的范畴该不该全覆盖企业治理、社会治理、经济治理、国家治理，甚至全球治理？互联网经济的特征是“协同分享”，上层建筑必须适应经济基础，“协同分享”必然是“零边际成本社会”的意识形态特征，企业治理以至全球治理的理念也应源于此，称王称霸和利润最大化以及股东回报第一的思维不符合互联网时代的思维潮流。

四　“互联网 +”将会触碰到一系列经济与社会的难点、焦点

1. 打破中国经济的封闭产业格局是开放性互联网经济的必然诉求

金融、能源、军工、交通、通信、教育、医疗……这些行业基本上是封闭的，公众难以参与。体制是保守的、缺乏竞争力的。

一个开放的案例：美国航天局（NASA）原也是一个封闭体制，自己跟自己玩，公众难以插手，但航天飞机退役后，空地运输成为瓶颈，NASA 试着面向社会竞争性招标购买运送服务，没想到竟有 15 家私企参与竞争。中标的龙飞船（由科技狂人、草根、电动车 Tesla 的 CEO 马斯克掌控）已成功地、低成本地完成了，并试图破天荒地回收一级火箭发动机及 2017 年实现载人。一个私企抵得上一个国家的科技能力。尝到甜头的 NASA 决定在新的空间站建设中广泛吸收民间参与，因为智慧在民间。

不借“互联网 +”打破中国封闭的产业格局，让公众参与金融创新、军工突围、大学与医院浴火重生……中国经济社会很难有突破性的进展。

2. 平台型的开放式创新是万众创新的必然匹配

考虑到科技资源的配置已全球化，一个企业的竞争力不仅取决于其内生的科技资源，而且同时取决于其整合社会化和国际化资源的能力。一个企业，甚至一个国家很难在一个产品的整个价值链上都占据优势，它只得守住增值最大的一块。孤立地开发产品的时代已成为过去，这已经成为世界制造业的一种常态。实际上一国的发展水平取决于其对新技术的整合和应用。液晶显示（LCD）从科学发现到产业化，历经了法国人、德国人、美国人和日本人的努力，直到最后韩国人才成功实现，这还多亏了三星决策者的企业家精神，而非创新精神。人们也早已忘记了发现液晶现象的法国科学家。知识及技术外延性（范畴）的扩大，企业自身知识结构的局限性，使得创新的外部性愈以显现。从工业化时代内生的、封闭的自主创新到信息化时代联盟式、合作式的协同创新，再到互联网时代无边界、平台型的开放式创新，这是一个技术发展的规律。因此开放型的创新将是一个主要选择，整合者得天下，单打独斗式的创新不符合科技发展的潮流。麻省理工学院的原校长曾说：“当今国家间、企业间应保持一种竞合关系”。有意思的是，他用中国古代阴阳对立统一的太极图来表述这种你中有我、我中有你的观点。

政府要不要干预具体技术的发展？技术的发展有诸多不确定因素，政府并不处在市场和技术的一线，手中也没有水晶球，很难充当“赢家挑选者”的角色。光伏和 LED 的教训尤新，值得探讨的是在《中国制造：2025》中政府到底应扮演什么角色。

十八大关于市场在资源配置中起决定性作用的阐述具重大的理论指导意义。任何企图指导产业方向的努力都是充满风险的。实践证明，产业方向都是在市场竞争中形成的，不是谁能确定的。

3. 中国制造业企业的突破在企业围墙之外，网络化的生态存在是必然出路

核心技术主导产品的模式已过时，Intel Inside 似不重要，系统决定成

败，整合者得天下，核心技术不是成败的全部因素。这似乎给一向迷信核心技术的中国人一个机会。

网络时代，在消费领域互联网已风起浪涌、天翻地覆：消费者为王，在线分享，体验狂欢。相比之下，工业领域依然死气沉沉，是制造者的王国。

在低成本小型化传感技术取得突破的基础上，泛在的制造信息与互联网及物联网技术交汇（CPS）将促使生产制造过程智能化、互联化，将人和机器、机器和机器连接起来，这将为制造商和客户带来前所未有的数据、信息和解决方案。中国工业互联网应以中国“众人拾柴火焰高”的理念为互联网哲理，以聚集“全球大脑”与“万众智慧”为特征，以两个平台（开源平台和众包）释放全球智慧，促进创新、创业。

在此背景下，企业的生存与发展更多依赖：

（1）社会化和国际化的价值创造。中国制造业企业的突破在企业围墙之外，靠并购，而非绿地投资。小企业创新、大企业产业化，似乎成为一种常态。

（2）网络化的生态存在。从纵向供应链整合，到横向价值链整合，再演化至网络生态链整合，竞争合作、协同共生。中国制造业企业大多还处在初期的纵向供应链整合阶段，远远没有进入生态链整合的阶段。

（3）实时化市场洞察，精准地满足消费者需求。抛弃以生产者为中心、以产品为中心、以技术为中心的制造文化情结，建立“以客户为中心”“以服务为中心”“以给客户创造价值为中心”的新的价值观，对制造模式和商业模式进行深度变革，抓手就是“互联网 +”。

4.“软件定义产品”，硬件 + 软件 + 服务一体化是产品发展的方向

软件的边际效益是递增的，怪不得里夫金称是“零边际成本社会”。

产品与服务的融合是本次信息化大潮的一个特征：越来越多的产品其核心价值已不是产品本身而是服务（如手机、电视）。App 定义了产品，很多制造商被边缘化，这也是由于对产品和服务的理解不一样。谷歌或者乐视们所开发的电视、汽车和传统制造商不一样，谁将主宰制造业的发展？

制造业价值链的每个环节：研发、设计、生产、销售、服务都必须再定义，新的产品、新的流程和新的服务必须基于互联网技术再造。

其实工业互联网的投入，按通用电气伊梅尔特的提法："只需生产力1%的提升，就会为全球带来15万亿美元，相当于美国GDP的全部增长"，不需要像"工业4.0"那样大规模的无人化工厂的建设。瓶颈只是各类内嵌式传感器和芯片的开发及非结构化数据的接口标准和数据安全问题。"工业互联网并不代表一个由机器来运作的世界"。

5."互联网+"对处于"应战"状态的医院是拆台还是补台?

在医改中争议的是：医疗是市场主导还是政府主导？政府补贴给供方还是需方？而现在争议变成了互联网对医院的冲击是拆台还是补台？

拆台方：对于第三方检测、流动手术中心、医生集团、影像检测中心等而言，互联网始终扮演着一个颠覆者的角色。

补台方：挂号网、医疗支付网等起着化解现有看病难的困境的补充作用。互联网技术的发展使绝大部分诊断行为可在线上完成，人工智能部分取代医生，医院中的手术、检测、影像、慢病管理、药房可从医院分离，患者跨越医院得到点对点服务，家庭成为医护的主要场所。

中国医院发展是专科化、碎片化、网络化。马云说："大部分医生都会失业。"华大基因："我的健康，我管理。"中国一年70亿次的门诊，2亿人高血压，1.7亿人糖尿病，今后在家治病能行吗?

互联网+医疗可能会改变现有医疗服务体系，是拆？还是补？笔者也说不清楚。医疗功能是冲不掉的，但医院组织是不稳定的。

6.互联网+智慧城市促使政府治理社会化，信息普惠

随着2009年IBM以及之后的神州数码与地方政府的合作，"智慧城市"建设相继在全国300个城市铺开，投资巨大，良莠不齐。但自"互联网+"提出后，三大互联网企业争相与地方政府签约建设各地的"智慧城市"，可提供交通、医疗、公用缴费、社保查询、教育、创业、就业、文化旅游、出入境管理、户政等信息。

基本上是这样一种架构：

（1）基础层：互联网即服务（IaaS）——互联网入口（支付宝、淘宝、新浪微博、微信）。

（2）中间层：平台即服务（PaaS）——数据处理平台（云计算+大数据），城市公共服务平台。

（3）上层：软件即服务（SaaS）——公共服务（算法）。

随着地方政府积极推动城市服务数据的开放、互联网企业的积极投入（互联网领域的竞争法则：得入口者得天下）、前端政府有关部门及后端互联网企业IT基础设施的支持，数据存储仍在政府系统中，政府与市场互补，发挥各自长处，优化城市管理流程，创新公共服务供给模式，促使政府治理社会化，信息普惠。

新城镇化建设要产业下沉，产城融合，产业均布。“总部经济”的提法是出于狭隘的地域利益。美国的大企业总部及生产基地是分散的，联邦快递总部就设在南方小城孟菲斯，是世界第一大航空货运枢纽。沃尔玛的总部也是在小城。

7. 人工智能最终会毁灭人类吗？

“人工智能革命，其影响将会远远超过此前任何技术革命”。奇点年（人工智能超过人的大脑）原预测是2045年，但随着计算机能力的提升，现在已可做到1000亿个连接，大大加速了模拟人脑神经元的连接，奇点年可能提前到2029年。

百度现在是世界人工智能研究的高地，已聚集了吴恩达（原斯坦福大学机器深度学习实验室主任），张潼（新泽西州立大学）及张亚勤（原微软资源副总裁）等人工智能高手。

人工智能研究已经两起两伏了，这次来势甚猛。吴恩达认为得益于机器的深度学习能力，他受一句未经证实的“假设”启发——“人类智慧源于单一的算法”，尽管人类的一切决策都是在执行中产生的，但算法基本上是一致的。这是凯文·凯利在《失控》中对“涌现”的表述：“大量遵循简单规则的个体交汇，会导致整体出现复杂度极高的状态”（如由神经元构成的大脑活动）。

吴恩达开窍了，尝试通过人工神经网络的连接开启人工智能的大门，如果他成功了，他将改变世界。他通过6000台CPU连接，让机器看了两周的YouTube，机器竟能识别出猫。

“不要设计机器人，而是培养机器人”，过去是人编程，现在让机器自己学习，自己思考。IBM继“深蓝”“沃森”之后的第三代计算机一定是一个能帮你决策的智能计算机。

人工智能研究现状处在两头：上端人脑研究和下端人工智能的需求打不通，就像人类基因技术研究和临床医疗打不通一样，中间梗阻，解决的手段应该是云计算和大数据。

人工智能正处在突破的前夜。霍金和马斯克都担忧人工智能的负面后果，但库兹威尔认为人工智能将屈从于人类。人类不也是握着核武器，同时享用着核能嘛。

8. “互联网+智慧农村”将使日益衰落、被边缘化的中国农村脱困

农村正在日益衰落，一个现代化大工业匹配一个小农经济，一个现代化大城市匹配一个凋零农村，城乡差距日益扩大，农村被边缘化，看不到希望的情绪在农村年轻人中弥漫，出走成了唯一的选择。

过去只注重硬环境建设的“新农村”，而忽略了民生的、文化的智慧农村的建设，“互联网+智慧农村”将给农村带来生机，线上教育、线上就业、线上购物、线上医疗、线上娱乐，“新农村建设+智慧农村建设”又是一个物理领域与信息领域的融合。农村有救了，“青山绿水+现代文明”，不是熊掌和鱼兼得了吗？

9. 史上最稳定的组织——大学在互联网冲击下会有变化吗？

当下的大学教育面临的挑战有：

（1）慕课（MOCCs）的普及；

（2）学生厌学，学习主动性不高，学习纪律松弛；

（3）如何“翻转课堂”，重构“教”与“学”的位置，把知识转化为学生的能力；

（4）面对把学生都给教呆了的现实，如何培养学生的批判性思维，激

活学生的想象力和创造力的潜能。

"互联网+"是一个解决之道。

目前，线上教育活跃在三个领域：外语教学——真正回归语言学习的真谛，学了十几年开不了口的窘境一下子解决了。职业培训——低成本、便捷地满足巨大的刚性需求。中小学补习市场——解决了孩子家长们的焦虑。需求带动的趋势很明显，但大学教育依然纹丝不动。

这次互联网冲击能撼动史上最稳定的组织——大学吗?

哈佛大学女校长福斯特最近说："大学要善于不同凡响"，"每一代人都有他们自己的使命"。"培养能跨越学科边界的学生"是今天"互联网+教育"的使命，理工科大学生更应是"互联网+"冲锋陷阵的一代。大家都在期待着大学的不同凡响。

现在海内外都是哪吒闹海的一幕，任正非、柳传志、侯为贵们已老，马云、马化腾、李彦宏们已功成名就，中国"互联网+"呼唤新一代，像深圳"光启"和"大疆"们，必须关注这些于无声处听惊雷的无名之辈，眼睛不要老盯着大院大所和高校的自上而下的科研成果的转移。今天是市场推动的技术改变着世界。

10. 互联网去中介化趋势将改善运行成本高昂的中国经济，用行为识别技术"净化"中国商务环境

中国由于市场竞争不充分、信息不对称，垄断时有发生，商务环境差，形成所谓的"半个市场经济"，无法用科斯所说的市场竞争办法迫使市场交易成本降低，造成中国经济运行成本高昂。

同时市场环境差，假冒伪劣、坑蒙拐骗横行。如不改善中国的商务环境，中国是没有希望的。寄望于"互联网+"推动实网与虚网融合，形成信息透明、对称、开放、公平、客户至上的市场氛围和监管体系，剪掉中间商和拦路寻租的红顶机构，跨过其头顶，并用大数据行为识别技术构建虚拟行为身份证，形成商务"安检"，确保网上交易安全，使中国经济健康运行，还老百姓一个干净、公平、安全的市场。

中国会因"互联网+"而脱颖而出，对人类进步做出贡献。

“互联网＋”毕竟是对传统工业化和经济社会发展方式的一个颠覆，是以一种软手段获取经济和社会的提升，具深远意义。

互联网思维：开源、开放、共创、共享是一种哲理，对全球治理、国家治理、社会治理、企业治理都是普适的。

建议国务院成立一个“互联网＋”协商指导小组，工信部易名为产业信息化部，推动此番事业的健康进行。

B.4

智慧云制造环境下的云管理

王 理　李伯虎　柴旭东*

摘　要：本文在对智慧云制造进行阐述的基础上，论述了其带来的管理方面的变化与需求，给出了智慧云管理的内涵、模式、流程和核心组成；对智慧云管理的支撑技术进行了论述；并介绍了智慧云管理实施案例；梳理了智慧云管理的未来发展方向。

关键词：智慧云制造　智慧云管理　支撑技术　产业链

一　制造业面临的挑战与对策

中国制造业正面临全球新工业革命带来的挑战，发达国家正围绕新制造范式和手段展开新一轮的智慧制造革命。其发展目标是以数字化、网络化（互联化）、智能化制造技术为手段，实现以敏捷化、绿色化、协同化、个性化、服务化、社会化为特征的智慧制造。其中包括美国的“国家增材制造/3D打印计划”“国家机器人计划”“美国先进制造业国家战略计划”；德国的“工业4.0”计划；英国的“智能制造计划”“高价值制造计划”；法

* 王理，教授，博士；北京市重点实验室秘书长，主要研究领域为管理信息系统、决策支持、数据挖掘、知识管理、大数据分析。李伯虎，中国工程院院士，博导，中国管理科学学会学术委员会主任；近期研究领域为复杂系统建模与仿真、高性能仿真计算机系统、云仿真、云制造、智慧制造及智慧城市等。柴旭东，研究员，博士；主要从事复杂系统建模仿真、复杂产品多学科虚拟样机工程技术、高性能云仿真、云制造技术等的研究与开发。

国的“未来智能工厂计划”；欧盟的“智能制造系统2020计划”；日本的“未来新工业和新市场的研究计划”等。

目前，中国制造业正面临从价值链的低端向中高端、从制造大国向制造强国、从中国制造向中国创造转变的关键历史时期。当前中国制造业的主要问题在于：①“产品创新开发、产品质量”及“产品服务”方面的竞争能力低，因此，中国许多制造企业处在“微笑曲线”下端，附加价值低（见图1）；②产品制造能耗高，环境污染严重；③工业基础薄弱，关键基础材料、核心基础零部件/器件、先进基础工艺、质量技术基础等受制于人；④产品产业链的集成、协同和优化能力低；⑤制造业信息化水平低。

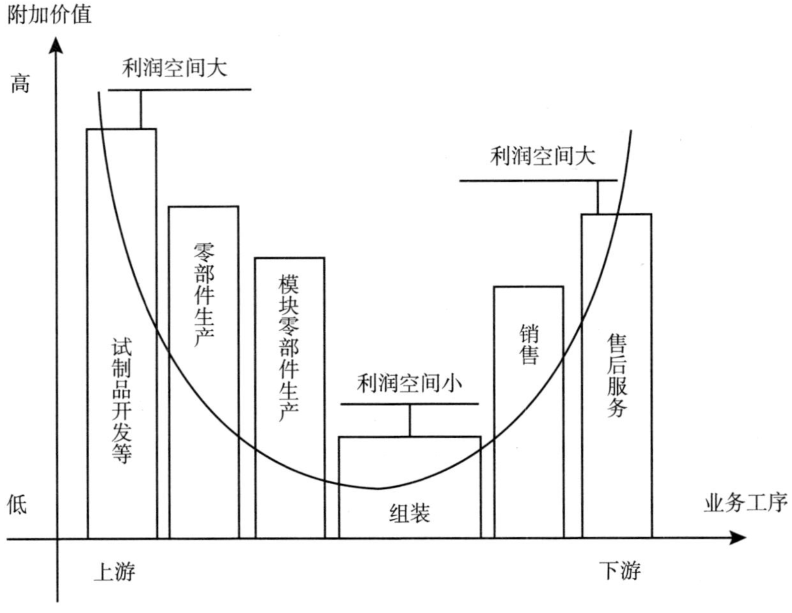

图1　微笑曲线

中国工程院“制造强国战略研究”重大咨询项目的报告指出，中国的制造业要实现又大又强，必须加快推进5个转变：①由技术跟随战略向自主开发战略转变，再向技术超越战略转变；②由传统制造向数字化、网络化、智能化制造转变；③由粗放型制造向质量效益型制造转变；④由资源消耗型、环境污染型制造向绿色制造转变；⑤由生产型制造向生产加服务型制造转变。[①]

面对如此严峻的形势，党的十八大明确提出中国制造业发展的宏观对策：从“要素驱动+投资驱动”转变为“创新驱动”是实现中国创造的必由之路。以“工业化与信息化深度融合”为特征的“制造业信息化”是我国从制造大国向制造强国迈进的战略举措。最近，李克强总理在2015年政府工作报告中又提出了“中国制造2025”及“互联网+行动计划”等战略计划。

二　智慧云制造（云制造2.0）内涵[②]

2009年我国首次在国内外提出了云制造的理念。[③] 2010年，在“863”计划的支持下，由北京航空航天大学及中国航天科工二院等50多个单位组成的云制造技术研究与应用开发团队开始了云制造1.0的研究与实践。如今，云制造1.0已经在关键技术、支撑平台以及应用技术方面取得阶段性成果。经过近几年的实践，有关技术的发展，特别是云计算、大数据、嵌入式仿真、移动互联网、高性能计算、3D打印等技术的快速发展，为加强云制造的智慧化提供了技术支撑，因此，我国云制造技术研究与应用开发团队于2012年又提出了“智慧云制造”的理念，[④] 并开始了“智慧云制造”（又称

① 周济等：《制造强国战略研究》，中国工程院内部报告，2014。

② Li Bohu, Chai Xudong, Zhang Lin, et al., “Smart Cloud Manufacturing (Cloud Manufacturing 2.0) —A New Paradigm and Approach of Smart Manufacturing”, Keynote Speech of the 21st ISPE International Conference on Concurrent Engineering, September 8–10, 2014, Beijing, China.

③ 李伯虎、张霖、王时龙、陶飞、柴旭东等：《云制造——面向服务的网络化制造新模式》，《计算机集成制造系统》2010年第16期；李伯虎、张霖、任磊、柴旭东等：《再论云制造》，《计算机集成制造系统》2011年第17期；李伯虎、张霖、任磊、柴旭东等：《云制造典型特征、关键技术与应用》，《计算机集成制造系统》2012年第18期。

④ Li Bohu, Chai Xudong, Zhang Lin, et al., “Smart Cloud Manufacturing (Cloud Manufacturing 2.0) —A New Paradigm and Approach of Smart Manufacturing”, Keynote Speech of the 21st ISPE International Conference on Concurrent Engineering, September 8–10, 2014, Beijing, China.

云制造 2.0）的研究与探索。“智慧云制造”在制造模式、技术手段、支撑技术及应用等方面进一步发展了云制造 1.0。

（一）智慧云制造内涵

智慧云制造是一种互联化、服务化、个性化（定制化）、社会化的智慧制造新模式和新手段。具体地讲，它基于泛在网络及其组合，以人为中心，借助信息化制造技术、新兴信息技术、智能科学技术①及制造应用领域技术等 4 类技术深度融合的数字化、网络化、智能化技术手段，将制造资源与能力构成服务云（网），使用户通过终端及云制造服务平台便能随时随地按需获取制造资源与能力，对制造全系统及全生命周期活动（产业链）中的人、机、物、环境、信息，进行智慧感知、互联、协同、学习、分析、预测、决策、控制与执行，使制造全系统及全生命周期活动中的人/组织、经营管理、技术/设备（三要素）及信息流、物流、资金流、知识流、服务流（五流）集成优化；② 进而高效、优质、低耗地制造产品和服务用户，提高企业（或集团）的市场竞争能力。

“智慧”强调了“创新驱动，以人（用户）为中心的人机深度融合，数字化、网络化（互联化）、智能化的深度融合及工业化与信息化的深度融合”。

智慧云制造（云制造 2.0）发展了 2009 年提出的云制造 1.0。其中，在制造业制造模式方面，它在云制造 1.0 网络化、服务化的基础上，进一步突出了以人为中心、随时随地按需服务的个性化、社会化智慧制造模式。在制造业技术手段方面，它在云制造 1.0 强调云制造服务平台技术手段的基础上，进一步强调了在智慧云制造环境中的设计/生产与装备/经营管理/仿真与试验及服务的智慧化思维、方式及技术手段的创新。在制造支撑技术方面，它在原有云制造 1.0 的支撑技术上，进一步融合了“大数据、全生命

① 史忠植：《智能主体及其应用》，科学出版社，2000。

② 李伯虎、张霖、任磊、柴旭东等：《云制造典型特征、关键技术与应用》，《计算机集成制造系统》2012 年第 18 期。

周期虚拟样机工程、高性能仿真、3D 打印、网络安全、移动互联网”等新支撑技术。在制造应用服务方面，它进一步拓展了更广更深的个性化制造、社会化制造及增值服务等。

（二）智慧云制造系统与体系结构

智慧云制造系统是以智慧云制造平台为支撑，互连从设备到单元、工厂（企业）、区域、城市、行业，乃至跨行业的制造资源和制造能力，并按智慧云制造模式和手段构建的制造系统。该系统包含三部分：一是智慧制造（软、硬）资源，以及设计、加工生产、试验运行、经营管理、售后与增值服务等智慧制造能力；二是智慧制造云池；三是制造全生命周期智慧应用。系统中有三类人员：智慧制造服务提供者，智慧制造云运营者及智慧制造服务使用者。智慧云制造系统概念模型见图 2。

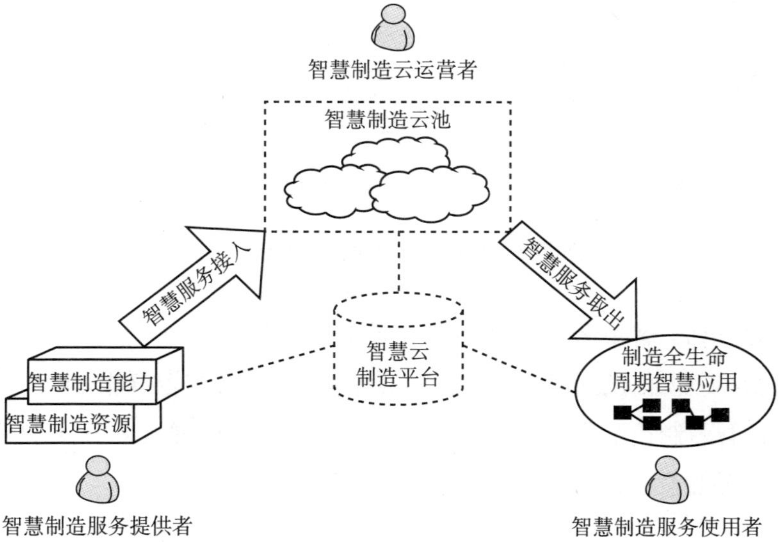

图 2　智慧云制造系统概念模型

智慧云制造系统从体系结构上分为三层：第一是智慧资源/智慧能力层；第二是智慧制造云服务平台层（智慧感知/接入/通信层、虚拟智慧资源/能力层、智慧核心支撑功能层、智慧用户界面层）；第三是智慧云服务应用层。智慧云制造系统架构见图3。

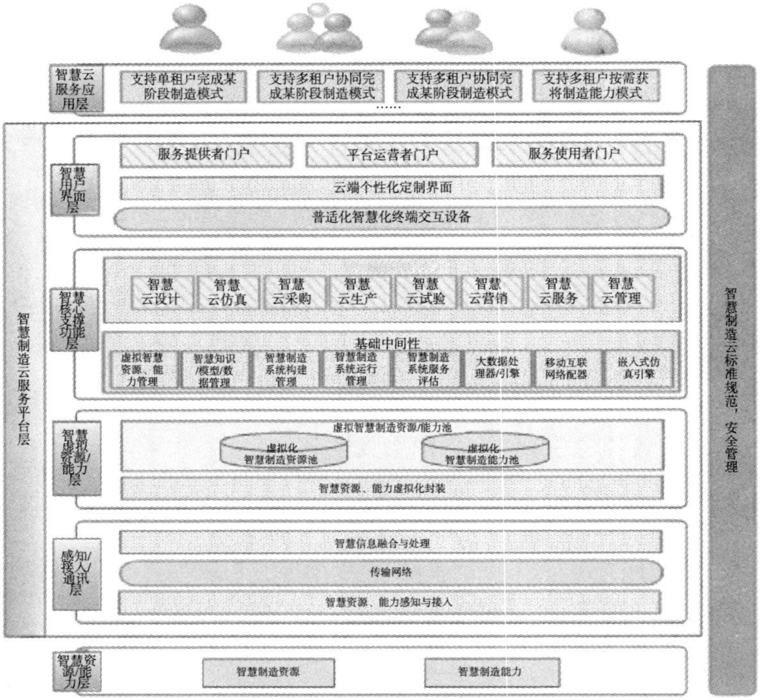

图3　智慧云制造系统体系结构

由此可见，智慧云制造系统的实质是一种基于泛在网络及其组合的、人/机/物/环境/信息深度融合的、提供智慧制造资源与智慧能力随时随地按需服务的智慧制造服务互联系统。它就是一种“互联网（云）+制造资源与能力”的智慧制造系统。

三　智慧云制造中管理的变化与需求

（一）“人、财、物、产、供、销”模式的变化

智慧云制造的出现使得围绕产品全生命周期的管理发生了重大改变。首

先，管理模式借助智慧云制造技术将资源和能力属性、静/动态行为等信息转变为数据、模型，以进行统一分析、规划和重组处理。制造资源和能力与数字化技术融合形成了使用数字化技术控制/监控/管理的制造资源系统和能力，如管理软件（软制造资源）和人力/知识、组织、业绩、信誉、资源。其次，通过融合物联网、信息物理融合系统（CPS）等信息技术与制造技术，实现软硬制造资源和能力的全系统、全生命周期、全方位的透彻接入和感知，并支持制造全生命周期活动中人/组织、管理和技术/设备的集成与优化。[①] 最后，通过协同化技术与制造技术的融合，实现全系统、全生命周期、全方位的互联、互通、协同，以满足用户需求。智慧云制造也为敏捷化虚拟企业组织的动态协同管理提供了全面支撑，实现了多主体按需动态构建虚拟企业组织，以及虚拟企业业务协同运作中的有机融合与无缝集成，并通过网络通信技术、物联网技术与制造技术的融合，支持实现基于泛在网络（包括互联网、移动互联网、物联网、电信网、广电网、卫星网等）的人、机、物互联的社会化制造活动。

人力资源的社会化特征日益明显。智慧云制造的互联、互通、协同等特性，可以帮助解决企业职工与临时雇佣受限于场地、管理，多批次串行运行等问题。以汽车设计企业为例，传统模式下企业在接到设计任务后需要雇用大量设计师进行各种模块设计。然而受限于场地、资金等因素，通常只能由30～40个设计师设计数百个零部件，多批次状态下只能串行工作，耗时约3～4个月。基于智慧化云制造模式的人力资源及组织模式再造，通过在线众包，构建由主机厂、供应商、研发企业以及大量社会设计师组成的虚拟企业，不限制人数，分布、并行进行设计。细化分解汽车零部件设计任务并在线寻找认证过的自由设计师进入虚拟企业，众多社会设计师通过云制造平台分布、并行设计，并实时与需求方沟通，传统3～4月的设计周期被大幅缩短至1～2月。

---

① 李伯虎、张霖、任磊、柴旭东等：《云制造典型特征、关键技术与应用》，《计算机集成制造系统》2012年第18期。

“产、供、销”方式智能化。通过将智能科学技术、大数据及仿真等技术与制造技术融合并渗入制造各环节、各层面，为两个维度的“全生命周期”活动（智能化制造全生命周期活动和智能化制造资源/能力服务全生命周期活动）提供智能化支持。

在智慧云制造中企业及产品用户是“产、供、销”环节的服务对象。服务内容包括（产品）销售为服务 SaaS（Sell as a Service）、（产品）运营为服务 OpaaS（Operation as a service）、（产品）维修为服务 ReaaS（Repair as a Service）及（产品）增值为服务 VaaS（Value-added as a Service）。智慧云制造中的“产、供、销”模式以用户为中心，按需动态架构，并按照用户需求，随时随地提供制造服务。此外该模式还具有以下特性：①互操作：支持制造资源间与制造能力之间的互操作；②协同：面向制造多用户协同、大规模复杂制造任务执行的协同；③网络化异构柔性横向、纵向集成与全局优化；④支持网上分布异构的制造资源/能力的横向、纵向柔性集成与全局优化；⑤超强、快速、创新能力；⑥可快速、灵活组成各类服务以响应需求；⑦全生命周期智慧制造：服务于制造全生命周期，融合智能科学技术、信息技术与制造技术实现跨阶段的全程智慧制造。①

（二）产业链综合环境的变化

1. 社会责任需求

智慧云制造打破传统管理的空间距离，提出虚拟化的企业合作模式，使得产业链成员间的业务联系更加广泛，不同领域间的合作也日益增多，由此引发了多主体间的社会责任合作需求。从单一企业视角出发，企业社会责任行为是一种价值创造机制，不仅为社会创造价值，同时也为自身创造价值。企业可通过组织声誉的提升来提高企业的竞争优势。然而，当社会责任行为的主体从单一企业扩展到云管理中的全产业链时，单一企业追求对社会负责

① 李伯虎、张霖、任磊、柴旭东等：《再论云制造》，《计算机集成制造系统》2011 年第 17 期。

任的简单行为，经链中传导、反馈等机制，形成一类具有新结构、新模式的复杂群体社会责任行为。具体而言，云管理全产业链中企业所需承担的社会责任，应包括质量保障、信息披露、订单承诺、风险共担等伙伴企业权益保护责任，知识共享、文化传输、人才培训等持续合作保障责任以及对上下游企业在员工权益、环境保护等方面的监管与改进责任等。[①]

2. 环境保护需求

十八大以来，我国将生态文明建设与经济、政治、文化、社会建设全方位融合，协同推进新型工业化和绿色化，把绿色发展、循环发展、低碳发展作为基本发展途径。随着智慧云制造模式的应用，制造工业的传统模式正逐渐向清洁生产以及废弃物循环利用的发展模式转变。[②] 而要实现绿色制造理念落地，还需要不断坚持技术创新，同时考虑社会发展需求、当前经济状况、现今行业生态状况等不同维度，深入影响制造工艺中产品性能、寿命、环保等几个重要方面。具体有以下四方面需求：①废弃物回收利用技术的创新。将废弃物进行无公害化处理，最好是回收再利用。②虚拟制造技术的创新。在传统生产中，大批量生产前要生产一些工艺样品，以发现其中的缺陷。若用虚拟制造技术，就不用实际生产样品，这样减少了原料损耗，降低了生产成本。③工艺模拟技术的创新。通过该技术能够调节工艺参数，优化工艺条件，提高产品质量。④净成形技术的创新。这种技术能够减少毛坯制造时的能耗和原材料损耗，缩短产品的生产周期，从而降低成本。

3. 人权需求

智慧云制造模式以人为本，是互联化、个性化、服务化、社会化的智慧制造新模式，是把各种制造资源连接在一起的资源池，在制造全生命周期过程中为客户提供定制化的、按需使用的、主动的、透明的、可信的制造服务；更是放大“人”的个性化需求和情境感知的管理模式。无论是通过人/

---

① 陈远高：《供应链社会责任的概念内涵与动力机制》，《技术经济与管理研究》2015 年第 1 期。

② 买尔达·库尔班江：《绿色制造技术在机械制造中的应用与思考》，《中国高新技术企业》2015 年第 4 期。

机/物共同决策的智能响应，还是通过互联化实现的知识共享，智慧云制造模式的本质核心都是以“人”的意志为转移，是人权需求的最大化体现。

4. 系统组织结构的扁平化、柔性化

智慧云制造系统的组织结构是一种基于云服务的体系架构。因此，它将使传统的多层、固定的系统组织结构变成扁平化、柔性的系统组织结构。它可以针对市场的需求灵活地组成相应的系统组织结构。

（三）项目管理的变化

1. 成本管理

传统成本管理理论服务于大规模大批量产品生产，却不适用于小规模小批量产品生产管理。而在智慧云制造中大规模大批量生产不再是管理所针对的核心问题，针对小规模小批量多样化个性化生产的智慧云制造管理理论成为研究热点。① 智慧制造中的成本管理依托新兴信息技术、智能科学技术及新信息化（大）制造等技术，支持按需动态架构、互操作、协同、网络化异构集成、超强快速响应的全生命周期智慧制造，能够大力提升企业的信息管理能力，极大优化人力、财力以及物力，削减企业的投入及资源浪费。归集和分摊企业成本，给产品带来更高的使用价值。

2. 质量管理

智慧云制造通过数字化、物联化、虚拟化、服务化、协同化、定制化、网络化、智能化技术手段，利用产品风险管理技术、安全评价技术、信息化技术和统计分析技术，突破传统产品质量管理瓶颈，运用信息化技术搭建云制造系统，有效集成产品质量信息监测、分析、安全性验证和预警等功能，形成快速、高效、智能的信息处理工具，实现产品质量安全的动态管理。

3. 进度管理

基于自动控制技术，智慧云制造的进度管理能够进行自动监控、运行、评估以及服务。通过自动控制技术改变传统进度管理模式，智慧云制造能够

① 刘晓露：《现代企业成本管理浅析》，《合作经济与科技》2015 年第 2 期。

在没有人直接参与的情况下，利用附加装置（自动控制装置）使生产过程或生产机械（被控对象）自动地按照某种规律（控制目标）运行，使被控对象的一个或几个物理量（如温度、压力、流量、位移和转速等）或加工工艺按照预定要求变化。自动控制技术包含：①自动控制系统中所有元器件的构造原理和性能；②控制对象或被控过程的特性等方面的知识；③自动控制系统的分析与综合；④控制用计算机（能做数字运算和逻辑运算的控制机）的构造原理和实现方法。

（四）知识、服务流管理

知识流是知识从获取、组织、共享到创新的流动过程。知识流管理则通过知识流的获取、组织、共享以及创新的不断循环，搜索、创造实现并满足企业需求的知识，最后知识的需求者通过管理平台了解所需知识，并将创新后的知识存储至知识库中。[①] 在每一次知识服务的过程中，知识服务平台都会对知识服务提供者提供的知识进行反馈、评价，并不断更新积累知识库。在知识管理过程中，各参与方通过云管理平台进行交互、协同，共享显性知识，同时也促使隐性知识显性化。在云管理中，各参与方既是知识的消费者又是知识的生产者。

制造服务是指基于虚拟化的智慧制造资源和能力，通过服务计算技术进行封装和组合，形成各类制造服务。[②] 制造服务主要体现在以下几个方面：一是通过对智慧云资源/能力的聚合服务，实现分散资源/能力的集中使用服务；二是通过对智慧云资源/能力的拆分服务，实现集中资源/能力的分散使用服务；三是实现产品的增值服务。智慧云制造服务具体包括论证为服务 AaaS（Argumentation as a Service）、设计为服务 DaaS（Design as a Service）、加工生产为服务 FaaS（Fabrication as a Service）、试验为服务 EaaS（Experiment as a Service）、管理为服务 MaaS（Management as a Service）、

① 李贺、王道平：《基于 Petri 网的钢铁企业知识流模型研究》，《科学管理研究》2010 年第 4 期。

② 王道平、李贺：《基于知识流的敏捷供应链知识服务模式研究》，《软科学》2010 年第 3 期。

（产品）销售为服务 SaaS（Sell as a Service）、（产品）运营为服务 OpaaS（Operation as a service）、（产品）维修为服务 ReaaS（Repair as a Service）、（产品）增值为服务 VaaS（Value-added as a Service）。智慧云制造服务流是在云计算提供的 IaaS（基础设施即服务）、PaaS（平台即服务）、SaaS（软件即服务）基础上的落地和拓展。它丰富、拓展了云计算的资源共享内容、服务模式和支撑技术。

四 智慧云管理的变革

（一）智慧云管理的内涵

智慧云管理系统是智慧云制造系统的重要组成部分。它基于泛在网络及其组合，以人为中心，借助现代管理技术、新兴信息技术、智能科学技术及制造应用领域技术等4类技术深度融合的数字化、网络化、智能化技术手段，将管理资源与能力构成服务云，使用户通过终端及云制造管理服务平台便能随时随地按需获取管理资源与能力，对制造全系统及全生命周期活动（产业链）中的人、机、物、环境、信息，进行智慧感知、互联、协同、学习、分析、预测、决策、控制与执行，实现制造全系统及全生命周期活动中的人、机、物、环境、信息的管理动态集成与优化，进而高效、优质、低耗地支持产品制造并服务用户，提高企业（或集团）的市场竞争能力。

（二）智慧云管理的模式、流程

智慧云管理模式是将物联网、移动互联网、云计算及大数据等新兴信息技术与管理理论方法深度融合所形成的数字化、网络化、智能化管理模式，专注于企业与客户之间、企业层级间、企业成员间信息的有效利用与传递。智慧云管理的突出特征是基于云平台对制造云全系统、全生命周期活动（产业链）中的人、机、物、环境、信息进行智慧感知、互联、协同、学习、分析、预测、决策、控制与执行。

智慧云管理流程重视企业产品制造云的全系统、全生命周期活动中的人/组织、经营管理、设备/技术（三要素）及信息流、物流、资金流、知识流、服务流（五流）的集成优化。

（三）智慧云管理核心组成

1. 供应链的云管理

智慧云管理打破了空间地理位置的限制，供应链的资源与服务不再受限于空间距离的远近，可以在全国乃至全世界范围整合相应资源，并涉及产品全生命周期的活动，包括设计、采购、制造、销售、运输等环节。① 供应链的云管理与传统管理模式相比，最大限度地利用了云计算的特点，集成、协同和优化能力大大提高，使得服务时间、服务成本都趋小，信息、可用性、服务质量和信任都趋大。

与此同时，在智慧云制造的大背景下，以前基于互联网的信息模式已经不能够适应物联网信息共享的现实需求。随着传感器的普遍应用，大量的数据采集、存储、传送、处理、分析、共享、分发所需要的计算能力和通信能力，特别是在不同时间段和不同地区所需要的能力的弹性，已经远远超出目前互联网网站或企业网应用系统的能力范围。② 此外，智慧云管理中客体之间交互数据的复杂性也大大增加，对于管理而言，设备状态、设备信息等数据也必须被纳入闭环的控制过程中。智慧云管理模式通过融合云制造、制造物联、语义网络化制造和企业 2.0 的思想与理念，集务联网、物联网、知识网和人际网于一体，创新数据共享新模式。

2. 产品全生命周期活动与过程的云管理

感知层技术、传输层技术和应用层技术的飞速发展，使管理的数据采集

---

① 武超然、李芳、江海涛：《云制造平台下基于蝙蝠算法的供需调度时间优化》，《现代情报》2014 年第 10 期。

② 杨景：《物联网走向高度共享和可行动智能》，《中国新通信》2011 年第 20 期。

方式发生巨大变化，管理覆盖范围和精度大大增强。① 这表现在产品全生命周期活动与过程云管理的以下环节：①需求阶段：以消费者需求为主体导向，让用户参与产品的需求分析，包括通过眼动仪、面部分析仪、脑电仪等感知设备采集、分析消费者的感知信息（包括对不同产品设计图纸、虚拟或实物样品的浏览方式及浏览次数、可视化感受、视线位置、心理反应等），挖掘潜意识，判断用户对产品的喜好。②设计阶段：融合设计者与消费者的共同追求，设计者可以利用智慧云管理平台实时了解生产、工艺环节，或是库存、采购乃至市场价格，快速准确地获取所需信息，做出优化决策，从而保证产品设计质量。③研制阶段：精确定位生产环节的物料、半成品、成品、人力资源，及时准确地获取生产线上各环节状况，优化生产。④试验测试阶段：通过智慧云管理中的数据支撑，在最短时间内有效感知产品的质量情况、故障状态以及故障的模式，根据产品的可靠性故障发生模式以及试验使用情况判断产品运行状况，及时改进产品和服务。⑤存储流通阶段：通过 GPS 等实时定位系统，敏捷捕捉库存现状，从而引导制定相关决策。⑥使用及售后服务阶段：通过云平台，实时采集分析关键零部件运行状况，提前研判预警，提供快捷优质的维修保障服务。

3. 多主体参与的产业链的云管理

随着云计算、物联网、移动互联网技术和大数据的发展，产品制造全生命周期内所产生的信息能够被实时采集、广泛共享乃至深度挖掘，使得产业链的云管理连接了总装公司、研发企业、零部件供应商、服务商、政府（质检、工商、税务、海关）、协会（环保组织）、科研机构、消费者。在产业链云管理过程中，生产商、消费者的不断增加促使大量组织和机构加入平台，进而吸引增值服务组织加入系统。这些具有一定关联的组织以平台为核心，集聚联结起来互补优势和共享信息，形成具有规模效益和竞争优势的动态系统。

---

① Zhang Lin, Luo Yongiang, Tao Fei, Li Bohu, et al., "Cloud Manufacturing: A New Manufacturing Paradigm", *Enterprise Information Systems*, 2, 2012: 234 -243.

4. 面向产业链/集群协作的智慧城市云制造的管理

面向产业链/集群协作的智慧城市云制造为满足地方产业经济转变发展方式、促进经济持续健康发展的需求，以云制造为核心，云端架构云制造交易中心、云制造服务中心、云制造运营中心，搭建面向产业链的智慧城市，共享本地制造资源，有效汇集全球制造能力，从而延伸产业链，实现转型升级。不仅如此，智慧城市的建立还能：①提高企业竞争能力，提高产业链整合与协作能力，高效配置制造资源和能力，提供整体创新手段；②加快转变城市经济发展方式，营造新型产业环境，转变产业发展方式，发展战略性新兴产业，创新招商方式，扩大税收来源。

5. 商业模式变化

智慧云管理不仅改变现有管理手段，更借助社交网络、移动互联等新兴技术，打破组织、资源和时空限制；改变应用模式，提供按需服务；扩展新的计算分析模式；提供研发、生产、采购、销售、服务等制造全周期产业链在线协同业务服务，以及金融、物流等产业配套服务；支持企业线上全产业链智慧云协同、智慧云众包模式协同研发、智慧云协同营销。智慧云管理创新了企业内部价值链，企业可以根据客户需求，定制个性化产品或服务；依托云计算及网络技术，智慧云管理可以实现与第三方企业的战略合作；云平台化的产品与服务，使得企业可以在生产上实施生产模块化；借助客户忠诚度，智慧云管理可以增强企业可信度，建立企业信用认证体系。①

（四）智慧云管理的支撑技术

智慧云管理的支撑技术包括信息化管理技术、新兴信息技术、智能科学技术及制造应用领域技术等 4 类技术。②

1. 信息化管理技术

信息化管理技术是指信息技术与传统管理技术融合的现代管理技术。信

① 李宁、郭毅夫、王岩：《云管理商业模式及评估》，《中国管理科学》2012 年第 2 期。
② 李伯虎：《云制造：制造业信息化的新模式与新手段》，《中国信息化周报》。

息化管理技术包括：信息化管理系统总体技术，支撑平台与环境技术，以及信息化项目管理、企业管理、质量管理、供应链管理、物流管理、资金流管理、销售管理、电子商务管理技术等。信息化管理技术是智慧云管理的基础技术。

2. 新兴信息技术

智慧云制造技术融合云计算、物联网、大数据、移动互联网、安全技术、网络通信技术等新兴信息技术。其中，云计算技术为智慧云管理中信息、资源与能力的存取/共享/协同及智能计算提供使能技术；物联网技术可实现融合“人—物—环境”为一体的云管理系统；大数据技术为全生命周期活动的精准化、高效化、智能化提供使能技术；安全技术为智慧云管理系统的安全提供使能技术。

3. 智能科学技术

智能科学技术以研究人类智能行为的基本理论和实现为目的，并由脑科学、认知科学、人工智能等组成。脑科学从分子水平、细胞水平、行为水平研究自然智能机理，建立脑模型，解释人脑的本质。认知科学研究人类感知、学习、记忆、思维、意识等人脑心智活动过程。人工智能研究用人工的方法和技术，模仿、延伸和扩展人的智能，实现机器智能。[①] 智能科学技术为智慧云管理中人/机/物/信息的智能识别、融合、运算、监控和处理提供了使能技术。

4. 制造应用领域技术

3D 打印、服务计算、建模仿真、自动控制、高效能计算等制造领域应用技术实现了云计算在制造领域的落地与拓展。服务计算为智慧云制造系统中制造资源/能力的服务化提供使能技术；建模仿真为智慧云制造系统的高效智慧研制与运行提供使能技术；自动控制为自动监控、运行、评估、服务提供技术支撑；高效能计算是求解复杂制造问题和开展大规模协同制造的技术基础。

① 刘泉喜：《智科学三部曲》，《福建电脑》2009 年第 4 期。

五 智慧云管理范例

（一）互联网思维下的云管理

“互联网+”不断颠覆着各个行业，基于互联网的云管理思维不仅影响着新型企业，也逐渐渗透到传统企业中。下面就以小米和海尔两个企业为例进行说明。

小米手机的成功可以说是互联网思维下的云管理的典型，其具体的管理步骤如下。首先，建立社区，形成粉丝团，通过粉丝团影响更多非小米粉丝用户；其次，针对铁杆粉丝进行小规模内测，让用户参与开发，提高用户的满意度；[①] 再次，通过互联网进行营销，减少市场推广的诸多中间环节，最大限度地减少了市场推广的成本；最后，打造基于 MIUI（小米科技旗下基于 Android 操作系统所开发的智能手机操作界面）的生态圈，整合小米电视、小米路由、小米手机等产品。

属于传统制造业的海尔集团，从以企业为中心的“企业的信息化”，逐渐转变为以用户为中心的“信息化的企业”。海尔通过打造营销网、虚网、物流网、服务网等网络资源，构建以海尔电器作为主体的交互平台和配送平台，推进平台型商业生态网，建立了 E－Store 平台、海尔商城、智慧物流平台、虚实互动平台和 HOPE 开放式创新平台等，实现企业四网融合以及用户体验驱动零库存下的“即需即供”。

（二）面向产业链/集群协作的智慧城市云制造

为满足地方产业经济转变发展方式、促进经济持续健康发展的需求，云制造技术研究与应用开发团队与佛山、襄阳、武汉等地方政府签署云制造落

① 《用一张图解读小米公司的商业模式》，http：//blog. sina. com. cn/s/blog_ 4dfc1c330102evhd. html。

地实施及产业化战略合作协议，在制造城市中打造智慧制造产业。

1. 智慧城市智慧制造业新模式

智慧城市智慧制造业模式，主要通过建立面向企业的私有商圈和面向个人的虚拟社区，实现企业、个人之间的“B2B2C2B”和“O2O”；提供研发、生产、采购、销售、服务等制造全周期产业链在线协同业务服务，以及金融、物流等产业配套服务，实现全产业链在线业务协同；提供资源/能力发布、管理与共享平台，整合大量制造资源/制造能力的资源整合。

通过“政府引导 + 社会参与 + 市场化”的模式运作，龙头企业带动产业链上下游企业伙伴云的（1 + N）商业模式推广，逐步构建信用体系，实现社会化制造、个性化制造、服务化制造和智慧化制造一体化的商业模式。

2. 智慧城市智慧制造业新技术手段

航天科工二院云制造技术研究与应用开发团队自主研发并建设了中国首个基于互联网的云制造公共服务系统天智网（1.0 和 2.0）（www. cosimcloud. com），其系统架构见图 4。

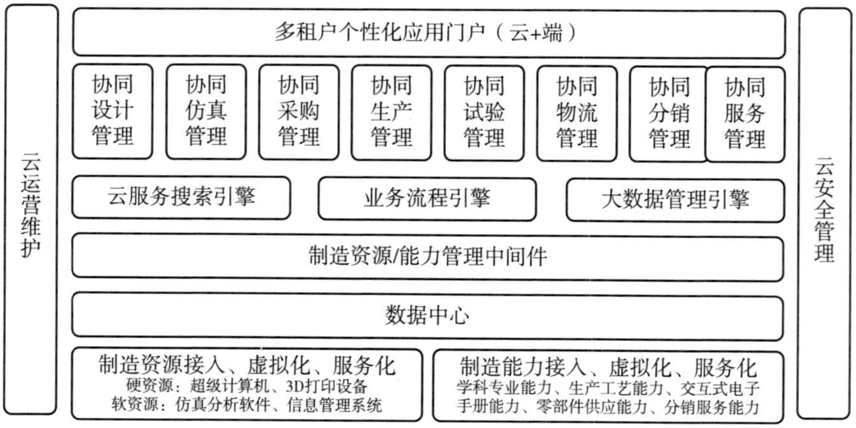

图 4　天智网系统架构

3. 智慧云制造落地实施

随着天智网以及智慧城市项目的推进，佛山、襄阳、贵州等城市的云制造规划设计与云制造平台落地推广已完成。

（1）智慧云制造提供制造资源服务——在线使用制造资源，降低企业成本。

（2）智慧云制造提供制造能力服务——引导企业上线，加速产业聚集。目前已有超过万家企业注册上线。

（3）智慧云制造提供“一站式”配套服务——融入“政、金、物”服务，支持信息流、资金流、物流集成优化，提高企业运营效率，创造更大价值。

（4）智慧云制造提供“智慧云服务”——支持企业线上全产业链智慧云协同，包括智慧云协同研发服务、智慧云协同采购服务、智慧云协同生产服务、智慧云协同营销服务、智慧云协同售后服务等。

4. 基于天智网的智慧云协同案例

（1）汽车全产业链复杂结构研发生产

汽车使用的是复杂的机电液控耦合系统，汽车研发是一个非常复杂的系统工程，涉及 2000 ~ 3000 个核心零部件，动力、底盘等系统零部件可达 500 个以上。汽车全产业链涉及的相关企业或主体如图 5 所示。

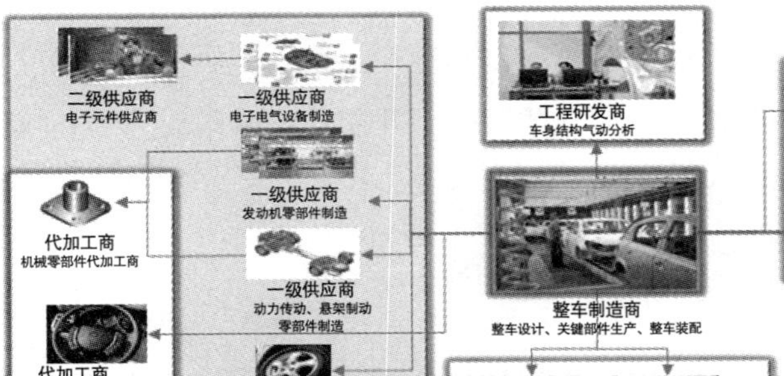

图 5　汽车全产业链关系

汽车整车企业及研发总承企业在开放式创新环境下，通过整合外部技术资源及能力来降低研发成本、提高研发速度是一种常用的研发模式，40% 以上零部件目前通过外包方式开展设计，包括汽车造型创意设计、零部件逆向工程设计、零部件外发加工生产等。

汽车研发是智慧云在生产制造领域的典型应用，本文通过项目示范应用，总结出了传统和制造云的模式在组织模式、研发模式、制造模式上的优缺点。

在组织模式上，智慧云制造模式利用社会化的组织，实现在线众包，构建由主机厂、供应商、研发企业以及大量社会设计师组成的虚拟企业，不限制人数，分布、并行进行设计，细化分解汽车零部件设计任务并在线寻找认证过的自由设计师进入虚拟企业，众多社会设计师（数百个）通过云制造平台分布、并行设计。

在研发模式上，智慧云制造模式利用虚拟样机技术快速设计原型和3D打印技术快速打造原型，由传统串行、集中式的研发方式向基于网络的并行、分布式研发方式转变，面向全网设计师众包，突破企业资源能力瓶颈，全面改善复杂产品研发的T、Q、C。传统模式采用集中式开发和管理，大量的差旅、评审会议费用占总设计成本70%以上，消耗的时间成本占总周期的50%以上。智慧云制造模式采用协同化的研发方法，基于全三维数字样机的协同设计，允许设计师使用云端资源分布、协同设计，虚拟装配验模，实现三维模型在线浏览、标注、跨单位审签，主机厂、研发方、供应商以及大量的社会设计师围绕汽车的三维数字模型开展在线协同设计、在线浏览、标注以及跨单位审签，节省差旅、评审成本80%，节省沟通时间成本60%以上（见图6）。

在制造模式上，传统模式在制造设备购置方面投入巨大，如企业需要投入数百万元购置数控机床/铣床、CATIA/Alias大型工程软件等硬软件设备。智慧化的制造模式按照个性化的汽车研发需求提供在线3D打印、大型工程软件等制造资源云服务，供制造企业在线租用。传统模式采用数控铣床制作汽车原型，铣床设备采购费用超过100万元，数控编程两到三周；采用在线3D打印服务，租用及材料费仅数万元，一天之内即可完成1∶8原型制作。

（2）基于大数据的智慧云制造应用案例——贵州工业云

例一，基于大数据的医药研发。

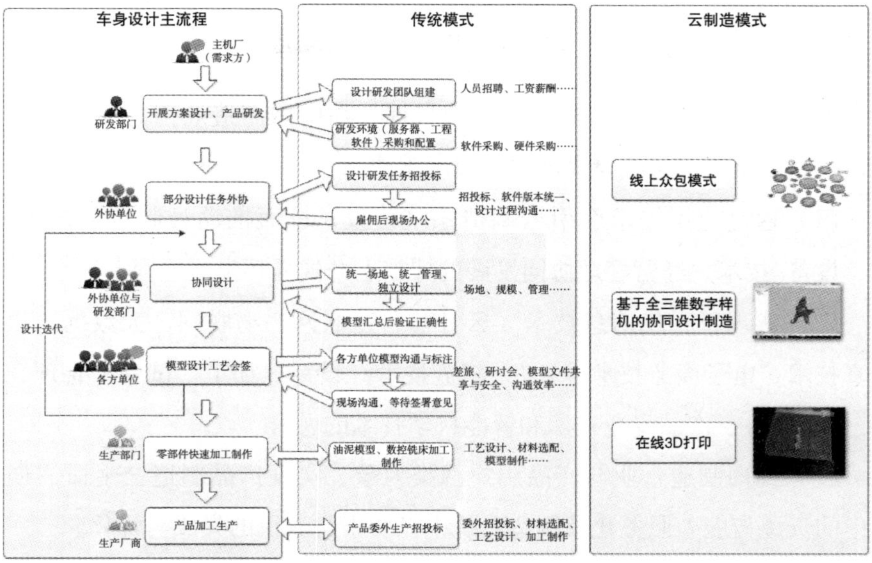

图6　研发模式对比

“智慧云制造”作为大数据中间件，在医药研发中从政府官方的医疗信息系统提取海量临床数据，挖掘药物效用及治疗方法，为医药研发提供定量数据参考。

例二，基于大数据的供应链融资。

银行等金融信贷机构从智慧云制造平台中提取融资企业的进销存统计业绩及企业征信级别相关信息，基于企业行为数据为供应链融资业务提供真实参考。

例三，基于大数据的电梯精准营销。

智慧云制造平台作为大数据中间件，对来自互联网/土地局的商业地产公司购地信息、政府各部门基建项目公告等信息进行收集整理，准确挖掘新的电梯销售商机。

六　智慧云管理的未来发展

智慧云管理的未来发展有赖于智慧云制造的进一步深化。本文认为，需要从四个方面推进我国智慧云管理的发展。

（一）进一步突出中国云制造研究与实施的特点与优势

围绕提高制造企业市场竞争力的目标，在中国制造业信息化工作基础上，智慧云制造应从战略高度展开以下工作。

（1）通过应用需求牵引云制造系统建设，进而推动云制造系统人/组织、设备/技术、经营管理协同发展的螺旋上升式循环发展途径。

（2）实现新一代信息技术（云计算，互联网、物联网，大数据，建模仿真技术，电子商务技术等）、大制造技术（设计、加工、试验、管理、维修、保障等）、产品专业技术和智能科学技术的融合。

（3）面向制造企业与产品用户两类对象，实现产品制造全生命周期活动中的资源与能力服务化及制造系统中三要素与五流的集成与优化。

（4）以构建智慧制造新手段与新模式为核心：基于务联网，建立以“产品”加“服务”为主导的“以人为中心，互联化、个性化、服务化、社会化”的智慧制造新模式及“数字化、物联化、虚拟化、服务化、协同化、定制化、网络化、智能化”的智慧化制造新技术手段。①

（5）实现工业化、信息化、城镇化、农业现代化同步发展。

（6）发挥“政、产、学、研、金、用”的团队力量。

（二）研究成果的工程化、产业化和深化应用

目前智慧云研究成果的工程化、产业化水平还有待提高，要加强以下工作：第一，云制造工具集成和平台的工程化、产业化。第二，选择更多的行业及智慧城市中的集团和中小企业群开展应用示范。

（三）技术拓展研究

（1）深化云设计、云生产、云管理、云试验、云服务等技术研究，包

① 李伯虎、张霖、任磊、柴旭东等：《云制造典型特征、关键技术与应用》，《计算机集成制造系统》2012 年第 18 期。

括深化对云支持下的新模式、流程、手段等的研究；结合各个行业与企业，创造有特色的商业模式。

（2）重视云制造与4项新信息技术（大数据技术、网络安全防护技术、移动互联网技术、在线仿真技术）的融合，以加强系统的“智慧化”。

（四）云管理实施要点

（1）围绕转变经济增长方式、增强企业市场竞争能力的目标，走良性循环发展的路线：从增强企业市场竞争能力的需求出发，由需求驱动来建立系统，通过系统建设带动技术/产品研发，新技术/产品的发展进一步促进系统的改进和完善，改进的新系统进一步推动新的应用，如此周而复始。

（2）企业一把手挂帅，建立系统工程的观点，按复杂系统工程内涵建立自主可控的智慧云制造系统：坚持“效益驱动，总体规划，突出重点，分步实施”的指导思想；密切结合各个企业的实际需求与情况，制定发展规划与阶段性实施方案；重视企业产品研制全系统、全生命周期活动中的人/组织、经营管理、设备/技术（三要素）及信息流、物流、资金流、知识流、服务流（五流）集成优化。

（3）制定激励政策，建立创新体系，组织开展知识、技术、产业发展项目。

（4）要制定相关标准和评估指标体系。

信息科技、工业制造科技的快速发展和相互融合产生了智慧云制造，同时也使智慧云制造环境下的云管理不断发展。这些理论、方法、技术和系统将为中国企业从价值链的低端向中高端发展、从制造向创造转变提供支持，有助于企业在关键历史时期实现转型升级，优化产业链。

B.5
孙中山思想与现代人力资源管理

萧国亮*

摘　要：本文以现代人力资源管理的视域诠释孙中山的思想。孙中山有关人力资源管理的思想主要表现在三个方面，即通过发展教育以开发人力资源，采取激励、环境与分配等方式以发挥人力资源的作用，强调知识在人力资源中的地位。解读孙中山有关人力资源管理的思想，不仅是为了缅怀这位伟人，也是为了开创伟大的事业。

关键词：孙中山　人力资源管理　教育　知难行易

2015 年是孙中山逝世 90 周年。纪念这位 20 世纪的伟人，最好的方法莫过于学习他的著作，继承他的思想，为实现伟大的中国梦而继续努力。历史事实证明，孙中山所开创的中华民族的解放事业和中华文明的复兴事业及他所留下的不朽思想，越来越显示出其深远的历史生命力和巨大的影响力。

孙中山思想是中国近代最重要的思想遗产，孙中山的经济思想是“中国近代最值得珍视的经济思想”①。事实表明，这个论断是正确的。我们检索文献，惊奇地发现，阐释孙中山思想的文献正与岁俱增，这就是一个有力的明证。本文的主题仅从现代人力资源管理的一个方面，来探究孙中山思想，以志纪念这位中华民族的伟大先行者。

* 萧国亮，北京大学经济学院教授。

① 赵靖：《中国经济思想史述要》下册，北京大学出版社，1998，第 819 页。

一　立学校以育人才

21 世纪的竞争，无论是国家之间的竞争，还是企业之间的竞争，归根到底就是人才的竞争，就是如何优化配置人力资源的竞争。孙中山在一百多年前，就提出中国寻求富强的“治国之大本”，在于“人能尽其才，地能尽其利，物能尽其用，货能畅其流”的观点。这个观点表明了他所具有的超越国人，顺应世界潮流的先进意识。在“人”“地”“物”“货”诸种资源中，他把“人”置于首位，充分体现了他对“人才”，对“人力资源”的重视。孙中山认为，对人力资源的优化配置，“所谓人能尽其才者，在教养有道，鼓励有方，任使得法也”①。

孙中山一贯重视教育在开发人力资源方面的重要作用，他在青年时代（24 岁）就认识到“远观历代，横览九洲，人才之盛衰，风俗之淳靡，实关教化。教之有道，则人才济济，风俗丕丕，而国以强；否则反此”②。针对清政府统治下教育废弛、文盲遍地、人才缺乏的现状，孙中山一方面批评洋务派只见“船坚炮利”，不见人才对于富国强兵的重要性，认为洋务派“虽多置铁甲，广购军装，亦莫能强也！”他一针见血地指出：洋务派这种见物不见人的做法是“舍本而图末”，“徒袭人之皮毛，而未顾己之命脉”③。另一方面，孙中山提出了他的强国之途，“必也多设学校，使天下无不学之人，无不学之地。则智者不致失学而嬉；而愚者亦赖学以知理，不致流于颓悍；妇孺亦皆晓诗书。如是，则人才安得不盛，风俗安得不良，国家安得而不强哉！”④

1895 年 2 月 21 日，孙中山进一步明确地提出了“立学校以育人才”的基本思想。孙中山在青年时代形成的这种以教育培养人才，开发人力资源的

① 《孙中山文集》下卷，团结出版社，1997，第 591 页。

② 《孙中山全集》第一卷，中华书局，1981，第 2 页。

③ 《孙中山全集》第一卷，中华书局，1981，第 25～28 页。

④ 《孙中山全集》第一卷，中华书局，1981，第 2 页。

真知灼见贯穿其一生。尤其在辛亥革命后，他当上临时大总统时，他把这些思想付诸实施。如1912年2月24日，他在《命教育部核办甘霖呈请官费留学令》中指出："民国新建，奖励游学，实为当今急务。"① 以临时政府的政策来鼓励向海外派遣留学生，为建设事业培养人才。他认为"教育的根本"在于"注重师范"。他在广东女子师范第二校的演说中讲道："中国人数四万万人，此四万万之人皆受教育。然四万万人皆得受教育，必倚重师范，此师范学校所宜急办也。"② 而教师的质量直接关系到教育的质量，他说："惟必有学识，方可担任教育。盖学生之学识，恒视教师以为进退，故教师之责任甚大。"③ 在1912年3月19日的《令教育部通告各省优初级师范开学文》中说："故欲兴办中小学校，非养成多数教员不可；欲养成多数中小学教员，非多设初级优级师范学校不可。虽一时权宜与永久经制自殊，而统筹全局，亦不可顾此失彼。此时注重师范，既能消纳中学以上之学生，复可隐植将来教育之根本，是真当务之急者。"为了开发人力资源以发展生产，孙中山提议政府财政开支，"莫妙于用作教育费"，并要求"法定男子五六岁入小学堂，以后由国家教之养之，至二十岁为止，视为中国国民之一种权利"④。不仅如此，他还认为，共和民国之根基，在于国民之人格，而"今日欲回复其人格，第一件须从教育始"⑤。尽管不久临时大总统之职被袁世凯所窃取，但是孙中山在任时期所倡导的重视教育以开发人才、开发人力资源的政策，对民国之后历届政府的施政不可能不产生深远的影响。如果我们从历史的视野来考察，民国时期，虽然政局动荡，战乱不已，但此时中国教育的发展，人力资源的开发，尽管不能与之后相比，可是客观上说，应该是超越前代的。民国早期，实业家辈出，科技人才产生，企业发展迅速，经济开始增长，工业化启动，不可否认，教育事业的发展促使人力资源的开发是

① 《孙中山全集》第二卷，中华书局，1981，第126页。
② 《孙中山全集》第二卷，中华书局，1981，第358页。
③ 《孙中山全集》第二卷，中华书局，1981，第358页。
④ 《孙中山全集》第二卷，中华书局，1981，第323页。
⑤ 《孙中山全集》第二卷，中华书局，1981，第358页。

其中的一个重要原因。

总之，这一切反映了孙中山重视教育、开发人力资源的思想与政策的深远历史影响。

中华民族，历来具有重视教育的优良传统，但也存在严重的缺陷。孙中山认为应该借鉴西方现代化过程中教育发展的先进经验，改造中国教育的历史传统。他说："泰西诸邦崛起近世，深得三代之遗风，庠序学校，遍布国中，人无贵贱皆奋于学。凡天地万物之理，人生日用之事，皆列于学之中，使通国之人童而习之，各就性质之所近而肆力焉。"① 值得注意的是，"教养有道"，关键在于：其一要普及教育。其二要拓展教育的领域，像传统中仅仅将四书五经之古籍，列入教育主要内容是远远不够的，必须把"天地万物之理，人生日用之事"，统统列入教育的领域，使教育面向自然科学、社会科学和人文科学，使教育面向人们的生计，面向实践，面向发展。如在学科设置方面，孙中山认为要"尽其聪明才力，各分专科，即资质不能受高等教育者，亦按其性之所近，授以农、工、商技艺，使有独立谋生之才"②。农、工、商各专科的设置，是教育的一次革命，反映了孙中山"立学校以育人才"的根本目的，是培养经济建设人才，开发人力资源，发展我国经济。1912 年 5 月 7 日，孙中山在广州岭南学堂的演说中指出："以后建设，万端待理。负责何人，则学生是也。……凡国强弱，以学生程度为差。"③ 把学生与建设相联系，把国家强弱与学生的质量相联系，同时，联系上述"人格"说，这一切充分地反映了孙中山使教育面向经济发展，面向富国强兵的开发人力资源的思想之要义所在。其三，教育必须因材施教，培养各种人才，通过教育，使"智者进焉，愚者止焉，偏才者专焉，全才者普焉"④。这种通过发展教育，改造教育而开发人才，开发人力资源的思想，对于中国的求富求强，发展经济，实现现代化，对于加强现代人力资源的管理，具有

---

① 《孙中山文集》下卷，团结出版社，1997，第 591 页。
② 《孙中山全集》第二卷，中华书局，1981，第 522 页。
③ 《孙中山全集》第二卷，中华书局，1981，第 360 页。
④ 《孙中山全集》第二卷，中华书局，1981，第 358 页。

重要的启示意义。孙中山的这一思想，产生于19世纪90年代，发展于20世纪初期，具有开风气之先的意义，是难能可贵的。

二　鼓励有方　任使得法

除了通过教育以开发人力资源外，如何发挥人力资源的作用，如何进行激励，如何对人力资源进行优化配置，这也是人力资源管理的重要方面。孙中山提出的“鼓励有方”和“任使得法”的思想，对人力资源管理具有重大的启示。

所谓“鼓励有方”，即是要发挥人力资源的作用，必须实施有效的激励手段。孙中山认为要有效地激励人力资源以发挥更大的作用，必须采取“权变”的方法，根据不同的情况，实施不同的激励手段。他认为，对于那些“有不徒苟生于世之心，则虽处布衣而以天下为己任”的人士，则“无待乎勉勖”。这反映了“成就动机”在激励手段中的重要地位。对于具有使命感、事业心的人士，不须以其他手段行施激励，其能依据发自内心的“成就动机”，“必能发奋为雄”。而对于大多数人来说，欲使其能“推陈出新”，孙中山十分强调营造创新环境的重要性，不仅“国家必宠以科名”，而且还要“有学会以资其博，学报以尽其益”①，荟萃全国学者，使之相互激励。

孙中山认识到营造一个良好的环境，对于激励员工的生产积极性具有重要的作用。他推崇20世纪初在德国起源后来被英美等国所模仿的社会进化事业。“就是要用政府的力量改良工人的教育，保护工人的卫生，改良工厂的机器，以求极安全和极舒服的工作。能够这样改良，工人便有做工的大能力，便极愿意去做工，生产的效力便是很大。”② 当然，这种改良，这种管理方式和激励方法的变革，与当时发达国家的生产方式由劳动密集型向技术

① 《孙中山文集》下卷，团结出版社，1997，第592页。

② 《孙中山文集》上卷，团结出版社，1997，第242页。

密集型的转变直接有关。但是，作为一个中国人，能够在20世纪20年代，在西方人力资源管理学派尚未形成之时，就认识到其对提高生产力的意义，这充分体现了孙中山对人力资源管理的智慧。

尽管孙中山认识到改良生产环境以激励工人的生产积极性，其目的是使资本家获得更多的利润。但是，孙中山认为这对工人来说，也可以多得工钱。由此他反对在企业管理中造成“利益有冲突”，在工厂里搞阶级斗争。他说：“改良工人的教育、卫生和工厂的设备，来增加社会上的生产力。……资本家固然是发大财，工人也可以多得工钱。”“这是资本家和工人的利益相调和，不是相冲突。”① “社会之所以有进化，是由于社会上大多数的经济利益相调和，不是由于社会上多数人的经济利益有冲突。……大多数有利益，社会才有进步。”② 孙中山的上述论述深刻地说明了这样的道理：人力资源管理中激励方法之要义在于提高生产力，增加社会总利益，而社会总利益的增加，应该使得博弈双方双赢。只有如此，管理才是有效的，“社会才有进步”。

从人力资源管理的角度来看，分配是一种激励的手段，分配是否合理，是否公平，直接关系到激励是否有效。在分配理论上，孙中山首先批判了亚当·斯密的“三位一体”公式，“按斯密亚丹经济学生产之分配，地主占一部分，资本家占一部分，工人占一部分，遂谓其深合于经济学之原理。殊不知此全额之生产，皆为人工血汗所成，地主与资本家坐享其全额三分之二之利，而工人所享三分之一之利，又析与多数之工人，则每一工人所得，较资本家所得者，其相去不亦远乎？”同时，孙中山又实地考察了英国的分配现状，“所得报酬之佣值，不过五、六百元，是人工所得不及百分之十，而地租、利息则百分之九十余也。此分配之不当，按以旧经济学之三原素分配亦不符也。故有生利之工人，则恒受饥寒，而分利之大地主及资本家，反优游自在，享社会无上之幸福，岂非不平之甚耶！”这种分配的不平等，不仅严

① 《孙中山文集》上卷，团结出版社，1997，第244页。

② 《孙中山文集》上卷，团结出版社，1997，第245页。

重挫伤工人的劳动积极性，而且还经常引发工人罢工，社会动乱。为此，孙中山主张：“人工宜得多数生产之余利，地主、资本家则按其土地、资本生产之应得之利息可矣。其分配人工酬报之多寡，应视其劳心劳力之多寡；劳动大，则报酬多，劳动小，则酬报亦小。”① 孙中山的这一分配主张，是值得我们注意的。第一，他承认了土地、资本在创造财富过程中的一定作用，因此，土地、资本的所有者应该在分配上有所得，但不能按亚当·斯密的理论各取三分之一，更不应如英国的现状那样，占90%以上，而应该获得与社会平均利息率那样的收益。这是孙中山“大多数有利益，社会才有进步”观念在分配上的体现。第二，重视“劳心”在创造财富过程中的作用。所谓“劳心”，笔者认为在生产过程中主要体现为管理、科学技术和信息处理等工作。孙中山认为，应根据“劳心”的多寡，来决定酬报的多少。这充分肯定了管理、科学技术和信息处理等工作在生产中的作用，有利于提高管理者、科技人员的积极性。第三，孙中山在分配中赞成社会主义的按劳分配原则。孙中山认为公平合理的分配，有利于激励工人的积极性，“工人之佣值，即可按照社会生活程度渐次增加，务使生计宽裕，享受平均，则工人亦安于工作，不至再演同盟罢工之苦剧矣。”②

孙中山尽管赞成按劳分配，但并不赞成唯按劳分配论，他认为社会财富的创造并非仅仅是劳动，而是还有许多其他因素，包括上述的“劳心”。所以，孙中山批判了马克思的劳动价值论。他指出，照马克思的学说讲，“资本家的盈余价值都是从工人的劳动中剥夺来的。把一切生产的功劳完全归之于工人的劳动，而忽略社会上其它各种有用分子的劳动。”③ 为了对这种批判提供事实的依据，孙中山举例说：“譬如中国最新的工业是上海、南通州和天津、汉口各处所办的纱厂布厂，那些纱厂布厂，当欧战期内纺纱织布是很赚钱的，各厂每年所剩的盈余价值少的有几十万，多的有几百万。试问这样多的盈余价值，是属于何人的功劳呢？是不是仅仅由于纱厂布厂内纺纱织

① 《孙中山文集》上卷，团结出版社，1997，第331、336、337页。

② 《孙中山文集》上卷，团结出版社，1997，第340页。

③ 《孙中山文集》上卷，团结出版社，1997，第245页。

布的那些工人的劳动呢？就纺纱织布而论，我们便要想想布和纱的原料，由此我们便要推及于棉花。因为要研究棉花的来源，我们便要推到种种农业问题。要详细讲到棉花的农业问题，便不能不推及到研究好棉花种子和怎么种植棉花的那些农学家。当未下棉种之初，便不能不用工具和机器去耕耘土地。及下棉种之后，又不能不用肥料去培养结棉花的枝干。我们一想到那些器械和肥料的制造家和发明家。棉花收成之后，再要运到工厂内来纺纱织布，布和纱制成之后，再运到各处市场去卖，自然要想到那些运输的轮船火车。要研究到轮船火车之何以能够运动，首先便要归功到那些蒸汽和电气的发明家。要研究到构造轮船火车是些什么材料，自然不能不归功于金属的采矿家、制造家和木料的种植家。就是布和纱制成之后，社会上除了工人之外，假若其余各界的人民都不穿那种布、用那种纱，布和纱当然不能畅销。布和纱没有大销路，纱厂布厂的资本家怎么样可以多赚钱，可以多取盈余价值？就这种种情形设想，试问那些纱厂布厂的资本家所取得的盈余价值，究竟是属于谁的呢？试问纱厂布厂的工人，怎么能够说专以他们的劳动，便可以生出那些布和纱的盈余价值呢？不徒是纱布工业盈余价值的情形是这样，就是各种工业盈余价值情形都是这样。”① 请注意，孙中山在这里提到了研究如何种植棉花的“农学家”，提到了器械和肥料的“制造家和发明家”，提到了蒸汽和电气的“发明家”，提到了“金属的采矿家、制造家和木料的种植家”。显而易见，孙中山认为不仅工人的劳动创造了价值，而且科学家、发明家、技术专家的工作亦是创造价值的。他总结说，“所有工业生产的盈余价值，不专是工厂内工人劳动的结果，凡是社会上各种有用有能力的分子，无论是直接间接，在生产方面或者是在消费方面，都有多少贡献。这种有用有能力的分子，在社会上要占大多数。”② 所以，按照孙中山的逻辑，资本家独占剩余价值不仅是侵吞了工人的劳动成果，而且是侵吞了创造价值的“全体社会大多数有用有能力的分子”的劳动成果。于是，解决这种社

① 《孙中山文集》上卷，团结出版社，1997，第 245 ~ 246 页。

② 《孙中山文集》上卷，团结出版社，1997，第 246 页。

会分配不公平的方法，就是“多征资本家的所得税、遗产税，来……改良工人的生活和工厂的工作，做种种大多数的经济利益相调和的事业（其中包括大量的公共事业——笔者注）”[①]。孙中山说：“欧美各国从这种种经济利益相调和的事业发达以后，社会便极有进化，大多数便很享幸福。”[②]

不可否认，孙中山对马克思的劳动价值论，乃至剩余价值学说的批判，在逻辑上缺乏严密性，而事实上也有待商榷之处。但是，他敢于对社会主义的“圣人”马克思（孙中山曾把他所首创的民生主义，说成“就是社会主义，又名共产主义，即是大同主义”——笔者注）放炮，这种敢于怀疑、敢于批判的精神，是弥足珍贵的，令后学所敬佩。更而况，面对21世纪人类社会实践的发展，马克思的某些论说确实已经不合时宜，需要与时俱进。

同时，又要采取物质奖励等手段，以充分发挥人才与人力资源的作用。孙中山说：“学者倘能穷一新理，创一新器，必邀国家之上赏，则其国之士岂有不专心致志者哉?”所谓“任使得法”，就是说，“其用人也，务取其所长而久其职”。孙中山认为在这方面发达国家的经验值得借鉴。“为文官者，其途必由仕学院；为武官者，其途必由武学堂。若其它，文学渊博者为士师，农学熟悉者为农长，工程达练者为监工，商情谙习者为商董，皆就少年所学而任其职。”[③]

唯如此，才能避免学非所用，用非所长之类的人力资源浪费现象。他说：“农以生之，工以成之，商以通之，士以治之，各尽其事，各执其业，幸福不平而自平，权利不等而自等，自此演进，不难致大同之世。”[④] 在这里，孙中山将对人才、人力资源的“任使得法”，与他所理想的“大同之世”相联系，充分说明了他对人力资源优化配置问题的重视。在一个自由人联合体的社会里，要使每个人自由发展，为所有人的自由发展创造条件，就一定要让每个人充分发挥其潜能。而要让每个人充分发挥其潜能，则必须

① 《孙中山文集》上卷，团结出版社，1997，第246页。
② 《孙中山文集》上卷，团结出版社，1997，第246页。
③ 《孙中山文集》下卷，团结出版社，1997，第592页。
④ 《孙中山文集》上卷，团结出版社，1997，第343页。

要使用人者，“任使得法”，被用人者，“人尽其才”。

尤其值得注意的事，孙中山还认为在用人方面要做到“久其职”。“久其职”的好处是，“久任则阅历深，习惯则智巧出，加之厚其养廉，永其俸禄，则无瞻顾之心，而能专一其志。”①

三 “知难行易”的人力资源观

“知难行易”是孙中山思想中最光辉的部分之一，是对他长期革命实践的总结，是三民主义思想的理论基础。

孙中山在 1917～1919 年所著的《建国方略》一书中首先建立了他的心理建设理论。在这个理论中，他批判了中国传统的“知易行难”论，创造性地提出了他的“知难行易”论。他说，创立“知难行易”理论是为了“破此心理之大敌，而出国人之思想于迷津，庶几吾之建国方略，或不致再被国人视为理想空谈也。夫如是，乃能万众一心，急起直追，以我五千年文明优秀之民族，应世界之潮流，而建设成一政治最修明、人民最安乐之国家”②。由此可见，“知难行易”论是孙中山建国方略的理论基础，同时也是孙中山人力资源管理的理论基础。这是孙中山思想中最富于特色和创造精神的闪光点，亦是孙中山人力管理思想的独特之处。

如上所述，孙中山在发展经济的诸种资源中首先强调人力资源的重要性。而在人力资源的诸种因素中，他最为强调的是“劳心”或“心知”的作用。他认为人的“体力”即“气力”，是可以由机器来取代的，而机器的使用，不仅取代了人的“气力”，而且提高了生产的效率。孙中山特别强调人力资源的质量问题，他认为体力即“气力”，是可以由机器来取代的。“由于发明了机器，世界文明先进的人类便逐渐不用人力来做工，而用天然力来做工，就是用天然的汽力、火力、水力机电力来替代人的气力，用金属

① 《孙中山文集》下卷，团结出版社，1997，第 592 页。

② 《孙中山全集》第二卷，中华书局，1997，第 106 页。

的钢铁来代替人的筋骨。”而“机器发明之后，用一个人管理一副机器，便可以做一百人或一千人的工夫”，正是由于“这个大变动，就是机器占了人工，有机器的人便把没有机器的人的钱都赚去了”。“所以，从机器发明了之后，便有许多人一时失业，没有工做，没有饭吃。”“大部分人的工作都是被机器夺去了，一般工人不能够生存，便发生社会问题。”① 在这种情况之下，人力资源中的“智力”更显出其重要的价值。因为，在当时的生产条件下，“智力”不仅不会被机器所替代，而且在机器大生产的时代，更需要具有更高“智力”的人力资源。

正是因为在生产过程中，人的“智力”“心知”的作用，不仅机器不能取代，反而成了人力资源中最为重要的因素。人力资源结构的这种变化，孙中山认为是历史发展之必然趋势。他曾精辟地指出：“一切人类进步，皆多少以知识（即科学计划）为基础。”② 20 世纪 20 年代，孙中山已经敏锐地觉察到知识在人类进步中的重要作用，联想到今天知识经济时代来临的现实，正可表明孙中山不愧为时代的“先知先觉者”。孙中山以这种超前的“视域”来观察人类的历史，认为“夫以今人之眼光，以考世界人类之进化，当分为三时期：第一由草昧进文明，为不知而行之时期；第二由文明再进文明，为行而后知之时期；第三自科学发明而后，为知之而后行之时期”③。

孙中山对历史的这种划分有其独到之处。因为他把科学的产生作为人类发展阶段的一个分水岭、一个里程碑，充分强调了科学对人类社会发展的重要作用。诚如其所说：“夫科学者，统系之学也，条理之学也。凡真知特识，必从科学而来，舍科学而外之所谓知识者，多非真知识也。”在“科学昌明之时，知之则必能行之，知之则更易行之”④。孙中山所谓的“知”，是科学的“真知识”。因此，在科学产生以后，必须用科学知识来指导人们的

① 《孙中山文集》上卷，团结出版社，1997，第 233、234、236 页。
② 《孙中山选集》上卷，人民出版社，1956，第 325 页。
③ 《孙中山选集》上卷，人民出版社，1956，第 145 ~ 146 页。
④ 《孙中山选集》上卷，人民出版社，1956，第 146 页。

行动，而科学知识参与到人们的行动之中，也就使行动更易行了。在这一逻辑线索中，结论必然是科学知识在人的行动中的作用，在孙中山的建国实践中，在经济发展中，一定是越来越重要了。由此，知识的价值也一定会被人们所发现、所重视。今天我们反顾孙中山的“知难行易”理论，不能不承认其具有时代的前瞻性。

孙中山运用他的“知难行易”论，考察人力资源的构成，认为人力资源可以分成三类。“其一先知先觉者，为创造发明；其二后知后觉者，为仿效推行；其三不知不觉者，为竭力乐成。有此三系人相需为用，则大禹之九河可疏，秦皇之长城能筑也。”① 研究孙中山经济思想的论者对此多有批评，认为“其错误首先在于脱离人们的社会实践，陷入了唯心主义的先验论”②。其实，孙中山所谓“先知先觉”“后知后觉”之说，并非一定指人的知识是先天决定的。倘如此，孙中山何必要倡导教育普及、教育平等之说，此与逻辑不符。闻道有先后，接受科学知识亦有先后之别。凡有人类的地方，总会有先进、落后之分，接受科学知识之先后，亦是如此。正如孙中山所解释的，“以科学愈明，则一人之知行相去愈远，不独知者不必自行，行者不必自知，即同为一知一行，而以经济学分工专职之理施之，亦有分知分行者也。”③ 因此，人力资源构成的这一划分，是客观的事实，并无唯物、唯心的畛域。孙中山认为，这是一个分工的事实，问题的关键乃在于“相需为用”。所以，他更为具体地指出：“其一，先知先觉者即发明家也；其二，后知后觉者即鼓吹家也；其三，不知不觉者即实行家也。”孙中山用知识标准来划分人力资源的构成以后，进一步分析了他们在经济活动中的作用。“不观今之外人在上海所建设之宏大工厂、繁盛市街、崇伟楼阁，其实行家皆中国之工人也，而外人不过理想家、计划家而已，并未有躬亲实行其建设之事也。故为一国之经营建设所难得者，非实行家也，乃理想家、计划家也。”孙中山的这段话，不仅点明了在经济活动中作为先知先觉的理想家、

---

① 《孙中山选集》上卷，人民出版社，1956，第 147 页。

② 胡显中：《孙中山经济思想》，上海人民出版社，1985，第 82 页。

③ 《孙中山选集》上卷，人民出版社，1956，第 144 页。

计划家的重要作用，而且还揭示了我国经济落后的一个主要原因，乃是缺乏以科学知识武装起来的“先知先觉”的理想家与计划家，缺乏高质量的人力资源，一言以蔽之：缺乏经济建设的人才！“中国不患无实行家，盖林林总总皆是也。”而患无理想家和计划家，“是故革命以来，而建设事业不能进行者，此也”。

为了进一步说明知识在经济活动中的重要作用，孙中山多次讲到这样一个故事：有某家水管偶生窒碍，家主即雇工匠为之修理。工匠一至，不过举手之劳，而水管即恢复原状，而家主叩以工值几何，工匠曰：“五十元零四角。”家主曰：“此举手之劳，我亦能为之，何索值之奢而零星也？何以不五十元，不五十一元，而独五十元零四角何为者？”工匠曰：“五十元者，我知识之值也；四角者，我劳力之值也。如君今欲自为之，我可取消我劳力之值，而只索知识之值耳。”家主哑然失笑，而照索给之。①

通过这个故事，不难看出在孙中山心目中，“知识”在生产过程中所创造的价值要超过“劳力”所创造的价值不止一百倍！这充分体现了孙中山重视知识、重视人才的人力资源管理思想。

孙中山又进一步从生产活动的合理性角度来论证人力资源中具有知识的“先知先觉者”的重要作用。“当今科学昌明之世，凡造作事物者，必先求知而后乃敢从事于行，所以然者，盖欲免错误而防费时失事，以冀收事半功倍之效也。是故凡能从知识而构成意象，从意象而生出条理，本条理而筹备计划，按计划而用之，则无论其事物如何精妙，工程如何浩大，无不指日可以乐成者也。”② 可见，在科学技术发达的今天，知识在生产活动中的作用，正显得越来越重要。所以具有先进科学技术的“先知先觉”已经成为现代经济生活中最具活力的人力资源财富。针对我国人力资源的状况，为了发展经济，孙中山提出要引进发达国家的人才。他提出：“夫以中国之地位，中国之富源，处今日之机会，倘吾国人民能举国一致，欢迎外资，欢迎外才，

① 《孙中山选集》上卷，人民出版社，1956，第149页。

② 《孙中山选集》上卷，人民出版社，1956，第150页。

以发展我之生产事业，则十年之内吾实业之发达必能驾欧美矣。”为了证明他的观点，他首先举了一个开发荒岛的例子：中国欲求富强，如不大力引进外资，广揽外才，则“是犹望荒岛之孤人，以一人之力而发展其孤岛，使之田园尽辟，道路悉修，港湾浚深，市场繁盛，楼宇林立，公园宏伟，居宅丽都，生活优逸，如此，虽延长其寿命至万年，彼必无由以成此等之事业也。然若荒岛之孤人，肯出其厌学所埋藏累累之金块明珠，以与海客谋，将其荒岛发展成为繁荣华丽之海市，而许酬以相当之金块明珠，则必有人焉，为之筹划，为之招集人才，为之搜罗数据，不其年而诸事可以毕集矣。荒岛孤人，直可从心所欲，坐享其成耳。中国之欲发展其工商事业，其道亦犹是也。”① 这里，孙中山提议为了引进人才，吸引人才，留住人才，不惜“许酬以相当之金块明珠”，这充分表达了他“欢迎外才”的决心和他对此事的高度重视。同时，他还以美国发展经济的历史事实作为借鉴，说明了引进人才的重要性。“今之美国，吾人知其为世界最富最强之国也，然其所以致富强者，实业发达也。当其发展实业之初也，资本则悉借之欧洲，人才亦多聘之欧洲，而工人且有招之中国……然其实业之发达，今已为世界冠矣。”②

孙中山还说：“发展经济、发展实业为兴国之要图，为救亡之急务，而能万众一心，举国一致，而欢迎列国之雄厚资本，博大规模，宿学人才，精练技术，为我筹划，为我组织，为我经营，为我训练，则十年之内，我国之大事业必能林立于国中，我实业之人才，亦同时并起。十年之后，则外资可以陆续偿还，人才可以陆续成就，则我可以独立经营矣。若必俟我教育之普及，知识之完备，而后始行，则河清无日，坐失良机，殊可惜也。必也治本为先，救穷宜急，衣食足而知礼节，仓廪实而知荣辱，实业发达，民生畅遂，此时普及教育乃可实行矣。”③

总之，孙中山“知难行易”的人力资源观，不仅说明了知识在生产活动中的巨大作用，而且敏锐地发现了“知识”对于提高人力资源价值的作

① 《孙中山选集》上卷，人民出版社，1956，第 166 页。
② 《孙中山选集》上卷，人民出版社，1956，第 165 页。
③ 《孙中山选集》上卷，人民出版社，1956，第 167 页。

用。这对于处于知识经济时代的管理者的意义，不管如何估价，也不会过高。

凡以事业为己任者，必须要重用人之道，用今天管理学的语言来说就是人力资源管理。孙中山一生孜孜追求中国走向富强的宏大事业。为此，他给我们留下了宝贵的有关人力资源管理的思想遗产。解读这份遗产，诠释之，光大之，不仅是为了缅怀这位20世纪的伟大人物，也是为了开创中国21世纪的伟大事业。

B.6

思想管理——管理领域的中国创造

李凯城*

摘 要: 在信息化、全球化时代，经济和社会发展复杂多变。已有百年发展史的管理学面临重大变革——从以管事为中心，因事择人，管物见长，转到真正的以人为本。要想管好人，首先需要回答：是管人的行为，管心理，还是管思想；是为了控制人、满足人，还是为了培养和发展人；以及如何教育、影响、改变人等一系列理论问题。本文通过与西方管理理论的比较分析，阐述了以毛泽东为代表的中共领袖对上述问题的认识，系统地介绍了共产党、解放军在长期管理实践中总结出来的有关思想管理的规律、方法与工作机制。强调指出，思想管理是管理领域的中国创造，是信息时代最具发展前景的管理理论。

关键词: 思想管理 规律 方法 工作机制

在信息化、全球化时代，经济和社会发展复杂多变。任何组织要想在激烈的竞争环境中生存，都必须充分调动下属机构及全体成员的积极性、主动性、创新性，以应对未来的不确定性。因此，各级各类领导者越来越重视对人的管理。已有百年发展史的管理学面临重大变革，正酝酿着一场“哥白尼式的革命”——从以做事为中心，因事择人，管物见长，转到真正的以

---

* 李凯城，中国管理科学学会副会长，中国军事文化研究会教育培训中心主任，《政工研究文摘》原主编。

人为本，通过管好人进而做对事、办成事。

如能实现这一革命，长期困扰管理学研究的一些难题，如管人与管事、管物“两张皮”，管理学与组织行为学各讲各的、内容重叠，企业管理学与行政管理学分立，领导学与管理学纠缠不清，等等，都有可能找到破解思路。

谈到对人的管理，毛泽东堪称大师，其领军之道尤为经典。历史上毛泽东曾经将一支以不识字的农民为主的官兵队伍，打造成了打不垮、拖不烂、战无不胜的铁军，得到世人包括所有对手的高度认可。巨大的成功背后必定有丰富的理论宝藏，完全可以从多个角度包括管理学角度对其加以研究、概括。时至今日，深入挖掘这一理论宝藏，并与时下占主导地位的西方管理学理论做比较，具有重要理论意义和实用价值。

一

管人，首先需要明确管什么。是管行为，管心理，还是管人的思想？

西方管理学一向偏重人的行为管理。从霍桑实验引出行为科学，发展到组织行为学、企业文化，最终形成与科学管理相并立的人本管理学派。学者们分别从个人、团队、组织三个层次研究人的行为规律，构成了相对完整的学科知识体系。

为什么西方学者偏爱行为研究？因为只有人的行为看得见、摸得着，便于观察和测量，可用经典科学的实证方法加以研究。通过实验找出了确定无疑的行为规律，便可在管理实践中运用。至于决定人的行为的精神世界，则被视为一个黑箱或者灰箱。

在参与行为科学研究的学科群中，心理学一直是主力。从心理角度研究人的行为管理，美国心理学家西奥迪尼的《影响力》堪称代表作。书中提到六条心理规律——互惠、承诺和一致、社会认同、喜好、权威、短缺，讲述了如何利用这些规律影响人的行为，以达到经营管理目的。这六条心理规律浅显易懂，运用起来十分有效，故西奥迪尼在西方管理界名气不小。

与西方管理学不同，毛泽东认为人的行为主要受思想支配，管人必须要管思想。“在一定的物质基础上，思想掌握一切，思想改变一切。”因此，“掌握思想领导是掌握一切领导的第一位”，“是团结全党进行伟大政治斗争的中心环节。如果这个任务不解决，党的一切政治任务是不能完成的。”思想政治工作是一切工作的生命线。

什么是思想？辞典给出的定义为：“客观存在反映在人的意识中经过思维活动而产生的结果”。实际上，思想不仅是思维的结果，也是人们用以反映客观世界的精神结构，包括人的认知结构、需求结构及二者的结合，即人们常说的价值观。对应现代心理学话语体系，思想这一概念类似于“态度系统”。西方心理学越来越注重对态度系统的研究，认为不是人的认知，也不是单一态度，而是人的态度系统决定其行为。这与毛泽东的看法就比较接近了。

为什么毛泽东高度重视思想管理？因为人类有两个主要特性：社会性与自觉的能动性。人不能离群索居，所以必须建立和依靠社会组织。可在共同生活中，人又能清醒地意识到自己与他人、与集体、与社会存在矛盾，且不会像动物一样依赖本能来调节相互关系。所以，大到国家、氏族，小到家庭、团队，一切有人群的地方都需要形成规则，并使全体成员认同、遵守这些规则。所谓思想管理，从某种意义上说，就是直接作用于人的精神世界，教育引导组织中的人正确认识相互关系，建立并认同内部规则，以便和睦相处，共同做事，幸福生活。

管思想与管行为是什么关系？管理最终要落实到人的行为上，而人的行为通常受五个层次的因素影响。一是信息层次。人的决策离不开信息。管理者准确地掌握他人需求，有选择地向其提供信息，便能直接影响行为。二是心理层次。人的部分行为受心理支配，影响心理就能影响其行为。西奥迪尼讲的六条规律，均属这一层次。三是认知层次。认知方式不同的人，面对同样信息可能做出不同的反应。影响了人的认知结构，就能改变人的行为。四是态度层次。态度是人们对具体人、具体事物的认知、情感和行为倾向，包括多种心理成分。改变了人的态度，必然会对其行为产生重大影响。五是世界观、人生观层次。人的认知方式和价值取向，说到底是由世界观、人生观决定的。改变了人的世界观、人生观，等于从根本上改变了人。

以上五个层次的影响因素中，后三类可归于思想的范畴。人是理性动物，多数行为受思想支配。所以，对思想的管理明显优于管行为、管心理，是管到“根”上了。俗话说，浇花要浇根，管人要管心。思想管理实际上就是对人心的管理。当然，思想管理不能取代心理治疗，正如心理治疗不能取代生理诊治。对患有心理疾病的人，一般性地讲道理，收效就十分有限。

值得注意的是，西方也有少数学者提及思想及其管理，如巴纳德就说过：“我们称为组织的系统，实际上就是由人的行为构成的系统”。“反复灌输存在着共同目的的信念，是经理人员的一种主要职能。这就为政治组织、工业组织和宗教组织中为什么要进行许多教育工作或所谓的思想工作提供了解释”。不过，巴纳德点到为止，并没有深入地研究，未能形成完整的理论体系。①

二

管人，始终存在一个目的问题。是为了控制人、满足人，还是为了培养人、发展人？

在很长一段时间里，西方管理者视员工为企业盈利的手段。企业就像是一部赚钱的机器，员工们包括受雇而来的高级管理人员只是机器的附属品。管理主要是为了控制人，以保证赚钱机器的正常运转。典型的例子如老福特。在他眼中，生产线需要的只是员工的两只手，其他都是多余的；员工越笨越好，因为越笨的人越好控制。

不过，员工可不像流水线上的其他部件那么听话。他们有七情六欲，有自己的想法与追求，未必始终认同组织目标。为了换取员工配合，达到控制的目的，管理者必须认真研究员工的需要，并设法加以满足。从“理性的

① C. I. 巴纳德：《经理人员的职能》，王永贵译，机械工业出版社，2013，第66页。

经济人”假设，到社会人、复杂人分析，从最初的泰勒制，到六西格马、平衡记分法等现代管理技术，西方管理百年来大体遵循着同一思路，即“大棒加胡萝卜”，不断调整、改进的只是满足员工的具体内容及方法工具。用伯恩斯的话说就是“交换型领导”——满足部属的需要，以换取他们的支持与配合。

与西方管理学着眼于控制人、满足人不同，毛泽东更看重培养人、发展人，主张不但要满足部属基本需求，而且要教育、影响、改造他们，进而在改造客观世界的同时，造就出一批真正的人、“大写的人”，造就一代新人。毛泽东领导下的解放军以劣势武器装备屡克强敌，靠的主要是积极主动、英勇顽强的革命精神。而这种精神既不是官兵们自发的，也不是高官厚禄所能换来的。进入建设时期，毛泽东仍坚持自己的管理思路。在阅读苏联社会主义政治经济学教科书时，他提出：“要用共产主义理想教育人民。要强调个人利益服从集体利益，局部利益服从整体利益，眼前利益服从长远利益。……不能把个人利益放在第一位。不能像他们那样强调个人物质利益，不能把人引向‘一个爱人，一座别墅，一辆汽车，一架钢琴，一台电视机’那样为个人不为社会的道路上去。‘千里之行，始于足下’，如果只看到足下，不想到前途，不想到远景，那还有什么千里旅行的兴趣和热情呢?”①

毛泽东的育人实践取得明显成效。八一军旗下、绿色军营中曾经涌现出无数颗耀眼的星。其中，既有董存瑞、黄继光一类惊天动地的战斗英雄，也不乏雷锋一样平凡中见伟大的普通一兵。英模们的成长经历，在一定意义上证明了毛泽东管理思路的可行。

谈到教育、影响、改造人，有人马上会提出该不该、能不能、会不会的问题，其中最重要的是管理者该不该改变部属。

对此，西方文化有自己的看法：人是上帝的创造物。在上帝面前，众生一律平等。任何世俗组织的领导者，都无权改变他人。员工到企业工作，出卖的仅仅是劳动力。管理者想要教育、影响、改造他们，岂不是侵

① 《毛泽东文集》第8卷，人民出版社，1999，第136页。

犯人权！

中国文化则不同。古代圣贤虽然也争论人性善恶，但更看重的却是人的后天性，强调教育、环境对人的影响。所以，奖惩虽然重要，但不能作为治国理政的主要手段。统治者一定要“以德治国，教化天下”，对部属要“作之君，作之亲，作之师”。其中的“师”，并非经师，而指人师，即领导者要为人师表，诲人不倦，教育部属学会做人、学会处事。

两种文化差异明显。说到底，还是对支配行为的思想及其来源的看法不同。如果承认人的思想是后天形成的，人们在社会交往中始终存在相互作用，承认管理者主要是管人，而管人自觉或不自觉地就会影响人、改变人，对部属的教育培养即为管理这一概念的应有之义。

实际上西方管理学也开始涉及此类话题。如伯恩斯提出的变革型领导已得到学界高度认可，可领导者变革的究竟是什么？离开了对部属的教育、影响能说清吗？德鲁克谈企业文化就是创造一个环境，通过改变环境来改变人。为什么他要绕一个弯子，而不直接说企业文化就是培养人？许多领导者都强调培育企业的核心价值观，可如果这些价值观不为员工认同，不转化为他们自己的追求，能够在管理实践中发挥作用吗？可见，否认管理者可以教育、影响、改造部属，实际上是掩耳盗铃、自欺欺人。

毛泽东认为教育、影响、改造人是可能的，同时也意识到这是很难的，甚至可以说是天底下最难之事。正因为难，才显示出毛泽东探索的可贵，显示出思想管理的价值。

从根本上说，教育、影响、改造也是为了人，而且是真正的以人为本。因为按人本管理的理解，员工是企业的主体，而不仅仅是企业赚钱的手段和工具。要充分调动广大员工的积极性、主动性、创造性，必须真心实意地依靠员工，为他们服务。服务员工有多种方式，满足他们基本的生活需要，不断提高物质待遇和生活质量，很重要，但不够。因为人生一世，绝非只为吃好、玩好、无忧无虑、开心愉快，还要考虑和追求生命的意义。而最能体现人类本质的创造性劳动需要、超越性信仰需要，都不是天生的，需要靠后天培养。领导者教育、培养部属，是真正将他们当人来看待。相反，视员工为手段，为达到控制目的而一味地满足其低层次需要，只能将员工训练成赚钱机器加消费动物。

三

教育、影响、改造人谈何容易。需要一个明确的总体工作思路。

思想管理的总体思路应能解答两个困惑：第一，现实生活中的人都是从个人需要出发考虑问题的，怎样才能使他们接受组织的要求；第二，生活中人们首先考虑的大都为现实的物质利益，怎样让他们形成高尚的精神追求。

对此，西方管理学未能提供明确答案。一般只是强调管理者要培育优秀的企业文化。可何为文化？为什么员工会认同企业的文化？企业文化建设与其他管理方式是什么关系？企业文化又是如何改变人的？从《企业文化》的作者迪尔与肯尼迪、企业文化的理论大师沙因，到《基业长青》的作者柯林斯、《以人为本的企业》的作者戈夏尔，一直到提出五项修炼的彼得·圣吉，西方大师众说纷纭，却都未给出令人信服的、完整的理论架构。

毛泽东则从理论与实践的结合上解决了这一问题。他的思路是：教育群众组织起来为共同利益而奋斗；在共同奋斗的过程中，既改造了客观世界，也可以改造人们的主观世界。

人都是追求实际利益的。但只有组织起来，才能真正实现共同的、长远的、根本的利益。在为共同利益而奋斗的过程中，难免要经历失败与挫折，付出代价和牺牲。可通过不断总结反思，人们对客观世界的认识逐渐深化；伴随着一次次的奉献牺牲，奋斗者的精神境界得到提升。同时，事业的成功会给当事人带来物质回报，改造后的客观环境也会对思想产生深刻影响，激励着人们追求新的目标。如此循环，不断发展。用毛泽东的话说，就是“从改造世界中去认识世界，又从认识世界中去改造世界”。

毛泽东的思路在实践中得到证实。无数革命前辈及英模人物，都是沿着这条路从平凡走向崇高的。翻翻革命前辈的回忆录，读读穆青写的《十个共产党员》，不难找到令人信服的例证。过去人们常说毛泽东时代是英雄辈出的时代，这一点不夸张。即便淘汰其中个别的假典型及后来蜕变的人，令后人感动、赞叹以至永远怀念的英模仍数不胜数。为什么那个时代能英雄辈出？有哪些值得汲取的东西？确实需要我们深思。

毛泽东的思路主要来源于马克思主义基本原理。恩格斯在《马克思论费尔巴哈》一文中写道："有一种唯物主义学说，认为人是环境和教育的产物，因而认为改变了的人是另一种环境和改变了的教育的产物，——这种学说忘记了：环境正是由人来改变的，而教育者本人一定是受教育的。""环境的改变和人的活动的一致，只能被看作是并合理地理解为变革的实践。"[①] 毛泽东用思想管理的丰硕成果有力地证明了马克思的论断。

毛泽东的思路也是对中国传统文化的继承与发展。南怀瑾先生曾经将古代治国理论的精华概括为阳儒阴法，即统治者的宣传教化，必须以儒家的东西为主，要讲天下为公、仁政爱民、选贤任能、修齐治平，等等。可真正处理实际问题时，却不能太迂腐，要在德治的同时，掺杂一些法家的东西，如法、术、势相结合、用"二柄（赏罚）"，等等。一主一辅，不能错位。一王一霸，相得益彰。一阳一阴，即为道也。越是全面地、深入地解读毛泽东，越能感悟到中国文化的博大精深。

理解毛泽东的思路，关键在于理解有选择地强化对精神结构形成的重要作用。人的精神结构特别是需求结构是在先天类本能的基础上，通过后天不断强化而形成的，具有综合性、模糊性、不稳定性等特点。换句话说，人的行为大都是多因的，且行动成功后获得的满足也是多方面的。其中有些满足本人能意识到，有些则比较淡漠。因此，事成之后如何总结，从哪些角度去体验成功、获取满足，这一问题非常重要，有可能直接影响、改变人的需求结构。例如，员工努力工作往往出于多种需求，包括本人意识不到的动机。事成之后，如果领导者只是发放高额奖金，强化的便是员工的物质利益观念。可如果在给予适当物质奖励的同时，引导员工想一想自己的工作给他人

① 《马克思恩格斯选集》第一卷，人民出版社，1995，第59页。

带来的帮助，用心感受一下劳动创造本身的快乐，体验一下工作的社会价值，对员工精神世界产生的影响就完全不一样。

当代心理学实验可以证明这一规律。斯坦福大学发展心理学家卡罗尔·德韦克为研究鼓励或表扬对孩子成长的影响，曾组织纽约20所学校里的400名五年级学生进行系列实验。在实验中，他让孩子们独立完成一组智力拼图测试。每个孩子完成后，研究人员把分数告诉他，并附一句鼓励或表扬。一组孩子得到关于智商的夸奖："你在拼图方面很有天分，你很聪明。"另一组孩子得到关于努力的夸奖："你刚才一定非常努力，所以表现得很出色。"随后，孩子们参加第二轮拼图测试，有两种不同难度的试题供选择。实验者发现，前一组孩子大都挑选难度小的测试，而后一组刚好相反。接下来进行第三轮测试。所有孩子参加同一测试且试题很难，孩子们都失败了。可实验者发现，两组孩子的情绪反应很不一样。前一组显得十分沮丧，而后一组则表示不服输，愿意继续努力。这一实验表明，同样是事后的正向反馈，如果夸赞的是过程，孩子们的态度会更加积极；如果夸赞的是结果，则会强化孩子们的自尊心与自我保护。由此可见，强化是可以有意识地设计和选择的，有选择地强化对精神结构的形成多么重要。

实际上，西方一些管理大师对此也有同感。如德鲁克就认为，要增强员工的自我动机，"唯一有效的办法是加强员工的责任感"。可"我们无法用金钱买到责任感"。"只有当员工出于其他动机而愿意承担责任时，金钱上的奖励才能发挥激励作用。""员工想不想承担责任根本无关紧要，重要的是企业必须要求员工负起责任。""可以通过四种方式造就负责任的员工。这四种方式包括：慎重安排员工职务、设定高绩效标准、提供员工自我控制所需的信息、提供员工参与的机会以培养管理者的愿景。"①

德鲁克提出的办法确实不错。不过，这是培养优秀员工的完整思路吗？

① 彼得·德鲁克：《管理的实践》，齐若兰译，机械工业出版社，2006，第252、253页。

他本人的看法是，“我们并没有获得关于对工人和从事工作进行管理的全部答案。”①

四

思想管理作为一种社会实践活动，需要认识规律、探索方法、形成机制。如同自然科学实践活动一样，三者分别依托科学、技术和工程。

首先，要通过科学研究，探索和发现规律。从这个意义上说，思想管理是一门科学。

西方组织行为学从控制人、满足人出发，深入研究人的行为规律，形成了一大批学术成果，如人格理论、态度理论、沟通理论等。管理学也对管理过程中人的因素展开研究，仅与激励有关的学说就达数十种之多。这些研究的优长是具体、实证，对理解并引导人的行为确有帮助。问题是：局部的、静态的研究比较多，未能形成系统知识，不足以解释人的复杂行为，更难以直接指导思想管理工作。

毛泽东领导下的人民军队长期开展思想政治工作，积累了丰富的实践经验，可以从中概括、提炼思想管理的规律。笔者认为，以下十个方面应成为思想管理必须遵循的基本原则。

一是要理论联系实际。中国传统文化历来重视思想教育，讲求“修齐治平”。关于如何修身，也提出过不少有价值的见解。可传统教育有一致命弱点，即脱离实际，脱离群众，关起门来搞修身养性。毛泽东思想管理方面最大的创新，就是特别强调与实际工作相结合，为当前的斗争服务；强调人的觉悟只能在实践中，在与广大工农群众的结合中，才能真正提高。因此，无论是理论学习、政治教育，还是做思想工作，都必须紧密联系官兵思想实际，切实解决问题，而不能图热闹，走过场，搞形式主义。

---

① 彼得·德鲁克：《管理——使命、责任、实务（使命篇）》，王永贵译，机械工业出版社，2007，第292页。

二是要着眼提高人的思想觉悟。企业文化理论通常将文化分为观念层、制度层、行为层、物质层四个方面。猛一看，层次清晰，互不交叉，但实际上并没有真正抓住要害。毛泽东从不泛泛地谈论文化，而是突出强调“思想领先”的原则，主张通过教育提高人的思想觉悟。思想通了，则一通百通。为此，思想管理应完成两项任务：一是提高人的政治觉悟，培养革命理想和献身精神；二是提高人的认识水平，掌握科学的工作方法。前者解决改造世界的动力，后者提供改造世界的途径和程序。

三是要贯彻疏导方针。毛泽东认为，“凡属于思想性质的问题，凡属于人民内部的争论问题，只能用民主的方法去解决，只能用讨论的方法、批评的方法、说服教育的方法去解决，而不能用强制的、压服的方法去解决”。不过，思想管理并不排斥必要的行政措施，要通过严格的纪律约束，规范官兵的言行，减少有害信息的传播。将严格要求与耐心说服相结合，疏通和引导相结合。既广开言路，集思广益，让官兵畅所欲言；又注意引导，循循善诱，保持正确的舆论导向。

四是要解决思想问题与解决实际问题相结合。官兵有物质和精神两类需要，任何一类得不到满足，都会影响士气，进而影响中心任务的完成。所以，毛泽东既高度重视思想教育，又一再呼吁“关心群众生活，注意工作方法”。主张把解决思想问题与解决实际问题结合起来，双管齐下。在实际工作中，一方面要区分问题的性质，不要将思想问题视为实际问题，也不要将实际问题当作思想问题；另一方面，应特别注意隐藏在实际问题背后、由实际问题引出的思想问题。

五是要结合业务工作一道去做。毛泽东历来反对政治工作与业务工作“两张皮”，主张“一切政治工作要为着前线的胜利”，强调“整个军队的方向就是政治工作的方向”。在部队完成各项任务的全过程中，官兵中难免出现各种思想问题。思想管理的首要任务就是解决这些问题，以保证业务工作的顺利完成，并在完成任务的实践中，不断提高官兵的思想觉悟。因此，思想管理必须“伴随、渗透、结合”，即伴随业务工作的全过程，渗透到业务工作的一切活动中，结合业务工作实际一道去做。

六是要开展积极的思想斗争。事物发展是不平衡的。任何组织内部都会有先进与落后两类成员，存在不同思想的争论。思想管理的重要任务之一就是坚持真理，弘扬正气，调动一切积极因素，并与各种错误的、消极的思想倾向做斗争。毛泽东一向倡导斗争哲学，主张拿起批评与自我批评的武器，开展积极的思想斗争，反对“明知不对，少说为佳，明哲保身，但求无过”的自由主义。在如何开展思想斗争方面，他提出了不少重要方针，如“团结—批评—团结”“惩前毖后，治病救人”等。

七是要开展群众性的思想工作。人的思想主要受教育和环境的影响。所谓环境，最直接的就是一个单位内部的风气。毛泽东的思想管理之所以效果好、有力量，很重要的原因在于它的广泛性、群众性，即动员广大官兵，人人关心思想管理，人人参与思想管理，形成“好人好事有人夸，歪风邪气有人抓”的氛围，培养积极的、健康的舆论导向。官兵们在这种文化氛围中工作和生活，受到潜移默化的影响、熏陶。久而久之，思想和行为方式都会发生变化。

八是要言教与身教相结合，身教重于言教。毛泽东的思想管理历来强调两种力量，即真理的力量与人格的力量。强调管理者特别是思想工作者，既要善于讲道理，用真理去教育人、感召人，又要亲力亲为，努力践行自己提倡的道理，事事处处起模范带头作用，为部属做出榜样。讲道理固然重要，做表率更重要。用官兵们的话说，“喊破嗓子，不如做出样子”。领导者的模范作用和人格魅力，本身就是最好的思想管理。

九是要培养和宣传先进典型。典型是理念的人格化。树典型等于树旗帜。其实质就是将值得提倡的精神、必须坚持的原则、需要推广的经验，具体化成看得见、摸得着的人物或事件，用以教育人、感染人，使之成为人们学习、模仿的榜样。关于先进典型的教育和引领作用，毛泽东有过许多精辟论述。在如何发现、培养和宣传典型、通过典型推动工作方面，解放军也积累了一整套经验。

十是要寓教于乐，开展群众性的文化活动。将理想信念教育寓于文化活动之中，使官兵在娱乐身心的同时，不知不觉地受到教育和感染，这也是毛泽东思想管理的一条重要原则。解放军历来有“教一个好的歌子，实际上也是一堂重要的政治课”之说。从红军时期开始，部队的文化工作就得到了高度重视；甚至在条件异常艰苦的长征路上，文化活动都未曾间断。直至今日，部队仍然要求“队列集会有歌声，周末假日有活动，重大节日有晚会，每月体育有比赛”。

从以上规律不难看出，毛泽东思想管理的优长在于，直接源自管理实践，着眼于如何去做、如何解决问题。如果说西方的学术研究揭示的大都为战争规律，那毛泽东研究的就是战争指导规律。后者建立在前者基础上，明显超越了前者。当然，毛泽东思想管理也有不足，如系统化、理论化不够，缺乏实证性研究的支持等。由此可见，两类研究各有所长，应该而且完全可以互补。

互补的前提是打通，实现两类研究之间的范式转换。拙著《红色管理——解开思想之谜》所做的，正是用现代西方管理学、心理学、教育学、社会学等学科的概念和原理，重新诠释毛泽东的思想管理。作为一种尝试，“虽不能至，心向往之”。

五

思想管理作为一种实践活动，离不开具体的方法工具。因此，研究规律的科学必须转化为解决问题的技术。这一转化本身也需创新，也是创造。

西方管理最大的优点是重视方法工具的开发。涉及人的管理同样如此。如《企业文化》提出了五种方法；《基业长青》概括出三种途径、十五种方法；泰罗施坦德提出不同文化的测量工具，等等。就连组织学习讨论的一种具体办法，在西方学者笔下也能扩展成《世界咖啡》一本书，可见其用心所在，着力之深。不过，从总体上看，西方管人的方法工具也存在两个问题：一是不够系统；二是偏重测量。

毛泽东高度重视思想管理，解放军在长期实践中创造出大量方法经验。拙著《红色管理——解开思想之谜》将其归纳为十大类，并依据海德三角，揭示出相互关系，力图建构一个完整的方法体系。

在这一体系中，直接作用于人的思想的方法有以下四种。

理念灌输的方法。人是理性的动物，能够接受教育，明白事理。通过长期的理论学习和集中的思想教育，可以帮助广大官兵认同军队的宗旨和价值观，提高觉悟，统一思想。

谈心沟通的方法。理念灌输着眼于打基础，解决带共性的思想问题。可官兵们随时会遇到一些特殊矛盾，如处理不好，也会影响情绪。这种个别人的思想问题，大都靠谈心沟通来解决。

心理辅导的方法。心理也是影响官兵行为的重要因素，涉及人的潜意识，靠一般性地讲道理改变不了。心病还需心药医。带兵的人掌握一些心理辅导知识，可以及时为部属排解“心魔”。

自我修养的方法。理念灌输、谈心沟通、心理辅导是靠外力，属于外因。要想从根本上提高官兵的觉悟，关键在于启发自觉，增强他们自我修养的意识，帮助他们掌握自我修养的本领。

直接作用于环境的方法有以下六种。

控制舆论的方法。思想是人脑通过加工外来信息形成的。控制了信息渠道，某种程度上就能够影响人的思想和行为，进而逐渐改变人的精神结构。所以，管理者应当利用传媒工具，影响甚至掌控舆论。

塑造氛围的方法。人是环境的产物。环境又分大环境和小环境，物理环境和文化环境等。其中，组织内部的文化氛围、人际关系特别是领导者自身形象，对官兵们的影响最直接。在这方面，思想管理工作者大有可为。

培养典型的方法。西方企业文化注重宣传典型，毛泽东领军之道强调“榜样的力量是无穷的”。可见，发现典型、培养典型、宣传典型、利用典型推动各项工作，是思想管理工作者必须掌握的方法。

使用骨干的方法。思想管理要想取得效果，绝对不能只靠领导者个人的力量，必须善于发现、培养和使用骨干，建立思想骨干队伍，开展群众性的思想工作。没有思想骨干，就无法真正发挥组织的作用。

直接作用于行为的方法有以下两种。

作风养成的方法。作风是表现出来的行为习惯。管理的最高境界是通过作风养成，将组织的要求内化为官兵的下意识行为，使他们遇到某种情境时，想都不想就能够做出正确的反应。

活动磨炼的方法。人的正确思想来自社会实践。没有奉献过的人永远不会有奉献精神，没有承担过责任的人也不可能有责任心。所以，组织官兵参加抢险救灾等社会活动，实际地去奉献牺牲，是最有效的思想管理。

以上方法的价值已为解放军八十多年的管理实践所证明。但实践在不断发展，方法创新不可能一劳永逸。当前最需要做的，是借鉴现代科学的最新成果，揭示成功经验蕴含的心理机制。在此基础上，将这些方法进一步合理化、规范化、精细化，以便各级各类管理人员特别是新入门者学习和掌握。

六

人的思想受环境制约，受多种因素影响。要想管理好人的思想，必须集成各方面力量，构建良好的工作机制。从这个意义上说，思想管理是一个系统工程。

西方管理学意识到这一问题。库泽斯的《领导力》、本尼斯的魅力型领导、戈夏尔的《以人为本的企业》等，都提出了系列的管理举措，触及育人环境这一主题。不过，这些论述大都停留在经验总结阶段，且不够系统，缺乏深入的分析论证。

毛泽东是卓越的领导者。实践的成功证明了其管理思想体系的完整、有效。拙著《领军之道》将毛泽东的管理思想概括为一个饼形图，并试图揭示各部分之间的内在联系。

领军之道的核心是毛泽东提出的全心全意为人民服务的建军宗旨。其他内容都由宗旨生发出来，都是为实现宗旨服务的。明确的宗旨使这支军队决策指挥有了最终依据，奋斗牺牲有了力量源泉，凝聚军心有了精神支柱，外部形象有了最大亮点。不夸张地说，提出建军宗旨并使广大官兵真正认同，是毛泽东带兵成功的根本原因。

围绕建军宗旨，毛泽东提出了一系列管理主张。其中最重要的是思想建设和组织建设，可谓领军之道的两大基石。思想管理的重要性不必说了。为什么要抓组织建设？因为任何正式组织中，成员的思想觉悟都不可能一般高，需要通过一定的方式，将真正认同组织宗旨、最积极肯干的成员组织起来，以此带动其他成员。毛泽东提出“党指挥枪”原则，创建“支部建在连上”的领导体制，在各级行政组织普遍建立信仰组织，通过充分发挥党委的核心领导作用、支部的战斗堡垒作用和广大党员的先锋模范作用，解决了军队管理两个要害问题——打得赢、不变质。

思想管理很重要，却不是万能的。再有力的思想工作也无法保证所有人在任何情况下都能够服从组织、约束自我。要维系部队战斗力，必须建立铁的纪律。思想支配人的意识行为，可人的潜意识有时也会影响行为。管理的最高境界，是通过作风养成，将组织对所属成员的要求，转化为他们下意识的行为。所以，毛泽东高度重视军队的纪律建设和作风培养。

管理不能只考虑领导者的意愿，还必须设法满足被管理者的需要，使组织的宗旨目标转化为每位成员的自觉行动。毛泽东意识到这一点，采取了一系列管理措施。例如，通过民主管理，满足官兵发挥聪明才智、实现个人价值的需要；通过内外团结，满足官兵被关爱、被尊重的需要；通过人才培养，满足官兵学习成才、追求进步的需要，等等。官兵各种需求都得到满足，不仅工作有了动力，而且会产生强烈的幸福感。

总之，毛泽东带兵成功绝非偶然，这得益于一个独创的管理体系。他依据马克思主义的人性理论，紧紧抓住人的自觉性、社会性这两个根本特点，通过利益诱导、思想教化、组织建设、纪律约束、作风养成、民主管理、内外团结、人才培养等系列举措，较好地满足了广大官兵的各种需求，极大地调动了每个人的积极性、主动性、创造性，并使之凝聚成无坚不摧的战斗集体，最终实现了既改造客观世界，又培育一代新人这一管理的最高境界。

B.7

创新生态与创新国度的理论与实践

唐银山　梁洪松　姚顺波*

摘　要：创新是管理理论与实践的一个重要组成部分，是企业甚至国家生存和发展的一个重要策略。自从熊彼特在20世纪初将这个理念引入管理领域后，经过近一个世纪的发展和完善，创新已经被绝大多数管理者当成企业发展的基本战略。目前创新还基本上是以企业为主要对象，以单位本身为参照点，主要研究企业单位个体的创新激励和利用机制，但从生态视角考虑创新，并以整体生态系统作为研究目标的文章还比较少见。本文将从个体、单位和社会群体的角度，从创新所代表的不同层面包括本体、所用和价值出发，结合创新所处的整体环境条件来重新思考创新的定义，试图从理论上对创新这一概念进行重新梳理，提出了创新生态系统三要素（人、物、境）的整体动态平衡这一概念。在实践层面，从创新生态角度出发，除了讨论创新所产生的生态机制以外，我们还将着重讨论创新的应对机制，从三要素之间另一个层面，提出三项法则（发明、学习和适应）并进一步进行论证，其中主要讨论国家体制如何适应变革需求，以期国家体制、企业精神和个人努力能够在一个有机的正能量环境当中，实现和达到创新国度这一状态，同时也对国家、企业和个人在创新当中所起的不同作用和责

* 唐银山，英国雷丁大学亨利商学院副院长，教授；梁洪松，西北农林科技大学经济管理学院副教授；姚顺波，西北农林科技大学经济管理学院教授。

任进行进一步阐述。

关键词： 创新生态体系 创新国度 发明 创新学习 适应

一 前言

创新是以新思维、新发明和新描述为特征的一种概念化过程。英文里的创新 innovation 一词是从拉丁文 innovare 转化而来的。它有三层含义：第一，更新；第二，创造新的东西；第三，改变。20 世纪初美籍奥地利经济学家熊彼特在 1912 年出版的《经济发展概论》一书中提出了创新的概念，把创新上升为一种理论。熊彼特认为，创新是指把一种新的生产要素和生产条件的“新结合”引入生产体系，它包括五种情况①：引入一种新产品，引入一种新的生产方法，开辟一个新的市场，获得原材料或半成品的一种新的供应来源，新的组织形式。熊彼特的创新概念包含的范围很广，如涉及技术性变化的创新及非技术性变化的组织创新。随着社会进步以及对创新理论的深入研究，学术界对创新的内涵有了深刻的认识，对创新的外延有了很大的扩展。许多专家从各种角度对创新理论及其实践进行研究，并对创新给出了许多类似或不尽相同的定义，如《韦氏新世界大学词典》把创新定义为②：“创新的行为或者过程，新推出的某种东西，如新的方法、仪器和习惯等；行事方法的改变、更新、变更等”，玛格丽特·惠特利在《领导力与新科学》中指出③，“创新是由新的联结而产生的信息培育而来，是对其他学科和领域的洞察而来。创新源自交换的不断循环，这个过程中信息不仅仅被积

① Schumpeter, J A, *The Theory of Economic Development: An Inquiry into Profits, Capital, Credit, Interest and the Business Cycle* (2nd ed.), Cambridge: Harvard University Press (English translation of 1926 2nd edition of Theories WirtschaftlichenEntwicklung) 1934 [1912].

② 《韦氏新世界大学词典（英语版．第 4 版）》，上海译文出版社，1982，第 367 页。

③ 〔美〕玛格丽特·惠特利：《领导力与新科学》，简学译，中国人民大学出版社，2008。

累和存储，而且被创造。知识再次从以前不存在的联系中产生。”日本学者野中郁次郎和竹内弘高在《创造知识的企业》一书中说道①：“为解释创新，我们需要一个关于有组织的知识创造的新理论”。

综上所述，创新是个体或群体根据一定的目的和任务并用一些已知的条件产生的新颖的有价值的成果和认识行为的一项活动。创新涵盖了社会的各个方面和领域，如思想创新、理论创新、技术创新、服务创新、文化创新、组织创新、制度创新、体制创新、管理创新，等等。有关创新理论的研究虽然不少，但大多集中在阐述创新的重要性和特征上，大多数学者从自己的研究角度出发，对创新进行不同侧重点的描述，这使得目前对创新没有一个准确的界定。创新概念的界定，不单单是从创新本身来描述，还涉及创新的量化指标、创新的参照物、创新的期望值和风险，以及创新、学习与模仿之间的内生关系。如果将创新作为一种竞争战略，还需要考虑创新与进化的关系。

本文试图做这样一种尝试：从生物和种群进化角度解析个体、群体创新，重新界定创新的内涵和外延，从而实现以创新生态为基本元素的创新国度生态系统的构想。

二　创新概念的符号学解释

本文首先采用符号学的研究方法从三个方面对目前学术界的创新概念加以解释。我们知道，人类的大脑是通过符号对周围的信息进行处理，然后通过对符号之间的联系，进一步对信息和知识进行可重复性描述，这一过程便是符号学所研究的主要内容。从符号学的角度来看，我们周围的事物，基本上可以有如下三个不同层次特征：其一便是符号本身的表面特征，其二是其实质特征，其三是其延伸特征。

① 〔日〕野中郁次郎、竹内弘高：《创造知识的企业——日美企业持续创新的动力》，李萌、高飞译，知识产权出版社，2006。

第一种观点是从创新的表面特征所进行的概念解释。这种观点认为，创新即是变化，以自身为参照物，较之之前发生了某些变化便是创新。由于参照点是自身，那么这种所谓的创新在市场或者行业内未必是第一次改变，这便有了创新并不一定是创造的解释，例如对新技术的引进、学习或者模仿。

第二种观点是从创新的实质特征角度来描述，这种观点强调创新的内容，具体包括产品创新、营销创新、思维创新、过程创新、服务创新、组织创新、技术创新等。同时，由于受第一种观点限制，即便是考虑种种创新，其仍然是以自己为参照点，即只要是从前没有做过的，便是创新。从创新内容这个层面上，还有另一种思考，那便是创新内容所占比例，比如我们开发一种新产品，从产品构成方面，有多少采用的是老技术，有多少是新技术等。

第三种观点是从创新的延伸作用对创新的概念进行解释。这种观点强调创新所带来的结果，我们一般的印象是，创新就会给企业或单位带来生机，基本上是从创新的正面效应来理解创新在管理当中的作用，但与创新共同存在的风险和其可能带来的负面效应则少有涉及，有些学者甚至强调只有通过市场检验成功的变革才能称作是创新①。

如上三种观点，其实是一个整体，片面强调其中任何一项则不完整。除此之外，还有另外一种考虑，那便是我们在对创新进行定义时，基本上还是以企业和单位个体为出发点，这也就是我们前面提到的参照点问题，如果将参照点换成产业内，如果是在做本产业内没人做过的事情，那么这便是创新生态的一个基本观察点，如果在产业内，我们有相关的措施和规则来保证这种创新的发展，便是我们所要强调的创新生态。同产业内的不同企业单位，通常是被认作竞争对手，而竞争对手在某些情况下则被认作“敌人”，这种概念给我们提供了竞争机制这一理论基础。但是，在我们周围已经存在百万年的这些生物群体的生态系统里，最残酷的竞争仅仅存在于种群内单一个体之间，而在不同种群之间的生态关系当中，竞争则基本上被限制在较小范

① 〔美〕彼得·德鲁克：《21 世纪的管理挑战》，朱雁斌译，机械工业出版社，2009。

围，而其他方式的合作，比如共生或寄生普遍存在。同一种群内的竞争虽时有发生，但最常见的还是互相帮助和利用，这便是我们在这里提到创新生态的基本逻辑。如果将参照点放到国家层面，用同样的逻辑推理，便是创新国度这个概念。下面我们将进行更详细的论述。

三 创新生态理论

Moore 是第一个系统而又科学地论述企业生态系统的学者，他将企业生态系统定义为一种“基于组织互动的经济联合体”①，并进一步认为“企业生态系统是一种由客户、供应商、主要生产商、投资商、贸易合作伙伴、标准制定机构、工会、政府、社会公共服务机构和其他利益相关者等具有一定利益关系的组织或者群体构成的动态结构系统”②。在此基础上，Iansiti 和 Levin 提出生态位的概念来阐述创新生态系统，认为创新生态系统由占据不同但彼此相关的生态位的企业所组成，一旦其中的一个生态位发生变化，其他生态位相应也会发生变化③。Adner 关注创新生态系统本身，认为创新需要依赖外部环境的变化与生态系统的成员参与④，创新生态系统是指一种协同机制，企业的这种协同机制将个体与他者联系，并提供面向客户的解决方案，输出价值⑤。

从上面提到的现有的一些创新生态理论不难看出，创新生态基本上还是

① Moore J. F.， “Predators and prey: A new ecology of competition,” *Harvard Business Review*, 1993，71（3）：pp. 75 -86.

② Moore J. F.， *The Death of Competition: Leader and Strategy in the Age of Business Eco-system*, New York Harper Business Press，1996.

③ Iansiti，M.，Levin，R.，“Strategy as ecology,” *Harvard Business Review*，2004，82（3）：pp. 68 -81.

④ Adner R.，Kapoor R.，“Value creation in innovation eco-system: How the structure of technological interdependence affects firm performance in new technology generation,” *Strategic Management Journal*，2010，31（3）：pp. 306 -333.

⑤ Adner R.，“Match your innovation strategy to your innovation ecosystem,” *Harvard Business Review*，2006，84（4）：p. 98.

从单位个体出发，只是侧重点放在了其所在环境当中与其他利益相关者的关系上面，所提倡的观点还是以只要单位本身在做以前没有做过的事情，便可以认为是在创新。从生态学本身来看，其主要有两个特点：其一是生态学是以种群为研究对象，而不是种群当中的某个个体的视角来看，创新要综合考虑创新目标、创新主体和所处环境这三个方面，但更重要的是这三个方面之间的相互关系。创新生态体系是指多个创新主体之间，基于某些技术、人才、规则、文化、运作模式、市场等共同的创新要素而形成的，相互依赖、共生共赢，并且具有一定的稳定性、独立性的一种组织体系。其二便是研究种群所处的环境当中各个相关因素之间的关系，强调它们之间的平衡，而不是一味追求某些少数因素的过度膨胀。如果把这些观点引入企业管理领域，我们认为，某一企业单位应该是被当作种群当中的单一个体，而不是种群。既然我们引用创新生态的概念，那就应该是以种群为着眼点，即创新还要考虑其对产业内其他个体的影响。创新的成败，跟生物进化一样，除了种群本身的创新能力外，更取决于它们所在的生态体系对这些创新的选择，即适者竞生。创新生态系统，如同生物生态系统一样，从要素的随机选择不断演变到结构化的社群。从系统的角度，企业不再是单个产业的成员，而是横跨多个产业的生态系统的一部分，在一个生态系统之中，企业在创新中不断发展和提升能力，它们依赖合作与竞争进行产品生产，满足客户需求并最终不断创新。

1. 创新生态三要素

唐银山（2014）[①] 提出的管理三要素观点，同样也适用于分析创新生态系统，因为管理三要素的观点来源于生态学理论。在分析创新生态这个系统时，我们同样也要考虑创新目标、创新环境和人这三者之间的动态关系。创新目标，我们用“物”来代表，可以是产品或服务；创新环境，我们用“境”来代表，表示企业所处的生态环境；人，不言而喻，代表跟创新体系

① 唐银山：《东西方管理思想演变及比较》，《中国管理发展报告（2014）》，2014，第 83 ~ 100 页。

有关的所有利益相关人。我们在这里提到的“物”，应该可以包括三方面的内容：一是目前已经投放市场的产品或服务，二是正在开发的并计划将要投放市场的产品或服务，三是计划开发，但不确定能否放到市场。从创新的视角来看，这些“物”都可以是创新的目标，现有产品可以通过创新改进而衍生出新的品种，正在研发的产品同样也可以引入创新因素，尤其是第三类，创新可以有更大的空间。同样，“境”也会有三个不同方面的内容，包括市场、知识和规则。市场是我们一般最为重视的方面，其中应该包括供应商、客户和联系起这些关系的所有利益相关者；知识则包括科学、技术和利用这些知识的能力等；规则是我们人为所规定的游戏规则，其中包括法律法规的保障和商业规则，同样也包括商业伦理和道德，自然环境的保护和利用等方面的内容。人，作为这个系统当中的创新执行者和最终受益者，应该能够主动掌握这种平衡，并且能够有目的地通过引入新的因素，从而打破现有平衡，使其朝着我们期望的方向发展。创新点的发现，或依赖于人们的主观意识基于对未来的预测，或依赖于对现有环境压力的反应。前者，毫无疑问应该是主动创新，而后者则是被动创新。主动创新的成功，仰仗对环境变化的成功预测，而被动创新的成功，则完全依靠对现有影响因素的准确分析。

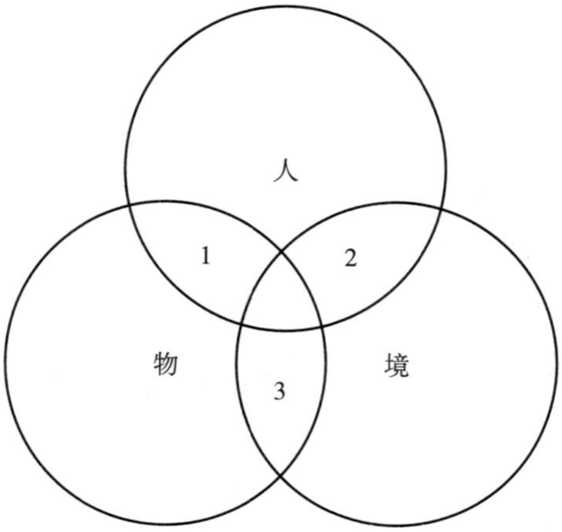

图1　创新生态三要素和三法则

注：1. 发明；2. 学习；3. 适应

我们认为，在这个生态体系当中，简单地划分成人、物和境三要素还不是最重要的，最重要的一点是在这三要素之间所形成的几个界面以及它们之间的联系。三要素之间的共同界面我们认为其代表创新，这也是三要素的共同点；人和物之间的界面我们认为应该是“发明”，其主要表现为人在实现创新目标过程中所能够贡献的便是发明；人和境之间的界面应该是“学习”，我们知道，创造知识也是人类的一个基本活动，但是，我们这次考虑的是创新生态系统，知识的创新并不在这个系统之内，如何在环境里得到新的知识和能力则是一项主要活动，即我们所讨论的学习；而在物和境之间的界面我们理解为“适应”，主要是针对创新目标在环境里的变化。如果说人、物、境是创新生态的三要素，那么发明、学习和适应则是创新生态系统的三个法则，而这三个法则所能代表的创新在生态学上可以用生存与进化概之，可以理解成创新系统的根本目标，可见创新生态体系和生物生态体系之间有着高度的一致性。

2. 创新生态三法则

如果把进化和生存理解成创新生态系统的最终目标，那么，发明、学习和适应则是创新过程中的三个相辅相成的基本法则，我们在此称之为创新生态三法则。

达尔文进化论理论认为，进化是由生物体内遗传基因的突变造成形态上的变化，经过自然选择，日积月累形成物种之间的发展和进化。但是可以想象，发生了某种有益突变的个体如果不辅以其他的措施，比如学习其他个体的有效行为来更好地保护自己，那么其最终也难逃脱被淘汰的命运，也就是说，只有好的基因还并不能确保生物体能够完成进化。突变，在达尔文看来是一种随时存在的变化，其好与坏只能通过自然选择机制，每一种突变，都有机会接受自然选择之考验。而这种突变，在这里也可以理解成我们所讲的发明。

发明则是在原有的基础上创新出一种新型的变种，而且主要是指产品或技术发明，其中有主动发明、被动发明和随机发明三种形式。主动发明是发明者深思熟虑的一种发明，应该是水到渠成的一种状态；被动发明是出于某种需要或需求而进行的一种任务式的公关发明，有预订的目标和时间要求；随机发明是无意中随机发现的新的事物，内容和方式上有很强的随机性，而且目标不定。从管理上来讲，主动发明我们很难规范方向和时间，唯一能做到就是提供给发明者足够的条件支持，期待某项发明能够进入创新途径变成产品并进一步产生经济效益。我们认为，唯一有能力支持主动发明的应该是国家，而不是单位个体，这也是我们提出创新国度这一概念的原因。而被动发明是单位和企业所采用的最常用的创新管理方式，对于较大规模的项目，这类创新管理方式有时国家层面也会采纳。这种被动发明，从创新管理范畴来讲，成功率较高，见效快，符合有效管理的需求，而且接近最佳状态，为了达到这一要求，成立研发机构专门进行创造发明，但绝大多数机构都会对发明的范畴做出限制，也就是说只能做跟公司业务有关的发明创造，对创造力则明显有了人为地约束。随机发明目前涉及企业的管理体制，如何有效地利用和激励人们的发明创造热情也是创新管理所面对的挑战。

对待主动发明，我们建议对发明创造人员不设任何限制，给他们充分的空间和条件，让他们完全聚焦在发明创造上。而如何利用这些发明创造则是管理层人员的责任，包括对这些发明创造做出选择并制定适合产品开发和投放市场的战略方案。但是，我们可以预见，许多发明创造因为种种原因并没能被采纳和应用，其中可能还会包括一些单位或个人的被动发明或者随机发明。我们之所以提出创新生态这个概念，正是注意到这种低效发明，希望从理论上解决如何更好地利用这些所谓即将被浪费掉的发明，从群体生态学的角度来进一步促进成员之间的相互协助，做到真正的互通有无，相互交换这些对自己暂时没有用途的发明和创造，从而达到一种和谐的生态体系。我们现在所处的市场经济体系在某种程度上并不能很好地支持创新生态这个体系，而且试图在给体系当中的任何分子一个标价，从而利用这个标价进行交换。这从创新生态的角度来看是一种资源浪费，我们希望能够找到一种有效的和共赢的共享机制，从而极大程度地改善并创造良性的创新生态环境。

对待发明而产生的管理方式上的改变，也是创新，也是我们这里需要重视的一项最主要和最常见的创新内容之一。从某种意义上讲，这种创新是为发明而服务的，当然还有为了适应某些变化而产生的生产和方法的创新，是将发明有效地转化成创新的一项必不可少的步骤。

学习，作为创新生态的第二个法则，存在于人与境之界面。我们所指的学习，可以分为三种情况。其一，是对人类发展史上所积累的知识体系内某些跟自己相关内容的学习。其中大部分内容是经过人类无数次的实践和验证所确认正确的内容，学习内容多数已经向社会公开，风险相对较低。其二，是对其他单位或个人的某些方法和结论的学习，这种学习的目的性和针对性很强，主要是学习他人已经通过实践验证的方法。这里有些方法，可能还是商业机密，被学习者往往会禁止这种学习行为，理由是会对其造成一定的商业损失，这里便体现出这些知识的排他性。但是，目前主要还是商业伦理问题，而其会造成的具体的经济损失，我们还缺乏客观的科学验证。其三，是盲目的效仿和学习。前两种学习的目的性很强，基本上清楚为什么要学习和学习想要达到的目的，最后一种学习则带有一定的盲目性。人类生存的经验告诉我们，如果机械地跟在别人身后重复别人做过的事情，其危险性要明显降低，而且一般会在前面开拓者发生危险时，有一定的缓冲时间自救和规避危险。盲目学习，从某种意义上来讲是我们最常用的一种学习方式，而且是在不自觉当中发生的。我们所面临的最大挑战是如何在盲目跟从当中尽快发现跟从别人的目的和如何为己所用，在这三种学习方式当中，当属此种方式风险最高，除了效果会大打折扣以外，还同样存在商业伦理这一问题。其实，无论承认与否，学习其实是贯穿我们人类整个群体行为的主要内容，我们会通过各种途径学习我们不知道的知识、内容和方法。从创新生态的角度来看，主要是要营造正当和健康的学习环境和条件，社会知识、群体单位知识和个人知识的主动和无阻力交换应该是衡量这个创新生态体系健康之重要标准。

适应，创新生态的第三个法则，存在于物与境之界面，主要是物质与环境之间的相互适应，其同样也含有三个层次。其一是外部环境对产品变革所提出的适应需求。对当下外部环境的了解和对未来环境变化的预测是这一层面的最重要部分，当前环境的准确分析和表述决定了目前产品是否需要改进或适应，这种适应，我们不妨称其为被动适应。如果是对环境未来变化进行了预测，而且我们通过创新提前准备新的产品，一旦环境发生变化，新产品早就准备好了，我们可以称之为主动适应。被动和主动适应是同一系统内的两个方面，我们并不是单一追求任何一方，而是强调这两者相辅相成，被动适应无可避免，因为总会有预测不到的环境变化，重点是适应速度要快。主动适应是我们都期望的最佳状态，任何环境变化，无论是长期还是短期，我们都已经有了计划好的对策，一旦环境变化，通过创新或发明产生的新产品可以马上投入市场。但我们很清楚，准确预测环境变化是非常困难的。其二是环境对产品所做出的局部适应。当市场达到一定规模时，我们在实例中可以看到这些企业是如何通过它的产品创造出局部生态环境，从而在一定意义上来改变环境的。其中最明显的例子便是智能手机所带来的一系列局部微生态环境的出现。其三是环境和产品相互适应并达到一个动态平衡。环境是动态的，与之相互适应的产品也应该是动态的，产品的变化也有着一定的周期性，这个变化周期，同样也是环境因素所决定的。

综合上述，我们了解了创新生态环境的三要素和三项法则，其中最重要的是如何通过三项法则来达到三要素之间的动态平衡。我们以前在谈到创新这个概念时，有一种将其过度简单化的趋势，随着引入的概念和思考越来越复杂，有必要重新做一个梳理。首先，我们肯定了发明在创新生态体系当中的重要地位，没有发明的创新体系最起码是不完善的体系；其次，我们还强调了完整创新生态体系是三要素之间通过三法则而达到的动态平衡，改变任何一项，我们则应该考虑其他两项如何适应和改变，这对创新的设计和执行有一定的指导作用；再者，我们还提出了现实和未来之间的动态平衡，同样我们强调了双方的重要性，只考虑现在而不考虑未来，或者反过来只考虑未来而忽视现在的倾向都是不可取的。可以想象，在计划或实施新的措施或产品时，企业应该在组织方式、管理方式、运营方式和生产方式等方面进行一定的调整，以适应新的改变。同样，如果创新是改变组织结构、人力资源，其也一定会对产品和销售环境造成影响。改变营销战略，开拓新的市场，同样也要考虑产品和内部人力资源的分配。

创新生态体系应该是一个群体概念，而不是强调单一个体之间的得失。只有在一个能够完全互相交换合作的社会体系当中，创新的价值才能够最大限度地发挥出来。所以，我们提出了创新国度这个概念，以便能够营造一个高效的创新保障体系，促进整个国家的竞争水平。

四 创新国度

创新参照点如果放在国家来理解创新生态，我们便有了创新国度的概念，创新国度是在创新生态这个概念下，将环境界定在国家范畴，即加入国家地域概念而形成的。它比创新生态这一产业概念范围应该更小一些，因为创新生态是以产业为参照点，当今网络技术的发展，从某种意义上讲正在逐渐削弱商务行为当中地理因素的影响。但是，不同国家的管理体制和不同的社会文化，其创造知识和财富的能力差异显著，而互联网在这逐渐削弱的地域限制当中，赋予不同国家在几乎平等的网络平台进行“竞争”，这实际上对于某些创新能力较弱以及欠发达国家的竞争能力的影响，将是不言而喻的。所以，互联网将会使国家之间的竞争更加激烈，而且还会加速国与国之间的差距。

在创新国度这个系统当中，国家机制如何营造良性的生态环境，促进创新发展尤为重要。根据创新国度这一概念，良好的国家机制应该在“物”和“人”这两个界面当中充分发挥作用，使整个国家变成一个高效的创新体系。我们认为，这个系统至少应该包括如下几方面的内容。

（1）应该把基础研究和创造发明当成是国家的基本责任和基本国家功能。我们都清楚基础研究领域的突破对整个国家和民族带来的巨大红利，我们也清楚基础研究所需求的条件基础、风险和困难，但一个国家民族如果能够创造条件，着重这一领域的研究和发明创造，那将奠定这个国家引领国际同行的基础。从英国引导的工业革命开始，到现在欧美国家领导的信息革命，每次所谓“革命”都是在基础研究领域有所突破后所引发的大规模经济发展，从而引导世界潮流。鉴于人力和财力资源的需求和基础研究的高风险性，我们认为国家应该责无旁贷地担负起这一历史责任。

（2）对发明创造提供必要的条件保障和积极有效的引导措施。我们前面有过论述，发明是创新的基本法则，发明也是一类人的原始冲动，好奇心是驱动力。发明者的商业目的并不一定在初期占有主导地位，很明显，我们的社会环境和国家机制能够给这些发明者相应的社会认可，为他们提供一定的条件保障，并有专门机构将这些发明顺利地转化成产品，并保证让发明者享受由这些发明所引发的商业红利。

（3）对剩余发明的引导和共享机制。在目前的机制下，多数国家都通过法律将发明作为发明者或单位的私有财产，而且可以通过注册机制来保障市场占有。我们所提出的剩余发明，是指发明者自己或单位不准备继续开发利用的发明，按目前的系统只是专利注册，对以后能否变成产品并没有一个行之有效的方法。我们提议应该建立可行的剩余发明的交换机制，国家投资扶持的发明创造应该有更大的共享空间。

（4）有相应的教育体系。教育是培养人才的重要环节，我们的教育体制在灌输知识的同时，还要培养学生思考和创新能力。学习的过程，除了知识的积累以外，还有对知识的了解和在原有知识的基础上进行的创新，在这一层面，方法尤为重要。我们在中学或大学期间，就应该考虑如何提高学生解决实际问题的能力，以便更好地利用现有知识创造实际应用价值。而到研究生阶段，我们就应该强调用创新来衡量学生。我们知道，知识积累的学习过程，如果过分强调记住多少，那就有可能会使应用能力和创新能力逐渐被忽视，一旦丧失了这种能力，对后期的影响将是非常严峻的。通过这些论述，我们应该反思我们国家现有的教育体系。

五　创新理论框架

通过对创新生态和创新国度的讨论，我们就创新国度提出如下创新理论框架。在这个框架当中，我们使用了完全创新这一新概念，主要是用来区分不同程度的创新。所谓完全创新，是指某一产品从理论到实践完全都是全新的设计和应用，发明创造是其全部内容。与其相对的另一极端则是0%创新，全部是重复或学习已经存在的知识或设计。我们认为，企业和国家的责任则正好分布在这两个极端点上。我们清楚，企业创新不仅是企业获取超额利润的重要途径，也是企业谋求长期生存与发展的重要基础。而从一个国家的总体范围来看，企业创新是国家总体创新活动中的基础与核心部分。因此，仅是把企业创新放在孤立、局部或微观的水平上来考虑是远远不够的，而必须要把企业创新放到国家创新系统（王雪双和孙进，2013）① 的水平上来考虑。国家创新系统是在当今经济与社会快速发展的大背景下，所提出的具有很强针对性的概念。国家创新系统的概念与理论的提出并非偶然，它是时代发展的必然产物。国家创新系统这一概念是从创新体系延伸而来，强调的是如何建立有效的系统来促进创新产业的发展。我们这里提到的创新国度是由创新生态加上国家这一地域限制而形成，其所包括的范围应该更广一些。

企业创新动力很大程度上来自政府部门的推动力，因此，要发挥政府部门对企业创新的促进作用。一方面，政府要加强政策引导和定点扶持，提高企业创新成功率，激发企业创新的动力和活力。另一方面，政府要强化激励约束机制对企业创新的有效推动。在创新的比重上，两者分工不同。在创新生态系统中，完全创新应由政府负责，部分创新可以企业和政府协同完成。政府的主要功能在于通过政策法规、财政金融、计划等形式，为企业创新构筑良好的宏观经济、法律、文化环境，减少企业创新障碍。在创新生态体系中，实现企业创新和国家创新的统一，建设创新型国家，最终实现创新国度的构想。

创新除了要求一定的知识和条件积累外，创新还伴随着相应的风险。从创新国度的概念理解，国家体制应该有比较明确的责任分工。如图2所示，我们在开发某项产品时，创新比例的不同，其责任分布也应该有所变化，创

---

① 王雪双、孙进：《构建政府引导的全社会层面的国家创新体系——英国〈创新国家白皮书〉解析》，《中国高校科技》2013年第9期，第64～67页。

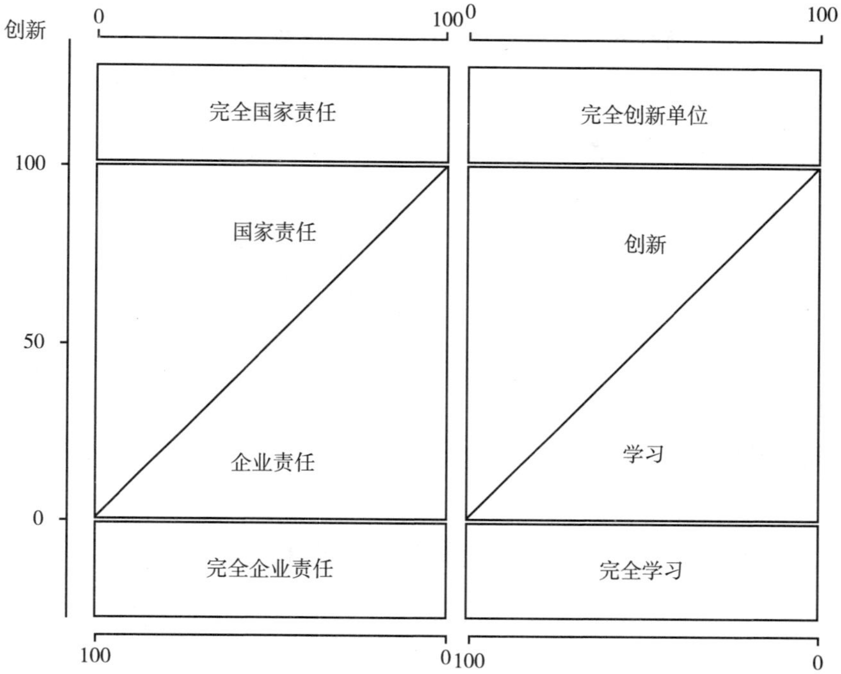

图 2　创新国度框架下的分工原则

新所占比例越高，商业风险便会越大，但如果创新成功，由此所产生的商业利润也会随之增加。考虑与之相应的风险和初期投资所占的比例，这类创新，应该由国家来负责，由此所产生的红利也要回馈给社会。而较小比例的创新，可以由企业单位来负责，当然，由此产生的利益，也应该回馈给企业。在前面所提到的创新国度概念里面，还有另外一类，那便是自发的、完全是出于对知识追求的这一类创新，此类创新的结果，大多数应该接近于发明，我们除了应该具有较好的社会环境来提倡这类创新外，还应该能很好地利用这类创新发明，建立有效的机制，使其尽快地转换成效益。在这个层面上讲，专利法保护了发明人的权益，但在某种意义上讲也限制了成果的转换。如果能够将发明者的权益用国家机制的方式保护起来，而其成果可以由第三方进行自由转换，这也不失为一种有效方式。

图 2 还阐述了学习和创新机制之间的动态转换，从某种意义上来讲，学

习他人的方法和成果应该是一种常态，即便是完全创新企业，它们也要考虑在前人所积累知识的前提下进行创新。故而学习前人和他人的知识会是非常重要的一个步骤。在创新国度这个概念里面，如何提倡学习和降低学习的门槛应该是主要的考虑方面。信息流通顺畅，知识共享便利应该是学习的最好保证。

同时我们也会猜想，按照这个逻辑便很难有真正意义上的完全创新，因为任何一项发明创造都会是建立在以前知识的积累上面，从生态和进化的角度来看，任何一个新物种的出现都是从前面物种当中进化过来的，那么其所具有祖先物种的全部或大部分特征。从这个意义上来讲，我们这里所提到的完全创新同样应该具有足够的新特征。

六　创新国度指标

根据前面所述，我们再次推荐一系列指标，用以衡量一个国家的创新体系的健康程度。这些指标并不是单一的，而是各类不同指标的综合。具体各项指标和每一类指标所占权重并不在本文的讨论范围，而且需要进一步定量研究。我们只是推荐从下面的几个方面来制定这些指标。

（1）人文类指标：主要用来衡量人们对创新的态度，社会对创新的认知度和支持度，社会体系和制度对创新的纲领性指导和帮助，教育体系与考核制度对创新力的培养等。在这类指标当中，个人对创新发明的追求主要表现在创造和接受新鲜事物的能力和速度上，对现有程序的遵循度和改变现有方式的意识。可以预见，现有管理体制对创新人群的管理存在一定差距，而且这一批人的社会地位和社会价值如何体现，同样也是管理所面临的挑战。以经济占有量为标准来衡量人们社会地位的方式并不一定能够创造出全社会尊重和崇尚发明的社会环境。我们前面已经讨论过，发明或完全创新应该是国家责任，而不应该是企业责任，那么在这种前提下，给发明家相应的社会地位，则是当务之急。

（2）环境类指标：主要是创新社会的硬件环境和软环境两个方面。硬件环境应该是硬件水平，包括科学和技术的发展、经济能力、人员数量、机构能力和数量、生存环境等。软环境应该是知识和智慧的积累以及对知识和智慧的共享程度。一定的硬件环境，给创造发明提供物质保障，是必不可少的。但是，如何最大限度地激发人们创新的热情和不满现状的心态则是创新的原动力。丰富的物质资源，在某种程度上能够提供优厚的条件，使发明者没有后顾之忧，但同样也会在一定程度上削弱创新的动力。我们认为，教育是一个非常重要的因素，教育所应该负有的责任不仅仅是灌输知识和提供科学的思辨方法，同样，也应该培养正确的创新人生观和价值观。同样，信息和知识的共享水平将毫无疑问地影响创新发明的软环境，目前我们有世界公认的用经济手段来保护发明者利益的相关方法，但这种方法也从实践当中限制了信息共享，能否有一种新的方法来满足这两方面的需求呢?

（3）创新目标：主要是指创新点的发现和设置，以及创新点本身的价值。如何根据自己的特点和现有条件来决定创新目标是管理的一大挑战，目标设定过高，会导致创新失败；目标过低，会产生资源浪费。当然如果选错目标则标志着完全失败。如何选定相应指标来衡量创新目标选定的适宜程度，也将是我们所面对的一个挑战。

（4）综合指标：综合指标是指人文、环境和创新三个方面经过一定权重转换后计算出来的一个综合指标。

（5）创新指数：创新系统当中对创新起正面影响的因素在所有因素当中所占的比例可以称作是创新指数。同样我们在这里只是提出一个概念，如何判断正面和负面的影响因子，如何判断主要因子都已经被涵盖，将是进一步的研究内容。

七 结语

发明和创新是两个比较容易混淆的概念。发明所代表的是一种新的产品或应用，创新则涵盖从发明到管理以及市场化的各个环节。本文从创新生态的角度重新讨论和界定了它们之间的不同，并沿用了生物物种进化的概念来理解创新生态体系。

创新生态是从产业角度理解创新，并从动态体系当中理解创新目标、人和环境之间的关系。我们将创新目标、人、环境这三者称之为创新生态三要素，而这三个要素之间的二元界面我们称之为创新生态三法则，包括发明、学习和适应。三要素之间的共同界面，我们则称之为创新生态的动态体系。这三个法则是理解这个动态体系的重要内容。基于同行业内创新知识和信息的共享，和不同国家管理体制和文化理念的不同，我们又新引入了创新国度这一概念，从某种意义上来讲，创新国度是唯一可行的用人为体制来促进创新发展的途径。在阐述创新国度这一概念的过程中，我们将完全创新和完全学习区别开来并同时提出了国家和企业的不同责任。

创新系统，是一个完整的动态系统，我们在考虑创新时，应该同时考虑这个系统所涉及的各个方面，单一考虑其中的任何一个方面都不可取，而且会有一定的盲目性和更高的危险性。

管理实践篇

Management Practice

B.8 复杂系统的运营管理

——银行卡一体化运营管理框架研究及实践

柴洪峰*

摘　要：银行卡网络是一个复杂的系统，中国银联在分析其特点的基础上经过不断探索构建了银行卡一体化运营管理的框架。一体化运营的落地实践是通过三个层次的工作来实现的，包括建立多中心一体化运营体系、总分公司建立联动运营关系、与合作伙伴建立深层次一体化运营关系。其中在建立多中心一体化运营体系中采用了“事前设计、事中控制、事后分析优化”的工作方法，取得了良好的效果。

关键词：银行卡网络　一体化运营体系　总分公司联动运营　深层次运营关系　顶层设计

* 柴洪峰，中国银联董事、执行副总裁，教授级高工。

一　问题提出

计算机体系中操作系统是连接用户与硬件的桥梁，通过友好界面、简易操控和丰富的应用实现了良好的用户体验。与此相似，“运营管理体系”为银行卡产业构架了一套“操作系统”，使持卡人获得方便、安全的用卡体验。银行卡产业是建立在信息系统之上的产业，银行卡网络是由一个巨大的信息网络组成的复杂系统，其特点如下。

（1）开放性：银行卡网络是商业网络和支付网络的组成部分，和政治、经济、科技等周围环境之间存在物质、信息、能量的交换。

（2）层次性：一个银行卡网络就是一个银行卡商业生态系统，由核心商业生态系统、扩展商业生态系统和生态组成。核心商业生态系统由发卡机构、支付清算机构、收单机构和特约商户组成，构成银行卡业务的核心子系统；扩展商业生态系统由核心商业生态系统和持卡人、外包服务商、技术供应商、检测认证机构、研究培训机构等组成。生态环境是指人口、经济、技术、政治、自然和文化等要素（见图1）。

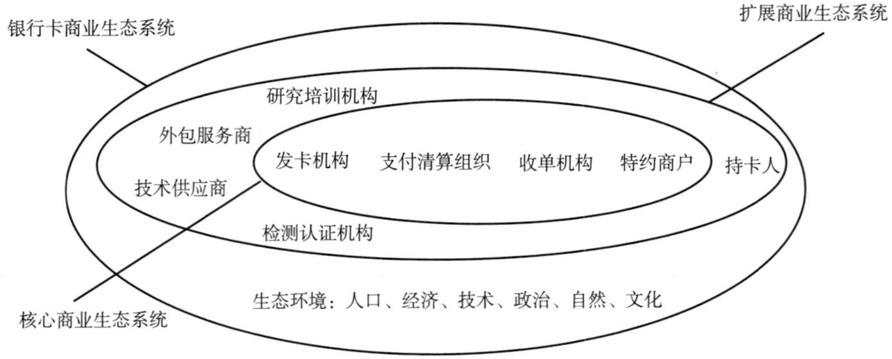

图1　单一转接清算组织下的银行卡商业生态系统的层次

（3）结构性：中国银联处于银行卡网络的核心和枢纽位置，它维护着转接清算平台以及自己的账户体系、规则体系、价格体系。平台和标准将整个系统中的各个成员连接起来，使整个系统形成特定的结构。

（4）涌现性：众多成员机构以一定规则接入平台后，发卡侧和收单侧相互影响，整个系统呈现出网络效应，这是单个机构所不具备的。

（5）复杂性：70%的金融活动最终都体现为支付行为，因此转接清算应用要覆盖各种支付场景，具有复杂性。当前系统峰值处理的业务量达到了30000TPS，一笔业务交易在各系统之间以毫秒级速度完成。同时银行卡网络内各主体具有主动性和适应性，相互影响，相互作用。

（6）系统规模巨大：目前接入这个系统的有数以亿计的持卡人用户，数以千万计的商户和数以千计的成员机构。

综上所述，这个信息系统网络是一个开放的复杂巨系统。在这种复杂系统上为持卡用户提供良好的支付服务，就需要一套与之相适应的运营管理方法。中国银联经过不断探索，设计和实现了面向用户“用卡体验”的运营管理方法，突破了复杂信息系统的运营瓶颈，建立了一体化运营管理体系，实现了银行卡产业向生产型服务业转型的跨越。

二　一体化运营管理体系的建设过程

一体化运营管理体系的建设由中国银联主导，以复杂系统理论为指导开展。按照处理复杂系统的理论和方法，不能简单地将系统产生复杂性的原因简化掉，将其当作简单系统处理，要将其作为复杂系统进行处理。因此在建设一体化运营管理体系时，我们采用霍兰（J. Holland）提出的复杂适应系统理论，将“用户、员工、伙伴”作为具有适应性的主体（adaptive agent，简称为主体），“技术、流程、资源”作为环境。这些具有适应性的主体与主体之间、主体与环境之间具有交互作用，在持续不断的交互作用中，不断地“学习”和“积累经验”，并且根据学到的经验改变自身的结构和行为方式。整个管理体系的演变和进化，包括分化和多样性的出现，新层次的出现，聚合而成的、新的主体出现等，都是在这个基础上逐步派生出来的。因此这是一个具有自组织、自学习、自适应和自进化功能的管理体系。

一体化运营管理体系的建设从企业数据中心建设开始，通过差距分析、顶层设计、实践攻关、总结提炼四个过程，循环迭代。其中差距分析用于识别缺失的关键能力、方法、流程、工具；顶层设计用于建立管理体系；实践攻关是对管理体系的落地，包括运营工作分解、配套开发等；总结提炼是通过对落地效果的检验，对管理思想和管理体系进行重新认识，提高认知水平，完善管理体系。管理体系的建设经历了网络系统管理、IT 服务管理、业务服务管理和信息化运营四个阶段（见图 2）。

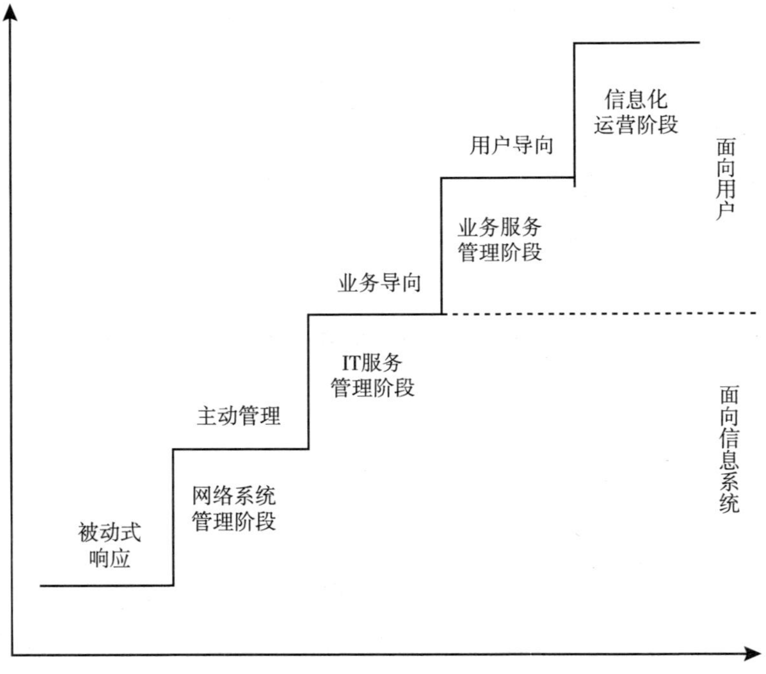

图 2　一体化运营管理的四个发展阶段

1. 网络系统管理阶段

这一阶段的管理重点是对机房基础设施、网络线路和设备、服务器、数据库等构成信息系统的技术实体的运行状态进行管理。通过对技术数据的收集和分析，获得从整个信息系统到每个实体的运行状态信息，能够在故障发生时或者中断发生之前采取管理操作，有效提高信息系统的运行质量。这一阶段运维管理主要以信息技术设备为中心，提供故障处理、硬件更换、软件升级、巡检以及系统集成等被动响应式服务。

2. IT 服务管理阶段

虽然实施网络系统管理后提升了技术元素的运行质量，但仍不能从根本上解决信息系统“意外问题”的发生。这是因为信息系统运维的问题更多地来自管理方面，而非技术原因。也就是说，管理缺位阻碍了运维部门进一步提高工作质量和效率。根据高德纳咨询公司的一项调查，[①]在信息系统运行过程中出现的问题，由技术或产品方面引发的问题（包括软硬件、网络、供电失常等）其实只占 20%，而流程失误（包括变更不到位、测试不充分等）和人员失误（包括操作错误、训练不足、安全疏忽等）的问题各占 40%，运维部门长期承担着“救火队”的角色。因此在这个阶段，中国银联以流程为中心，将“技术、人员、流程、资源”四者相结合，建设 IT 服务管理体系。通过实施 ITSM，对内梳理和调整相关的职能和活动，保证 IT 服务质量；对外与其他业务部门及合作机构建立了规范、稳定、统一的输出接口。IT 工作的成果作为一种端到端的、有质量保证的服务被提供给客户。ITSM 使信息系统的运维管理由被动响应式转变为主动管理。

3. 业务服务管理阶段

ITSM 的理念目前已经被广泛应用并在信息系统管理中发挥了巨大的作用。但 ITSM 的对象还是信息系统，追求的目标是信息系统实体组件的稳定运行和性能质量，以“系统稳定运行”来衡量信息系统运维管理的效果，忽视了银行卡产业采用 IT 的目的是支持和推进业务发展这一最终目标。在支付产品的种类和交易量高速发展的时代，信息部门在面临有限的人力、物力、财力及其他资源时，如何安排正确的 IT 服务优先级，怎样对 IT 资源做出合理的配置？业务服务管理帮助解决了以上问题。业务服务管理有两层含

① 孙强等编著《IT 服务管理——概念、理解和实施》，机械工业出版社，2003，第 5 页。

义：一是管理IT资源，如服务器、路由器等；二是管理IT服务，即把IT服务用户与IT资源联系起来，通过集中化、流程化、一体化的管理系统，实现IT服务自动配置，高效管理。该阶段的一体化运营管理体系建设是从用户视角来认识IT的影响，以真实用户体验和端到端应用性能管理为核心，实现自上而下的IT管理新模式。业务服务管理能够对终端、网络传输、应用性能、中间件性能、数据库性能进行自动关联分析，监控业务服务的长期状态，理解IT变化与业务的相关性，帮助用户识别、定位和解决影响应用系统性能和可用性问题，保障关键业务服务的安全访问，有效管理基于业务优化级的服务，实现从"技术导向"向"用户导向"的转变。这一阶段内容包括：①IT基础设施管理。采用ITSM方法对IT服务的基础设施进行管理，它是BSM的基础。②业务服务建模。传统的IT管理思路是由底向上的管理，即通过对构成信息系统的底层架构实体的监控和管理来保证业务的可用性。BSM则从业务应用的角度来进行管理，在应用和IT基础架构之间建立映射关系，即业务服务依存关系映射。③应用性能管理（APM）。从业务视角对信息系统进行主动管理，即监控用户体验，评估服务水平。④业务视图展示。将业务模型和业务数据结合成业务运行状态展示给用户。

4. 信息化运营管理阶段

信息化运营管理以用户为导向，在企业售前、售中、售后阶段提供IT支撑，如在运营过程中为产品决策提供市场模型、用户模型，为营销决策提供销售模型和活动模型，为电子商务运行提供基本运营服务，以及协助商业伙伴发展匹配的IT能力，保持服务链的整体有效性等。这个阶段，服务管理已不仅仅限于IT服务，而是将IT服务的理念应用于企业产品的生产运营和交付中，用信息化的思维重构业务流程。市场模型、用户模型、销售模型和活动模型等都是基于大数据挖掘和分析的结果。产品设计和生产，销售过程的交互、交易、交付，营销过程中关系的建立、维持、使用，这些业务环节实现了信息的获取、传递、加工和再利用。

虽然一体化运营管理体系建设的起点是企业数据中心，但它的建设目标是覆盖从持卡人到发卡行的整个产业链，是端到端的运营管理。其管理理念从面向信息系统的技术管理转变为面向用户的服务管理。

三　一体化运营管理框架

一体化运营管理体系的核心是将传统的面向信息系统的运维管理提升到面向用户体验的业务运营管理。一体化运营管理包含两个层次，一是工业化的信息系统运维管理。通过专业化、标准化、流程化、规模化方法，形成生产性服务业的新业态。二是信息化的银行卡运营管理。采用服务管理的理念建立面向持卡人体验的运营管理，通过对业务运营过程产生的数据和信息进行获取、传递、处理、再生、利用，达到智能化业务运营，整个系统表现出自学习、自进化特征。

一体化运营管理体系由三个层次构成。底层是指导思想、运营目标和评价标准，这是构成整个管理框架的基础。中间层是由服务目录、流程制度、组织架构、技术平台、资源管理、质量管理等模块构成的一体化运营管理模型，它是运营指导思想、目标和评价标准的具体化。上层是各种工具库、实例库、模板库，是中间管理模型的实例化、工具化、具体化。理论框架通过层层递进，向用户呈现了一个可视化、可量化，具有自学习、自进化特征的管理系统，实现了理论框架的落地（见图3）。

（一）运营目标与评价标准

最初在银行卡业务中使用计算机和网络系统的目的是提高处理效率，但随着计算机和网络技术的普及，银行卡支付服务的交付方式发生了根本性的改变。以电脑、手机等智能终端和 POS、ATM 等专用终端作为工具，以网络作为媒介，信息系统生产出各种银行卡服务，为客户提供电子支付业务。一体化运营管理的目标是通过网络平台的交付方式，为持卡人提供有价值的支付服务。具体来说，就是在 7×24 小时不间断的运行模式下，为持卡人提供可靠的服务。

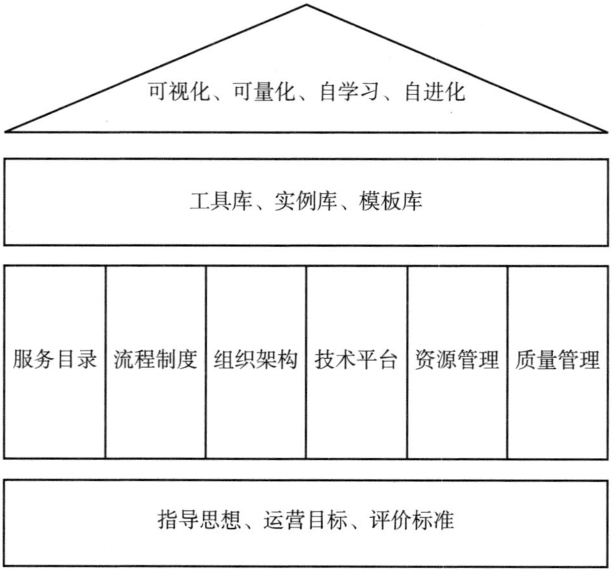

图 3　一体化运营管理框架

运营中需要不断对服务进行改进，包括服务可用性、持卡人的用卡体验、成本效益等。总结起来，一体化运营管理的评价标准由安全、质量、效率、成本四个方面组成。

（1）安全：系统和信息安全。

（2）质量：提供的 IT 服务在稳定性和顾客体验等方面是可靠的。

（3）效率：服务效率，即交付时间。

（4）成本：运营成本。

这四个方面既相互联系，又相互制约。安全和质量基本上是一致的，运营质量越好，系统和信息越安全。质量和效率、质量和成本在某种意义上是矛盾的。因为要提高质量，就需要牺牲成本和效率。但从质量改进的本质上说，通过改进质量，“一次做对”，可以减少返工的成本，同时也提高了效率。因此从根本上讲，质量和成本、效率是一致的。

（二）运营指导思想

从管理的角度看，一体化运营是指采用新型管理理论来指导银行卡产业

IT运营，这些理论是构成一体化运营思想的重要理论来源。

（1）人本管理。[①] 人本管理就是以人为本的管理，即在管理活动中把人作为核心，不仅把人看作管理的对象、看作企业最重要的资源，而且把人作为管理的主体，通过开发和利用企业人力资源，服务于企业内外的利益相关者，实现企业目标和员工个人目标的管理理论和管理实践的统一。人本管理的本质[②]是确立“人本位”，尊重“人本性”，管理的核心是人，管理的主体是员工，管理的对象是利益相关者（包括员工、顾客、供应商以及社区、政府、社会），管理成功的标志是企业和员工实现“双赢”，这些是人本管理与“物本管理”和“把人作为工具和手段的传统管理”的显著区别。一体化运营管理把员工、伙伴、持卡人作为管理对象，把员工作为主体，在文化管理、制度管理、组织管理等方面为实施人本管理提供了导向、约束激励、内在动力。

信息系统的运维管理有比较成熟的方法。一体化运营管理的目标是培养员工，达到员工、伙伴、持卡人“三赢”。在一体化运营管理中，需要对技术、流程制度、资源与员工进行协调。

（2）服务管理。服务是指为满足顾客需要，在与顾客的接触中，供方活动和供方内部活动所产生的结果。这个定义有三层含义：[③] 一是服务的目的是给顾客带来价值；二是服务过程需要提供者与顾客双方共同参与完成；三是服务内容包括服务活动和服务活动的结果，两者缺一不可。服务具有无形性、即时性、异质性等特点。[④] 服务不同于一般商品。一般商品有与自己功能属性相关的固定形态，人们通常根据商品的大小、轻重、长短和外形等物理要素来判断其类别及功能。而服务却是无形的，这是服务最主要的特性。服务的即时性主要表现在两个方面：一是不可分离性。服务的生产与消费过程通常是同时发生的，有形产品的生产和消费过程一般都具有一定的时

① 赵继新：《人本管理》，经济管理出版社，2012，第1～2页。

② 赵继新：《人本管理》，经济管理出版社，2012，第3～6页。

③ 马勇等：《现代服务业管理——原理、方法与案例》，北京大学出版社，2010，第4页。

④ 张金成、戴昌钧：《服务质量管理的理论探讨》，《南开经济研究》1995年第1期。

间和空间的间隔，而服务产品与其提供来源大多是无法分割的，也就是说服务提供与消费服务须同时进行。由于服务的不可分割性，在大多数情况下，客户必须介入部分或主要生产流程。服务的提供人员与客户之间的互动会影响服务产出的结果。服务具有高度的异质性，即使是同一种服务，也会受到提供服务的时间、地点及人员等因素的影响，使得服务质量的控制较有形产品更为困难。在现代经济生活中，服务与商品存在一定的替代性和统一性。在不少情况下，替代性表现在服务可以替代商品。

随着社会分工的发展，为了降低生产成本、提高生产效率和经营的专业化程度，企业内部的生产服务部门逐渐从企业中分离和独立出来，形成了生产型服务业。生产型服务业是指市场化的中间投入服务，是为生产、商务活动而非最终消费提供的服务。银行卡等电子支付服务、信息技术服务均属于生产型服务业。生产型服务除了具有服务业的特点外，还具有专业性、协同性、创新性等特点。在服务产品设计开发、服务转换、服务运营、服务质量、服务改进等方面都有自身的特点。

一体化运营管理采用了基于服务蓝图的服务设计、端到端的流程体系、基于用卡体验的质量管理与改进，这些技术使服务管理的理念贯穿于整个体系中。

（3）系统科学理论。现代系统研究开创者贝塔朗菲对系统的定义是“系统是相互作用的多元素的复合体”。[①] 一切事物都是一种系统存在，因此要用系统观点来认识和处理问题，这就是系统思维。系统思维有以下特征。

第一，整体思维。系统观点认为，系统的整体功能不等于各要素功能的简单相加，而往往要大于各部分功能的总和，即“1 + 1 > 2”，这种特征叫作涌现性，是一种质变。因此在认识事物、分析事物的时候，要使用还原论和整体论相结合的方法。

第二，演化思维。系统观点认为，系统中各要素以及要素与环境之间都在不停演化，这就导致系统功能也随时间不停地演化。因此任何一个系统都

① Bertalanffy, von Ludwig. *General System Theory*. New York: George Breziller, Inc. 1973. 33

是在运动和变化中的系统。而且，任何一个系统都是耗散结构系统，只有与外界不断进行物质、信息、能量交换，才能维持其生命力，并且只有从外界获取的能量大于自身消耗的能量时，系统才能发展壮大，因此开放性是系统的生命。

第三，结构功能思维。系统观点认为，系统的结构决定系统的功能，结构变化决定功能变化。也就是说，合理的结构促进系统功能优化，不合理的结构造成系统功能的内耗，通过结构调整能够实现功能优化。

银行卡网络是一种开放的复杂巨系统，在它之上建设和运营一体化管理体系就需要运用系统观点，主要方法就是还原论与整体论相结合，定量描述与定性描述相结合，局部描述与整体描述相结合，确定性描述与不确定性描述相结合，系统分析与系统综合相结合。

（4）风险管理。风险管理不仅仅是一个安全生产问题，它是一项有目的的管理活动，目标就是要以最小成本获取最大的安全保障。风险管理最早由美国宾夕法尼亚州大学的所罗门·许布纳博士在1930年提出。风险管理是社会组织和个人用以降低风险的消极结果的决策过程，即通过风险识别和风险评估，在此基础上选择和优化组合各种风险管理技术，对风险实施有效控制和预防，并妥善处理风险产生的后果。它是一套完整的方案，包括风险识别、风险评估和风险处置，涉及财务、人力、技术、设备、物流、生产等多方面，也是一个系统工程。

由于银行卡网络的复杂性，运营安全的目标是通过合规性管理与风险管理相结合的方法实现的。一体化运营的风险主要包括技术风险、信息与系统安全风险、人员风险、财产风险、管理变革的风险、流程再造风险等。除风险管理本身外，还有一些定理和原则可以借鉴和使用。

第一，底线原则。凡事从坏处准备，努力争取最好的结果，做到有备无患、遇事不慌，牢牢把握主动权。底线思维是一种主动性思维，它一方面要主动思考底线在哪里，跨越底线的后果是什么等问题；另一方面，它要求从底线出发，不断争取更大、更好的结果。底线思维既要求防范风险，又要求以实际行动化解风险。

第二，海恩法则。它是航空界关于飞行安全的法则。海恩法则指出，每一起严重事故的背后，必然有29起轻微事故、300起未遂先兆和1000起事故隐患。它说明安全事故的发生是一个“从量到质”的积累过程，同时也说明再好的技术和制度，也无法取代人的素质和责任心。

第三，墨菲定律。如果事情有变坏的可能，不管这种可能性有多小，它总会发生。因此，安全管理中不能忽视小概率事件，必须发挥警示作用，坚持预防为主。

第四，黑天鹅效应。黑天鹅效应指17世纪之前的欧洲人认为天鹅都是白色的，但随着在澳大利亚发现了黑天鹅，这个不可动摇的信念崩溃了。它的启示是不可过度相信预测和经验，不可预测的重大稀有事件，在意料之外，却又可以改变一切。因此，再高明准确的技术分析和风险管理模型也不能完全控制风险。

这些原则和法则充分体现了辩证思维的方法，为避免机械地运用一体化管理提供了新视角，它们自始至终都贯穿在建设和运行一体化管理的过程中。

（三）一体化运营管理模型

一体化运营管理由服务目录、流程制度、组织架构、技术平台、资源管理、质量管理等六个域组成。

（1）服务目录：这个域是对服务产品和交付方式的管理，包括服务产品管理、服务目录管理、服务水平管理、服务计费管理、业务连续性管理、服务可用性管理等模块和功能。这个域从服务的角度对IT进行定义，比如服务水平、服务计费、服务可用性、业务连续性管理等管理模块，通过图形化，将服务情况直观地呈现给业务人员，屏蔽了IT的细节和复杂性，便于业务人员理解，实现了运营可视化。

（2）流程制度：这个域是一体化运营体系的各种流程和制度。流程是制度执行过程的详细诠释，制度是流程执行的总体要求和执行标准。一体化运营所管理的“生产环境”是一个被明确定义、有严格纪律管理的、可控的技术环境，流程制度为这个环境提供了依据。流程制度是一个体系，分总体要求、流程描述、标准作业手册、操作记录四个层次。

（3）组织架构：这个域是对组织、岗位、人员的管理。一体化运营管理体系的核心是流程管理和服务管理，而管理离不开组织保障。各种流程制度的执行，到最后都是需要合理的岗位分工才能真正贯彻下去。运营岗位的设置要兼顾管理层次与幅度，既有专业分工，又便于统一指挥，权责对等，职责分明，没有重叠，不留空白。同时确定成本的组成和计算方式，规范成本费用的来源保证。

（4）技术平台：技术平台是一体化运营管理的技术支撑。分为三层：集中监控展示层、流程和运营管理层、数据层。

①集中监控展示层。提供人机交互功能和界面展示，通过监控工具实现对服务对象和 IT 资源的实时监控。

②流程和运营管理层。提供一体化运营管理模式下流程执行和管理控制功能、服务管理功能。平台中有三种管理子系统：一是业务管理子系统，主要是建立面向业务客户的服务响应窗口。二是流程平台和集中监控子系统，主要是面向技术支持人员的体系运营管理窗口。三是技术管理子系统，包括知识库、配置库、报表和日常操作等共享支持模块，主要是面向运维操作人员的操作管理窗口。

③数据层。对运营数据的采集、抽取、加工、存储功能。

平台工具采用统一入口和用户认证、数据信息共享和集中管理，是实现信息化运营的基础。

（5）资源管理：这个域是管理服务交付所需各种资源的过程，资源按形式分为有形和无形，按所属分为企业内部和企业外部。资源管理过程包括劳动力管理、知识管理、技术管理、财务管理、基础设施管理、供应商管理。

（6）质量管理：这个域是一体化运营管理的核心，贯穿于一体化运营管理的始终，是决定一体化运营成败的关键。质量管理包括质量策划、质量监控、质量改进三个步骤。一体化运营的质量管理与有形产品生产的质量管理存在明显区别，一是质量目标聚焦在安全、质量（用卡体验）、效率、成本四个方面。二是过程质量起重要作用，技术方案的质量和管理流程的质量是质量管理的主要内容。三是持续改进，由于一体化运营是一个连续运行的管理过程，因此质量管理和质量改进也是持续性的。这些构成了一体化运营质量管理的特点。

（四）工具库、实例库、模板库

一体化运营管理模型建立了一个全面覆盖银行卡网络运行的管理体系，但这个体系要正常运行、发挥作用，还需要许多工具、实例、模板的支撑。

（1）工具是指一体化管理模型使用的具体的运行手段，每一个域都有特定的工具。如服务目录域中，服务产品设计的工具是蓝图法、6Sigma 产品设计法等；质量管理中使用的工具包括统计过程控制（SPC）、测量系统分析（MSA）、失效模式分析（FMEA）、6Sigma 方法中的 DMAIC 法等。

（2）实例是借用面向对象程序设计中的概念。“类”在实例化后叫作一个实例，这里实例表示在某一使用场景下的流程。通过将特定场景下的流程实例化，简化了流程运作，使员工更容易理解流程方法。

（3）模板是生产重复产品的模子。模板是知识沉淀的一种方式，使用模板可以在大量的流程操作、技术方案编写等工作中提高质量和效率、减少成本。如新服务上线检查模板、日常系统检查模板等。

大量的工具、实例、模板是一体化运营管理体系的一大特色，为管理体系的落地提供了保障。

四　一体化运营的落地实践

一体化运营的落地是通过三个层次的工作实现的（如图 4 所示），包括建立多中心一体化运营体系、总分公司建立联动运营关系、与合作伙伴建立深层次一体化运营关系。

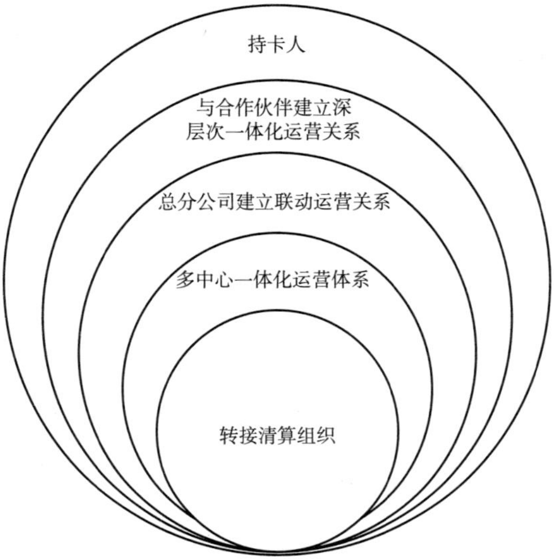

图4　一体化运营管理体系的横向组成

1. 建立多中心一体化运营体系

一体化运营的第一个层次是建立地理位置分布，但服务生产统一的多数据中心一体化运营机制。通过对运营中各参与方相关活动的一体化设计，利用自动化运营管理平台实现规模化、流程化、精细化和数据化的运营管理，最终提高服务运营的效率和质量，保障安全，降低成本。

为了实现上述目标，需要建立“事前设计、事中控制、事后分析优化”的工作方法，“事前设计”包括过程识别、过程分解与过程标准化；“事中控制”包括监控点与测量系统设计、控制点的设置和实施过程的自动化监控；“事后分析优化”包括数据分析以及依据分析结果对“过程标准”的优化和改进。具体步骤如下。

第一，从客户需求、市场需求以及组织战略出发，对银行卡的产品特性进行分析，总结银行卡产品在多数据中心生产运营中的相关活动和过程。在综合考虑内部、外部因素，动态、静态影响，横向、纵向工序，专业性、综合性要求的基础上，对多数据中心运营中的过程进行系统分析和有效识别，为制定一体化运营管理体系打下扎实的基础。

第二，针对已识别的过程，划分整个过程中各部门职责与边界，理顺管理关系、工作关系与业务关系，从而明确企业各部门的工作界面、职责与权限，使纵向与横向有效衔接，责与权有效匹配，管理科学、规范、高效。

第三，针对运营过程特性，结合各部门职责与边界，将运营过程分解为若干活动。然后对已分解的活动进行系统设计，固化其活动标准，以此作为日常生产运营活动基线。

第四，按照活动标准，设计精确的测量系统，策划能全面反映运营过程活动能力的控制点。对运营过程活动监控数据进行持续监控与分析，当数据出现异常时，立即启动优化措施，并及时更新过程活动标准。

第五，进行一体化运营体系文件的系统化管控。体系文件是企业的内部法律，是企业运行的准则。体系构建的关键体是文件受控，防止非预期文件使用所产生的经营和管理风险。因此，必须对文件进行从立项、起草、预审、评审、会签、批准、发布、执行、评估到优化的全过程控制，确保文件的科学性、合理性、操作性。

这样多中心的一体化运营体系就形成了一个完整的闭环，可以通过这一循环实现高效、安全、稳定的生产输出测量并监控运营过程的详细活动。

基于上述工作方法，我们建立了多中心一体化运营体系，形成了运营过程标准化文档，共 8 册、300 余万字。以此为依托，借助技术开发，实现了运营管理的自动化与平台化。该平台具有高度的灵活性和全面的开放性，可对 6000 多个过程控制点进行数据采集，能够实现 12 种算法的综合使用，可从 30 多个维度对控制点数据展开监控和分析，并进一步深入挖掘潜在问题。

2. 总分公司建立联动运营关系

企业数据中心是服务生产所在地，但服务交付是在全国各地，因此一体化运营的第二个层次是建立服务生产与交付联动的运营关系。总分公司联动运营的目标是建立“集中生产、本地交付”的生产方式。总分公司联动运营从系统运维、技术服务、产品运营服务三个方面展开。

系统运维是对分公司小型数据机房进行远程集中监控、事件处理和变更支持。技术服务是利用总公司的资源和技术优势，为分公司当地成员机构提供技术咨询，如提高交易成功率、协同应急处理。产品运营服务主要针对本地化产品，在售前、售中、售后三个阶段协助分公司推进。例如成立联合项目推进小组，小组根据产品的总体方案，结合当地的本地化需求，在售前、售中、售后三个阶段协助分公司开展活动，满足客户需要。

3. 与合作机构建立深层次运营关系

一体化运营的第三个层次是与合作机构建立深层次运营关系。深层次运营关系就是在合同和协议之外，合作双方在运营层面实现相互信任，建立相互匹配的能力和顺畅的沟通渠道。具体方法包括：①了解对方运营组织架构和运营能力；②创造合作机会；③在服务质量上对运营机构提出要求；④协助合作机构提高运营能力；⑤建立信息共享机制；⑥建立信任关系，开展深度合作。

五　结语

中国银联经过不断探索，在分析银行卡网络特点的基础上构建了银行卡一体化运营管理的体系。体系理论先进，实践性强，经过十年的不断运营和完善，在保障运营安全、提高服务运营效率和质量、降低综合运营成本方面取得了明显效果，有力地促进了中国银行卡产业的发展。根据中国银联的相关数据显示，[①] 2002 年，我国在零售支付领域的银行卡支付渗透率为 3%，到 2013 年达到了 50%，当前传统零售业银行卡日交易量近 1 亿笔；2002 年交易成功率为 48%，到 2013 年交易成功率达到 99% 以上。一体化运营管理不仅为持卡人提供了良好的用卡体验，同时也成就了发卡机构、收单机构等业务伙伴，提高了整个产业的信息化管理水平，是生产型服务业管理创新的实践。

---

① 中国支付清算协会：《支付清算行业运行报告（2013）》，中国金融出版社，2014。

B.9

“三集五大”：再造电网企业管理体系

国家电网公司体制改革办公室　国网能源研究院

摘　要：现代化的企业需要现代化的管理体系。国家电网公司针对传统管理模式存在的深层次矛盾和问题，以“三集五大”为核心，以集约化、扁平化、专业化为方向，大力推进企业管理体系变革和重构。经过5年多的探索和实践，国家电网公司已全面建成现代电网企业新型管理体系，并在企业经营管理中逐步发挥出重要作用，取得了显著的经济社会效益。

关键词：业务体系重构　三集五大　管理提升

国家电网公司成立于2002年12月29日，是经国务院同意进行国家授权投资的机构和国家控股公司的试点单位，是以建设运营电网为核心业务，关系国民经济命脉和国家能源安全的特大型国有重点骨干企业，承担着保障更安全、更经济、更清洁、可持续的电力供应的基本使命。国家电网公司经营区域覆盖26个省（自治区、直辖市），覆盖国土面积的88%以上，供电人口超过11亿，稳健运营在菲律宾、巴西、葡萄牙、澳大利亚、意大利等国家的海外资产，世界500强排名保持第7位。

“十一五”以来，国家电网公司坚持将贯彻落实科学发展观与尊重公司发展实际相结合、将电网发展规律与企业发展规律相统一，以战略思维科学思考公司发展面临的重大问题，创造性地提出“三集五大”体系管理变革战略构想，并在实践摸索中走出了一条具有国家电网特色的创新发展之路。

一 "三集五大"建设背景

（一）传统管理体制机制存在的问题亟须解决

国家电网公司是典型的"新公司、老家底"，管理层级多，业务链条长，传统管理体系"小而全""小而散"，规模经济优势难以发挥。公司总部对核心资源、核心业务管控的深度、广度和力度明显不足，执行力逐级衰减。业务管理方面，存在业务条块分割、职能界面交叉不清等问题。这些传统管理体系本身存在的矛盾问题亟须改革（见表1）。

表1 国家电网公司"三集五大"体系建设背景*

传统模式	存在问题
·传统电网管理体制区域间电网弱联系，电力分区分省自平衡	·制约着电力全国统一平衡模式的实施 ·制约着特高压电网的规划建设和各级电网协调发展
·传统电网管理体制依据地域范围和电压等级分散管理、各自发展	·制约着公司整体优势的发挥，难以支撑大规模电网投资建设 ·制约着公司整体合力的形成，难以支撑大电网的高强度建设、高稳定运行和高质量检修
·产权层级多、属性多，管理链条长，"小而全""小而散"	·企业的集团优势、规模优势难以发挥，标准化、精益化管理难以实施，效率效益普遍不高
·重生产、轻服务 ·业务条块分割、各管一块 ·客户服务质量感知普遍不高	·传统经营管理体制与市场条件下"客户导向"的总体趋势存在严重冲突，越来越难以满足客户对优质、便捷、高效服务的需求
·传统上公司总部对核心资源、核心业务管控深度、广度和力度不足，监督考核力度不够、执行力逐级衰减 ·公司下属企业众多，各级单位功能定位不明、权责不清、组织架构臃肿、职能交叉重复、业务末端缺乏管控、经营风险大量存在	·严重制约了公司实现"两个统一"愿景和"一强三优"目标，也与行业监督、社会监督不断加强的宏观环境不相适应

（二）经济社会快速发展对安全可靠供电提出更高要求

伴随工业化和城市化进程，我国能源需求在较长时期内将保持较快增长，电网建设发展面临前所未有的艰巨任务。我国能源生产和消费呈逆向分布格局，需要电网对能源资源进行全国范围的优化配置。而我国现行电网管理模式建立在传统的电力就地平衡方式基础上，缺乏大范围、大规模配置能源的体制基础。受计划经济时代“重发轻供”思想影响，我国电网投资一直相对薄弱。扭转电网建设滞后局面，迫切需要统筹全网资源，形成集团合力。短缺经济下形成的“生产导向型”的经营理念和生产方式，需要向“服务导向型”转变。

（三）坚强智能电网要求电网管理体制进行适应性变革

国家电网公司加快建设以特高压为核心的坚强智能电网。同传统电网相比，特高压交直流电网输送容量大、输电距离远，技术特性更加复杂，对电网统一规划、统一建设，对运行协调控制和设备管理水平的要求越来越高。智能电网具有高度的信息化、数字化、自动化、互动化特征，需要以“敏捷性”组织、精益化管理和专业化运营作为支撑保障。为运营好、管理好大电网，并在智能电网方面抢占先机，国家电网公司需要以前瞻性视野，主动变革生产关系，为坚强智能电网发展创造良好的制度环境和体制基础。

（四）建设国际一流企业需要建立现代化管理体系

中国企业与国际一流企业间的最大差距，不是技术，而是管理水平。深化“两个转变”（转变电网发展方式、转变公司发展方式），建设“世界一流电网、国际一流企业”，需要建立现代化的管理体系。作为由部委转制而来的中央企业，国家电网公司在管理水平上同国际一流企业相比仍有一定差距。落实中央企业“走出去”战略部署，有效参与国际市场竞争，国家电网公司必须破除体制机制障碍，提高企业治理水平，从根本上改善效率效益，提高国际竞争力。这是国家现代化建设的客观要求，也是企业自身发展的内在需求。

面对实际，面向未来，国家电网公司自我加压，主动变革，克服公司体量大、安全稳定压力大、成员企业发展水平差异大等挑战，实施以"三集五大"为核心的管理变革，努力推动企业治理结构和治理能力现代化，打造健康可持续发展的"百年老店"。

二 "三集五大"体系建设的方向与思路

做强做优核心业务，提高资源配置使用效率，是国际一流企业成长的普遍规律。国家电网公司广泛借鉴先进管理理论和经验，结合坚强智能电网经济技术特性，经过反复研究论证，确立了集约化、扁平化和专业化的管理变革方向，提出了以"三集五大"为核心的管理变革内涵，并进一步明确了体系建设总体思路（见图1）。

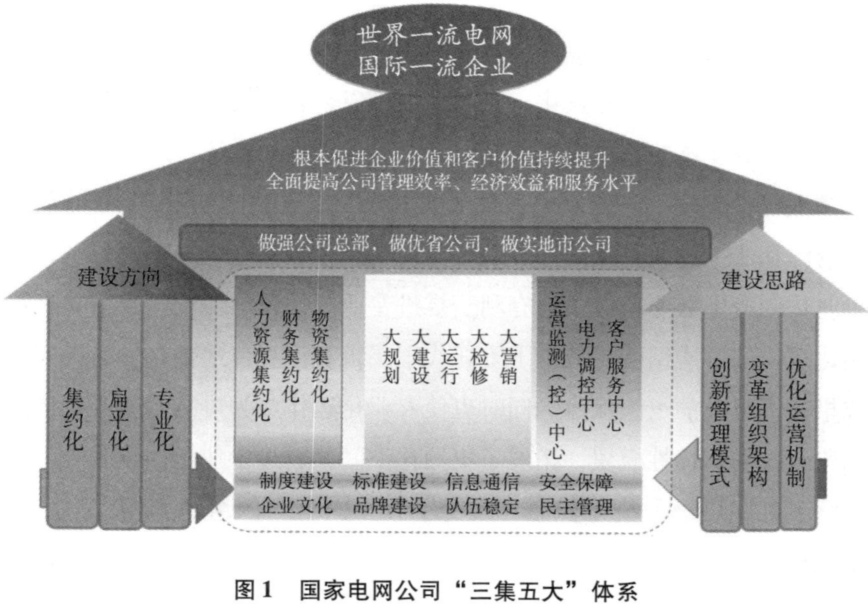

图1 国家电网公司"三集五大"体系

（一）"集约化、扁平化、专业化"变革方向

"集约化、扁平化、专业化"思想贯穿"三集五大"管理变革设计和实

施的每个环节。

集约化就是按照集中、高效、节俭、约束的原则，以效率效益提升为导向，总部层面统筹集团内部资源和核心生产要素，推动核心业务管理向上集约，形成生产与组织管理上的规模经济，整合优化核心业务，集合核心生产要素，通过规范管理和统筹配置，有效解决集团管理“散”的问题，提高国家电网公司集团化运作水平，实现整体利益最大化。

扁平化就是通过纵向压缩法人层级、管理层级和产权层级，横向减并非核心机构，缩短管理链条和业务流程，有效解决公司管理“慢”的问题，达到组织精干敏捷、管控集中有力、信息沟通顺畅、响应快、决策管理效率高的目的。

专业化是通过聚焦各项经营活动、厘清职责界面、优化业务流程，健全业务实施机构，构建职能管理、业务实施和专业支撑有机融合的运作模式，加大信息化等现代技术手段的应用力度，有效解决公司管理“乱”的问题，提高业务运作水平，全面提升企业核心竞争力。

集约化、扁平化、专业化，三者相辅相成、有机统一，共同指明了国家电网公司管理变革的基本方向。其中，集约化是集团化运作的抓手，集约化强调管理权责上移，改变了分散的管理局面，为扁平化管理奠定了坚实基础；资源和业务的向上集约，有助于实现规模化运营和统一规范管理，为实施专业化创造了必要条件，也有利于推进专业化的顶层协同。扁平化打造了集团化运作的紧凑结构，减少了委托代理层级和信息传递壁垒，为巩固集约化成果提供有效的组织保障，同时也使专业化运作成为可能。专业化形成了集团化运作的自律性模块，拓展了集约化空间，通过专业化的条线管理，逐步弱化了某些层级的决策职能，改变了“小而全”的组织架构，为扁平化的实现提供了支撑。

（二）“三集五大”管理变革的基本内涵

人力、财力、物力是国家电网公司赖以生存发展的核心资源。规划、建设、运行、检修、营销是国家电网公司价值链中最重要也是最基本的五项核心业务。其中，规划是龙头，建设是基础，运行是中枢，检修是保障，营销是窗口。

以“三集五大”为核心的管理变革，是国家电网公司围绕建设“一强三优”现代公司的战略目标，以统筹核心资源和核心业务管理模式为主要内容，对电网管理体制机制实施的一次全方位“管理革命”。其基本内涵是，遵循电网发展和企业管理客观规律，以集约化、扁平化、专业化为方向，以集团化运作为主线，深化人财物核心资源集约化管理，推进“大规划、大建设、大运行、大检修、大营销”体系及相关机制建设，把公司建设成组织机构扁平、管理集中高效、资源集约共享、业务集成贯通、工作流程顺畅、制度标准统一、综合保障有力的现代电网企业，全面提高管理效率、经济效益和服务水平。

（三）“三集五大”体系建设思路

遵循企业管理变革的一般规律，结合中央企业管理特点，国家电网公司提出了创新管理模式、变革组织架构、优化运营机制的体系建设思路，从核心业务和核心资源管理入手，以业务定模式，以模式推架构，先体制后机制，对企业进行全方位管理变革。

创新管理模式，以客户和市场为导向，坚持“营销一口对外”的基本原则，强化企业核心资源的统筹配置使用，推动公司业务管理向上集约，强化业务关键环节集约化管控，推进专业管理在公司系统的全覆盖。

变革组织架构，构建“三级管理”的组织架构，重新界定各层级功能定位，按照业务发展的新要求，明确规范各层级机构设置和职责界面，精简压缩组织机构，确立架构清晰、权责明确的集团化运作体制。

优化运营机制，全面优化业务流程，建设统一的制度标准、信息系统和企业文化，健全企业运营支撑保障体系实现“一个企业、一套流程、一套标准、一个信息平台”；建立完善“三个中心”（电网调控中心、运营监测中心、客户服务中心），对电网运行、公司运营、客户服务实现全天候监测与调控，形成持续改进的闭环管理机制。

三 “三集五大”体系建设主要举措

国家电网公司成立主要领导任组长的体系建设领导小组，全面统筹体系建设工作，历经顶层设计、试点建设、体系构建、全面建设四个阶段，有重点、分批次、分步骤组织开展体系建设，实现公司上下整体协调推进。

（一）顶层设计，整体规划

超前谋划、审慎决策。2009 年至 2010 年，在前期管理实践基础上，国家电网公司对实施大规模管理变革开展了前期探索。一是开展大量前瞻性课题研究。充分利用公司内外部研究力量，从电网发展趋势、企业管理体制、管理变革方法等不同维度，探索电网发展规律和现代企业管理规律，为改革寻找理论基础。二是深入开展全方位调研。通过国外调研开阔视野、把握前沿，利用国内调研认识国情企情、学习先进经验，通过内部调研发现问题、挖掘典型，为变革实施奠定了坚实的实践基础。三是集思广益、民主决策。组织召开多次培训会、研讨会，宣贯集团战略、启发思路，邀请基层党政负责同志谈经验、谈问题、谈认识，召开职工代表大会听取基层一线员工意见，汇聚公司集体智慧，研究变革方向，探索变革思路，寻找变革举措。

谋定后动，分阶段、分步骤稳妥实施。2011 年，选择管理基础较好、业务规模较大的江苏公司和具有大量农村地区的重庆公司进行试点，验证方案设计的科学性和适应性；2012 年，组织 27 家省公司分两批进行组织机构和管理模式的调整，在全公司系统构建“三集五大”体系；2013 年起，优化调整建设方案，开展体系全面建设，研究部署全面建设的 83 项重点任务，建立统一规范的业务流程、制度标准，强化业务的横向协同和信息系统的集成融合，狠抓“基层、基础、基本功”建设，推动新体系实现横向到边、纵向到底的全面覆盖。新旧业务模式转换坚持“先立后破”的原则，按照“模拟运行、新模式导入、双轨运行、模式切换”的实施路径，实现了业务模式的平稳转换。

（二）重塑"规划、建设、运行、检修、营销"业务模式

整合核心业务，强化归口管理。按照公司业务价值链，梳理出规划、计划、可研、设计、施工、验收、调度、运行、维护、检修、抢修、营销等关键环节，根据业务流程和协同关系，将所有环节整合纳入"大规划、大建设、大运行、大检修、大营销"体系，分别由发展、基建、调度、运检、营销部门实施归口职能管理，推动业务管理由"分散型"向"集约型"转变，为专业化管理奠定基础。考虑供电业务的同质性，对前后关联性较强的业务实施一体化管理，如调控一体化、运维一体化等，进一步强化业务聚类，发挥范围经济优势。

推动业务管理向上集约。将规划、调度、检修等生产型业务的管理权限向上集约，突出规划、调度的统一性、权威性，发挥设备、人员的规模优势；对建设项目属地协调、营销窗口服务等业务实施管理重心下移，加大属地管理力度，更好地贴近客户和市场，提高运营服务效率。在分层分级管理基础上，按照战略控制型管控的要求，鼓励各单位根据业务量和资源配置情况，将具备向上集约条件的电网设备运维、检修等业务，进一步向上集约，实现更大范围的统一管理和分工协作。

强化关键环节集约化管控。按照电网业务流程，从规划源头抓起，加强公司项目储备库的管理，统一组织规划、计划的编制平衡，做好与财务预算的衔接。建设环节，加强对初步设计评审、参建队伍选择、工程结算等关键环节管控；运行环节，重点推进国分调一体化、地县调一体化、变电设备集中监控，以及调度统一指挥配网抢修等工作；检修环节，重点组织做好运维检修一体化、关键设备工厂化检修、设备状态检修等工作；营销服务环节，以"营销一口对外"为重点，对与客户服务密切相关的 95598 电话服务、营销自动化系统等进行集中管理，统一管理标准，发挥规模化优势，提升优质服务水平。

推进关联业务的一体化管理。对部分上下游互补优势明显的业务进行整合、归并，实施一体化运作。以调控一体化为例，传统的电网调度中心只负

责电网运行指挥，设备监控则由检修、营销等部门负责。电网设备的运行状态与运行调度密切相关，直接影响电网调度的质量，分属不同部门增加了沟通协调的环节、成本和电网风险。国家电网公司在严密论证基础上，将相对分散的设备监控职能，纳入调控中心统一进行集中监控，实行设备监控和调度运行的有机融合，将设备巡视和维护进一步融合，提高电网运行水平。

压减业务纵向管理环节。在确保安全稳定和优质服务的前提下，按照精简、高效的原则，裁汰冗余环节，合理压缩业务中间链条。例如，国家电网公司推进国调与分调、地调与县调业务一体化运作，努力将电网运行调度由五级管理向三级管理转变；推进国家电网 95598 客户服务中心建设，抢修业务工单由国网客服中心直接派发到地（市）公司调控中心，减少省公司客服中心转单环节，提高抢修效率和优质服务水平。

推动专业化管理向农电企业穿透。农电是指县级及以下电网。由于历史原因，农电长期处于自我发展、自我循环的状态，管理基础十分薄弱。“五大”体系建设中，国家电网公司将电网检修和营销业务的专业管理，从地市公司延伸至全部县公司和 1.9 万个乡镇供电所，实现专业管理从公司总部直至乡镇供电所的全面穿透，更好地发挥了国家电网公司的管理优势和技术优势。努力开展地县调控业务一体化运作，着力解决县公司技术力量薄弱的问题，大幅提升了农村电网的安全生产水平。

（三）深化人力资源、财务、物资集约化管理

推进人力资源“六统一”管理。一是强化计划管理。将过去分散的管理权限向上集约，由总部统一制定计划管理指标，并将计划管控范围从全资单位扩展到控股、代管单位和集体企业，从长期职工覆盖到劳务派遣、农电和集体用工，从工资总额扩展到各项人工成本。二是统一机构和人员编制。加强“定编、定岗、定员”管理，总部统一制定《机构设置和人员配置指导方案》，全口径覆盖公司系统各单位；发布供电企业典型岗位名录，将管理颗粒度细化到岗位，落实到定员。三是规范劳动用工管理。严把人员入口，在业务连年增长的同时，实现用工总量逐年下降。建设内部人力资源市

场，通过统一供需平台，盘活资源存量，缓解结构性缺员矛盾。四是强化收入分配激励。分类制订工资总额计划，促进各单位严格控制用工总量，提高投入产出效率；深化薪酬分配机制建设，统一岗位绩效工资制度，优化薪酬结构，依法规范福利保障项目，规范工资项目体系，加大薪酬分配向关键、艰苦岗位和核心、优秀高层次人才倾斜力度。五是强化绩效考核。加大量化考核力度，企业负责人考核全面推行经济增加值（EVA）考核，管理机关推行工作任务制、一线员工推行工作积分制。六是完善人才培训开发机制。由总部人资部门统一组织培训计划管控、课程开发、题库建设、师资管理、人才选拔培养，建设公司网络大学，完善四级四类人才选拔培养制度，持续提升队伍素质。

实行财务集约化“六统一、五集中”管理。一是建立健全“六统一”财务政策标准体系（会计政策、会计科目、信息标准、成本标准、业务流程、组织体系）。由总部统筹设计，对295项重要会计政策、107类财务要素的计量方法、23.5万个会计科目、1726个预算科目进行了规范统一，实现同类经济业务的会计科目使用唯一、处理结果一致；建立涵盖供应商、资产分类、银行账户等15类62万条主数据标准；建立涵盖电网、产业、金融各业务板块、各层级单位的标准成本体系，降低工程造价近10%，年节支额超过100亿元；制定核算、预算、资产、资金等16大类227项财务管控标准流程，并对财务组织体系进行了统一规范。二是实施核心财务业务“五集中”管理（会计集中核算、资金集中管理、资本集中运作、预算集约调控、风险在线监控）。在“六统一”基础上，将地、县公司会计核算集中到省公司层面，账务集中部署系统覆盖全部1445个法人单位，实现会计核算“一本账”、会计报表“一键式”生成；建立集团账户“资金池”管理体系，电费资金及时汇集到省公司；实施统一结算，构建“统一预算、分级支付”管理模式，实现大额资金集中支付；所有融资全部纳入总部融资计划管理范围，累计低成本融资4750亿元，内部资金及低成本资金占融资总额的90%以上；强化资产精益化管控，1.3万亿电网资产实现账、卡、物一致，累计重组整合各类资产超过8900亿元；构建公司全面预算闭环管理体系，创新开展零基预算管理、项目储备管理、月度现金流量和月度损益预算管理；推行全面风险管理，健全完善授权体系框架，建立了覆盖公司全业务、全流程的内部控制体系。

全面实施物资集约化管理。一是构建物力集约化管理体系。以“集中、统一、精益、高效”为目标，建立“一级平台管控、两级集中采购、三级物资供应”运作模式。持续加强规范管理、防控风险，不断完善科学先进、精益高效的电子商务平台，建成了国内领先、国际一流的大企业集团物力集约化管理体系。二是全力打造公平公正、规范诚信的招标品牌。倡导“质量优先、价格合理、诚信共赢”采购理念，不断强化国网、省公司两级集中采购全覆盖，加强集中采购全过程监督管控，持续优化集中采购策略、积极践行社会责任，确保程序规范、结果公正。三是强化物资供应保障能力建设。深化统一物资调配机制建设，强化物流业务集中管控，构建现代仓储网络，打造“一体化管控、精益化运作、优质化服务、准时制供应”的现代物流体系，为企业的生产经营和发展建设提供物资保障。四是加强质量监督及供应商关系管理。加强供应商资质能力核实和绩效评价。持续完善上下联动、横向协同的闭环管控体系，健全物资质量监督网络，强化质量监督与招标采购联动。完善“供应商网上服务大厅”功能，不断提升服务能力。构建诚信共赢的供应商关系，引导供应商诚信、理性投标，公平竞争（见图2）。

（四）规范优化组织机构

构建“三级管理”组织架构。针对国网、区域、省电力公司三级法人和国网、区域、省、地、县公司五级管理的现状，国家电网公司将区域公司调整为总部的区域分部，将县公司的管理职能上收至地（市）公司，法人层级压缩为国网、省电力公司两级，管理层级压缩为国网、省、地公司三级。按照“三级管理”的框架，进一步明确了总部的战略决策、资源配置、管理调控中心地位，强化总部对省、地（市）公司的战略型运营管控。充实省公司力量，发挥省公司作为中间管理层和业务组织层的作用，加强

人力资源集约化

以"三定""三考"为抓手，以深入推进"六统一"为主线，强化人力资源需求预测和计划管理，规范各单位机构设置和定编定岗，建立以量化考核为重点的全员绩效管理体系，加强员工培训，提升综合素质。

财力资源集约化

坚持"六统一、五集中、三加强、三保障"主线，按照"深化应用、提升功能、实时管控、精益高效"的目标要求，以流程标准、成本标准、内控标准为重点狠抓基础管理，以预算调控、投资能力与回报管理、资本资产运作为重点优化资源配置，以结算支付、财务稽核、决算审核监督为重点强化管控职能，以盈利能力、融资管理、电价财税政策为重点增强财务保障能力，加强收入、成本、利润、资产、负债、权益等全要素管理，坚持依法从严治企，强化全价值链和全业务链管控，积极促进"三集五大"协同融合，加快建成集团化、国际化、现代化财务管理体系，有效服务于电网发展和公司发展，坚持推动公司财务管理向国际先进水平迈进。

物力资源集约化

以"集中、统一、精益、高效"为目标，深化物资管理体系建设，完善"一级平台管控、两级集中采购、三级物资供应"运作模式，深化"四个机制"建设（集中采购机构、供应保障机制、质量管控机制、风险防控机制），着力提升"五种能力"（体系协同运作能力、业务集中管控能力、资源优化配置能力、需求快速响应能力和队伍专业管理能力），打造国内领先、国际一流的供应链管理体系。

图2　国家电网公司人财物集约化管理体系

"三集五大"的管理与建设。强化地县公司的协同化运作，做好各项业务的具体实施。

统一规范各层级、各单位机构设置。对所属27家省公司、328家地（市）公司和1713家县公司的本部内设部门和业务实施机构进行调整规范，统一其机构设置数量、名称、职责和定员标准。在机构规范基础上，明确单位、部门、岗位三级职责体系，制定供电企业岗位分类标准和标准岗位名录，消除职责、岗位的重复、空白和遗漏现象，实现机构、岗位、定员和职责的统一规范。

统一构建业务支撑和实施体系。按照"管办分离"的原则，设立和完善业务支撑和实施机构。建立各级规划、设计评审机构，加强对规划、建设、营销等业务的支撑，弥补电网企业规划专业力量缺失的问题。转变各级供电企业原有支撑机构的功能定位，逐步向"专业型"转型。整合各级信息和通信服务机构，统一承担本层面信息通信系统运行维护和安全保障工作。全面整合国家电网公司科研力量，集中开展高压输电技术、智能用电等高端前沿技术研发，转变科研机构职能，引导科研机构大力做好对生产业务的支撑，实现科研和业务支撑"两条腿"走路。

撤并部分机构设置，进一步压减管理机构。撤并地（市）公司所属的城区分公司，由地（市）公司直接负责市辖区的业务开展；对业务实施和支撑机构，一般按照分公司设立，减少非必要内设部门；对业务相近的机构，实施合署管理，最大限度地压减管理层级和管理人员，将人员尽量向生产岗位和基层一线转移。

（五）搭建统一透明的企业运营管控平台

电网运行、企业运营和客户服务是电网企业管理的主要内容。构建“三个中心”平台，建立起现代电网企业实时管控体系和在线管控机制，是“三集五大”管理变革的一项重要创新。

完善电力调度控制中心建设。将变电设备运行集中监控业务纳入电网调度统一管理，将配网抢修指挥业务纳入地、县调统一实施，充分发挥调控中心的电网生产运行指挥中枢作用，提升电网的驾驭能力和应急处置效率。优化传统的五级调度管理机构，强化国（分）调一体化、地（县）调一体化运作，构建国（分）、省、地（县）三级调控管理体系（电力调度控制中心），27 家省调实现标准化建设、同质化管理。全面开展在线安全分析、综合智能告警、日前量化校核及日内滚动计划，推进调度业务在线化、智能化、精益化转型，强化各级电网运行管控，提升电网安全运行能力和水平。

建设运营监测（控）中心。构建国网、省、地（市）公司三级运营监测（控）中心，对企业核心资源、核心业务以及客户服务集中开展全天候、全流程 24 小时全面监测、运营分析、协调控制、全景展示，及时发现和解决各类问题，形成持续改进的闭环管理机制。推动企业运营管理模式从“单一条线、专业化分析”向“全面汇总、企业级预测”的转变，业务管控从“定期汇总报表”向“实时在线计算”转变，业务流程管理由“专业纵向条线管理”向“专业化纵向贯通与企业级横向协同统筹融合”转变（见图 3）。

优化客户服务中心建设。打造国网、省、地、县公司四级客户服务中心，构建集中受理、分级实施、全程督办的营销服务网络，为客户提供 7 ×

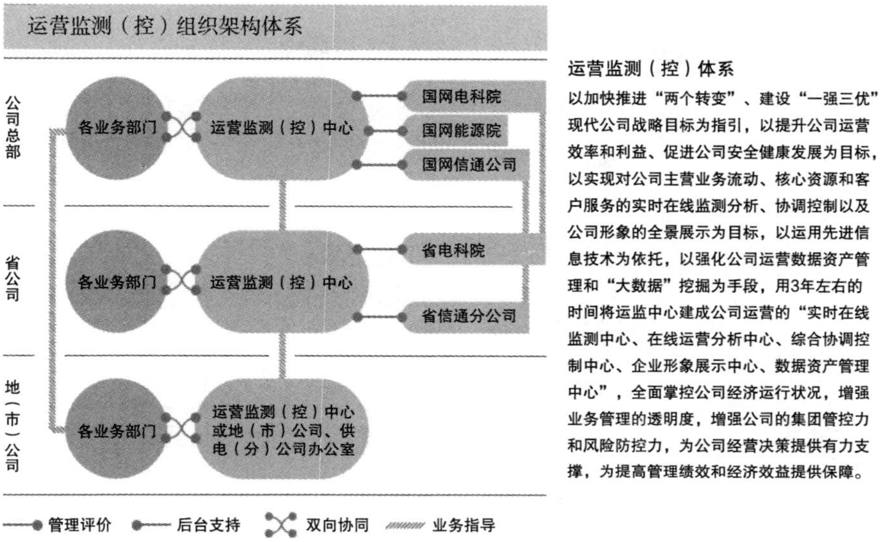

图3　国家电网公司运营监测（控）体系

24 小时不间断在线服务。在天津、南京设立国网客户服务南、北两中心，承担过去省、地、县公司负责的 95598 电话服务，实现 95598 电话集中受理、客户信息统一查询、工单统一流转、服务流程统一监控。人工服务接通率达 98.56%，工单派发及时率达 99.95%，座席服务满意率达 98.99%，咨询一次答复率达 96.65%，又好又快地满足了客户服务需求（见图 4）。

（六）夯实统一规范的管理基础

自上而下构建统一的流程体系。遵循流程地图、流程区域、流程群组、业务流程的四维总体架构，由总部对各级供电企业的业务流程进行统一梳理设计，重点对"五大"企业级流程进行端到端优化，强化流程顶层设计的横向协同。引入比标准岗位颗粒度更细、更灵活的"角色"要素，解决了机构和岗位调整后流程频繁变动的问题，使顶层设计、一贯到底成为可能。构建职责、流程、制度、标准、考核"五位一体"协同机制，引入流程管理平台（ARIS），在平台上实现五个管理要素的动态匹配和同步调整，实现从职责到考核的动态一体化管理（见图 5）。

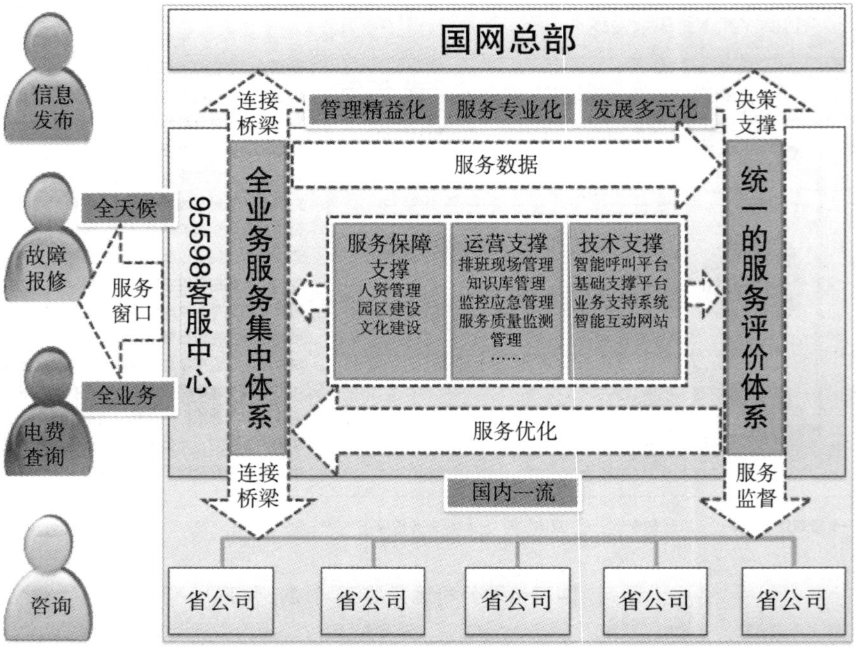

图 4　国家电网公司客户服务中心建设

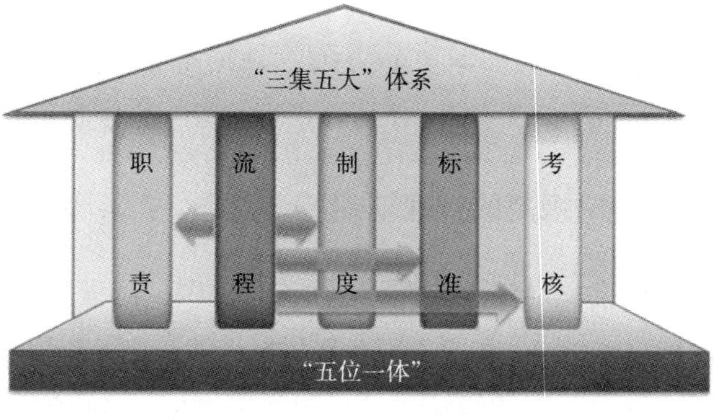

图 5　基于流程的“五位一体”协同管理机制

建设统一的制度标准体系。按照实际、实用、实效原则，将原有的管理标准和工作标准，全面转化融入管理制度，公司制度标准体系简化为管理制度与技术标准。重构管理制度体系，形成以通用制度为主、非通用制度和补充制度为辅的新型制度体系。其中，通用制度和非通用制度均由总部组织制定、一贯到底。考虑各单位的差异性，省公司经总部批准后，可针对通用制度编制差异化条款，针对非通用制度制定实施细则，针对总部未覆盖的业务，允许制定补充制度。推进"立、改、废"工程，全面清理各层级制度标准，删减重复、合并雷同，实现了制度管理从粗放到精益、从零散到统一、从层级型向垂直型的转变。

打造一体化的企业级信息平台。按照顶层设计、严格架构管控的原则，相继建成规划计划、基建管理、设备运维精益管理、电能质量在线监测、营销稽查监控等信息系统，开展县级供电企业信息系统延伸覆盖，支撑业务和资源集约化、专业化管理。深化信息系统共享融合和综合利用，统一数据标准，将各专业数据接入公共数据资源池，实现业务数据一次录入、集中存储、分工处理、按需使用；构建覆盖全网的电网资源空间信息服务，实现企业级视频信息的共享利用。

塑造卓越的企业文化。实施企业文化"五统一"，统一价值理念、发展战略、制度标准、行为规范和公司品牌，以"努力超越、追求卓越"的企业精神为核心，持续丰富企业愿景、企业使命、企业宗旨、企业理念等文化要素内涵，将公司上下的思想凝聚到"一强三优"现代公司战略目标和"三集五大"管理变革上来，以统一的企业文化引导人、激励人、塑造人。推进企业文化"四融入"，全面融入中心工作、企业管理、制度标准和员工行为，实现企业文化与管理变革的和合共进。将文化建设纳入"三集五大"支撑体系，实施企业文化传播、落地、评价"三大工程"，在中央企业中率先将企业文化纳入业绩考核。变革过程中，有万余名各级企业中层干部，从管理岗位转到技术岗位或生产一线，彰显了企业文化的引领和凝聚作用。

（七）建立健全鼓励变革的激励约束机制

进行全面发动，实施典型引路。一是强化领导责任制。实行党政主要领导为第一责任人、分管领导分片包干负责制，做到"一个专业、一名领导、一套方案、一抓到底"。层层签订责任状，将建设情况与企业负责人年度绩效考核挂钩，形成引导改革的牵引力和推动力。二是健全动员发动机制。实现全面发动、全员参与。三是建立典型带动机制。针对改革初期部分单位对方案能否适应当地企情存在顾虑等情况，选树进度较快的天津公司为典型，公司主要领导两次召开现场会，指导天津公司探索建设路径、加快建设进度。天津公司用不到半年时间完成了新模式导入，极大地鼓舞了各单位的建设积极性，体系构建由原定三年时间提前到一年半完成。

强化过程管控，实现闭环管理。一是按项目式管理模式推进。提出“规定动作不走样、自选动作有创新、特殊动作要报批”的硬性要求，制订里程碑明细计划，层层建立信息报告、工作会商、督导检查、风险防控等协调机制，做到每周有小结、每月有检查、定期有考评。各级运监中心边建设、边运行，将任务推进情况纳入实时监控，确保建设进度可控在控。二是健全人岗匹配机制。适应新体系建设要求，积极推行岗位竞聘制，推动年富力强的业务骨干走上领导或关键技术岗位；结合国企特点，制定“减员不减人、分流不下岗”的调配原则，对富余人员实行培训转岗或向集体企业分流，逐步消化吸收；建立员工帮扶机制，组织干部进行“一对一”服务，帮助职工排忧解难、解除后顾之忧，确保队伍和谐稳定。三是建立问题整改长效机制。每年的年初和年中，由国家电网公司领导或助理总师带队，赴基层单位进行调研，查找和研究解决各类问题。针对体系建设中的突出问题，组织总部、省、地（市）公司开展两次大规模调研，梳理并解决重点难点问题。各单位建立调研常态机制，全面开展中期诊断评估、专项整改提升等活动。推广“干中学”经验，形成最佳实践案例库进行学习推广，指导基层单位不断向高标准看齐。四是确保体系高质量建成。针对体系构建和全面建设阶段的特点，按照统一标准、统一流程、一把尺子量到底的原则，组织各层面开展体系构建工作验收和全面建设成效评估，实现对管理变革的闭环管理，确保建设方案执行到位，各项要求全面落实。

四 “三集五大”体系的建设成效

历经 5 年的艰苦努力，2014 年年底，国家电网公司全面完成“三集五大"体系建设任务，新型管理体系在公司系统全面确立，电网生产关系得到优化调整，企业运营效率大幅提升，释放出巨大的电网生产力。

（一）建成新型现代电网企业管理体系

国家电网公司通过"三集五大"体系建设，对传统组织架构进行了大刀阔斧的调整优化，建成了结构科学、层级扁平、职责清晰、统一规范的组织架构，解决了组织机构庞杂、管理链条冗长等痼疾，为公司建立现代企业管理体系提供了坚实的组织保障。

建成统一规范的公司组织架构。通过总分部一体化、地（市）县公司协同化建设，将五级管理层级压缩为"总（分）部、省公司、地（县）公司"三级，实现企业组织层级扁平化；对公司总部、省公司、地（市）公司按经营决策层、管理控制层、业务运营层的功能定位进行职责划分，理顺了各层级管理关系，实现了公司上下机构岗位的规范一致。变革后，省、地（市）公司本部内设部门分别统一为 21 个和 11 个，业务实施机构不超过 8 个；县公司内设部门不超过 8 个，业务实施机构统一为两个，纵向管理条线和横向职责界面更加清晰。2014 年年底，国家电网公司所属省、地（市）、县公司的组织机构和人员岗位全部调整到位，各层级组织架构高度趋同，纵向管理条线和横向职责界面更加清晰。全公司累计精简内设机构 1.47 万个，精简率 37.2%；利用组织熵值评价模型综合测算，管理变革前后，国家电网公司的组织有序度①提升了 41.5%。

建成统一集约的资源管控模式。建成强化管控、高效使用的人力资源集约化管理体系，系统解决了传统人力资源管理科学规划不足、管控标准不一、激励约束不强等问题，建成了与现代电网企业相匹配的人力资源管理体

① 组织机构的有序度：对组织时效性和组织规范性的综合度量。定义为 $R = aR1 + bR2$，a 与 b 分别是权重系数，且满足 $a + b = 1$。R 值越大，表明组织机构有序程度越高。其中，$R1 = 1 - H1/H1m$，其中 H1m 为系统时效熵的最大值，R1 越大表示组织机构信息流通传递效率越高；$R2 = 1 - H2/H2m$，其中 H2m 为系统规范熵的最大值，R2 越大表示组织系统运作规范程度越高。

系。建成集中统一、精益高效的财务集约化管理体系，形成资本、资金围绕集团化集中运作机制，充分发挥了规模效益和协同效应，财务资源进一步得到统筹优化配置。建成集中管控、保障供给的物资集约化管理体系，建立“一级平台管控、两级集中采购、三级物资供应”的物资业务运作模式，实现所有采购业务活动由总部、省公司在电子商务平台开展，所有供应业务由总部、省、地（市）层面分级负责、协同运作。

建成统一高效的业务管理模式。建成规划计划集约统筹、有机衔接的大规划体系，解决了规划计划条块分割、多头管理、协调不够、缺乏支撑等问题，形成了规划计划一体化管理格局，实现了规划计划对公司战略的贯彻落实和对各业务的统筹引领。建成集中规范管理、关键环节集约管控的大建设体系，实现省公司直接参与建设项目管理。27 家省公司中，13 家直接管理到 500（330）千伏电压等级，11 家直接管理到 220 千伏，3 家直接管理到 110 千伏电网工程。整合加强基建支撑体系建设，将公司设计、施工、监理企业由 1558 家整合至 1240 家，精简率 20%。建成调度监控高度融合，国（分）、省、地（县）三级调控管理的大运行体系；建成各级输变电设备集中监控与电网调度业务高度融合，国（分）、省、地（县）三级调控管理的大运行体系，实现从调度中心到调度控制中心的转变。建成检修专业化、运维一体化、设备状态全过程管理的大检修体系，国网、省、地（县）公司各层面 35 千伏及以上输变电设备全部实现检修专业化，10 千伏及以下配网设备全部实现轮换式检修。建成客户导向、“一口对外”的大营销体系。实现业务工作重心上移、职能上收，整合配置服务资源，统一集中服务管控，营销核心业务流程和制度体系在各省公司全覆盖，城乡营销服务工作“同业务、同制度、同标准、同流程、同考核”。

建成统一完备的制度标准和业务流程体系。建成以通用制度为主的统一的管理制度体系，设计建成包括 452 项通用制度、254 项非通用制度、95 项操作规范和 59 项其他规范性文件的公司新管理制度体系，废止各级单位制度标准 49330 项，实现了现阶段全职责覆盖、全流程对应，基本实现公司资源调配管理的顶层设计、集约管理、统一调配目标。建立覆盖供电主营业务的统一流程体系，按照流程区域、主流程、流程分类和流程四个层级的总体架构，总部对各级供电企业业务流程实行统一梳理设计，累计制定覆盖省、地、县和乡镇供电所的通用流程1300余个，促进了"职能管理"向"职能与流程综合管理"转变。建成职责、流程、制度、标准、考核"五位一体"，通过流程体系与职责、制度、标准、考核等管理体系的有机融合，确保每一个岗位都能自动关联到参与的流程，每一个流程及其管理要求的调整都能自动反映岗位职责的变化，实现了职责与流程融合。

建成统一透明的运行监控体系。建成全面监控、全景展示的运营监测（控）中心，建成涵盖总部、27个省（市）、255个地市公司的三级运监中心，运监职责覆盖率达100%，实现对公司主营业务、核心资源、关键流程7×24小时动态在线监测分析。建成规模最大、功能全面的客户服务中心，改变27家网省公司95598呼叫平台分散布置的局面，建成统一"服务平台"，完成了95598全网全业务集中的目标，实现核心业务集中运作、管理重心整体上移。

建成统一坚强的支撑保障体系。基本建成世界规模最大的一体化集团企业级信息系统，推进SG－ERP建设，建成"全面集成"的一体化信息系统，建成覆盖全网的电网地理信息平台，维护电网设备达2.25亿台。建成全面覆盖的通信网络与国际一流的信息安全运行体系，20千伏及以上变电站光纤覆盖率保持100%，110（66）千伏变电站光纤覆盖率由86%提升到99.7%，35千伏变电站光纤覆盖率由85%提升到97.6%，基层（直管县供电企业、供电所、营业厅）通信覆盖率由87%提升到100%。建成公司上下广泛认同的统一企业文化，培育了由以"努力超越、追求卓越"为核心的基本价值理念、企业文化"五统一"要求、"四融入"路径等要素构成的企业文化理念体系，形成企业文化传播工程、落地工程、评价工程"三位一体"的企业文化建设工作体系。

（二）实现良好的企业效益和社会效益

通过"三集五大"体系建设，国家电网公司走出了一条具有中国特色的电网企业发展道路，打造出治理科学、运转高效、持续创新能力强的现代企业。

企业经营效益取得新突破。“三集五大”体系建设极大地促进了电网核心业务的高效运转。经测算，规划工作的总体效率平均提高 22.5%，电网建设总体效率平均提高 8.5%，电网运行总体效率平均提高 18.8%，电网设备运检总体效率平均提高 21.5%，营销业务总体效率平均提高 12.4%，“五大”业务综合效率平均提升 16.7%，综合效率提升约 60%。国家电网公司连续 10 年 3 个任期获得国资委业绩考核 A 级，获得第三任期业绩优秀企业奖。在营业规模持续扩大的同时，发展质量和产出水平不断提高，主要经营指标均创历史新高。严格管理促进了企业降本增效，国家电网公司成本费用占比显著降低，生产经营各项环节运营成本得到有效控制。国家电网公司的劳动效率大幅提升。通过精简组织架构、合理分流冗员等措施，借助多年来公司队伍素质建设和人员结构调整的良好基础，公司一扫传统国企人浮于事、效率低下的现象，整体劳动效率大幅提升（见图 6）。

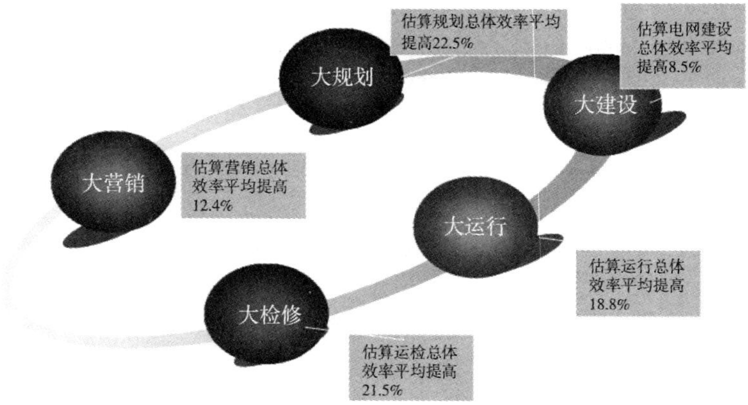

图 6　变革后“五大”业务运营效率提高情况

供电服务水平达到新高度。生产经营体制的根本性调整，彻底转变了传统电力生产“重发轻供不管用”的理念，“你用电，我用心”的服务理念深入国家电网人的骨髓，推动客户服务便利性不断提高。城市“十分钟缴费圈"、农村用电缴费"村村设点"工程加快推进，极大地方便了电力客户缴费。95598业务集中，极大地推升了国家电网公司的客户服务质量与水平。全网全业务集中以来，话务接入、工单派发等业务量成倍增长，95598平台集聚效应日益扩大，又好又快地满足了客户服务需求。配网运检管理和手段现代化，进一步提升了供电服务质量与水平。全面开展配网抢修网格化建设，按照抢修人员到达现场时间"城区范围45分钟、农村地区90分钟、特殊边远地区两小时"的目标，综合考虑区域差异、客户数量、抢修工作量和交通状况等因素，共设置各类配网抢修驻点26416个（24小时值班站点21821个，占82.6%），平均抢修半径6.2公里，从管理和技术手段上支撑保障了安全可靠供电与优质服务。

服务经济社会取得新进展。通过省级以上骨干电网运行方式统一制定和电能跨区跨省统一平衡，有效促进了跨区跨省电量交易。2014年跨区跨省交易电量比开展"三集五大"前增长78.9%，有效缓解了东部负荷中心用电紧张的局面。通过全面规范县公司管理、地县公司协同化建设等举措，进一步消除城乡供电服务差异，初步改变城乡电网二元管理格局。与"三集五大"体系建设前相比，农村电网用户年平均停电时间降低66%，综合电压合格率由97.48%提高到98.81%，为城镇化建设和经济发展提供了有力支撑。通过统筹电力平衡与电量平衡、区外来电水平与区内发电的能力，增强了对不同电源种类、不同区域分布、不同供应时段的协调运营，助推清洁能源发展和节能降耗，取得了显著的环保效益。积极践行社会责任，促进了电工装备制造业资源整合和产业升级，促进国内电工装备制造业健康发展。"三集五大"体系建设强化了国家电网公司驾驭大电网、运行大电网的能力，在故障抢修、应急保电方面展现出明显优势。一般设备事故从2009年的27次降低至零次（按最新标准）；一般电网事故从2009年的10次降低至零次。国家电网公司多次圆满完成了重大政治保电任务，在重大自然灾害抗灾抢险和应急抢修等方面充分发挥了新体系的优势，得到政府有关部门的肯定与表彰。

干部职工队伍展现新面貌。管理变革考验了广大干部职工，也培养造就了一支靠得住、顶得上、善打硬仗、敢于胜利的职工队伍，国家电网公司上下呈现出风清气正、干事创业、昂扬向上的精神风貌。“一个国家电网”和“我是国家电网人”意识显著增强，“努力超越、追求卓越”成为职工的自觉行动。变革过程中，万余名中层干部从管理岗位平稳转到技术岗位或转为一线职工，充分证明了职工队伍的政治坚定性。职工队伍道德素质显著提高，涌现出了一大批先进典型集体和个人，引领了道德风尚。广大职工大力弘扬社会主义法治精神，努力提高法治思维和依法办事的能力，严格按制度履责、按规矩办事，逐渐养成了遵法守法用法的良好习惯。在 2014 年关于国家电网公司发展前景评价的全方位调研中，95% 以上职工对公司发展前景具有高度信心。调研结果显示，通过“三集五大”体系建设，公司凝聚了改革发展共识，提升了职工队伍的执行力、创新力和战斗力，从坚强智能电网建设到体制机制变革，从重大科技攻关到服务保障民生，从抗击自然灾害到重大活动保电，从日常工作到关键时刻，广大职工始终以坚韧不拔的毅力、敢为人先的气魄，奋力创建“两个一流”，在“一强三优”现代公司的征程中创造了辉煌业绩。

国际一流企业建设实现新跨越。通过“三集五大”体系建设，国家电网公司实现了由大到强的转变，与国际一流标杆企业差距进一步缩小。美国《财富》杂志评价，作为中国国有能源企业，国家电网比欧洲同行处于更好的经营发展状态。英国剑桥大学教授、著名经济学家彼德·诺兰认为，中国在以电网为代表的基础设施项目融资建设和运营方面所积累的丰富经验，将形成巨大的全球竞争力。国家电网公司在财富 500 强排名从 15 名跃升至第 7 名，位于世界第一梯队；营业收入增长率、利润增长率分别是位列财富 500 强电力行业第二位 E. ON 的 4 倍、20 倍；获得惠誉、标普、穆迪三大国际评级机构国家主权级评级，为中央企业最高水平。管理基础全面夯实为开拓国际业务提供了坚实基础和强大支撑，实现了中国电网运营管理先进技术和经验的输出，实现了国际标准的中国制定。截至 2014 年，国家电网公司境外资产总额达到 298 亿美元，发起并立项 IEC 国际标准 15 项、电气与电子工程师学会（IEEE）国际标准 6 项，显著提升了公司乃至中国在国际标准制定方面的主导权和影响力。科学管理成效有效外化为企业良好形象和品牌效应。国家电网公司被评为“十一五”期间最具核心竞争力的中国企业，“国家电网”品牌连续三年名列中国500最具价值品牌排行榜第2名，在世界品牌实验室（World Brand Lab）发布的世界品牌500强排行榜中，位列能源版块全球第2名。

（三）“三集五大”体系建设意义深远

经过“三集五大”体系建设，国家电网公司实现了从传统到现代的战略转型，公司经济效益、发展能力、综合实力加快迈入国际前列；适应了新一轮能源革命发展的要求，为领跑新一轮能源革命，构建起体制优势和管理优势；顺应了全面深化改革的时代潮流，有效解决了长期制约企业发展的体制机制矛盾和历史遗留问题，为公司落实全面深化改革部署奠定了基础、赢得了主动；为公司发展积淀了宝贵的精神财富，经过5年的变革实践，公司上下呈现出自强不息的进取精神、敢为人先的创新精神、求真务实的科学精神、精益求精的专业精神、分工协作的团队精神，这些精神已深深融入企业灵魂和管理基因，引领公司不断取得更大成就。

管理创新永无止境，践行使命永无止境。我国正处于深化改革的关键时期，国家电网公司加快“两个转变”、创建“两个一流”依然任重道远。国家电网公司将坚定不移地走具有中国特色的现代电网企业创新发展道路，深化公司发展方式转变和电网发展方式转变，全力抢占世界一流电网制高点，努力攀登国际一流企业新高峰，打造国网百年老店，为早日实现民族复兴“中国梦”继续努力奋斗！

B.10

中国企业国际化的现状、问题及对策

詹惠蓉　牛华勇*

摘　要：本文介绍了中国企业国际化的主要模式，分析了中国企业国际化的现状，论述了中国企业国际化面临的主要问题，并结合两个案例，阐述了应对中国企业国际化问题的对策和建议。

关键词：企业国际化　对外直接投资　并购

一　中国企业国际化模式

（一）对外直接投资（FDI）

对外直接投资指一国投资者为取得国外企业经营管理上的有效控制权而输出资本、设备、技术和管理技能等无形资产的经济行为，是中国企业国际化的一种重要模式。根据国家统计局的统计，2014 年中国对外直接投资累计达 1029 亿美元，与吸收外资总额并驾齐驱，表明中国正在向成为对外投资大国迈进。对外直接投资主要包含以下两种形式。

1. 绿地投资

绿地投资又称新建投资，是指跨国公司等投资主体在东道国境内依照东

* 詹惠蓉，北京外国语大学国际商学院副院长，副教授；牛华勇，北京外国语大学国际商学院院长，副教授。

道国的法律设置的部分或全部资产所有权归投资者所有的企业，简单来说就是一种到国外相关国家和地区投资设厂的投资模式。绿地投资有两种形式：一种是建立国际独资企业，另一种是建立合资企业。

建立国际独资企业的投资者多选择在国外设厂或者设立研发中心。中国的家电企业以及互联网公司多采用这种模式。海信集团是绿地投资的典型代表。十几年前，海信就已经开始在南非设厂，截至2014年7月14日，海信集团已经在非洲地区建起了四家家电工厂，并在全球拥有14个海外销售分公司。除投资建厂外，建立海外研发中心也是海信集团国际化战略的重要一环。目前，海信已在全球拥有七大研发中心。另外还有很多知名中国企业也采用这种方式加快其国际化进程。2014年1月，中石化休斯敦研究开发中心揭牌，开启了新型科技创新模式；9月，中国核工业集团公司英国代表处揭牌。这一年，唯品会也在美国硅谷成立了首家海外研发中心，其研发团队主要来自中国和美国硅谷的顶尖科技人才。采用这种建立独资企业形式的投资者能在较大程度上把握企业的发展，更好地适应当地市场、利用当地资源，同时也能有效规避贸易壁垒，不易受东道国法律和政策的限制。但这种方式也有其不可避免的缺陷，新建独资企业需要大量筹建工作，也需要在东道国自己开拓目标市场，不确定性较大。

选择建立合资企业的投资者则多是希望通过合资公司的方式，利用东道国公司已有品牌等资源打开海外市场。企业采用这种方式能获得海外已有的知名品牌、技术、劳动力及市场等资源，更快更好地适应东道国市场。

2. 跨国并购

跨国并购是跨国兼并和跨国收购的总称，是指一国并购企业通过一定的渠道和支付手段购买另一国被并购企业的资产或控股权，从而实际或完全控制被并购企业的经营管理。

2014年在海外进行并购业务的中国企业不仅有闻名海外市场的大型央企，也有积极拓展海外业务的民营企业。2014年2月，中国电力建设集团有限公司收购了德国TLT公司；4月，中国五矿集团公司收购了邦巴斯项目，这是中国金属矿业史上规模最大的境外收购；10月，中粮集团收购总部位于荷兰的尼德拉集团51%的股权，尼德拉集团是荷兰的农产品及大宗商品交易商，这一次收购业务成为中国农产品行业最大规模的国际并购。而在民营企业方面，2014年1月，联想集团收购著名手机生产商摩托罗拉以及IBM公司的低端服务器业务；同时复星国际，中国最大的民营企业集团收购了葡萄牙保险公司Fidelidade 80%的股权。除此之外，2014年，中国三胞集团收购了苏格兰福泽雷百货公司，进军英国零售业；弘毅集团收购了英国餐饮马上诺（Pizza Express）；华为收购了英国物联网公司Neul；安邦保险收购了华尔道夫酒店；锦江集团收购了法国卢浮酒店。这些案例都表明中国民营企业在国际市场上越来越活跃，中国企业的国际影响力有了显著提高。

并购企业在选择目标企业时一般都会选择有比较丰富和成熟的资源的企业，这样在完成并购进入东道国市场时能够利用已有资源，节省建厂时间，避免其他方式下初入市场时的困难，迅速开展业务，大大降低进入市场的风险和成本。但是这种投资方式也有其缺陷。并购企业难以对目标企业的无形资产进行估值，而在并购完成后，整合工作难度也较大，需要整合的不仅是两者间的资产，更重要的是要整合雇员以及企业文化，以便提高并购后的工作效率。

（二）交钥匙工程

交钥匙工程指跨国公司为东道国建造工程项目，在设计与建造工程完成（包括设备安装、试车及初步操作顺利运转）后，将该项目所有权和管理权依合同规定完整地交给对方，由对方开始经营。

2014年中国企业对外承包工程的项目规模继续扩大，辐射地区也越来越多，其中上亿美元的项目超过260个，10亿美元以上超大项目超过10个，与2013年相比均有所增加。中国交通建设股份有限公司、中国冶金科工集团有限公司、中国建筑股份有限公司等8家优秀企业在房屋建筑、污水处理、水利电力、道路施工等领域进入了本年度ENR250强国际承包商的前10位。

对外承包工程的承包商对整个项目负责，能避免设计与施工的矛盾，而且业主对工程的限制也较小。但是各国对于工程的标准限制不一样，承包商必须对东道国的相关建设标准及法规有深入了解，以防施工期间或者完工后因对标准了解不透彻而造成损失。

（三）特许经营

特许经营指经营权所有者以合同约定的形式，允许被特许经营者有偿使用其名称、商标、专有技术、产品及运作管理经验等从事经营活动的商业经营模式。

采用这种国际化模式的代表是温州的康奈鞋业。康奈鞋业在进入国际市场时，就是授权当地华侨特许经营权，在全球开设多家专卖店。采用这样的方式能迅速扩大自身品牌的国际影响力，收取高额特许经营费。但在这样的方式下，特许经营权所有者对被授权者的经营管理的控制程度有限，一旦被授权者经营有问题，就会损伤整个品牌的形象。

（四）其他方式

企业国际化的方式还包括产品或服务出口和境外上市等。境外上市是指国内股份有限公司向境外投资者发行股票，并在境外证券交易所公开上市。2014 年中国有多家互联网公司选择了海外上市，其中包括 2014 年 5 月 22 日登陆纳斯达克的京东，9 月 19 日在纽约证券交易所进行首轮 IPO 的阿里巴巴。总而言之，企业在“走出去”的时候有多种模式可以选择，要充分考虑自身的优劣势，并结合国际市场的发展形势，选择最合适的管理模式。

二　中国企业国际化的现状

自 1978 年中国改革开放以来的 30 多年，随着信息科学技术的迅猛发展，经济全球化早已是大势所趋，中国经济也在全球化发展的推动下得到了长足的发展。综合国力的提高，企业对外投资的提速，国际化进程的加快，中国的巨变是有目共睹的。作为维持了世界主要经济体历史上最长时间高速发展的国家，中国承载着这个时代的梦想的同时，它的未来依旧面临着严峻挑战。

虽然加入 WTO 后，中国凭借其低廉的劳动力成本、原材料等价格优势一跃成为世界最大劳动资本型国家，巨大的市场潜力成就了其在全球经济中不可动摇的"世界工厂"地位。但与此同时，它在科技创新、企业研发等技术方面的相对落后，产业链仍处于制造业多领域低端环节的事实，以及研发产品时能源资源面临的高耗能问题，都在一定程度上制约了这个发展中国家想走得更高更远的雄心壮志。

值得庆幸的是，近几年随着中国"走出去"的步伐不断加大，深化改革、构建开放型经济新体制的举措逐渐步入正轨，中国企业国际化进入了新纪元。2004 年 10 月，根据国务院投资体制改革决定精神，国家发展改革委以第 21 号令发布了《境外投资项目核准暂行管理办法》（以下简称"21 号令"），将境外投资项目由审批制改为核准制，并明确了核准的具体范围、内容和申报程序，对规范和促进境外投资发展发挥了重要的积极作用。[①] 2013 年 11 月，党的十八届三中全会通过的《中共中央关于全面深化改革若干重大问题的决定》明确提出，要扩大企业及个人对外投资，确立企业及个人对外投资主体地位，允许发挥自身优势到境外开展投资合作，并加快同有关国家和地区商签投资协定，改革涉外投资审批体制。2013 年 11 月，国务院发布的《国务院关于发布政府核准的投资项目目录（2013 年本）的通知》（国发〔2013〕47 号）明确规定："中方投资 10 亿美元及以上项目，涉及敏感国家和地区、敏感行业的项目，由国务院投资主管部门核准。前款规定之外的中央管理企业投资项目和地方企业投资 3 亿美元及以上项目报国务院投资主管部门备案。"为此，有必要对 21 号令进行修订完善，进一步规范境外投资项目核准和备案管理，确立企业及个人对外投资主体地位，做好境外投资服务和促进工作，提高便利化水平。根据国家发改委发布的

① http://www.zhejianglegal.com/flfg/ShowArticle.asp?ArticleID=465.

《政府核准的投资项目目录（2014 年本）》，除少数有特殊规定的项目之外，境外投资项目一律取消核准。据测算，根据 2013 年数据对比新版规定，约 99% 的项目取消了核准改为备案，大大提高了企业对外投资的便利性。2014 年 12 月 24 日召开的国务院常务会议确定，将境外投资外汇管理由事前到有关部门登记，改为汇兑资金时在银行直接办理。这项决议也大大简化了企业对外直接投资资金汇出手续。专家分析，在中国企业整体硬实力显著增强的背景下，行政软实力改革将为企业“走出去”不断助力。

2014 年是中国企业国际化的一个重要里程碑。随着国家对外投资审批和境外投资监管措施改革的推进以及全球化的不断深化，越来越多的中国企业国际化经营水平得到提高，已经具备了走向国外市场的条件。而“一带一路”战略的提出更是为有意“走出去”进一步开拓海外市场的中国企业提供了新机遇。

当前中国企业国际化主要呈现了下列六个特点。

（一）中国对外直接投资额持续增长，双向投资首次接近平衡

截至 2013 年，中国境内 1.53 万家境内投资者在境外共设立了 2.54 万家对外直接投资企业，且分布全球 184 个国家和地区，投资金额从 2000 年的不足 10 亿美元增长到 2013 年的 1078.4 亿美元，短短十几年便增长了 100 多倍。综合联合国贸发会议及商务部的总体数据，2013 年全球外国直接投资流入量为 1.41 万亿美元，其中中国的对外直接投资流量为 1078.4 亿美元，占全球流出总量的 7.6%，连续两年位列全球国家第三。据商务部和国家外汇管理局统计，2014 年，我国境内投资者共对全球 156 个国家和地区的 6128 家境外企业进行了直接投资，实现全行业对外直接投资 1160 亿美元，同比增长 15.5%，其中金融类 131.1 亿美元，同比增长 27.5%；非金融类 1028.9 亿美元，同比增长 14.1%。全国对外直接投资规模与同期我国吸引外资规模相差仅 35.6 亿美元，这也是我国双向投资按现有统计口径首次接近平衡。

（二）对外直接投资行业分布广泛，建筑、房地产等行业对外直接投资增长迅速

中国对外直接投资共涉及28个行业，其中海外并购项目涉及采矿业、建筑业、制造业、租赁和商务服务、房地产业、交通运输、仓储业、邮政业、信息传输、软件和信息技术服务、文化产业以及批发和零售等16个行业大类，推动了“稳增长、调结构、促升级”目标的实现。2014年，八成投资流向租赁和商务服务业、采矿业、批发零售业、建筑业和制造业等行业，其中租赁和商务服务业372.5亿美元，采矿业193.3亿美元，批发零售业172.7亿美元，上述三个行业成为对外直接投资的主要领域。

行业中比重最大的为租赁和商务服务业，占整体对外直接投资的36.8%左右；投资增速最快的领域为建筑业和文化产业，同比增长分别是129.1%和102.2%；随着中国房地产企业海外土地项目的开发，房地产业对外直接投资也有显著增长，据仲量联行最新统计，2014年中国房地产在海外市场的投资额创下新高，达到165亿美元，比2013年的113亿美元增长了46%。中国对外直接投资起步较晚，规模远不及发达国家，但未来，中国对外直接投资仍有较大增长空间。

（三）对外承包工程业务规模发展迅猛，对外劳务合作广泛分布

“走出去”的改革举措在工程承包和劳务合作领域的成效尤其显著，2008~2013年，我国对外承包工程业务完成营业额由566亿美元增长到了1371.4亿美元。2013年，我国对外承包工程业务营业额为1371.4亿美元，同比增长17.6%；新签合同额1716.3亿美元，同比增长9.6%。虽然目前国际建筑市场有效需求仍然不足，我国对外承包工程业务整体份额很难在短期内有大幅攀升，但由于我国此业务主要集中在亚非等资源丰富的新兴发展国家，整体业务规模仍超过总额的80%。面对发展中国家基础设施建设强烈的刚性需求，与其说我国对外承包工程发展正面临挑战，不如说是一次大的机遇。2013年中国对外承包工程业务仍保持平稳增长，行业增速在10%

左右；2014 年后，国际经济整体形势好转，中国对外承包工程行业已进入新一轮增长阶段。2014 年中国企业海外项目规模继续扩大，拓展的地区也越来越多。2014 年我国对外承包工程业务完成营业额 8748.2 亿元人民币，以美元计为 1424.1 亿美元，同比增长 3.8%；新签合同额 1.18 万亿元人民币，以美元计为 1917.6 亿美元，同比增长 11.7%。新签合同额在 5000 万美元以上的项目 662 个，合计 1578.2 亿美元，占新签合同总额的 82.3%。其中上亿美元的项目 365 个，同比减少 27 个。截至 2014 年底，对外承包工程业务累计签订合同额 1.4 万亿美元，完成营业额 9351.6 亿美元。10 亿美元以上超大项目 14 个，同比增加 5 个。据承包商会对对外承包工程企业项目投议标情况的统计，企业 1～11 月参与中高端（BOT、PPP、EPC、DB 和技术服务）项目的投议标共计 820 次，涉及金额 2152.93 亿美元，分别同比增长 17.82% 和 5.1%。

此外，在对外劳务合作方面，虽然发展体系尚不完善，但合作产业种类仍不容小觑。目前我国对外劳务合作派出人员年均多达 22 万人，年均增长率为 15%。我国劳务人员分布在制造业、IT 业、农业、餐饮业、建筑业、社会服务业等诸多领域，且已遍布世界 180 多个国家和地区。

2014 年中国共派出各类劳务人员 56.2 万人，较去年同期增加 3.5 万人，同比增长 6.6%；其中承包工程项下派出 26.9 万人，劳务合作项下派出 29.3 万人。12 月当月，派出各类劳务人员 6.3 万人，较去年同期减少 2.9 万人。12 月末在外各类劳务人员 100.6 万人，较去年同期增加 15.3 万人。截至 12 月底，对外劳务合作业务累计派出各类人员 748 万人。

（四）国有企业积极转型升级，民营、地方企业对外直接投资积极，跨国并购规模呈增长趋势

中国企业在不断走出国门，在不同的行业中发展，国际化方式也在不断创新，包括工业园、科技园和境外经贸合作区等形式正在兴起，中国企业国际化呈现出十分广阔的前景。通过多方位的全球产业链整合，初具规模和国际竞争力的中国企业正积极投身于全新的全球化浪潮之中。分析 2004～

2013 年中国对外直接投资情况，中国企业正在从全球产业链参与者逐渐向产业链主导者转变。2014 年，越来越多的中国企业开始涉足高科技高附加值的投资，并积极从热衷能源资源的传统驱动形式向市场驱动、技术驱动等多种投资驱动格局转变。根据传统基金会发布的统计数据，2014 年上半年中国企业在高新技术领域的投资高达 62.6 亿美元，其中对美国的投资金额比重为 86.7%。2014 年，中国企业在充分把握国际机遇的基础上创新投资模式并积极转型升级。在新建投资项目方面，1 月，中石化休斯敦研究院开发中心揭牌，标志着中国石化开启了新型科技创新模式。中国建材在埃及投资 2.23 亿美元建造了中国海外首条大型玻纤生产线。8 月，中国航空工业集团公司成立以运营中国的飞机为主的柬埔寨巴戎航空公司。9 月，中核集团英国代表处揭牌。11 月，中国铁建签订价值 119.7 亿美元的尼日利亚沿海铁路项目，是中国对外工程承包史上单体合同金额最大的项目。

近年来，在大企业转型升级的同时，民营企业表现出了在对外直接投资方面浓厚的兴趣，目的是获得最优化的多元投资组合。尤其是在美国市场，民营企业的投资金额占中国对美投资总金额的 76%。据商务部统计，2014 年前三季度我国企业对欧洲的投资与 2013 年相比增长了 218%，对美国投资与 2013 年相比增长了 30%。民企的境外投资占比达到 40%。

此外，2014 年地方企业对外直接投资 451.1 亿美元，同比增长 36.8%，占同期对外直接投资总额的 43.8%，较上年比重增加 7.2 个百分点。其中广东、北京、山东位列前三，对外直接投资额分别为 96.01 亿美元、55.47 亿美元、44.11 亿美元，具体可见表 1。

表 1　2014 年我国非金融类对外直接投资分省区市情况

省区市名称	直接投资额(单位:万美元)	备注
广东省	960066	其中:深圳市,397747 万美元
北京市	554737	
山东省	441095	其中:青岛市,108036 万美元
江苏省	417526	
浙江省	359113	其中:宁波市,84484 万美元

续表

省区市名称	直接投资额(单位:万美元)	备注
上海市	344773	
天津市	147455	
辽宁省	142081	其中:大连市,58949 万美元
福建省	137686	其中:厦门市,54923 万美元
云南省	105228	
四川省	89837	
湖南省	75955	
海南省	72291	
重庆市	68884	
江西省	65809	
河南省	62614	
黑龙江省	58586	
湖北省	57618	
新疆维吾尔自治区	50280	
安徽省	46877	
陕西省	45372	
河北省	34959	
宁夏回族自治区	34471	
广西壮族自治区	28934	
吉林省	25569	
甘肃省	22568	
内蒙古自治区	21200	
山西省	18776	
贵州省	10093	
新疆生产建设兵团	8604	
青海省	2039	
西藏自治区	394	

资料来源：根据商务部网站整理。

除了新建投资，中国企业跨国并购的交易数量在 2009 ~ 2013 年一直呈稳定增长态势。2013 年，中国企业跨国并购投资产生的对外直接投资流量占总额的 37.5%，并购总数达 200 起，涉及 70 个国家（地区），拥有 519 亿美元实际交易总额，较同期增长了 32.45%。2014 年，中国企业在全球并购市场上仍然保持着迅猛的势头。根据普华永道发布的《2014 中国地区企业并购回顾与 2015 年前瞻》的数据显示（见图 1），2014 年大陆企业海外并购交易数量较 2013 年增长 36% 至 272 宗，创历史新高。尽管缺乏大型交易，但同期大陆企业海外并购交易金额达到 569 亿美元，较 2013 年增长 50 亿美元，仅次于 2012 年的 669 亿美元。

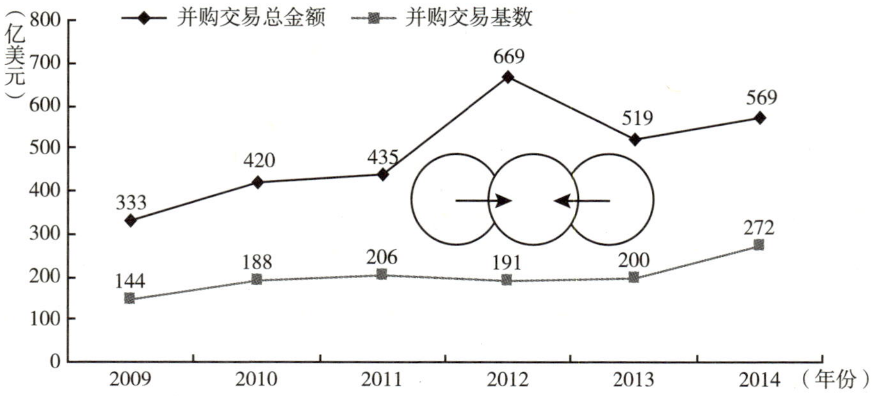

图 1　中国大陆企业海外并购数量及交易金额

数据来源：http：//news. xinhuanet. com/finance/2015 -01/28/c_ 127430324. htm。

2014 年我国大型对外投资并购项目投资领域呈现多元趋势，国有企业继续将投资重点置于工业、资源和能源行业，民营企业则积极寻找科技和品牌，并将其带回中国市场。日益成熟的全球化思维、不断提高的专业化创新水平、显著增长的社会责任意识，使民营企业当之无愧成为中国企业海外并购的主力军。

（五）中国对外直接投资国别广泛地域集中，亚洲仍为主要投资区域

根据联合国贸发会议（UNCTAD）公布的数据，截至 2014 年底，中国对外直接投资涉及 184 个国家和地区，其中亚洲地区的境外企业覆盖率高达 99%，欧洲为 85.7%，非洲为 87%。可见中国对外直接投资的国别分布覆盖面是日趋广泛的。2014 年 1 月至 11 月，中国内地对中国香港、美国、欧

盟、澳大利亚、东盟、俄罗斯及日本七个主要经济体的投资达671.6亿美元，占据了中国对外直接投资总额的74.8%。其中对中国香港的投资同比增长13.3%；对欧盟和日本的投资分别同比增长195%和80%；对美国投资46.4亿美元，同比增长27.1%；对澳大利亚、东盟的投资同比分别下降29.8%和3.8%；受2013年大项目影响，对俄罗斯投资同比下降76.7%。从存量来看，中国内地对中国香港、英属维尔京群岛和开曼群岛三个地区的投资存量之和占中国对外投资存量总额的68.6%，但该比例正逐年下降。除此之外，流向发达国家和新兴市场国家的投资比例在逐步增长。

通过分析2004~2013年的中国对外直接投资数据，我们发现存量比重最大的主要集中在亚洲国家，年均占比70%左右，但有逐年下降趋势。其次为拉丁美洲、北美洲和欧洲，分别占比12%~13%，且在欧洲和美洲的投资在逐年增加。这表明中国企业投资地点逐渐在向亚洲以外国家和地区转移。

（六）企业更加注重当地利益融合，积极履行社会责任①

中建集团在阿尔及利亚雇用当地分包队伍近300支，住房领域项目本地化采购率达85%，年当地采购额近4亿美元，该集团承揽的巴哈马海岛度假村项目已累计授予当地承包商和供应商合同额3.5亿美元，占总承包额的20%。南车集团在马来西亚设立了东盟制造中心和维保中心，制造、销售和服务全产业链属地化。中铝集团在秘鲁的铜矿项目开工前先投资建设污水处理厂，解决了困扰矿区居民70年的水污染问题，还斥资两亿多美元为矿区建设了一系列现代化城镇设施。

三　中国企业国际化面临的问题

（一）文化差异与文化融合的问题

文化差异会影响一个企业的产出效率，如果能够与当地文化融为一体，

① http：//news.xinhuanet.com/world/2015-01/21/c_127406991.htm.

那么整个企业的技术创新、传播和应用都会得到显著的提高。相反，如果不能很好地与当地文化相契合，那么整个企业的效率和效益都会受到重大影响。这种文化差异又可以细分为国家文化差异和企业文化差异。

1. 国家文化差异问题

从大的层面上来分析，企业“走出去”过程中遇到的文化问题基本上是国家或者民族间的差异所造成的。文化没有好坏，但是却存在着本质上的差异。例如，美国是一个对权力相对弱化的国家，美国企业的员工喜欢自由地表达个人观点，无法接受等级特权的概念，下级通常认为上级和自己没有差别，因此员工之间更多是平等合作。相反，中国是一个权力相对强化的国家，自古以来权力都是统治者不可忽视的话题。① 受其影响，中国的企业大多认为这种上级领导下级的模式是理所应当的，有利于执行力的提高和工作的开展。所以，由国家层面的文化差异所产生的企业文化不同会影响中国企业和外国企业的沟通、交流以及融合。

2. 企业文化差异

不同企业，特别是处于不同文化背景下的两个甚至多个企业要进行融合、并购等必须要经历一系列难以调和的矛盾和冲突，这其中涉及企业发展历程和发展规模的差异、经营理念的差异、信仰和价值观的差异、管理团队的思想差异，等等。比如中国和拉美、非洲等国家和地区更注重人际关系等因素，而欧美国家更多依靠契约精神，即按着规章制度办事，虽然灵活性较差，但是平等性更高。表面上的管理方法和规范可以通过短时间的调整加以修正，但是企业深层次的某些差异，诸如思想和价值观层面的东西却很难被解决，这也是中国企业国际化必须面对的一个长久性难题。

（二）政治风险问题

中国企业在国际化过程中除了遇到文化方面的问题，还会遇到其他风险问题，尤其是东道国存在的政治风险问题，这也是近年来中国企业在“走

① 杨丽：《跨国并购中的企业文化差异及文化整合的策略》，《中国市场》2014 年第 48 期。

出去”的时候畏首畏尾的主要原因。这一风险将一直伴随投资、经营、管理、并购等环节，其错综复杂性和严重的后果不得不引起我们的重视。

1. 东道国政体、政权风险问题

东道国政体、政权风险是指国家政体、政权变化或变更带给企业在东道国投资和生产经营的风险。首先，东道国政体、政权的变化可能伴随或者演化成战争、内乱、政治游行、叛乱、政治罢工、政治刺杀、武装袭击和恐怖袭击等风险。这些风险可能会导致企业在东道国的投资和生产经营受到毁灭性的打击，甚至是破产或项目的终止。如 2014 年 5 月，越南发生主要针对中资企业及华人的暴力打砸抢烧事件，在越南平阳等省的中资企业损失惨重。此外，伴随着始于突尼斯的一些地区的“民主化”浪潮，此前曾被认为中国在此具有政治地缘优势的一些发展中国家正转化为高风险地区，使中国企业在该地区的投资和发展的不确定性增加。联合国《各国经济权利义务宪章》规定“每个国家有权将外国财产的所有权收归国有、征收或转移”，因此，如果存在政局不稳定或政策多变的风险因素，就极有可能出现中国企业的投资资本被东道国没收或征用的情形，这种风险将严重影响境外中国企业的经济利益，阻碍其国际化的步伐。

2. 政治风险下的骚乱问题

在中国企业向海外扩张的过程中，企业与东道国在宗教、文化等方面的无法调和的矛盾可能会引发东道国对中国的跨国企业产生反感甚至敌对情绪，导致社会波动，最终引起骚乱，导致中国海外经营企业的经营秩序被扰乱，经营环境遭到不同程度破坏，并遭受损失。如东南亚地区就有比较强的排华情绪，印尼排华事件是活生生的例证。另外，西班牙埃尔切“烧中国鞋”事件也提醒了国际化中的中国企业应重视骚乱风险。

（三）法律风险问题

法律风险是除政治风险外中国企业国际化进程中面临的另一大风险。不同的国家针对外国直接投资的政策和法律不同，因而在国家安全、反垄断、环境保护、劳工、税务以及行业限制等方面都有不同的规定。

1. 东道国法律不健全的风险

东道国法律不健全风险指的是东道国在关于外国企业参与投资、建设、经营的活动的法律体系不完整、不严谨所引起的中国企业运营和经营风险。这一风险可能导致企业在当地产生法律纠纷时无法可依，而东道国可能出于自身利益考虑，宁愿让外国企业造成损失。

2. 中国企业自身法律意识和观念淡薄

在中国企业“走出去”的过程中，一些企业由于没有做好相关功课，法律认知不足，除了不合规经营外，还有可能在遭受不公正待遇而导致损失的时候不知道如何运用法律手段维护自己的利益。大多数中国企业只知道通过本国政府以及驻外使馆寻求解决方案，通过政府层面的沟通来解决分歧和纠纷。但是这种方法的作用是极其有限的，真正能够解决问题还要依靠企业自身法律意识的提高和相关专业能力的增强。三一重工起诉美国总统奥巴马的维权案获得阶段性的胜利可被视为中国企业增强自身法律意识和观念的典范。

3. 东道国法律和中国的相关法律存在本质上的冲突

东道国法律和中国的相关法律存在本质上的冲突这一问题通常发生在具有不同法律制度的国家之间。如在企业临时工劳动合同法方面，中国法律规定临时工的使用不得超过 6 个月；而在加蓬，法律则规定，如果一个临时性工人在一个企业工作时间超过一周，那么他就自动成为长期工人，并获得相关保障和待遇，如果发生解约，则企业负有相关责任。当中国公司在加蓬开展业务的时候，由于不了解本国法律与相关国家法律的差异，遭到了当地工人的抗议和起诉，不得不支付大量的赔偿金，损害了企业的形象和利益。

（四）人力资源问题

随着越来越多的中国企业走向国际化以及中国企业不断进行海外并购，人力资源问题成为企业亟待解决的问题。目前，中国企业的人力资源总量虽多，但是质量和素质还达不到国际化的要求，从而导致中国企业国际化道路上的一些困难。

1. 人力资源与东道国融合问题

中国企业要做到跨国经营，其中的中国员工势必要面对处于不同文化、传统、宗教和政治制度的东道国的企业员工与合作伙伴。由于目前派往他国的企业员工没有得到标准化的培训和管理，大部分人缺乏相应的外语能力，忽视了对东道国法律、文化等方面的学习，这导致中国员工与当地员工存在语言、行为方式、风俗习惯、价值观等方面的差异，严重影响了中国企业的运行效率。①

2. 人力资源短缺问题

随着中国跨国企业的大量兴起，寻找合适的外派人员去开拓海外市场已经成了企业的当务之急。由于现阶段外派国家多为相对落后、生活条件比较艰苦的地方，加上没有一套系统规范的外派人员管理模式，大部分的中国企业外派效果不尽如人意，一方面外派的失败率较高，另一方面即使勉强同意去他国工作，外派人员回国后人力资源流失又相对严重，直接和间接地给企业带来了巨大的经济损失。

3. 人力资源本土化问题

雇用东道国劳动力，使人力资源本土化是中国的国际化企业降低成本、提高效率、减少文化冲突、获取竞争优势的有效途径。中国企业在“走出去”的同时，必须面对如何寻找和扩大本地人才资源、如何实施人力资源本地化政策、如何实现跨国企业管理本土化等问题。海外经营的环境、企业本土化战略、本地人才素质和海外公司对本地人才的需求程度等都是影响人力资源本土化的因素。②

（五）中国企业间缺乏合作的问题

近年来，越来越多的中国企业具备了开拓海外市场的能力，参与到了海外市场的竞争中。中国与全球化智库同社会科学文献出版社发布的《中国

① 宋巍：《中国企业国际化所面对的人力资源问题》，《北方经贸》2006 年第 8 期。

② 韩松、蒋毅：《我国企业跨国人力资源管理》，《经济管理》2014 年第 13 期。

企业国际化报告（2014）》指出，在非洲、拉丁美洲以及东南亚一些地区，特别是在基础设施建设领域，包括电站、大坝以及公路铁路的建设项目经常出现几家甚至是几十家中国企业相互竞争的局面。有一些企业为了拿到订单，不惜采取一系列违背法律和道德的手段，如采用低价策略，即通过不断降价来造成恶性竞争，直到自己的企业最后中标，拿到项目。有的企业甚至在利益的驱使下，通过偷工减料或者降低工程质量的方法降低成本，或者与对方签订自己力所不能及的合同，导致最终无法如期交工或者无法履行合同，给企业本身和中国企业在海外市场的整体形象造成了严重的伤害。

（六）经济风险

经济风险指的是中国的企业在东道国进行经济活动时，东道国的经济波动、经济政策调整等因素导致企业收益不确定性增加。东道国的经济发展状况越差，中国企业面临的风险就会相应增加。

1. 宏观经济风险

中国企业在国际化过程中往往对对象国的宏观经济研究不够深，对于其运行状况不够了解，导致无法及时洞察该国经济运行中的风险。国内生产总值、通货膨胀或者通货紧缩、就业率与国际收支波动等，这些宏观指标的变动能够直接导致中国企业在开拓国外市场的时候遭遇资本流动不顺畅、收益和成本不确定等问题。

2. 货币兑换风险

货币兑换风险源于东道国为了达到国际收支平衡，在一定程度上对中国企业的外汇加以管制，在特定的时候限制甚至禁止中国企业将经营的收入或者原始资本回归母国或者转移到第三方国家。这样的东道国一般为相对不发达的国家，如印度、巴西、阿富汗等国。由于目前中国多在这一类发展中国家进行投资和经营，这种外汇管制政策为企业的投资带来了一定程度的风险。

（七）部分中国企业国际化战略不清晰，盲目跟风

“为了国际化而国际化”是国内企业开展国际化经营时最常见的误区之

一。企业国际化经营是基于把握所在的行业发展趋势前提下，结合企业自身的发展状况，服务于企业长短期发展目标的。企业在开展国际化经营之前，必须对企业所处行业在全球范围内的机遇与挑战有个清晰的认识。必须明确企业国际化的目标，如扩大规模、创建品牌、整合资源、获得技术与经验等，如果目标不明确，国际化经营就可能失去方向，不但不能成为企业长远发展的新增长点，反而会影响企业整体发展。一般来说，国际化的动机主要有以下几种：一是维持成长的考虑，一方面，通过拓展新兴市场来弥补国内成熟市场的成长性下降；另一方面，向新兴市场的延伸还能有效分散经营风险。二是平摊采购、市场营销和产品开发等各个方面成本，发挥规模效应。高风险、高成本与高回报的特点，决定了国际化经营并非适合所有企业或特定企业的所有阶段，盲目跟风、草率投资、为了“国际化”而“国际化”，必然导致决策失误。

四　两个案例分析

（一）联想收购摩托罗拉移动公司

1. 并购企业背景

联想集团成立于1984年，经过多年发展已成为当今世界上最大的个人电脑生产商。自1996年开始，联想电脑的销售量始终保持在国内首位，而在2004年，联想电脑跨国并购了IBM的PC事业部，开始涉足欧美市场，一跃成为世界第三大个人电脑生产商，并最终在2013年取得了全球销量第一的瞩目业绩。

摩托罗拉公司1928年成立于芝加哥，是一家从事消费电子、移动通信、互联网等的产品研发制造高科技公司。作为曾经的行业领袖，摩托罗拉在过去的时代里，一直保持领先地位，且拥有数量极多的专利项目。然而由于摩托罗拉未能把握住智能手机的转型先机，在激烈的市场竞争中逐渐陷入市场边缘。2011年，摩托罗拉公司正式分拆为摩托罗拉解决方案和摩托罗拉移动，并将摩托罗拉移动出售给谷歌公司。2014 年 1 月 29 日，联想宣布从谷歌公司收购摩托罗拉移动，摩托罗拉移动的 3500 名员工，2000 项专利、品牌、商标和与全球 50 多家运营商的合作关系都归入联想移动业务集团，由联想集团国际执行副总裁刘军执掌。同年 10 月 30 日，联想在京宣布完成了摩托罗拉移动收购业务。2015 年 1 月 26 日，摩托罗拉移动宣布重回中国市场。

2. 并购动因

（1）获取摩托罗拉先进专利技术、人才和欧美成熟运营商

作为移动通信领域的领头公司，通过多年积累摩托罗拉拥有了大量的专利技术、人才和进入欧美成熟智能手机市场的运营商关系。这对于移动领域的公司而言，无异于一笔巨大的财富。在之前各移动巨头的专利保护战中，三星和 HTC 皆面临巨大的考验，HTC 甚至因专利权丧失了几乎整个欧美市场。联想手机的专利数量显然不能完成帮助联想集团进入欧美移动通信领域的使命。摩托罗拉移动坐拥 1.7 万项专利，在联想收购过程中，将 2000 项专利售给了联想，且授予了联想其他专利的授权许可证。运营商关系是海外手机市场上的主导力量，需要至少两年以上时间才能建立起来。

（2）进入欧美国际市场

在全球市场中，三星、苹果仍然占据巨大的市场份额，来自国际数据公司的调查显示，全球最大的智能手机销售商三星在 2013 年延续了自己的领先优势，占有 31.3% 的市场份额，领先于苹果公司 15.3% 的市场占有率。中国的华为占据了智能手机市场占有率第三的位置，其市场份额为 4.9%，领先于韩国 LG 的 4.8%，而联想集团的市场占有率为 4.5%，[①] 显然联想很难在短期内完成赶超三星、苹果的目标。而且联想集团的手机业务主要集中在中国、印尼和俄罗斯等新兴市场，在欧美市场拥有极高知名度的摩托罗拉显然可以帮助联想开拓欧美成熟市场。虽然摩托罗拉在欧美市场的占有量已大为缩小，但仍具有较好的品牌影响力，在完成协助谷歌掌握更多专利权之

① http://news.xinhuanet.com/cankao/2014-01/29/c_133082926.htm.

后，摩托罗拉适时与联想结合成为一项双赢的策略。

（3）调整战略结构，手机份额缩小与三星、苹果的差距

随着全球市场的个人电脑业务的饱和，联想的个人电脑销售量趋于平稳，进入了现金流阶段。由于利润的下滑，联想需要寻找新的增长点，移动通信因具有巨大的增长空间，而受到了关注，并最终成为联想集团的主营业务之一。

IDC全球智能终端市场数据显示，联想、苹果、三星分别占据了PC、平板、智能手机市场全球第一的地位，由于移动智能终端占比日益扩大，联想在全球智能终端市场的地位并不巩固。通过并购摩托罗拉业务，可以很好地提升在智能手机上的份额，缩小与三星、苹果的差距。

3. 遇到的问题

第一，联想需要重新建立摩托罗拉。在收购摩托罗拉移动的同时，联想也接管了其3500名员工。如何重建这一公司成为联想的当务之急。

第二，作为一家中国公司，其与老牌摩托罗拉移动之间的人事、行政管理、企业文化整合，是联想需要面对的。

第三，虽然联想收购IBM个人电脑的案例较为成功，但当时也面临Think系列笔记本电脑客户流失的情况。对于联想和摩托罗拉手机而言，失去一些原有客户是在所难免的。

（二）中铁建投资墨西哥高铁

1. 跨国投资背景

（1）中国铁建股份有限公司背景

中国铁建股份有限公司于2007年成立，为国务院国有资产监督管理委员会管理的特大型建筑企业。中国铁建作为世界500强企业，是中国乃至全球最具实力、最具规模的特大型综合建设集团之一，已分别在上海和香港上市。

公司业务涵盖工程建筑、房地产、工业制造、物资物流、特许经营、矿产资源及金融保险，经营范围遍及除台湾以外的全国31个省（市）、自治

区和香港、澳门特别行政区以及世界 77 个国家和地区，在高原铁路、高速铁路、高速公路、桥梁、隧道和城市轨道交通工程设计及建设领域确立了行业领导地位。

伴随着自贸区战略和中国经济增长模式全面转型，中国的对外投资已进入了快速增长的时期。在国家和政府的支持下，作为国有企业，中铁建的对外投资项目必然会增加，力度也会逐渐加大。

（2）墨西哥高铁背景

作为一个发展中国家，墨西哥经济实力排名世界第十三名，拥有现代化的工业与农业，首都位于墨西哥城。墨西哥此次招商引资的高铁项目，建成后将连接墨西哥城和克雷塔罗市，其分别为墨西哥第一大城市和第三大城市。墨西哥城人口 1800 多万，集中了约全国 1/2 的工业、商业、服务业和银行金融机构，是全国的政治、经济、文化和交通中心。而克雷塔罗市则是墨西哥铁路、公路、通信中心城市，已拥有并建成全国最大的长途汽车站。两城相距 220 公里，高铁建成之后，将极大地促进克雷塔罗市及周边地区的发展。

2. 中铁建在墨西哥高铁投资过程中的优势及劣势

（1）投资优势

首先，中国高铁具有显著的成本优势。世界银行驻中国代表处 2014 年 7 月发表的中国高铁建设成本报告中指出，中国时速 350 公里的高铁项目建设加权平均单位成本仅相当于国际常规建设成本的 43%；时速 250 公里的项目建设加权平均单位成本相当于国际常规成本的 30% 左右。由于建设成本较低，中国高铁的票价也更有竞争力。

其次，中国高铁拥有较成熟的技术优势。中国高铁吸收引进了日本、法国、德国等国家的先进技术，在工程建造技术、高速动车组、列车控制、牵引供电、系统集成等方面已形成了一套较为完整的体系。中国高铁在建设过程中，分别攻克了高温、高寒、复杂地质和气候难题，因而更具有更广泛的适应性。

最后，中国高铁拥有丰富的运营经验。中国高铁始运行于 2007 年，截止到目前已有近十年管理运营经验。在这一历史时期内，中国高铁完成了跨越式的发展，目前已拥有超过 1.6 万公里的运营里程。

（2）面对的挑战

首先，中国高铁在“走出去”的过程中面临巨大的市场竞争压力。目前在高速铁路方面，法国、日本和德国是世界上技术最为成熟稳定的国家。1964 年，日本新干线即已投入商业运营，德国的城际高速列车已与普通列车紧密联合为一个铁路网络，而法国的高铁更是以高速度闻名，甚至已成为欧洲高速铁路的技术标准。在此项目中，墨西哥官方宣布投建高铁，引来多达 17 家高铁运营商的关注，其中包括日本三菱、法国阿尔卡通和德国西门子等著名企业。

其次，中国高铁技术尚未成为世界标准，在投资建设过程中需要做更多的准备工作。由于法国、德国高铁运营时间较长，已成为高速铁路的标准，因此中国高铁在进入高铁领域时，甚至需要通过一些不必要的认证，增加成本。

最后，高铁属于具有较长回收期的投资项目，且受东道国国内政治环境的影响较大。此次招标过程中，虽有墨西哥政府的支持，但执政党并未在两院获得绝对多数的席位，由于墨西哥国内政治博弈的原因，本已中标的中铁建被迫停止投资此项项目。

（三）小结

我国企业在国际化的过程中应注意一下几个方面。

首先，熟悉东道国的法律法规。在上述案例中，美国作为发达国家法律法规与政策较为健全，联想在收购摩托罗拉过程中需要提升对美国法律的了解。而中铁建在投资墨西哥高铁项目时，由于墨西哥的法律法规不完善，更应注意由此造成的项目风险，保护权益不受损害。

其次，制定较为合理的发展战略。联想在收购过程中，充分认识到了自身的局限，通过收购完成了向新的发展阶段的跨越。

最后，充分认识了解东道国的文化风俗和政治风险，尤其是对于发展中国家，更应对各种风险做好充分准备。

五 关于中国企业国际化问题的对策和建议

（一）国家层面

第一，制定我国企业国际化的战略规则，确立国际化的目标导向、区位导向、产业导向。目标选择上，要将短期和中长期目标有效地结合起来。短期内以探索和建立适合我国企业国际化的投资方式和管理体制为重点，中长期以建立和形成一批有全球竞争力的跨国公司为目标。区位导向，主要以政局稳定、投资环境较好、与我国有坚实的经贸基础且与我国建立了良好外交关系的国家和地区为主。产业导向上主要是根据我国的产业结构调整，有计划按步骤地转移我国成熟的和过剩产能的行业，率先国际化。

第二，由政府相关部门组织，借助中介机构和科研院校，建立对外投资的国别风险评估体系，定期发表报告，及时评估和更新投资对象国的国家风险，以供企业对外投资时参考。

第三，提供外交支持，改善企业国际化良好的外部环境。通过驻外使领馆向企业跨国经营提供更多的信息服务，与更多的国家和地区积极开展双边或多边谈判，引导国际舆论，改善企业国际化的外部环境。通过设立境外经济贸易合作园区、签订政府间框架协定等方式，确定双边合作机制、重点领域项目和融资安排；与有关国家磋商，建立投资争端解决机制，保护我国跨国企业在境外的投资利益。

第四，加快跨国投资的公共服务平台建设，它包括下面几个方面。

（1）跨国经营人才培养、人才交流平台的建立，吸引大量优秀的海外优秀人才。

（2）建立对外投资的技术和法律咨询平台，以帮助解决企业国际化中遇到的技术、法律、会计、审计等困难。

（3）发挥商会、行业协会等组织在跨国投资中的作用。鼓励它们引导、协调和帮助企业有组织、有计划的国际化，发挥产业协同聚集效应，减少内部恶性竞争事件的发生。

第五，继续加大我国企业国际化的政策支持力度。

（1）保险政策方面，按照国际通行做法，建立海外投资的政治风险担保制度，避免因东道国发生战乱或政局动荡而使境外企业的利益受损。

（2）税收政策方面，对于符合国家战略意义的企业跨国运营时，给予一定的税收减免优惠措施。

（3）外汇政策方面，外汇管理当局在认真研究现行的外汇管理政策的基础上，在审慎监管、风险可控的前提下，逐步放松对资本项目下的境外投资用汇的管制，为企业国际化提供汇兑便利。与此同时，加大建设国内外汇衍生品市场，推动金融创新，提供更多汇率避险产品，提供套期保值、风险规避等一系列金融服务，以满足我国国际化企业不同的避险要求。

（二）企业层面

1. 加强跨文化管理

中国企业国际化在进行跨文化管理过程中，既要考虑到中国企业的实际情况，又要遵循一般的跨文化管理规律。

（1）进行跨文化培训，识别文化差异，发展文化认同

跨文化培训是解决文化差异、搞好跨文化管理最基本最有效的手段。通常来讲，跨文化培训的主要方法就是对全体员工，尤其是非本地员工，进行文化敏感性训练。将具有不同文化背景的员工集中在一起进行专门的培训，打破他们心中的文化障碍和角色束缚，增强他们对不同文化环境的反应和适应能力。

（2）建立长期投资发展战略

共同利益在某种程度上是弥合文化差异、实现有效的跨文化管理的根本保证。企业一旦成立，其员工和管理者就形成了一个不可分割的利益共同体。为使企业能够长期存续、实现相关方的共存共荣，就需要吸收东道国的优秀文化，使企业的国内文化尽快适应当地文化。不同的文化本身并没有优劣之分，任何一种文化都有其存在的社会背景和历史根源，不是任意可以改

变的，只有在尊重和理解的基础上相互融合和适应，才能逐步缩小文化差异，实现共同的利益与目标。

（3）培育共同价值观，建设全球化的企业文化

通过文化差异的识别和敏感性训练等，企业职员提高了对文化的鉴别和适应能力。在文化共性认识的基础上，企业可根据环境的要求和企业战略的需求建立起企业的共同经营观和强有力的企业文化。基于已有文化的多元性及其影响的深远性和长期性，新型的企业文化既要有足够的包容性，又要有创新性。这种新型文化既保留强烈的母公司企业文化特点，又与当地的文化环境相适应，既不同于母公司企业文化，又不同于当地企业文化，是两种文化的有机整合。只有将两种文化有机地融合在一起，才能既含有母公司的企业文化内涵，又适应国外文化环境。

（4）建立跨文化的管理团队

跨文化的管理团队融合了不同文化背景的成员，成员间相互接触、交流、吸收、渗透，有利于企业在国际管理中对多元文化的认识和把握，并据此提出适合企业中各种文化的管理创新，取得多元文化的协同效果。中方的管理人员一定要重视对东道国语言、文化、宗教等的学习和了解，尊重东道国的风俗习惯，避免与东道国人员发生直接的文化冲突。

（5）认真履行社会责任，加快与当地的融合

当前，跨国企业海外社会责任问题日益凸显，企业海外履行社会责任的情况已成为评价企业的重要标准和内容，并受到国际社会和东道国的高度关注。企业应该坚持互利共赢、共同发展的基本原则，进一步完善海外社会责任治理机制，加强对外派人员的培训教育，加大对外正面宣传力度，保障经营活动公开透明。要遵纪守法、诚信经营，对外树立良好的形象，与当地各种利益集团和相关部门人员和谐相处，化解中外利益纠纷和矛盾冲突，降低针对我国企业和人员安全事件发生概率，积极参与公益事业，实现属地化经营管理，保障当地员工的合法权益，妥善处理公共关系，加速与当地文化融合。

2. 加强对投资国法律政策及投资环境的前期研究

海外市场复杂多变，企业在进行国际化经营之前，必须加强对投资国政

治、经济和市场动态的研究，特别是要对投资国法律法规、劳动保护和外汇及投资管制等方面进行全面深入的调研，充分认清海外市场竞争状况，权衡企业自身的实力和能力，特别是自身与国外领先企业之间的差距，认真评估海外市场的竞争和未来发展所需要的资源、能力配置和制约因素，从而制定明晰的企业国际化经营战略，提前做好国别项目风险评估工作，减少海外投资力度的盲目性和从众心理。

要特别注意对外投资的安全问题，审慎评估地缘政治、政变、恐怖袭击、海盗绑架等投资风险，减少不必要的损失。要制定境外安全管理和风险防范制度，建立境外安全突发事件的应急处置机制，完善有关应急预案，并落实所需经费，组织专门的安全管理机构和人员负责保护外派人员的生命和财产安全。

3. 重视人力资源本土化

企业国际化运营中需要大量高素质的人才。国内企业常常面临海外子公司人力资源不足的问题，仅靠外派人员的方式显然很难满足这种经营要求。人力资源本土化战略恰恰能够解决这一问题，借助所在国丰富的人力资源，可以弥补因外派不力而产生的人力资源欠缺。

通常情况下，往国外派遣管理人员，公司不但要在人员选聘、培训上投入大量经费，同时，这些外派人员还要享受比在本国工作更高的津贴和补贴、母国与所在国之间往返的差旅费用等。而直接聘用子公司所在国人员，一方面免除了上述支出，另一方面可以充分利用所在国工资低的优点，以远远低于母国公司工资标准却明显高于所在国水准的工资，降低和消除本地管理人员对双方人员待遇差距悬殊的不满，从而使公司能更好地留住和使用优秀的本地人才。

母国公司人员进入异国工作，由于文化差异、家属不能随行，或是遇到跨国提升的机会等因素，管理人员在东道国履行管理职责很可能半途而废。如此一来，则导致业绩评估短期化和不可回避的“回国”问题。而管理人员的本地化任职，一般能够避免经理人员的频繁更换，从而形成一个高效、默契的团队，有利于保持企业经营策略的持续性和稳定性，提高管理人员的工作效率。同时，还可以减少管理人员的探亲休假时间、次数，实质上提高了人力资源的利用效率。调查显示，在其他条件一样的情况下，人力资源本地化程度越高，员工的稳定性也越好。

采用人力资源本土化战略，能最大限度地消除语言、文化上的隔阂。通过使用本地员工带来的关系资源，跨国企业可以建立和改善他们与客户、政府部门等的关系。同时，以本国公民的身份出现，也有助于该外资企业在消费者的心目中树立“本地企业”的形象，使消费者更易接受该企业的产品和服务。

参考文献

僧会远：《中国企业海外并购投资的几点建议——以联想并购摩托罗拉移动为例》，《管理纵横》2014 年第 7 期。

天极网，http：//mobile. yesky. com/363/35919863. shtml，2014 年 1 月 30 日。

腾讯财经，http：//finance. qq. com/a/20141113/051526. htm？ pgv_ ref = aio2012&ptlang = 2052，2014 年 11 月 13 日。

陈安娜：《我国高铁“走出国门”的机遇与挑战》，《商业时代》2014 年第 17 期。

徐少卿、王大贤：《我国企业走出去的特点、问题和金融支持政策》，《金融会计》2012 年第 2 期。

杨挺、田云华、李欢欢：《2014 年中国对外直接投资特征及趋势研究》，《国际经济合作》2015 年第 1 期。

毛振华：《我国境外投资呈现三大新态势》，《中国信息报》2015 年 1 月 7 日。

李志鹏、闫实强：《中国企业境外并购趋势特征及绩效规律》，《国际经济合作》2015 年第 2 期。

《中国企业国际化发展现状与问题》，《第一财经日报》2014 年 10 月 29 日。

彭金美：《2014 年中国企业走出去进入新阶段，高铁获重大突破》，《中国经济报》2014 年 12 月 12 日。

王辉耀主编《中国企业国际化报告（2014）》，社会科学文献出版社，2014。

王建业、李水凤：《中国企业“走出去”的思路和对策研究》，《时代金融》2011 年第 4 期。

潘理权：《我国企业“走出去”的障碍及对策》，《江淮论坛》2001 年第 2 期。

B.11

运用微信实践移动化管理

赵黎　李洁*

摘　要：本文分析了微信运用在管理方面的创新，从运用微信在政务、公共服务、企业、金融等领域进行移动化管理的实际案例，我们发现微信几乎重塑了管理流程、管理方法、管理理念。移动互联网时代的到来，必然对管理有进一步的促进和更新，移动化管理将是未来管理的发展趋势。而微信将发挥其应有的作用，推动这一进程的发展。

关键词：微信　移动化管理　移动互联网　管理创新

微信概述

微信是移动互联网超级入口，拥有8亿用户，截止到2014年9月微信及WeChat的合并月活跃用户达到3.96亿，企业公众账号超500万。

一开始，微信是直接的通信工具，用来发语音、消息，后来新增具有"圈子社交"属性的朋友圈，开始有了像微博那样在好友圈中分享图文视频的功能，不同于微博的是微信朋友圈是强关系，并且更为隐私。随着微信公众平台开放，早期大家都发现微信是非常好的营销工具，到了现在，微信的发展其实已经超越了许多人的视野和想象。

---

* 赵黎，移动互联网研究者与实践者，盛世瑞智国际文化传媒CEO，多家高等院校特邀互联网商业落地导师；李洁，盛世瑞智国际文化传媒品牌总监。

腾讯首席执行官马化腾先生解释了微信为什么可以取得巨大成功，甚至直言“腾讯没有微信，我们根本挡不住”。微信一开始设计时就以手机为主体，考虑手机使用者的感受，这在以前是不多见的。以前一般都是在传统的网页上做好，再用手机转换器搬到手机上，所以微信的路径跟以前非常不一样。但为什么这个产品反而特别有魅力呢？因为这个产品为用户提供了很多独特的体验。它充分利用手机和 PC 的区别，把计算机的终端变成人随身的一个“器官”，以前用 PC 还不能称之为器官，因为人只要离开电脑，就与 PC 脱离了，只有手机第一次跟着人体连在一起，所以内置的摄像头、传感器、麦克风等都可以成为人们在网络世界里面的眼、鼻、口、耳。

从人文角度来说，微信这个产品本身就切中了人们的内心需求。微信开机画面是一个人站在月亮上看着地球，微信团队的理念是人活着是孤独的，所以才需要通过社交媒介去接触他人从而解脱内心的孤独。有人用微信摇一摇认识异性，去发现暧昧的情愫，都是基于微信那个人性出发点“以免费的、更好体验的方式让沟通与社交没有距离”。

从对企业和商家的功能价值来说，微信是综合社会化超级平台。由于开放了上百种 API 接口，微信变成了一座桥，桥的一边是用户，桥的另一边就是各种无限的应用，例如微信开放接口给招商银行，招商银行在微信里就可以为客户提供各种金融服务，直接用免费微信通知客户款项收支，节省的钱就等于纯利润。

在微信 5.0 以上版本打通闭环支付功能后，移动电商进入全新的境遇和模式，商家纷纷以微信为超级入口开辟新的销售转化核心渠道。区别于其他“流水渠”式的电商、移动电商平台等无法让企业真正拥有流量的旧模式，以微信公众号为基础的移动商城，打造的是商家的“蓄水池”，帮助商家形成从拉客到维客再到消费激发、口碑拓客的良性循环。商家旺盛的需求也催生了诸多搭建微商城的平台，即专门帮企业、商家搭建卖货或实现 O2O 商业模式的平台。借助各种平台的服务，万宁、小米、1 号店、多米音乐，从快消日用品到轻奢礼品，从实体货物到虚拟商品，大型品牌纷纷入驻微信合作平台夺取移动电商先机。

2014 年 5 月 27 日中国最大自营 B2C 电商京东宣布在微信平台的一级入口启动上线。即日起，京沪两地部分升级微信至最新版本的 iOS 系统用户能在“发现”界面找到并列于“朋友圈”的京东一级入口——“购物”。加入微信一级入口为京东带来这一移动端第一应用的大量用户，根据京东方面此前公开的数据，京东目前有 15% 左右的订单来自移动端，未来这一数字势必呈现飞跃式增长。

微信在智能家居领域的应用也极富前景，海尔电器就已推出“听微信说话的空调”，通过微信操控家居。

可以说，微信将成为个人和企业的 ID。就如同人在现实社会中的身份证，微信的 ID 可以标识个体。这个标识既可以通信，也可以做其他很多事情。微信可以取代你的钱包，比如 ID 和银行卡关联后可以进行支付。支付的本质是 ID 的表现，所以基于 ID 进行支付是非常自然的过程，也是让其他支付有很大竞争压力的原因。

电话号码曾经是一个身份证之外的个人 ID，也曾经是运营商最大的资源所在。但移动互联网时代，这个 ID 可以解决生活中越来越多想不到的问题。比如以前你有一个餐馆的电话，你只会在需要的时候打电话过去，功能单一。同样的场景转移到微信中，餐馆和个人可以在公众号里进行交互，虽然不再需要打电话，但沟通的行为比打电话更为丰富。

微信是即时沟通工具，具备媒体属性，也具备系统属性，为了把这些功能和属性都发挥出来，基层政务组织、公共服务管理者、企业等进行了大胆的尝试，把微信运用到实际的管理工作中来。微信不只是一个工具，而且是一种管理思维和理念的升级。

一　微信优化政府管理

政务微信是一种新的网络技术手段，政府借用微信平台推出预约、办理功能，实现与民众的实时互动。其“秒速传播，高频互动，点对点服务”的性能优势更容易拉近政府和民众之间的距离。

（一）政务微信发展及运用：以“广州公安”微信为例

电子政务于20世纪90年代兴起，依托互联网的发展，政府行政方式发生了极大转变，政务信息实现了无纸化、网络化、虚拟化传播，政府工作更加公开、透明，政务工作更有效、精简。电子政务甚至重构了政府、企业、公民之间的关系，使之比以前更协调。

移动互联时代，微信作为最有效的手机端即时沟通工具，同样可以为政府所用，解决政府不能及时有效与群众交流的问题。

广州市公安局的“广州公安”官方微信于2012年11正式开通。2013年4月初增设自动回复口径库，提供24小时微信自动答疑，涵盖“招警、消防、交通、出入境、户政、刑事侦查、报警投诉”等七大板块内容，微友除了可实时收到包括文字、图片、语音三种内容的最新警讯外，还可以通过微信与值班干警进行在线语音对话，反映治安问题。2013年6月，“广州公安”微信正式开通综合查询和网办功能。广州市民可以通过微信直接点击出入境业务、户政业务等，即可享受便捷服务。“广州公安”微信统一整合了整个广州公安系统属下消防、交警、出入境、户政等职能部门的功能，成为全国第一家同时开通“微查询”及“微办事”功能的政务微信。

例如查询实时路况时，只需要输入数字1，或者是区域名称，后台就会根据关键词分类，将实时路况信息通过图片文字等形式发送给用户。用户可以根据路况快照规划出行路线，这有效解决了交通拥堵的状况。并且这是系统自动回复，可以同时服务更多的用户，节省了大量的人力资源。

微信支付与政务微信的结合也省去了市民来回奔波只为交罚款的苦恼，例如在“广州公安”的查询页面查到了驾驶人违法记录，再也不需要去业务窗口排队等候缴纳罚款，只要点击屏幕，就能缴清罚款。

不少群众反映在微信上报警回应速度慢、出警不及时。所以“广州公安”微信特别新增了“举报或报警”栏目，并直接与市公安局110指挥中心接报警平台对接，让市民的报警信息能第一时间得到警方的跟进。

政务微信创新整合了公安综合业务的直接办理和预约服务，在为社会公众提供了一号关注、无须下载、无须安装、无须更新的便携式警民沟通渠道之余，进一步促进了公安信息化建设与社会化服务的结合，从根本上提升了警务效能。

（二）政务微信在公安交通管理工作中的重要作用

公安交通管理的信息互动关系着警民之间的良性互动，而不是单纯的道路交通安全知识灌输。集中化、等级化、权威化的宣传教育已经不符合现代开放信息时代的潮流。开放、分享、平等、互惠、共生的理念将成为公安交通管理微信的核心理念。

微信给公安交警部门提供了一个人性化服务的平台。利用微信发布准确的时效信息，可以让群众立即了解公安交通管理工作动态及便民措施。微信的路况查询、违章查询、轻微事故处理、违法处理等功能，既能在一定程度上解放警力，又能提高工作效率和质量，还能增强公安交警部门的公信力，促进公安交通管理工作的开展。

当前全国上下正在开展“党的群众路线教育实践活动”，公安交警作为和人民群众打交道最多的警种之一，更有必要积极借助微信平台走群众路线，将现实中的业务办理、服务咨询、警民互动、监督举报等工作，通过科技手段推向手机终端，通过对公安交管工作的精细化诱导，切实为群众提供便利，大大提高办事效率。

微信以其特有的沟通方式，在警民之间搭建起了一座友好的、开放的、互动的、对等的交流平台，群众可以畅所欲言、反映问题、提供建议，足不出户就能了解交警部门各种工作动态，还能得到较为安全规范的服务。公安交管部门则可以通过微信后台及时解答群众疑问，回复群众意见，接受群众监督，传递公安机关为民服务的“正能量”。同时对于群众举报的各类执法管理过程中发生的问题也能够及时发现、处理，随时掌握队伍执法建设动态，合理化解潜在危机，进一步和谐警民关系。

与传统媒体不同，微信不需要“转译”，而是可以直接表述和交流意见，其实就相当于公安交警部门的“自媒体”。在“有图有真相”的“微时代”，交警部门将大量信息通过官方微信发布给社会大众，其中有关大型交通安全宣传活动、先进人物事迹报道、典型案件侦破、法律法规解释等方面的宣传，可以采用持续报道和跟踪发布的形式，以此强化群众对宣教内容的印象，加深群众对交管工作的理解，从而增强公安交警的正面形象。

据了解，政务微信推出一年多来发展迅猛，目前总量已达到3000多个，覆盖全国各省、自治区、直辖市和特别行政区。在政务微信推广的过程中，交通、气象、纪检、司法、文化等多领域与时俱进，中国外交部开通的“外交小灵通”、国家统计局开通的“统计微讯”等也在日常政务服务中发挥了极大的作用。地方政务微信也涌现出不少标杆微信，如“厦门智能交通指挥中心”上线一个月便获得极大关注，“广东省博物馆”微信变成导游，“武汉交警”帮助缓解了武汉交通拥堵，等等。地方政务微信开通数量较多的有浙江、江苏、广东、山东、新疆等，部门政务微信开通最多的集中在公安、共青团、旅游、税务等基层部门。

政务微信通过变革沟通方式的方法，加强了百姓与政府的互动性。将来在全国房产、信用等基础平台建成的基础上，微信应急、微信问政等方面也将大有可为。

二　微信优化医院运营管理

微信智慧医疗是通过打造健康档案区域医疗信息平台，利用最先进的物联网技术，实现患者与医务人员、医疗机构、医疗设备之间的互动，逐步达到信息化。在不久的将来，医疗行业将融入更多人工智慧、传感技术等高科技，使医疗服务走向真正意义的智能化，推动医疗事业的繁荣发展。在中国新医改的大背景下，智慧医疗正在走进寻常百姓的生活。

国内公共医疗管理系统的不完善，医疗成本高、渠道少、覆盖面窄等问题困扰着大众民生。特别是以“效率较低的医疗体系、质量欠佳的医疗服务、看病难且贵的就医现状”为代表的医疗问题成为社会关注的主要焦点。大医院人满为患，社区医院无人问津，病人就诊手续烦琐等问题都是由于医疗信息不畅、医疗资源两极化、医疗监督机制不全等原因导致的，这些问题已经成为影响社会和谐发展的重要因素。所以我们需要建立一套智慧的医疗信息网络平台体系，使患者用较短的等疗时间、支付基本的医疗费用，就可以享受安全、便利、优质的诊疗服务，从根本上解决“看病难、看病贵”等问题。

传统线上医疗服务的问题，集中表现在三个方面：运营商平台不稳定、用户体验差；排队压力不能得到根本缓解；医生无法了解患者的真实心理状况。

移动互联网可以帮助医疗系统构建一站式就诊服务体系，使之具备更良好的智能分诊、手机挂号、门诊叫号查询、取报告单、化验单解读、在线医生咨询、医院医生查询、医院周边商户查询、医院地理位置导航、院内科室导航、疾病查询、药物使用、急救流程指导、健康资讯播报等功能。智慧医院应用需要经过具体医院、具体科室、具体医生，将患者与医生点对点对接起来，而绝不是在网络平台上跳过医院，直接将患者与医生联系起来。

作为移动互联网最大的入口，加之其平台的开放特性，微信可以将智慧医疗搭建在微信平台中，使之更好地与医疗患者直效连接，创造出最便利的沟通、服务渠道。

1. 智慧医疗微信信息查询平台

该平台可进行多种类、大信息量的展示，对图片、文字、Lbs 地理位置导航等进行合理化分类，从而构建一个掌上医院，各种信息一目了然。在“专家团队”入口中，按照不同科室罗列专家信息，显示其是否在线。患者可以根据自身病情选择合适的专家在线咨询，从而缓解了专家号号源紧、看病难的问题。

在“导医台”入口中，构建一个 Q&A 体系，患者可以自行查询症状和提出问题，医生在线解答，从而更直接快速地帮患者解决问题，同时提升患者对医生与医院的信赖感，对医院的移动平台产生使用黏性。医生也可以根据症状，进行远程治疗和收集患者情况，直接建议患者立即到医院就诊，患者看见信息便可以通过一键拨号或移动在线直接预约挂号，实现多方互通便利。

2. 智慧医疗微信挂号预约平台

在微信挂号预约平台中，有完善直观的预约流程和预约须知，有详细的流程指导，非常便于患者随时随地查阅和按规范操作。而对医院来说，有效管理与引导可以大幅提升预约效率。

上述信息确认后，系统将回复患者预约成功的信息，并自动截取用户的二维码信息，就诊前一天和当天两小时前，系统会给患者发送就诊提醒。就诊时，医生扫描患者的微信二维码即可调出患者信息及电子病历、医保情况等。

整个挂号预约流程属于双向数据管理，患者绑定个人信息后形成个人医疗数据平台，今后的操作会更为便捷，体验“私人医生管家式”的服务。在个人健康档案的管理方面，以往病患如果想知道自己的历史就医记录，只能翻一本又一本的纸质病例，既难保存又不便查阅。移动医疗的出现让每一个患者都可以通过微信查看个人过去在医院的历史预约和就诊记录，包括门诊/住院病历、用药历史、治疗情况、相关费用、检查单/检验单图文报告、在线问诊记录等，不仅可以及时自查健康状况，还可通过 24 小时在线医生进行咨询，在一定程度上养成“身体不适自查，小病先问诊，大病去医院”的正确就医态度。

医院系统则会存储与调取患者医疗数据，让医生获得更精准的信息，可以针对患者第一次治疗和后续其他病症治疗做出更准确的医疗决策。

3. 智慧医疗微信个性服务平台

个性服务平台打通了移动闭环交易，患者不用多次排队缴费，而是直接在微信的缴费平台支付所有手续费用，这极大提升了医院整体资本运转效率和服务效率，患者的体验也会更加良好。

该平台的推出一改医院以往无法直接与患者保持良好沟通的情况，更好地推进了一对一营销，良好的服务和创新营销模式可以直接拉动医院的营收。

4. 智慧医疗微信内部管理平台

基于微信平台构建智慧医疗的意义远远不止是提升服务价值和营销价值，另外很重要的方面是可以变革整个医疗内部管理系统，提升管理效率和成果。

三　微信优化博物馆运营管理

我们曾帮助中国国家博物馆打造了一套基于微信的二维码数字陈展系统，开创了馆藏艺术领域的全新管理与服务模式，有效提升了博物馆的布展能力和营运能力。

此前，国家博物馆存在管理效率低下、营销效果不足的问题。例如国家博物馆展品多达92万件，每日布展至多展出两万件，庞大的数量和传统的展览方式长久以来无法用科学的方法进行有效运营和管理。另外，随着生活水平提高，人们对博物馆的服务能力也提出更高的要求。博物馆、名胜古迹等的展陈形式已经经历了两代，第一代是以文字描述为主，通过导览牌上的地图、展陈物品旁简短的文字描述，使观众走马观花般地了解内容；第二代是通过电子产品——导览器来实现，观众需租借导览器，在它的“带领下”，逐一了解内容。两代展陈方式都存在明显的不足，首先是展示内容有限，展示手法单一；其次，观众都是被动地接受信息，而且只能接收到所看到、听到的信息，观众自身的感受与体验被忽视了。因此，博物馆一方面要突破空间局限顺应人们多渠道了解文物信息的需求，另一方面要大幅提升展厅带给人们的互动体验。

我们充分利用二维码、图像显示与处理、后台存储管理等技术打造了大数据前端采集与后端处理的平台，从而实现对大量展品的精准管理。在前端采集上，回首科技通过技术手段生成的每个二维码和编号都对应一件展品，在展厅中将身份二维码设置在展品介绍栏上，观众如果对此展品感兴趣可用手机扫描二维码，即可获取微信公众号上多国语言适配的自动语音说明，并可下载立体多维图片，未来甚至可以形成互动社区，让对此件展品感兴趣的人群能在一起互动交流，充分领略展品背后的文化底蕴。

在后端处理上，可通过二维码实现即时数据的采集和管理，通过扫拍次数/时间统计、资料阅读时间统计、关联扫拍统计、兴趣点模糊分析、用户互动、用户反馈、用户 CRM 管理等，使国家博物馆实现科学管理和精准管理。例如某天博物馆布展两万件展品，展览结束后，管理人员可以精准得知哪些展品被扫码次数最多，下次布展就可以优选扫码次数最多的前 2000 件展品搭配其他展品同时展出和宣传，从而有效提升对公众的吸引力，也可根据数据溯源安排展览位置。此外，管理人员还可以通过手机语言使用情况判断展品受哪些国家的公众欢迎，有利于在世界范围内与其他国家博物馆进行联合布展。

2013 年 2 月 1 日，美国大都会博物馆在中国国家博物馆举办的“道法自然——大都会艺术博物馆精品展”利用二维码数字展陈系统进行布展及推广，在业内引起了广泛关注，北京电视台、新华网等多家媒体对其进行了大量报道。其他诸如“古代中国”“中国古代青铜器艺术展”“中国古代玉器艺术展”“中国古代佛造像艺术展”“馆藏美术馆”“雕塑展”等常设或临时展览都通过回首科技的二维码数字展陈系统，获得了广泛的市场认可，这与背后的大数据系统密不可分。

在提升公众的参馆体验方面，我们打破现有的展陈方式，利用移动互联网技术，将现有展陈场所及物品背后丰富的内容，通过微信用语音、图片、文字方式全面展示给观众，不但展现形式上生动、立体、全面，而且在宣传上，低碳、环保、节约成本。有了这一套互联网展陈方式，参观公众既不需要人工导览，也不需要去排队领取导航仪，而只需要利用手中的移动终端打开微信，即可获得从展馆到展品，由面及点的全方位信息。值得一提的是，我们还有语音导览，将展品图片和语音传递到微信，再对应展品编号开发出无限次关键词自动回复，观众无论是扫二维码还是在微信公众号里输入编号，都可以自动获取展品信息，让观众不仅自由欣赏展品，还能将展品信息装进手机里带回家品鉴。通过这一套体系，观众的参观体验超越时间和空间得到全面提升。

在传播效果上，中国国家博物馆打破了时间、空间的限制，不但可以实现展陈场所与观众的互动，还可以让观众随时、随地再现馆内场景与物品，并将相关信息通过移动终端分享给亲友，让这些馆藏文化在互联网上广泛流传，进而提高中国国家博物馆的影响力，推进不同布展主题的精准营销。以微信为入口载体的二维码数字陈展系统自上线以来，发挥了实效作用，平台访问量现已超100万次，公众通过社交平台自主传播展品信息的曝光量超过1000万。

国家博物馆的二维码数字陈展系统为世界馆藏领域带来里程碑式的意义，进一步提升社会价值和商业价值，这样的一套技术系统经过定制设计，同样可以运用在拍卖行业、景区行业甚至智能硬件行业。

四　微信优化企业管理

2013年，马化腾提出，微信是连接一切的可能。2014年9月，“企业号”的推出是微信“连接企业的另一种可能”，也诠释了微信“连接人与企业”的战略企图。

企业号不同于企业量身定制的开发系统和非定制的传统协作软件，微信企业号是微信为企业提供的移动应用入口，旨在帮助企业建立员工、上下游供应链与企业IT系统间的连接，从而快速、低成本实现高质量的移动轻应用，实现生产、管理、协作、运营的移动化。企业号也不同于微信订阅号和服务号，微信官方表示，微信企业号是微信为企业员工或合作伙伴提供的一项专门服务，当企业申请了企业号之后，便可让第三方应用开发商在企业号基础上开发各类基于企业内部管理的移动应用，比如客户关系管理、办公自动化等。

（一）企业运用微信企业号案例

2014年9月微信企业号正式开启公测，官网第一案例是日日顺。日日顺是海尔集团下属企业，不仅承担了海尔的售后服务，更是一家为各类品牌提供服务的第三方售后服务和物流企业。该企业已在香港上市，员工基数非常庞大，全职员工近两万人，其供应链下游服务商、零售商从业者达数十万人，它可以将商品送至传统物流无法到达的城乡，并且提供安装等服务。

1. 不仅仅是企业内部管理

日日顺把微信企业号首先应用于企业之外，也就是其供应链下游的零售商和服务商，因为它们直接面对的是消费者，也是影响消费者全流程最佳体验的关键环节。以往针对零售商和服务商的信息化，总会遇到部署升级的阻力。供应链下游始终是日日顺整体信息化进程中的洼地。

在开发企业号之前，日日顺集团负责此事的信息闭环部对一线销售、服务人员进行抽样调查，发现97%的一线人员已经在使用微信。而在微信企业号中开发的应用无须下载、无须安装、不受手机操作系统差异的影响，并且升级也非常方便，具有快速实施、易于使用、易于管理的特性。

这两点让日日顺判定微信企业号非常适于快速解决信息化中的“低洼地”问题。日日顺在不到一个月的时间里，就完成了让三千余家零售商、服务商和超过两万的一线销售、服务人员使用微信企业号的目标，这个实施速度在以往是不可想象的。

2. 不仅仅是销售管理工具

微信企业号很容易让人望文生义地认为其更适合用作企业内部管理，这是对的，但不全对。

日日顺在规划微信企业号应用时，不仅考虑了适合供应链下游零售商、服务商这些小微企业小团队作战的销售管理应用，而且意识到微信企业号是微信的一部分，完全可以承载销售职能。

因此，“人人营销宝”微信企业号就诞生了。这是一个帮助一线销售、服务人员实现对消费者直销的产品展示和下单的工具，一个实现了企业全员销售的工具，还是一个具有企业内部销售培训和企业内部销售激励机制等功能的工具。这一工具可以帮助小团队领导确认下属导购员、业务员是否在岗，掌握当日的销量和店面的实况。

从微信企业号应用的角度来看，“人人营销宝”确实能够给人带来一些联想，微信企业号的确不只是移动OA，的确不只是内部管理。综合考察日日顺的案例，可以发现，一家消费品企业应用微信企业号最明确的目的是，利用微信企业号的优势快速提升销售和服务的能力。

（二）企业号的无限价值

1. 企业内部、上游供应商、下游分销商的全连接

日日顺微信企业号实现了一两万名员工，几千家经销商及门店，上下游供应商十万人，内部十几个业务系统的整合、移动化。而在过去建立、运维这样的系统所需的能力已超越大多企业 IT 部门的能力。

2. 企业全信息的统一出入口

企业号可以统一内部所有信息，由同一个出口及入口发布或收集，通过微信企业号，员工无须安装任何手机 APP，即可了解企业内全部信息。

3. 内部 IT 系统孤岛的桥梁

企业内部 IT 系统长期以来分而治之，数据不互通，给企业带来了信息交换上的困难。然而，企业号则可以打通企业内部现有 IT 系统，把信息孤岛相互连接起来。

4. 企业 IM 功能、开发多方视频通话

未来，当微信平台开放了点对点的沟通信息，企业号将会成为企业内部的 IM 工具。另外，微信还将开放视频通话，可以在内部业务系统上一键发起对指定人员的微信视频通话，完成实时视频会议。

大家会发现，如果通过自建系统实现上述构想，企业将面临搭建成本高、实施周期长、实施难度大以及运维成本庞大等问题。但微信企业号使企业能够轻松地避免上述问题。

此外企业号还能实现签到、内部文件共享、微信支付发工资等功能。微信企业号与服务号、订阅号结合起来会衍生出更多的新玩法，用户可以通过服务号申请所需服务，企业号系统则可以根据用户的地理位置等推荐服务，甚至可以添加客户微信进行一对一的服务。

微信个人账号实现了人与人的连接，订阅号实现了人与信息的连接，服务号实现了人与商品的连接，企业号实现了人与企业的连接。基于微信的开放战略，微信可以连接一切！

五　微信优化金融管理

如果说微信革了零售金融的命，那未免有些太夸张了。得益于微信最基础的属性——即时通信工具，原本的手机银行、口袋基金多了一层弱交互功能。这的确改变了零售金融在手机端与用户的沟通模式，让它们不像 APP 一样看上去硬邦邦的。

经验表明，让用户主动下载一个 APP 的成本是很高的。微信提供了一个轻型的应用，它可以实现一些简单的交易，可以互动、推送资讯，尽管没有再造一个银行，却是一个实实在在的服务窗口。

然而，微信能取代 APP 吗？仔细分析各种实际应用实现的方式，会发现不少微信金融账号中提供的交易最终仍是基于手机银行、网页平台。因此，所谓的微信转账并不像想象的那样有“输入对方账号、姓名和转账金额就可以搞定”的便捷，而微信也并没有“再造”一个银行，只是为用户提供了一个不同的入口。

但关键就在于，仅仅是这一个入口，已经足以引领一场零售金融服务的变革。想象一下：当你走在路上时，突然想查询一下银行卡内的余额。你可能会想到下一个手机银行，然而周围的环境又没有 WiFi，最终你嫌麻烦就干脆算了。可如果此时有人告诉你，你只要在微信里关注一个账号，经过简单的认证后就能查询余额，你是否会心动？特别是如果你不喜欢电话银行每次都要“中文选 1、账户余额选 2、人工服务选 0”的操作的话。

柜台、网页、手机 APP、微信已经形成零售金融的四个平台，而未来零售金融服务的竞争一定会让微信这个平台硝烟四起。

招商银行案例

2014 年 1 月 8 日晚，招商银行的新版微信银行悄然上线，该版本不仅完善了智能客服、交易提醒、网点查询等功能，还基于微信的特点定制了理财日历、无卡取款等服务。添加关注后，用户会看到其账号下提供了三个菜单：“我”“发现”“无卡取款”。点开每个菜单则会有不同的栏目。例如点开"我"，就会有"免费通知提醒""一卡通余额查询""信用卡账单查询""我要办卡/贷款""我要购汇/结汇"。该账号基本把半个手机银行搬了过来，甚至还有些手机银行不具备的新服务。

早期的微信银行只是一个入口，进入后就转接到了手机银行系统。微信银行提供的服务比较简单，且大多是手机银行业务的迁移。但这次，招行结合了微信的特点和用户使用微信的习惯，做出了新版的微信银行。

以办"信用卡"为例，只要输入"办卡"，微信银行就会弹出选项，点击"我要办卡"填入信息就可以提交了。微信银行对办卡的种类有详细介绍，可供用户选择。这样就避免了客户上门咨询的麻烦，也直接对接了客户的需要，节省了中间沟通成本。

一边是天性保守且风险偏好极为审慎的金融业，一边是出身"草根"又极具颠覆精神的互联网。尽管两者的融合迸发出了电光火石般的轰动效应，但不同的"基因"也注定了这个融合过程充满了坎坷与未知。在微信银行上放入哪些功能、是否开放余额查询、哪些功能要跳转到手机系统执行，对于"微信银行"每一项功能的客户体验设计，招行都很慎重。

除了金融业务的安全性，人们对微信平台的另一个质疑是交易数据的安全性。微信平台就像是一个商场，不同金融机构在里面开设不同的店铺，每个金融机构对于微信号都有着不同的定位和规划，所以功能有很大差异。而微信作为一个管理者，可以知道你的店有没有开门营业，客人多不多；但具体每个客人买了什么东西、花了多少钱，它是不清楚的。

结　语

微信的优化管理功能，已经在政府管理、医院管理、博物馆管理、企业管理、金融管理等领域有了明显的体现，微信已经从单纯的社交工具，参与到管理的链条，成为串起所有环节的连接点。整个链接的出发点全部以用户的需求为中心，再造流程，打开管理的创造性，实现经营用户。微信管理还可运用于文化、教育、科技等各个领域。微信将打开管理创新的大门。

管理教育篇

Management Education

B.12

商学院模式创新背景下的 MBA 教育现状及发展趋势

邵 钧*

摘 要： 本文基于商学院教育模式的变革创新，研究此背景下商学院 MBA 教育的未来发展趋势。本文从中国商学院的发展起源、现状及未来趋势入手，阐述了中国 MBA 教育的发展背景、现状规模、国际合作以及形式类别；同时对中国 MBA 与世界一流 MBA 进行差距分析，在此基础上结合中国商学院的未来发展趋势，从教育理念、培养模式以及运营模式等方面展望了 MBA 教育的未来发展。

关键词： 商学院教育 MBA 教育 教育模式创新

* 邵钧，上海交通大学国际与公共事务学院经济与管理培训中心主任、荷兰商学院上海中心主任，上海市太平洋区域经济发展研究会理事、副研究员。

一 中国商学院的发展历程与未来趋势

（一）商学院与工商管理教育的起源

商学院是为社会提供专业的商务人才，是为了培养能适用当代商务理念的管理人才而设立的学院。虽然由于历史原因商学院在中国设立的时间不长（不到40年），但是中国商科教育却具有悠久的历史。清朝光绪年间的《钦定高等学堂章程》就将商科列为八大学科之一（经学、政治学、医学、文学、格致学、农科、工科、商科）。在民国初年，《大学令》将大学教育分为文、理、农、工、商、医、法，商科同样列为其中之一。到了1949年以后，由于受到苏联共产主义的影响，中国实施了高度集中的计划经济体系，商科在高等教育机构里被归类为“财经类”。后来在计划经济体制的环境下，各类组织对人才的自主需求大幅减少，因此高等商科教育失去了原有的地位。“文革”期间，高等商科教育经历了严重的打击，商学院建设在当时几乎断档，全国18所财经院校只剩两所。

大众对商学教育的重视是在改革开放后，随着经营管理在经济生活中重要性的提高才开始的。1979年，高等财经教育才在国内恢复。商学院作为正式的学院出现在大学里的时间很短。随着中国经济发展以及对外开放程度的提升，社会对经管类人才的需求也促使商学院教育近年来在中国发展迅速。目前除了传统体制内高校设置经管学院，还有许多中外合作办学或者民间机构设置的独立商学院，比如中欧国际工商学院、长江商学院等。

（二）中国商学院教育发展的新趋势

在学术上，主流学术圈公认西方的管理学比较前沿，但是管理作为一门艺术，具有很强的情景适用性，不是依据典籍上记载的规则就能成就伟大的成果。更何况现在的商业环境变化迅速，作为培养未来商业领袖的商学院也需要不断与时俱进。结合目前中国商业发展及对商业人才需求现状，中国商学院教育发展呈现以下几个方面的新趋势。

（1）教育理念方面，中国商学院一方面需要与国际商学院的教育热点不断融合，通过与国外知名商学院的合作办学等方式，培养具有国际化视野的商业人才；另外一方面则需要根据本土商业环境的变化以及对于管理人才的需求，制定自己独特的教育理念以及运作模式。从中国市场环境的变化角度来说，随着社会发展模式的转型以及经济结构的调整，创新创业成为经济发展的重要驱动因素，自主创业将面临诸多机遇。传统商学院教育更加注重培养企业的经营管理人才，即职业经理人，而非创业者或企业家，因此为了适应经济潮流发展，未来商学院的教育理念应当融入更多的时代特征，强调培养企业家精神和创业精神。目前国内几大顶尖的商学院，均从办学行动上体现了这一教育理念。比如清华大学经济管理学院创办了 x - lab，开始探索创新创业人才培养的新模式；浙江大学管理学院“全球创业管理 GEP 项目”则开启了国际化创新创业人才培养的院校合作模式；上海交大的“中国 MBA 创业大赛”从课堂教学向实战延伸；中欧国际工商学院“新生代创业领袖成长营”乃关注年轻创业者的成长。

（2）培养模式方面，工商管理作为一门实践性很强的学科，其教育不能仅仅停留在纸上谈兵，一定要能够解决实际中存在的问题，最终培养出具有实战能力的商业人才。因此商学院的人才培养模式方面除了延续原先的课堂教学以及案例教学等传统方法，未来会更加倡导体验式学习，也就是为学员提供模拟或真实的商业环境，让学员在商业职场人士的配合辅导下，在接近实战的商业项目中不断交流学习，增强学员对于真实商业环境的体验。除了以上国内知名商学院的创业教育之外，目前清华大学经济管理学院与法国 INSEAD 商学院的合作办学项目也引入了“教练式”教学，使得学员能够与商业导师零距离接触，增强自身对于真实商业的感受。荷兰商学院（BSN）作为欧洲最早将英国著名管理思想家雷吉·瑞文斯（Grey Ravens）的行动学习法（Action Learning）引入商学院教育的先驱者，经过数十年的实践，其 MBA 教育形成了一整套完整而成熟的独特教育体系，即“围绕着团队学习，强调采取行动，解决实际问题，承担风险，并取得立竿见影的成果”。在学习过程中学员将加入四到六人组成的学习小组，在辅导顾问的帮助下，通过小组内及小组间的互动，分享知识和经验，一起研究管理的瓶颈，共同制定新的战略，携手进行战略实施，共同促进企业与个人绩效的提升。传统培训采用“先学后用”的模式，强调“知”而忽视了培训的真正目标“用”。行动学习法则是对传统培训的颠覆，以解决组织所面临的实际问题为载体，强调在“行动中学习，在学习中解决问题”，克服了传统培训学而难用的障碍，使得培训的成效显著提升，效果实现可视化。因此，这种以解决问题为核心的行动学习符合大部分公司管理者对学习的期待，即通过行动学习解决他们面临的实际问题，获得战略性机会。

（3）运营模式方面，未来中国的商学院教育将更加细分化。每个学校都有自己的资源禀赋，而这些资源条件都不会是完全平均的，因此各个商学院需要打造自身的办学特色，在某个方面形成自身的独特优势，例如营销、制造、金融等等。而这种商学院教育的细分运营作为中国管理教育未来十年的一个趋势，会逐渐降低商学院之间的同质化。除此之外，随着商业环境越来越国际化，为了践行国际化的培养理念，商学院的国际化运营也是未来一大发展方向。目前各大顶级院校商学院均开设了 IMBA 等各类中外合办项目，更为广泛地吸纳整合了教学、学员、校友以及合作企业等各方面的资源。

二　中国 MBA 教育发展现状

MBA 教育作为商学院教育中的重要一环，其发展与商学院的整体发展息息相关。得益于近三十年来中国整体经济的高速增长以及商学院的繁荣发展，中国 MBA 教育也发展迅速，呈现出百花齐放、欣欣向荣的景象。

（一）MBA 教育的发展背景

相较于中国，美国在 1881 年就萌芽了管理教育（以沃顿商学院的建立为标志），20 世纪初期，哈佛大学商学院正式成立，随着第一批工商管理专业研究生的招收，MBA 教育项目正式成立。欧洲的管理教育是从 20 世纪 50 年代才开始开展的，随着进入欧洲的美国企业的竞争优势不断增强，欧洲的管理教育也因培养本土企业家的紧迫需要而得到长足发展。由于欧美商学院设立的时间比较早，并且没有发生类似中国教育断档的重大事件，所以在商学院乃至 MBA 教育上领先中国一段时间。因此中国商学院教育为了跟上世界先进的教育步伐，不得不以学习西方先进经验起步。1983 年，因当时中国的经济发展与改革的紧迫需要，培养中国自己的经管人才也提上了议程。邓小平与时任美国国务卿的基辛格博士（Dr. Kissinger）对合作培养经济管理人才达成了充分共识，这也是 MBA 教育在中国开展的契机。自第二年起，MBA 教育在中国开始了首次尝试。当时的国家经委与英国、美国等开展了具有合作性的国际工商管理教育及培训项目，中欧管理中心（现中欧国际工商学院）、美国纽约州立大学布法罗分校管理学院与大连理工大学管理学院联合开办的 MBA 项目也位列其中。1987 年，在具备了合作办学的一定经验之后，属于中国自己的 MBA 教育在国务院学位委员会办公室的主持下得到开展。“培养中国式 MBA 研究小组”于 1988 至 1989 年期间正式成立，开始设置并试办 MBA 学位在 1990 年的国务院学位委员会第十次会议上得到通过。1991 年，中国人民大学、复旦大学、南开大学、清华大学、西安交通大学、上海财经大学、厦门大学、哈尔滨工业大学及天津大学 9 所学校成为招收并培养 MBA 学位的试点单位。

（二）MBA 教育的目前规模

1991 年 9 所院校首批招收和培养 MBA 标志着中国商学院 MBA 教育从无到有。之后，中国 MBA 教育得到了迅速发展。在 1997 年开展全国联考之前，MBA 教育只被国内 26 所院校同意设立，招生规模较小。本科与研究生教育作为中国商学院教育体系的主体，MBA 教育只被看做是商学院教育的补充，其发展也只处于初期探索阶段，影响力非常有限。1997 年是 MBA 教育发展的分水岭，自 1997 年至 2011 年间，全国共 212 所院校被国务院授予了 MBA 招生资格，全国总共有 238 所院校被允许开设 MBA 教育，占全国可授予管理学硕士学位 420 家教育机构的 56. 43%（请参看附表 1：中国 MBA 培养院校及批准批次）；自 2004 年到 2012 年，全国 MBA 共录取 18. 37 万人，占同期管理类研究生招生人数45. 08 万人的40. 75%。2011 年全国 MBA 联考录取 29736 人，相比 1997 年联考录取人数 2465 人，14 年间增长 11 倍，年均增长率高达 19. 5%。MBA 教育已经成为中国商学院体系中至关重要的组成部分。到 2010 年 MBA 招收人数已经突破 3 万人，说明了商科已经成为国内高等教育中规模最大的科类之一。与此同时，EMBA 教育也得到了极大的发展，从 2002 年到 2014 年，经过两轮扩张，EMBA 培养院校达到 62 所，招生总规模达到 11200 人（请参看附表 2：中国 EMBA 培养院校、批准批次及招生规模）。

（三）MBA 教育的国际合作

由于中国的 MBA 教育起步就是走学习欧美的路线，因此中国早期的 MBA 教育均采用了欧美的课程设置模式，所使用的教材也均为原版或翻译的国外教材。又由于中国经济发展的阶段和性质与欧美国家有着显著的不同，国外的企业案例和中国企业所处的市场环境也有着显著的区别，所以在案例使用上高校大多采用了国内院校联合编写的案例集，小部分具有经典性和通用性的欧美案例仅作为教学补充。

另外，中国商学院经过 20 多年发展，MBA 教育已由单纯的引进课程教材向和国外商学院进行项目合作的发展方向转变。1994 年，上海交通大学与欧洲工商管理学院开展合作，以每年共同出资 400 万美元在中国成立中欧国际工商学院，成为中外 MBA 教育合作的典例。在最新的全球全日制 MBA 教育项目排行榜上，中欧国际工商学院位列世界第十名，亚洲第一名。除了中欧国际工商学院之外，北京大学、清华大学、上海交通大学和复旦大学等高校，也和美国、法国、香港、荷兰等开展了 MBA 合作办学。通过这种国内外顶尖商学院的合作办学，及其教授、学生之间的学术交流，国内 MBA 项目的国际化水平得到显著提高。

（四）MBA 教育的形式类别

MBA 的教育形式和类别在中国已经越来越多样化了。经过了十几年的发展，中国的 MBA 教育发展出多种形式的教育类型，根据现阶段办学主体与招生考试类型的不同，主要分为以下四类。

（1）普通 MBA 教育。普通 MBA 教育是参加全国统一联考的，主要又可以分为以下两种：双证 MBA，参加每年一月的全国统一联考，在达到教育部和报考院校的录取分数线后入学，在毕业后授予教育部承认的硕士学位和学历证书；单证 MBA，参加每年十月的全国联考，主要以在职的形式攻读工商管理硕士学位，在毕业后授予教育部承认的硕士学位。

（2）国际工商管理硕士（IMBA），分为国外院校独立办学和中外院校合作举办的两种类型。一般情况下，IMBA 教育的生源国际化程度更高，但其招生录取要求、考试类型、所颁发证书类型也因不同项目合作方式的不同而有差别。一般来说，中外合作办学项目在毕业之后只颁发国外商学院的学位证书，如果需要国内院校的毕业证书、学位证书和外方学校的学习证明，必须要参加全国统一联考。

（3）高级管理人员 MBA（EMBA），主要面向高级管理人员群体。学员需要参加校方组织的笔试与面试，学习方式为在职学习，在毕业后为成绩合格的学生授予学位证书。EMBA 实质上是一种在职培训，招生考试内容、录取方式、教学方案和教学方式都由教学单位自主决定，教学单位具有充分的教学自主权。

（4）相对独立于体制内的商学院提供的 MBA 教育。一方是中国与欧盟共同设立的中欧国际工商学院；另一方由李嘉诚的海外基金建立的长江商学院。这两方的共同点在于都设置 MBA、EMBA 和 DBA 的课程，并且学校各项功能运作的机制和国外的商学院很大程度上都保持一致。

由于 MBA 培养院校以及 MBA 项目在国内可选择性还是比较充沛，为了能够在众多商学院中求得一席之地，每个商学院都在追求差异化创新，力争结合自身优势开设具有自身特色的 MBA 项目。比如说上财的

MBA课程起步较晚，但其结合自身的教学优势，开设了诸如金融、证券、期货、财会等不同类型的MBA课程；中国石油大学开设了石油MBA课程；第二医科大学设有医学MBA课程；中国人民大学结合自身特点设有房地产MBA课程；华东理工大学和北京化工大学则开设了化工类的MBA课程；国防科学技术大学结合自身军队院校的优势开设了军事MBA；中国科学技术大学则结合工科优势开办了技术MBA；还有学校开设了工程造价MBA课程。这些MBA的教学差异化的经典案例都在各自的教学中取得了比较大的成功，可以说中国的MBA教学朝特色化方向发展已经成为一个趋势。

（五）中国MBA教育的排名

1. 中国商学院《福布斯》排行榜

上海《福布斯》中文版在2014年3月28日发布了中国最佳商学院的排行榜，同时这也是《福布斯》第六次对中国商学院的MBA项目进行比较专业化的调查。《福布斯》本次的调查主要是针对符合要求的商学院的2009届和2013届的学生开展的，分别从五年投资回报、入学前年薪、毕业第一年起薪、目前年薪、就读MBA前后年薪年均复合增长率、毕业五年年薪年均复合增长率、入学前工作年限、对目前工作满意度、对商学院满意度、2014年学费等方面进行了历时半年的调查，最终《福布斯》中文版评选出了全国最具价值的全日制及在职MBA课程。北大国家发展研究院MBA（原北大国际BiMBA）、中欧国际工商学院、清华大学经济管理学院列全日制MBA项目前三名。北京大学光华管理学院、北大国家发展研究院BiMBA、上海交通大学安泰经济与管理学院列在职MBA项目前三名。福布斯还在本次调查中加入了EMBA课程的调查，并选出了10个最具价值的EMBA课程，中欧国际工商学院第一名、上海交通大学安泰经济与管理学院、复旦大学管理学院分别位列第二、第三名。各榜单排名情况综合如表1所示。

表 1 《福布斯》中文版 2014 年中国最佳商学院排行榜

	全日制 MBA 商学院排名	在职 MBA 商学院排名	EMBA 商学院排名
1	北大国家发展研究院	北京大学光华管理学院	中欧国际工商学院
2	中欧国际工商学院	北大国家发展研究院 BiMBA	上海交通大学安泰经济与管理学院
3	清华大学经济管理学院	上海交通大学安泰经济与管理学院	复旦大学管理学院
4	北京大学光华管理学院	复旦大学管理学院	北大国家发展研究院 EMBA
5	复旦大学管理学院	清华大学经济管理学院	清华大学经济管理学院
6	上海交通大学安泰经济与管理学院	浙江大学管理学院	北京大学光华管理学院
7	厦门大学管理学院	同济大学经济与管理学院	浙江大学管理学院
8	中山大学管理学院	厦门大学管理学院	厦门大学管理学院
9	浙江大学管理学院	中山大学管理学院	中国人民大学商学院
10	中山大学岭南学院	对外经济贸易大学国际商学院	上海财经大学商学院
11	同济大学经济与管理学院	中山大学岭南学院	—
12	华东理工大学商学院	上海大学 MBA 教育管理中心	—
13	南京大学商学院	上海财经大学商学院	—
14	中国人民大学商学院	华东理工大学商学院	—
15	四川大学商学院	中国人民大学商学院	—
16	暨南大学管理学院	四川大学商学院	—
17	上海财经大学商学院	南京大学商学院	—
18	对外经济贸易大学国际商学院	暨南大学管理学院	—

2. 伦敦《金融时报》全球 MBA 百强榜

英国《金融时报》（*Financial Times*）发布 2015 年度最新的 MBA 排名，评估了全球最优秀的全日制 MBA 课程，全球总共 159 所大学参与，入选标准也是极其严苛，必须是通过国际权威机构认可的商学院，开设全日制 MBA 年限不得低于 4 年，每年招生人数至少 30 名。《金融时报》的 MBA 全球排名的主要数据来源是：校友以及商学院。今年的校友数据源自 2011 年 MBA 毕业生。参与排名的学校，必须有 20% 毕业生回复《金融时报》的调查，而且至少有 20 个学生完成调查。今年，有 9700 名学生参与调查，回复调查的几率为 40%，这几年差不多持平。

表 2　《金融时报》2015 年全球商学院 MBA 百强榜（中国院校）

中国排名	全球排名	3 年平均排名	学校英文名称	学校中文名称	国家	国家	薪资（US $）	薪资增长比
1	11	14	CEIBS	中欧国际工商学院	China	中国	149504	147
2	14	12	HKUST Business School	香港科技大学工商管理学院	China	中国	132416	117
3	28	29	University of Hong Kong	香港大学	China	中国	118354	108
4	30		CUHK Business School	香港中文大学工商管理学院	China	中国	112204	125
5	55		Shanghai Jiao Tong University：Antai	上海交通大学安泰经济与管理学院	China	中国	93690	160
6	55	76	Fudan University School of Management	复旦大学管理学院	China	中国	90833	148

3. 中国 MBA 与世界一流 MBA 差距

2014 年和 2015 年连续两年《金融时报》全球 MBA 排行榜公布了 21 个主要评价指标，以下通过对比中国大陆上榜院校与全球前 10 名在这些指标上的差异，分析中国一流商学院与世界一流商学院存在的差距。

对比的具体方法是，分别对 21 个指标，得到中国大陆 3 所上榜院校、全球前 10 名上榜院校的均值，再通过均值之间的比值来对比分析指标之间的差异。

表 3　2015 年全球前 10 与中国大陆《金融时报》全球 MBA 排行榜评价指标均值比较

指标名称(中文)	2015 全球前 10 名平均	2015 中国大陆平均	2015 比较（%）	2014 全球前 10 名平均	2014 中国大陆平均	2014 比较（%）
校友推荐排名	6.30	64.33	∗1021	7.4	69.5	-939
FT 研究排名	12.90	64.00	*496	14.9	82.5	-554
目标实现排名	82.70	76.67	*93	25.9	84.5	-326
外籍学员比率	62.40	53.50	86	55.9	21	38
国际流动性排名	31.30	38.67	*124	36.3	82.75	-228
外籍教师比率	57.80	37.67	65	51.6	22.75	44
女性顾问比率	23.40	19.00	81	20.8	9.25	44
职业发展排名	19.30	33.33	*173	18.6	38.25	-206
就业成功率排名	30.80	56.50	*183	28.1	47.75	-170

续表

指标名称(中文)	2015 全球前 10 名平均	2015 中国大陆平均	2015 比较(%)	2014 全球前 10 名平均	2014 中国大陆平均	2014 比较(%)
拥有博士学位教师比率	97.40	97.33	100	97.4	93.5	96
外籍顾问比率	52.00	46.33	89	49.8	52.5	105
3 个月内就业率	72.09	87.50	121	89.6	96.75	108
女性学员比率	36.20	39.33	109	35.5	39.5	111
女性教师比率	21.20	24.50	116	19.3	23.25	120
国际课程经验排名	25.10	13.50	*54	33.7	26.25	-78
年薪增长率	95.80	134.17	140	106.2	159	150
FT 博士排名	20.90	49.83	*238	22.7	12	-53
性价比排名	69.70	32.83	*47	80.9	34.75	-43
语言	0.50	0.50	100	0.4	1	-250
加权年薪/人均收入	4.04	15.54	385	3.33	17.09	513
当前年薪/人均收入	4.06	15.60	384	3.31	17.18	519

注：* 该指标为降序指标，即数值越低越好，相应比值也是越低越好。

从表 3 看出，2015 年中国大陆一流 MBA 培养院校与世界一流 MBA 培养院校差距较大的几个方面是校友推荐排名、FT 研究排名、外籍教师比率、职业发展排名、就业成功率排名、FT 博士排名，

相比世界一流 MBA 培养院校，中国大陆一流 MBA 培养院校领先优势巨大的几个方面依次是国际课程经验排名、性价比排名、年薪增长率、加权年薪/人均收入与当前年薪/人均收入。

对比双方差异不太明显的几个方面依次是目标实现排名、外籍学员比率、国际流动性排名、女性顾问比率、拥有博士学位教师比率、外籍顾问比率、3 个月内就业率、女性学员比率、女性教师比率和语言。

与 2014 年对比，中国上榜 MBA 在以下几个方面与国际一流 MBA 院校的差距正在缩小：FT 研究排名、目标实现排名、外籍学员比率、国际流动性排名、外籍教师比率、女性顾问比率、职业发展排名、拥有博士学位教师比率、3 个月内就业率、国际课程经验排名，以及语言等几个方面。具体总结如表 4 所示。

表 4　2015 年全球前 10 与中国大陆《金融时报》全球 MBA 排行榜评价指标对比总结

指标名称(中文)	与国际顶级商学院对比	与 2014 年差距相比	与 2014 年自身对比
校友推荐排名	差距较大	差距扩大	进步
FT 研究排名	差距较大	差距缩小	进步
目标实现排名	相差不明显	—	进步
外籍学员比率	相差不明显	—	进步
国际流动性排名	相差不明显	—	退步
外籍教师比率	差距较大	差距缩小	进步
女性顾问比率	相差不明显	—	进步
职业发展排名	差距较大	差距缩小	进步
就业成功率排名	差距较大	差距扩大	退步
拥有博士学位教师比率	相差不明显	—	进步
外籍顾问比率	相差不明显	—	退步
3 个月内就业率	相差不明显	—	退步
女性学员比率	相差不明显	—	退步
女性教师比率	相差不明显	—	进步
国际课程经验排名	领先较大	领先扩大	进步
年薪增长率	领先较大	领先缩小	退步
FT 博士排名	差距较大	差距扩大	退步
性价比排名	领先较大	领先缩小	进步
语言	相差不明显	—	进步
加权年薪/人均收入	领先较大	领先缩小	退步
当前年薪/人均收入	领先较大	领先缩小	退步

在经过调整的薪资及其增长率方面，中国 MBA 院校具有一定优势，但领先优势正在缩小，并且与去年自身指标绝对值相比也有所退步。而在职业发展和就业成功率等方面，虽然绝对值上一直在持续进步，但与国际一流 MBA 相比还是具有较大的差距，而且这种差距还有逐步扩大的趋势。

多元化方面，比如外籍学员、外籍顾问、外籍教师、女性学员、女性教师以及国际课程经验排名等方面，中国上榜的 MBA 院校与世界一流 MBA 差距不大。在衡量国际化程度的几个指标上，中国上榜的 MBA 院校与上年度自身绝对值相比有所进步，甚至在国际课程经验排名上与世界一流 MBA 相比还有所领先。

知识产生方面，中国上榜的 MBA 院校与世界一流 MBA 有着一定的差距，特别是在 FT 博士排名和研究排名这两个指标上差距较大。

以上差距不仅明确指出了中国一流商学院 MBA 与世界一流商学院 MBA 的实力对比，更为今后我国商学院 MBA 教育发展起到了指引作用。

三　中国 MBA 教育未来发展趋势

前文论述了商学院未来的发展趋势。作为商学院教育中的一个重要组成部分，MBA 教育未来的发展趋势应当根据商业环境变化，紧密结合商学院教育的整体发展趋势，服务于商学院的整体发展战略。因此在教育理念、培养模式以及运营模式等方面，应当充分与当今商学院教育主流发展趋势相结合。

（一）教育理念：全球视野与创业精神

如前文所述，中国商学院的教育理念正朝着国际化以及越来越注重创业精神的方向发展。而 MBA 教育作为商学院教育一个重要的组成部分，更应当成为其践行教育理念的主要载体。根据前文的数据分析显示，我国一流 MBA 的国际化程度近两年来一直在提升，并且与世界一流 MBA 的国际化程度差距不大。因此未来我国一流 MBA 教育在理念层面上还会持续注重对学员全球视野的打造。

另外，目前中国大部分 MBA 学员均拥有良好的教育背景和职业起点、3~5 年的实际工作及初级管理经验，以及自我提升的强烈愿望，是未来参与开放式商业竞争以及创新创业的绝佳人选，因此未来 MBA 应当将培养学员的国际化视野及创业精神作为教育理念，同时注重以下两个方面的平衡。

1. 国际化与本土化的平衡

中国商学院由于历史原因起步较晚，一直致力于与国际接轨，特别是到了 21 世纪，国际化几乎成为各大商学院的首选战略。这不仅体现在学术成果上利用全美最权威管理学杂志作为衡量标准，并且引进了大量留学海外或者具有海外背景的教师，再加之与海外著名商学院联合办学的方式、不断开设全英文的课程，或是扩大双语教学课程的比例，甚至大规模送学员去海外学习或实习。然而，除了一味地模仿和追赶，更需要立足自身环境，打造商学院的本土化特色。即使是西方著名的商学院，也没有一套标准的范式来供我们模仿和追赶，比如美国的几所顶尖商学院，也拥有各自不同的个性和教育理念：芝加哥大学不断追求理论体系的完善，哈佛大学则一直坚持利用案例来教育学生，斯坦福最关注创新创业的教育内容，耶鲁注重社会管理。这种根据不同学校特点及学校发展历程而形成的特色使得各家商学院势均力敌，群雄割据，也使得商学院的发展进入了一个良性循环。所以在我国商学院快速发展的今天，借助国外已有的经验是非常关键的，注重国际化发展的同时，也应该立足中国商业环境，关注自身的个性化发展。同时在教育理念方面，除了进一步培养学员的国际化视野，也要注重加强引导学生对于中国本土商业环境的理解，比如对于中国独特的人际文化、商业文化以及政商关系的理解，最终培养具有国际视野、立足本土的高级商业人才。

在推行本土化的教育理念方面，长江商学院是一个很好的例子。长江商学院在 2006 年加入人文课程，成为第一家提出培养“人文精神”的商学院，为此长江商学院还特别成立了人文委员会，并由杜维明教授担纲主任一职，同时邀请联合国五人组成员加入其中，在这个新开设的课程中加入了希腊哲学、儒学以及世界三大宗教等的轴心文明的详细讲解。长江商学院教育并没有一成不变地一味国际化，尽管其教授有海外经验和背景的也居多，但是长江商学院主要有以下三大核心竞争力。第一，长江商学院的教学中引入接地气的中国商务知识，根据中国的特点研究全世界不同企业在中国该如何发展，其中就包括具有中国特色的央企、国企、民营企业以及跨国公司在中国这个不断发展的市场的竞争与合作。第二，依靠着长江商学院的丰厚师资力量以及独特的研究能力和资源，剖析中国企业如何面对市场全球化影响下的资源整合及应对策略。第三，中国企业现在已经不仅是在国内风生水起，更有如阿里巴巴等在世界舞台上都发光发热的好企业。中国企业的崛起以及其在全球化的扩张会对世界造成怎么样的影响，这也是非常关键的。例如中国现在已经成为全世界最重要同时也是最大的市场，而创新创业的概念也将在中国发展得淋漓尽致，跨国企业将如何配置在中国的市场资源这都是非常值得研究的。

从长江商学院十年的发展来看，它并不一味追随国际化教育模式，而是保持其国际化和本土个性化相平衡，证明中国也是可以出现世界级的商学院的。创办十年来，长江商学院提出了“取势·明道·优术”“中国和印度等新兴市场之崛起”“中国崛起及对全球的影响”“中国企业全球化和全球资源的整合”等概念。在深入了解了中国和其他新兴市场的前提下，长江商学院开展了丰富的研究与教学实践，在这些领域具有 3 至 5 年的领先优势。另外，长江商学院对于东亚国家、“金砖国家”也进行了全面的研究与教学实践，这不仅仅是长江商学院的独特优势，更是未来十年发展的关键所在。只有了解东亚，了解“金砖国家”，了解新兴市场，才有机会成为将来顶尖的企业董事长、总经理等高层管理人员。鉴于以上方面，在整合日韩教学资源的基础上，长江商学院还和俄罗斯、印度及巴西的商学院签订了战略合作协议，从而开拓其在整个东亚范围内的社会资源和研究资源。通过立足于对中国国情的充分了解，同时对这些区域进行的充分研究，长江商学院在全球范围内的发展战略和独特定位得以形成。

所以未来我国商学院 MBA 教育的发展一定会继续注重对学员全球视野的培养，以提升学员和商学院自身的国际竞争力。与此同时，立足自身，充分结合本土特色加上国际化的教学理念，也是中国商学院 MBA 教育发挥自身特性，走向世界的一个发展趋势。

2. 企业家精神与经理人教育的平衡

创新创业是未来中国商学院 MBA 教育的一大发展重点，创业精神、企业家精神也是未来商学院 MBA 教育理念的发展趋势。例如，清华经管学院的 MBA 教育与其他致力于某些专业领域的 MBA 教育具有显著不同。许多 MBA 教育着重特定专业领域的培养，例如区分金融方向和营销方向等，而清华经管学院 MBA 教育的目标是从企业战略、财务、营销各方面去培养学生，提高学生的综合管理能力（general management），同时以“体验式”“软技能”和“整合性”为创新出发点，致力于使学生拥有全面的知识范围和管理能力，成为未来的创业者、CEO。这是清华经管学院MBA项目与其他商学院MBA教育的显著不同，也是其独特的定位。

然而，与创新创业这一新的教育理念相比，中国传统的商学院MBA教育更多旨在培养工商管理型人才，也就是职业经理人。管理型人才与创业型人才在胜任力、能力素质等方面均具有较大的不同。职业经理人教育与企业家精神所代表的是两种截然不同的教育理念，其合适的对象人群并不重合。因此在创新创业这一社会浪潮的引领下，未来商学院MBA的教育理念需要结合学员自身实际情况，因材施教，不可盲目推崇创业教育。

当然，需要注意的是，企业家精神与创新创业教育不一定局限于创业企业和民营企业，已有的企业包括改革中的国有企业，也会有企业家精神。目前公司内创业也是管理学界一大研究热点，内创业需要的能力素质既涉及传统的经理人素质，又会涉及企业家素质。因此未来对于企业家精神以及创新创业的内涵需要进一步挖掘界定，相应商学院MBA教育理念也要随之更新。

当然，在培养理念上，MBA培养出的学员未来需要担当起领导组织和社会的重任，才行与德行不可偏废，因此还需要注重对于学员价值观的培养。无论是全球视野还是企业家的创业精神，其发挥都应当建立在良好的价值观上，应当具有强烈的社会责任感和使命感，比如安泰以培养“有德的领导者”为EMBA培养理念。

（二）培养模式：体验式教学和互联网

随着互联网的迅猛发展，信息传播的形态与方式发生了显著变化。以前单纯靠教师以书本为主的授课形式在现实中已经悄然发生改变。因为在当下，学生和教师几乎处于信息完全同等的地位，甚至由于对互联网使用的熟练性，学生在某些领域的信息获取能力比教师更强，因此学生有时会获取更新的即时信息。现在的学生也不再需要广泛的知识储备，只要在有需求时通过互联网或者其他数据库方式获得所需信息即可。通过互联网，学生可以对接到世界著名商学院的开放课程，学习到全部课程内容，甚至可以和教授、企业等建立起即时互动关系。因此未来MBA教育在既有知识的传播模式上面势必会发生一些变化。

目前随着移动互联网和各种智能终端的兴起，学习培训领域在传播方式上也充分利用技术发展带来的优势。目前企业界有许多学习培训项目正通过O2O（online to offline 线上与线下相结合）的方式进行，这样可以充分发挥移动端的优势，利用学员碎片化的时间进行知识的传播，并突破传统课堂教学模式中知识传授在空间和时间上的限制。同时利用移动端 APP，还可以进一步构建虚拟学习小组与学习社区，便于知识和观点的广泛分享。当然，与线上 APP 项目，传统课堂培养模式也具有其互动性强、不受外界干扰等优势，更有利于启发深度思考。因此未来 MBA 教育会充分利用技术发展成果，在培养模式上一定是采取线上线下相结合的方式。

另外，除了对既有知识的传播之外，新知识的产生也是商学院 MBA 教育未来需要注重的一个方面。这需要学院自身具备强大的研究能力和创新精神。在前文中国一流商学院 MBA 教育与世界一流商学院 MBA 对比方面，根据《金融时报》的评价指标，中国一流商学院 MBA 在新知识创造方面与世界一流 MBA 教育还存在较大的差距，因此未来新知识的产生也是 MBA 教育发展需要重点关注的地方。

对于既有知识，学生们更缺乏的是直观的教学体验，缺的是如何在实践中运用以及怎样运用知识的经验。因此，如果说在过去 MBA 教育是以教师讲授和案例教学为主要的教育方法的话，在 MBA 教育的未来发展趋势中，体验式学习则将变得越来越重要。除了能够增强学员对于知识的掌握理解之外，体验式教学所倡导的实践也是一个发现问题、解决问题以及创造新知识的最好途径，这对于学员和学院的知识创新也能够起到很好的促进作用。

在过去的一百年中，从教师讲授到案例教学已经是一个重大的教学方法的变革。不过，案例教学仍然是课堂教学，尽管它比教师讲授具有更多的学生参与与互动。体验式学习是教学方法变革，是一种在进行的真实项目的过程中学习的方法。所以 MBA 项目在课程设计上会越来越偏实用，并且根据不同学员分类，提供个性化定制课程安排。而最能提高学员综合能力的就是让学员依据自己的职业规划全真模拟近距离体验职场环境。所以体验式教学会发展到新高度。因此，体验式学习正在成为 MBA 教学中的一个潮流。比如哈佛商学院在刚刚公布的 MBA 课程改革计划中，它就是一个重要的部分。

但是单纯地让 MBA 学员拿到一个真实的商业项目，同学们直接做成功的概率也不是很高，所以中国商学院 MBA 教育要结合书本上系统结构化的知识，让学员们可以真实地接触商场中的真实案例，直接在实用中理解、深化、运用书本上的知识。如果项目失败，那么至少同学们体验了一次真实商业环境下的商业运作，为以后的成功做铺垫；如果成功，那么可能学员们的商业路途可以就此起步，不再将学到的知识留存在书本上以及校园中。

体验式教学无论成功与否，都是适应当代商界环境的。这种体验式教学的培养模式可以教育出更多具有企业家精神和创业精神的商业人才，也是 MBA 未来培养模式的一大发展趋势。

（三）运营模式：经营调整与资源整合

商学院教育的价值，特别是对于 MBA 和 EMBA 这种具有职业经验的学员来说，除了系统化的知识技能，更体现在商学院所具有的社会、产业、政府和校友资源等方面。而商学院的运营模式关乎外部资源的吸引和构建，因此对于 MBA 来说尤其重要。笔者通过自身工作经验以及对于相关文献的解读，认为未来商学院 MBA 教育运营模式发展趋势主要体现在经营调整与资源整合这两个方面。

1. 经营调整

未来中国主要商学院 MBA 教育的经营调整主要体现在以下三个方面。

（1）教授治学研究型商学院模式

师资队伍水平对于商学院 MBA 教育质量有着直接的影响。商学院在内部管理模式方面，特别是教育理念、培养模式、课程设置等方面由教授主导还是由行政主导，也会对学员的教育质量产生重大影响。目前在中国高校管理体制改革的大背景下，“去行政化”以及“教授治学”（教授治学，或以委员会方式参与）成为未来管理体制的发展趋势。同样，对于商学院 MBA 教育的运营模式而言，如果需要提升学员体验，具有高效的运行能力，那么就需要尝试调整管理结构，践行“教授治学”的管理原则。

除了运行能力的提升，教授治学的运营模式也有利于商学院的知识创新，最终有助于缩小中国 MBA 教育与世界一流商学院 MBA 在知识创新方面的差距，提升中国 MBA 教育整体学术水平与研究能力。

“教授治学”的原则在长江商学院的经营中就得以体现。通过践行“教授治学”的教学宗旨，众多著名教授被长江商学院吸引而来。长江商学院教授的聘用或晋升需要遵守严格的评审流程，经过内部及外部评审流程后，教授委员会还需要进行无记名投票，被长江商学院任命或提升的教授一般都得到了超过三分之二的票数。另外，固然商学院是需要与社会建立强连接关系的，但是如果想要提升商学院 MBA 教育在学员心目中的权威地位，商学院在坚持学术研究为核心之外，还要开创“研究型的商学院模式”。教育机构并非简单的传声筒，只将教育信息传递给学生；教育机构也并非工厂，不考虑学生独特的个性而只是进行人才的量化生产。一个伟大的教育机构，一定是在基本的学术研究基础上，去创造新的知识和模式。因此，教授资源对于这种创造尤为重要。另外，商学院的 MBA 教育应当建立在强大的财务支持基础上，因为 MBA 教育不应当以营利为目的。仅仅靠学费而维持教学计划的学校，只能是量化地培训学生，只能是一种教育的“培训工厂”，而世界范围内所有优秀的教育机构背后都有强大的财务支持，因为只有这样才可以聘请良好的教授资源，从而不仅是发现知识，更是不断进行创新。

（2）国际化运营

对于 MBA 学员来说，全球视野的教育理念离不开商学院具体国际化运营的支撑。从学员的角度出发，就读 MBA 是一项能力认证。而对于能力认证来说，一方面是越权威越好，所以如果可以在相同时间成本内获得越多的认可的项目会越受学员喜欢。另一方面也要尽可能地与市场需求紧密挂钩。从这两个角度来说，多方联合办学的项目会越来越多，特别是受到国际认可的项目会更受市场喜欢，因为这既满足了认证权威性又满足了企业对于国际化人才的需要。目前中国本土商学院的 MBA 特别是国内顶尖商学院的 MBA 教育均大力提升项目的国际化程度，并且与世界一流 MBA 教育差距正在不断缩小。主要的运营方式还是以与国外知名商学院 MBA 合作办学，也就是以“请进来”或者相互交流的方式进行国际化运营。未来在此基础上，随着中国经济的升级转型以及本土管理实践经验的积累，中国的商学院可能逐渐走出国门，将中国商业环境中发展而来的管理知识或者创新思维进行教育输出，由原先专门培养中国的商业领袖到培养全球的商业领袖，所以运营也要逐步迈向全球化，比如在不同的国家开办自己家的 MBA 教育分支机构，以增强学院自身在国际上的影响力和覆盖力。

（3）细分化运营

市场经济的特征是竞争性，而 MBA 教育作为市场经济的产物，其发展也脱离不了市场经济的环境，必然体现市场经济的特点。MBA 教育是和经济发展水平紧紧绑在一起的，而具有专业性的 MBA 教育才能符合市场经济的需要。1971 年，美国的 MBA 教育每年只招收 35000 名学生，而随着美国国民经济的显著增长，其 MBA 教育的入学数量也跟随着大幅度提高。美国国民经济的增长速度和其 MBA 培养人才数量的增长速度基本一致。而现阶段美国每年培养的 MBA 人才大概有十万人，每年授予的 MBA 学位在授予硕士学位里占有 24% 的比例，而中国的这一比例仅仅有 5%。因此，从 MBA 教育和国民经济发展水平的角度，或是从 MBA 人才培养在全部硕士人才培养中比例的角度，中国的 MBA 培养人才数量还不能达到市场的要求。

根据上述两种理论，中国市场上对 MBA 人才的需求应该伴随着国民经济增长而增加，然而，中国培养的 MBA 人才还远远达不到中国企业对于 MBA 学生的期待。根据中国企业对于 MBA 学生的反映，企业往往认为 MBA 人才具有实用性，通过聘用 MBA 人才会对企业的现状发生较大改观，然而，MBA 学生常常使企业的这一希望破灭。这一问题的关键在于两点。一是有些 MBA 主办商学院开展了广泛的教学课程，要求学生对各种知识具有广泛的涉猎，而缺少对知识深度的要求。二是所有 MBA 学生往往学习同样的核心课程，但是在实践中，不同的行业所需知识是不一样的，尽管 MBA 学生对于管理有丰富的知识，但是具体到某一个行业，学生往往会因为对于行业知识的缺乏而不能顺利开展其管理工作。另外，管理也有不同的方向，如人力资源管理、财务管理、生产管理、物流管理和市场营销等等。综上，MBA 教育的发展方向是专业化。专业化的 MBA 学生不仅仅了解专业之本，还能领悟管理的真正精神。通过这种方式培养出来的 MBA 人才，不仅仅能够熟悉具体行业的行业知识，同时也具备实用性的管理能力，从而符合不同行业的企业的要求。

因此，中国的 MBA 主办院校不仅仅要注重 MBA 教学质量，更要适应现代社会的发展，适应现阶段的市场需求，以自身的优势为出发点，创办具有特色的 MBA 项目。目前，众多 MBA 主办院校已经开始注重 MBA 专业的细分化，为不同行业和特定企业量身定制 MBA 人才，例如北大国际 MBA，清华大学的金融财务 MBA、汽车行业的 MBA，中教国际教育交流中心和美国伊利诺伊州州立大学芝加哥分校联合为中国培养的高层次医政管理人才和医院管理人才，北京航空航天大学的民航方向 MBA 等。

2. 资源整合

根据前文 2015 年《金融时报》全球百强 MBA 排行榜，与世界一流 MBA 教育相比，中国一流 MBA 教育在职业发展、就业成功率和校友推荐排名等方面还存在较大的差距。作为 MBA 学员就读最本质的诉求，学员的职业发展除了与教育质量密切相关之外，还依赖商学院所能够整合的校友、产业和政府资源，并做到这些资源能够为学员所用。一旦 MBA 校友能够从商学院的教育和资源两个方面受益，满意商学院对于自身职业发展的帮助，其对于本校 MBA 的推荐排名一定能够提升。那么如何满足 MBA 学员在职业发展方面的诉求，并且进一步满足社会对于创业人才的需求、满足企业对于高级人才的需求，以及如何以最高的效率满足这一需求，这对商学院 MBA 教育的资源运作和整合能力提出了很高的要求。因此未来商学院在资源整合方面应当拓宽思路，充分借鉴跨界整合、平台化运作等新模式。

商学院可以被视为一个资源整合的平台，其资源除了学员、师资、场地设备等内部资源，还包括毕业校友、合作企业、政府、其他研究机构等可以充分调动的外部资源。为了充分调动这些资源，达成不同资源之间的价值协同，应当发掘新的运营模式，打破各个资源之间的界限，形成跨界资源整合。资源整合的目的在于更好地服务学员、校友以及用人企业。因此商学院需要在目前社会形势、资源形势客观分析的基础上，树立起以市场需求为导向的人才培养理念、模式和目标，从而与市场需求对接，和社会发展一致。

而从人才本身的需求来说，主要是人脉积累以及能力的提升，这一方面来源于MBA同学，另一方面来源于学校提供的校友平台，还有就是在学习的过程中参加活动所获得的人脉资源。所以这就要求，商学院一方面做好自身校友资源的运用，比如校友互助会、校友导师项目；另一方面需要搭建与其他商学院的综合活动平台，尽可能让学员建立更多的、来自各个层面的人脉。另外商学院使得学员们有更高身价的办法是，使其获得更多的认可，比如在课程中更多地加入海外课程，或者实习模式的机会，这个可能需要商学院与更多的平台建立合作共惠的关系，提供综合的MBA项目。

从企业的需求来说，主要是商学院提供的研究成果以及人才输出。这需要通过打破产业与学院边界、构建产学研一体化平台的措施来实现。例如，虽然教育界和产业界具有一定界限，然而这种界限并非是不可逾越的。商学院可以努力打破这种界限，从而打造与产业界稳固与及时的联系渠道，使得一些师资力量得以在商学院和企业之间顺利流动。斯坦福商学院里，十分之一以上的教授同时也是知名商人，他们的商业经历为商学院带来了丰富的实践经验，同时这种教学经历也会对他们的商业模式产生一定的影响。另外，由于师资力量在商学院和企业之间的流动，也为斯坦福商学院带来一些企业的合作机会。许多知名企业为斯坦福商学院提供资金，设立各种研究基金，并且到斯坦福商学院里开展各种演讲及招聘会。同时，斯坦福商学院为这些企业提供了丰富的培训项目及研究机会。在这种学院与企业之间互相交流的基础上，商学院可以更好地适应市场需求，从而使其学生的专业素养与企业的需求更加匹配。

目前国内商学院MBA教育也纷纷仿照斯坦福的这种跨界资源整合形式，通过职业导师、联合培养等模式与企业进行合作，这不仅满足了多方的需求，也是响应国家产学研一体化号召的一种体现。通过这种方式，商学院可以获得广阔的资金来源，从而得到为支撑自身发展而需要的资金支持。在2002～2003年间，哈佛商学院产值达到2.94亿美元，净赚800万美元，这些利润来源包括和企业之间的商业合作项目，也包括企业给哈佛的捐助。2002年时，近30%的哈佛MBA毕业生向母校商学院捐款，而斯坦福和哈佛大学的这个比例达到了37%及41%。在2004年时，一场企业的捐助活动在哈佛商学院进行，目的为募集5亿美元来支付哈佛商学院的全球研发项目和教职工工资。因此，通过突破教育界和产业界的界限，商学院可以成为一个“产业—大学”的联合体，商学院通过利用这种在教育界和产业界的流动性，使自己的科研优势在市场中开拓出巨大的成长空间。

国内方面，闽江学院新华都商学院得到国内民企5亿元人民币的捐资，成为国内民企单笔投资最大的办学业务，同时也成为福建省内高校接受单笔金额最大的办学业务。新华都商学院不同于其他国内商学院培养学生的方式，它实行的是订单式的人才培养方式，也就是说新华都商学院的学生70%能够进入新华都集团就业。同时设立闽江学院新华都商学院奖学奖教基金及教学与科研发展基金，每届学生中将有5%～10%的优秀学生有机会去海外知名的学校就读硕士或者博士学位，而学成后也有机会进入新华都集团工作。这样的创新使得一方面企业拥有了自己的人才库，不用花大价钱去培养自己的高管；另一方面人才可以针对其未来的职业强化培训，做到所学即可用，方向目标性明确。

新华都商学院的运作模式可以说是政府搭台、校企合作的典型，其对于福州市、新华都集团和闽江学院的发展在战略层面都具有非常重大的意义。第一，新华都商学院的组建是福州市构建经济管理人才的一次重要的战略安排；第二，新华都成立商学院，通过与高校的联手促进学习和研究的合作，为实现集团的可持续发展打下良好的基础；第三，这次成立的商学院能够进一步整合专业资源的配置，从而提高新华都集团的核心竞争力，使得企业与社会之间的联系越来越紧密，也有利于闽江学院朝着综合性大学的目标共同迈进。这样看来平台式培养模式的创新可以实现政府、企业、学院以及学员多方面多赢。

附表1　中国MBA培养院校及批准批次

批次	时间	数量	名　单
1	1991	9	厦门大学、中国人民大学、上海财经大学、西安交通大学、南开大学、哈尔滨工业大学、清华大学、复旦大学、天津大学
2	1994	17	北京交通大学、对外经济贸易大学、东北财经大学、北京理工大学、上海交通大学、同济大学、大连理工大学、南京大学、北京大学、浙江大学、武汉大学、华中科技大学、中南财经政法大学、湖南大学、暨南大学、华南理工大学、西南财经大学
3	1997	29	山东大学、天津财经大学、北京航空航天大学、吉林大学、辽宁大学、东北大学、北京邮电大学、东华大学、西南交通大学、北京科技大学、江西财经大学、东南大学、南京理工大学、中国矿业大学(江苏)、中南大学、中山大学、电子科技大学、华东理工大学、哈尔滨工程大学、四川大学、重庆大学、西北大学、西北工业大学、中国矿业大学(北京)、中国科技大学、兰州大学、西安理工大学、武汉理工大学、上海海事大学
4	2000	10	宁夏大学、郑州大学、山西财经大学、广西大学、云南大学、内蒙古大学、海南大学、河北工业大学、新疆财经大学、贵州工业大学(后与贵州大学合并)
5	2003	25	合肥工业大学、江苏大学、河海大学、浙江工商大学、河南财经学院、首都经济贸易大学、中国科学院研究生院、上海理工大学、苏州大学、南昌大学、山西大学、昆明理工大学、燕山大学、哈尔滨商业大学、福州大学、山东经济学院、中国海洋大学、中央财经大学、华北电力大学、浙江工业大学、内蒙古工业大学、贵州大学、中国农业大学、上海大学、广东工业大学
6	2004	6	南京航空航天大学、西安电子科技大学、安徽大学、大连海事大学、湘潭大学、山东财政学院
7	2007	32	长春税务学院、北京师范大学、北京工业大学、河北大学、沈阳工业大学、黑龙江大学、深圳大学、哈尔滨理工大学、西安建筑科技大学、华东师范大学、西南民族大学、广东外语外贸大学、扬州大学、宁波大学、安徽财经大学、华东交通大学、兰州商学院、河南科技大学、江南大学、中国地质大学(武汉)、北京工商大学、中国地质大学(北京)、湖北大学、天津工业大学、长沙理工大学、河南大学、华侨大学、云南财经大学、青岛大学、贵州财经学院、青海民族学院、石河子大学
8	2009	56	北方工业大学、中国石油大学(北京)、长春理工大学、中央民族大学、中国政法大学、西南科技大学、天津师范大学、内蒙古财经学院、辽宁工程技术大学、东北师范大学、东北林业大学、西南石油大学、河北经贸大学、上海外国语大学、南京农业大学、南京师范大学、南京财经大学、中国民航大学、安徽工业大学、汕头大学、福建农林大学、福建师范大学、江西理工大学、山东科技大学、青岛科技大学、山东师范大学、河南工业大学、武汉科技大学、陕西师范大学、杭州电子科技大学、华中农业大学、湖南师范大学、南华大学、华南师范大学、广东商学院、兰州交通大学、桂林电子科技大学、桂林理工大学、西南大学、四川师范大学、云南师范大学、云南民族大学、华中师范大学、西安科技大学、中国传媒大学、浙江师范大学、西北农林科技大学、兰州理工大学、新疆大学、湖南工业大学、重庆理工大学、重庆工商大学、中国石油大学(华东)、浙江财经学院、中国社科院研究生院、国防科学技术大学

续表

批次	时间	数量	名　单
9	2010	52	石家庄铁道大学、北京建筑工程学院、北京第二外国语学院、北京物资学院、北京信息科技大学、南京林业大学、天津科技大学、沈阳理工大学、河北工程大学、石家庄经济学院、河北科技大学、黑龙江科技学院、太原科技大学、西安工业大学、太原理工大学、沈阳大学、辽宁科技大学、广西师范大学、辽宁石油化工大学、长春工业大学、东北农业大学、东北石油大学、江苏科技大学、上海对外贸易学院、北京林业大学、南京工业大学、南京邮电大学、江西师范大学、山东建筑大学、山东理工大学、中原工学院、郑州轻工业学院、河南理工大学、北京化工大学、、河南农业大学、长江大学、武汉工程大学、武汉纺织大学、湖北工业大学、三峡大学、中南民族大学、天津商业大学、湖南农业大学、重庆师范大学、成都理工大学、长安大学、华北水利水电学院、浙江理工大学、西安工程大学、西安邮电学院、陕西科技大学、西安石油大学
10	2011	1	新华都商学院

附表 2　中国 EMBA 培养院校、批准批次及招生规模

批次	时间	数量	招生规模	名　单
1	2002	30	400	清华大学、天津大学、厦门大学、上海交通大学、东北财经大学、南开大学、华中科技大学、中国人民大学、北京大学、复旦大学
—	—	—	200	北京交通大学、上海财经大学、北京理工大学、对外经济贸易大学、大连理工大学、哈尔滨工业大学、重庆大学、中山大学、西安交通大学、上海海事大学、南京大学、浙江大学、武汉大学、同济大学、湖南大学、暨南大学、华南理工大学、电子科技大学、中南财经政法大学、西南财经大学
2	2009	32	100	北京科技大学、内蒙古大学、辽宁大学、兰州大学、河北工业大学、山西财经大学、东北大学、西安理工大学、吉林大学、北京邮电大学、东南大学、西北大学、贵州大学、南京理工大学、北京航空航天大学、中国矿业大学、中国科学技术大学、江西财经大学、山东大学、郑州大学、东华大学、华东理工大学、哈尔滨工程大学、中南大学、广西大学、四川大学、西南交通大学、天津财经大学、武汉理工大学、云南大学、西北工业大学、新疆财经大学

管理咨询篇

Management Consulting

B.13
中国管理咨询业的发展现状与趋势

郝继涛　徐朝华　康亚飞　毕自力　丁 昀*

摘　要：长期以来，管理咨询行业“市场需求旺盛、有效供给不足”的基本局面并没有发生改变。移动互联和大数据时代的到来，给管理咨询公司的组织建设、管理咨询师的专业能力提出了更高的挑战。同时，经济新常态下的结构优化和增长动力转换为咨询服务业带来新的发展机遇，管理咨询公司在业务格局和商业模式上不断探索和实践，行业发展的春天已经到来。

关键词：管理咨询　商业模式　管理思想

* 和君咨询。

一 概述

管理咨询是由经过特殊训练的合格人员向各种组织客观并且独立提供的以合同为基础的顾问服务，帮助客户组织确定和分析相关的问题，推荐这些问题的解决方案，并且在必要的时候为这些解决方案的实施提供帮助。管理咨询业务的具体范围包括企业战略、资本经营、人力咨询、企业文化、营销、运营、生产、物流、信息化等相关领域的咨询、辅助服务等。

发展至2014年，中国的管理咨询机构从规模、经营特点，可以分为以下三类。

第一类：咨询公司。这类企业有一定的规模，有明晰的产品线，实行公司化运作。按照咨询方向，又分为综合类咨询公司、专业类咨询公司以及专注于某类行业的咨询公司。按照资本来源，主要包括国际咨询公司以及国内成长较快的本土公司，本文主要关注后者。

第二类：工作室型。这类公司规模适中，一般在30人左右，明显的特征是依赖某一个能人、专家或明星老板或专家，而非以规模取胜。

第三类：私人顾问团队，其规模可能低于10人。这一类的咨询公司是非常大的群体。

根据IBIS World 2013年初的统计数字和预测，中国咨询行业整体规模在1000亿量级，仍处在10%复合增长率的发展期。其中管理咨询占69%份额，客户主要为规模大、经营模式复杂的制造业、服务业、TMT行业。

中国管理咨询行业公认起步于20世纪90年代，源自西方发达国家。国际知名咨询公司得益于强大的人才储备、丰富的数据库和强大的支持系统，以及流程和模板等。本土咨询业从零起步，但根植于中国新兴市场独特的商业生态，快速崛起。而本土咨询公司随着自身的成长和经验积累及其文化融合性强，对变迁中的中国经济环境敏感的优势，日益崭露头角。随着市场的发展，中国咨询行业的机会正在出现。外资咨询机构的知识和经验积累是建立在工业文明时代的基础之上，随着移动互联和大数据等技

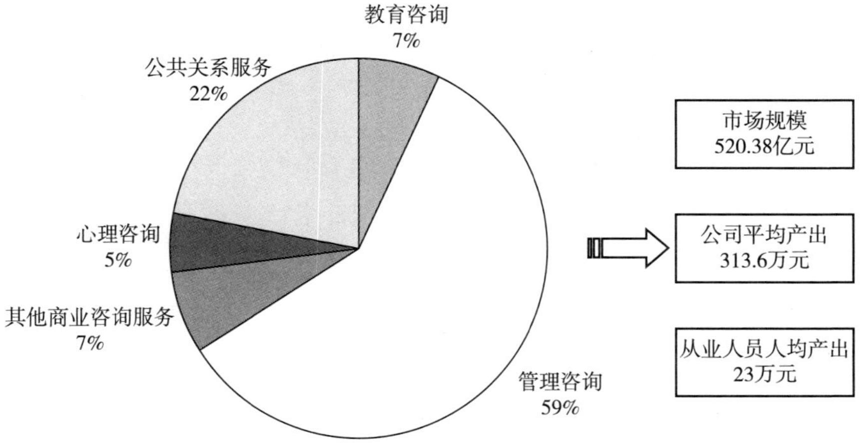

图1　管理咨询市场规模概况

术创新为代表的新经济时代到来，过去形成的认识和方法论、掌握的知识和思想都受到了很大的冲击、挑战甚至颠覆。2014年，新经济如春风扑面，在新商业、新模式、新知识方面，中资和外资咨询公司的起步在同一起跑线上，甚至领先一步。

二　行业发展环境与趋势

2014年，经济领域发生了很多新的变化，中国管理咨询业的发展定位是与中国经济一起成长，从而更好地服务于经济社会的发展和中国商业力量的崛起，因而将迎来充满挑战但更加美好的未来。

（一）行业发展环境

2014年5月26日，英国《金融时报》报道，在19日美方指控中国军官进行网络间谍活动几天后，中国政府通知所有国有企业断绝与麦肯锡、BCG等美国咨询公司业务往来，因为担心这些咨询机构会向美国政府泄露交易机密。虽然事后这一消息被证实为误读，但仍然引起了社会的广泛关注，表明在涉及国家经济命脉的战略资源和公共服务领域，选择咨询服务时应考虑社会与经济信息安全。

事实上，国家一直在加强对智力服务行业的引导和监督。2013 年 9 月《国务院办公厅关于政府向社会力量购买服务的指导意见》① 发布后，财政部于 2014 年 1 月 24 日发布了《关于政府购买服务有关预算管理问题的通知》②，财政部、民政部、工商总局 2014 年 12 月 15 日联合发布《政府购买服务管理办法（暂行）》③，对推动行业健康发展起到了重要作用。2014 年 10 月 9 日，《国务院关于加快科技服务业发展的若干意见》④ 发布，提出"重点发展研究开发、技术转移、检验检测认证、创业孵化、知识产权、科技咨询、科技金融、科学技术普及等专业科技服务和综合科技服务，提升科技服务业对科技创新和产业发展的支撑能力"；"加强技术标准研制与应用，支持标准研发、信息咨询等服务发展，构建技术标准全程服务体系"；"以科技创新需求为导向，大力发展知识产权代理、法律、信息、咨询、培训等服务"；"鼓励发展科技战略研究、科技评估、科技招投标、管理咨询等科技咨询服务业，积极培育管理服务外包、项目管理外包等新业态。支持科技咨询机构、知识服务机构、生产力促进中心等积极应用大数据、云计算、移动互联网等现代信息技术，创新服务模式，开展网络化、集成化的科技咨询和知识服务"。这样系统的文件，无疑为行业注入了强心剂。在国家政策的带动下，许多地方政府出台措施，支持当地企业采购管理咨询类智力服务。

2014 年，中央政府继续大力推动深入、全面的反腐败行动，给咨询业的某些方面带来了影响。国有企业一方面压缩预算，严控咨询服务中的腐败、贿赂行为；另一方面严格招投标管理程序。同时，反腐败对大型餐饮、高端烟酒、奢侈品行业产生了较大影响，因此，来自这类企业的战略规划、O2O 转型等方面的咨询需求增多。

---

① http：//www. gov. cn/xxgk/pub/govpublic/mrlm/201309/t20130930_ 66438. html.

② http：//www. gov. cn/zwgk/2014 -02/11/content_ 2587140. htm.

③ http：//www. cnenbd. com/Article/news_ qyyw/Article_ 24844. html.

④ http：//www. gov. cn/zhengce/content/2014 -10/28/content_ 9173. htm.

此外，中国经济进入新常态，企业从风口浪尖向经营的本质回归，内部管理提升的需求越来越强烈。2014 年，环境问题、社会保险问题、男女人口比例失调、社会加速老龄化等愈加严重，引导咨询业向大健康、养老产业等行业咨询方面进行拓展。经济发展去 GDP 化，地方政府更追求可持续发展，区域规划、产业规划咨询越来越多。同时，移动互联网、大数据热点不断涌现，技术越来越成熟，中国咨询业在工具和技术上，不断借鉴、完善，加速移动互联网化，来自咨询公司的在线商学方兴未艾。

（二）管理咨询业的发展趋势

从服务对象来看，管理咨询的客户越来越多样化。过去以企业管理咨询为主，2014 年越来越多的政府组织、科研院所、社会团队、公益机构，甚至国防军队和党建系统需要采购管理咨询服务。

2014 年，对国际政治经济格局下的中国大战略的思考和回应提升了咨询的深度、广度、高度。从系统思考的角度看，以前更多的是帮助客户在区域或行业、企业价值链或资源能力等小系统内思考，现在则更多的是开始在国际化、产业链、产业生态、社会责任、国际政经等更高级的系统内思考。从解决具体问题的角度看，以前更多的是解决一些相对确定的问题，或者一些风险相对明晰的问题，现在更多的是解决一系列不确定的潜在的问题，或无法评估风险和危机的问题。从提升能力的角度看，以前更多的是提升客户在某些领域内的能力，现在则更多的是转向战略思维和经营能力、商业模式创新和核心能力的全面提升。基于此，投资咨询、创业咨询、国际化战略、资本战略、传统企业的互联网转型（包括智慧社区、O2O 等）、并购重组、股权激励、精益生产等咨询需求不断蓬勃发展。

从咨询主体来看，参与管理咨询的主体越来越多元化。跨界打劫的提供管理咨询的非典型类咨询公司也越来越多，如阿里巴巴的阿里研究院、百度的百度数据研究中心，以及一些知名大公司的管理研究中心和价值研究院，都可以为客户提供更加专业化或行业化的管理咨询服务或解决方案。

从咨询时间投入和解决问题的效率上看，随着碎片化时间越来越多，以及大批中小微企业对成本的要求，微咨询逐渐兴起。管理问题和管理专家通过互联网实现无缝连接，从而使得各类专业人士随时随地高效地帮助企业解决能力范围内的任何问题成为可能。

从咨询的文化和思维来看，伴随中国力量的崛起，中国的管理咨询在西方科学管理的基础上，越来越强调东方文化或中国传统文化的价值。中国文化的系统观、整体观、阴阳论、平衡论对解决不确定性的问题大有裨益，甚至易经、王阳明学说等面临新一波热潮的可能。

从咨询的技术和工具来看，随着“互联网 +”的发展，管理咨询将从目前的“方法模型 + 经验”，更多地向“方法模型 + 大数据 + 洞察力”的方向转变。数据分析和大数据技术已经在很多行业中兴起，基于大数据以及其基础上形成的洞察力将是咨询的价值根本所在。2014 年，越来越多的占有和经营大数据的公司也开始发表深度的研究报告，开始涉足管理咨询业，为行业或客户提供更加有指导性的解决方案。

从核心能力方面来看，管理咨询行业将从“专业经验 + 行业经验”向“实战专家 + 大数据 + 创意专家”转变，从单一的“管理咨询能力”向“管理咨询 + 资本运作 + 商学培训 + 移动互联”综合服务能力转变。专业化咨询公司仍然大有市场，但综合性咨询公司将更有优势，最根本的原因是综合性咨询公司通过内部的信息共享和大数据应用，通过内部各个专业之间的学科交叉和知识杂交，将培养出更有视野、更有格局、更加复合的咨询顾问和领导人才，因此 2014 年，综合类咨询公司的商业模式日趋呈现爆发力。

从咨询服务的方式来看，从早期的提供方案报告和宣贯式咨询，向推动落地实施的教练式咨询或辅导式咨询转变。随着信息的不对称性的日益消除和客户的成长成熟，客户对咨询的效果越来越关注，因此有助于价值实现和落地的教练式、顾问式、帮办式、客户深度参与式将成为主流的咨询服务方式。

三　管理咨询业竞争状况

中国咨询行业长期处于“市场需求旺盛，有效供给不足”的状态，因此，理解实业领域内不断变化的复杂需求，是行业竞争制胜的本质。

（一）中国咨询行业竞争情况

随着我国经济的持续高速发展，市场竞争日趋激烈，加之互联网时代所带来的资讯传播便利，我国企业对管理咨询的认识得到加深，产生了更多的市场需求，中国管理咨询企业也因此数量增长迅速。据公开数据统计，最近十年间中国管理咨询企业总数年平均增长率超过 16%。至 2014 年，在中国从事管理咨询的企业已经超过 20 万家，行业内竞争日趋激烈。长期以来，中国咨询行业的企业与机构被习惯性地划分为三个梯队。

第一梯队是以麦肯锡、贝恩、IBM 为典型代表的外资咨询公司，其以国际化的背景、丰富的全球化经验及优秀的人才队伍等优势，占据中国管理咨询市场 50% 以上的份额，服务对象主要包括支付能力较强的外资跨国企业和中国特大型国有企业，以及中国一线民营企业——可以定义为管理咨询业的高端市场。以麦肯锡为例，其在大中华区 30% 的客户为国企，覆盖石油天然气、高科技和金融等领域。另据上海美国商会《2015 年中国商业报告》显示，2014 年在华的美国企业来自服务业的收入持续超过制造业，其中美资前五位的服务业公司分别是管理咨询、工程技术咨询、银行金融服务、教育培训、法律服务①。

第二梯队为国内大中型咨询公司，其特点为员工队伍超过百人以上、持续运营超过 5 年、业务规模在千万以上且相对稳定的内资管理咨询公司，这些公司构成了目前内资管理咨询公司的主力。典型代表企业包括和君咨询、

① http：//www. amcham - shanghai. org/ftpuploadfiles/Website/CBR/2015/2014 - 2015 - China - Business - Report. pdf.

北大纵横、正略钧策等公司。第二梯队的公司也正在进行分化，有些公司由于战略明确而发展迅速，有些公司则由于组织机制、市场竞争环境等因素影响，进入缓慢发展甚至衰退时期。这部分公司的市场份额占全部市场的10%～20%，它们的服务对象主要是大中型国有企业和普通民营企业。根据2014年12月中国企业联合会管理咨询委员会发布的《2014年中国管理咨询机构50大》① 中的数据显示，2013年中国排名前五十的大中型咨询公司年收入总额达33.1亿元人民币，同比增长7.34%。

第三梯队为广泛存在的小微型咨询公司，数量众多，质量参差不齐，在业务量、人员队伍方面皆不稳定，呈现小散乱弱的现象。部分企业细分相对明确，以某一领域见长，如有专门从事人力资源咨询的公司、专门从事营销策划的公司、专门从事IT相关技术咨询的公司等，其服务对象往往在区域或行业方面有较大局限性，占市场份额的35%左右。

（二）中外资咨询公司的位势变化

对比内外资咨询公司——从客观层面上分析，外资咨询公司拥有数十年的品牌、数据库、知识管理、工具方法、人才和客户积累；而本土咨询公司还处在行业发展早期，散乱弱小现象明显，因此在专业能力、职业风范、收费水平上的确存在较大差距。

长期以来，以外资咨询公司为代表的咨询机构的知识和经验积累是建立在工业文明时代的基础之上，习惯于解决稳态经济环境下企业运营效率提升的问题。但是，随着移动互联和大数据等技术创新为代表的新经济时代到来，世界逐渐进入信息文明时代，过去形成的认识和方法论、掌握的知识和思想受到了很大的冲击、挑战甚至颠覆。大多数中国企业正处转轨与转型的经济环境下，不仅需要解决企业的运营效率问题，同时需要解决结构效率的问题。要解决的问题不同，所形成的能力也必然不同。这在三个方面对中国

① http：//www.cec1979.org.cn/glzxs/？action－viewnews－itemid－196，由于该名单采取申报、审定制度，若干家规模咨询公司未纳入该报告。

管理咨询发展提出了核心命题：①对中国商业生态和产业发展的系统而深刻的理解；②对企业和企业家真实需求的识别和把握以及解决现实问题的能力；③综合服务能力。

基于以上认识，2014 年中外管理咨询公司之间的差距正在逐步缩小，竞争也更加直接和频繁。内资咨询公司过去在竞标的时候经常是与国内的竞争对手相互竞争，和外资咨询公司根本不具备同台竞技的资本和实力。但在现阶段内资与外资咨询机构进行竞争已是较为常见的现象，而且中资公司的价位和成功率越来越高。原来被认为是外资较少涉足的企业文化咨询，也不断有大型外资公司参与竞争。同时由于外资咨询公司过度关注支付能力强的大型企业，忽略了更为广泛的中小微企业市场。2014 年以来，国家和众多部门出台了很多针对民营企业、中小微企业的扶持政策，包括支小再贷款、专项基金、新三板、所得税等一系列措施，响应政府号召，内资咨询公司普遍布局，进入这一广阔的蓝海。例如，湖北省中小企业服务中心与几家知名咨询公司合作，于 8 月 4～8 日开展了为期 5 天的 2014 年中小微企业管理咨询服务周[①]，得到了省内企业的积极响应。

（三）咨询企业的人才战略

管理咨询公司最关键的核心资源是拥有一批经验丰富、功底深厚的咨询师队伍。国内管理咨询公司的核心成员主要包括三方面来源。一是来自各大重点高校管理系的资深教授，以高校学生为基础培养后备咨询力量；二是来自国外咨询公司的具备独立运作项目能力的资深咨询师，例如华彩咨询就是由来自原国际五大和国际战略咨询机构、国际投资银行的五位合伙人组建而成的；三是来自企业内部具有管理实践经验的管理者，将企业管理中积累的经验加工、提炼并运用到管理咨询工作上来，通过实践修正理论而又再次指导实践。

2014 年，人才竞争是咨询企业面临的重要问题。一方面，互联网使信

① http：//www. hbsmepsp. net. cn/Article/189/24067. aspx.

息可获取性增强，咨询公司的知识库贬值，因此，有人预测 2014 年成为人才争夺年，咨询公司可能会出现离职创业热潮。事实上，社会的创业热情也鼓励了一些咨询师进入实业和创业领域。另一方面，各大公司均认识到了规模的重要性，各大公司均提出了自己的人才目标，在网站上公开招募合伙人，并且相互之间的“挖人”也愈演愈烈。

如何吸引人才、培养人才和服务人才也是咨询公司始终面对的问题。合伙人制正在成为一种行业共识。目前，行业内推行合伙人制比较成熟的是和君咨询公司。值得一提的是，该公司于 2014 年在行业内首创了咨询师任职资格系统，包括基础胜任力、岗位胜任力和领导力三类胜任力及对应的能力素质，并配发三级证书，以此形成咨询师的成长路线和学习地图。在此基础上推出任职资格考试制度，所有咨询师必须经过任职资格考试和答辩，才能获得相应级别咨询师的任职资格证书。

咨询企业作为知识密集型企业，以知识及数据作为主要生产力资源。近年来，我国经济的发展及教育事业的不断提升，社会整体人才教育水平得到了很大提高，无论是企业实操人才还是院校学术人才，都能够对管理咨询企业提供有效的供给。不少咨询公司均加大了校园招聘的力度。

（四）咨询行业其他竞争要素

1. 潜在进入者分析

管理咨询行业服务性质的特殊性，导致了行业进入门槛既低又高——管理咨询企业只需要人提供服务，而不需要机器等设备。潜在竞争者数目较多，这也是目前存在众多小微型的管理咨询企业的根本原因。

同时，由于管理咨询企业对人才素质的要求很高，面对激烈的人才争夺，大部分高素质人才都会选择比较大的咨询企业或其他甲方企业工作，从而小微型咨询公司无法获得稳定的业务量，进而无法给人员提供较好的待遇，更难以招揽人才，由此形成了恶性循环，导致从业人员素质参差不齐，对咨询行业的整体声誉也产生了不好的影响。

2. 客户分析

随着经济发展、人才素质水平的不断提升，咨询公司所服务的客户的综合管理水平也在不断提升，这也为管理咨询公司的发展提出了新的挑战。

客户已逐步具备对自身的初步诊断的能力，能够更加清晰准确地定位问题，带来的直接变化就是不再像从前那样盲目信任可以“包治百病”的全能咨询公司，转而专注特定行业/领域的“精品公司”（Boutique Firms），后者往往由于其专注性而积累了“专精效应”（从资源层面看，如细分行业经验、行业/机构关系、资深领域专家、长期项目积累等），这一点对于大部分客户而言远重于“规模与范围效应”。这意味着咨询业已经不再扮演导师与拯救者的传奇角色，而是越来越多地被看作一个外脑、帮手。在这一背景下，客户对于咨询公司所能够交付的价值将会有更为理性、客观的预期与评估。

对咨询团队的要求更为严格：随着客户与咨询公司之间的合作增多、经验增长，一些客户已经习惯于多方获取信息以评估咨询团队的专业能力和相关经验，并且要求咨询团队进场前接受严格的面试，而面试官可能正是那些以前就职于咨询行业的人士，他们更深刻地意识到作为项目实施主体——人的能力的重要性，而并不相信公司品牌真的等同于咨询服务的质量与价值。

3. 替代品分析

企业内部咨询力量：咨询行业由于行业的一些特殊属性，一直保持着20%以上人员流动率，其中极大比例的人员都流向了甲方客户企业中。这些具备丰富管理咨询顾问经验的人才进入甲方企业后，经常会将知识体系及工具与自身工作融合，加上甲方原先内部具备商业常识与技能的员工，在很多企业里建起一支强大的内部咨询力量。而对于客户而言，虽然由于种种原因，内部组建的咨询部门/团队不能完全替代外部咨询公司，但是仅就一般性的咨询需求而言完全可以被满足；与此同时，这种内部咨询的模式也开始得到企业的青睐，这对企业来说使得开展项目的成本预算大幅降低，并且可以避免知识的外流。

多元化的信息/知识提供商：长期以来，管理咨询公司在信息流动受阻的时代，充分利用知识/理论落差，建立起了自己的核心竞争优势。咨询公司通过为行业内不同客户提供咨询服务，逐步成为掌握行业内多个企业信息、数据、实践的组织。这些外界无法直接获取的信息与知识，就成为咨询公司获得新客户的核心资本。但随着互联网普及及云计算崛起，数据与知识将越发难以成为垄断性资源。各种数据调研公司、商业资讯媒体，乃至知识工作者个体都参与到知识与信息的生产、消费之中，并促成了被称作“知识民主时代”的到来。在这样一个时代，掌握信息本身的重要性已经大大降低了，企业将获得更多解决管理问题的途径，而逐步摆脱对咨询公司的依赖。

四　管理咨询公司的商业模式

在讲究商业模式的时代，咨询领域的模式创新也层出不穷，管理咨询有聚焦职能、聚焦行业、聚焦区域的三大类定位，以及产品型、产业型、平台型或生态体等基本商业模式。

（一）我国管理咨询商业模式的演进

我国的管理咨询行业与西方有所不同，其伴随着20世纪80年代初改革开放的需求而诞生，首先起源于政府官办咨询企业。

改革开放后的20世纪80年代，为了有效地调整国家产业结构，解决瓶颈产业和建立合理的价格体系，原国家计划委员会系统在全国创立了“投资咨询”和建设“工程咨询”公司，以期实现国家投资决策的科学化和工程建设的合理化；同时，为了推动科技成果转化，原国家科委和中国科协系统在全国创办和扶持了一批“科技咨询”企业。

这一批咨询企业虽然是非规范和非市场化的，但其出现让企业领悟到了信息的价值。20世纪90年代，我国经济开始向市场化方向发展，一批外资和国内私营“信息咨询”公司和“市场调查”公司开始在市场经济进程中涌现，并为企业提供规范化咨询服务。

20 世纪 90 年代初期的管理咨询业以早期的“点子公司”“策划公司”为代表，仍是灵感式的咨询业务，并未形成规范化。时至 90 年代中期，随着我国市场经济的日趋完善，国外管理咨询公司大批进入我国市场，我国的管理咨询业才真正开始起步发展，并告别了“点子”时代，进入专业化发展阶段。到 90 年代末，一部分国内管理公司开始在市场上崭露头角，如“汉普管理咨询”“远卓战略”“博峰营销”“博通经纬”等。

进入 21 世纪后，国内管理咨询公司开始快速发展，经过探索，形成了一批基于中国本土实际情况、符合中国咨询企业实际的管理咨询公司，并随着中国企业不断“走出去”，而逐步走向国际舞台，开启了国际化道路。

（二）我国管理咨询公司的商业模式概况

1. 思想型公司

国内的管理咨询公司的成长最初是依托美、日、欧等发达国家的先进企业管理咨询的理论、经营、工具和方法而发展起来的。在这个过程中，一部分管理咨询公司将国外经典管理理论、思想演化为公司发展的特色和基础。例如，以稻盛和夫的阿米巴经营模式为基础开展咨询业务的柏明顿咨询公司，依托管理大师亨利·明茨伯格的实践管理教育理念形成业务定位的领教工坊私人董事会，等等。此外，还有一部分管理咨询公司成立自己的研究队伍，在充分利用国外先进管理学理论的基础上，通过本土管理咨询案例与咨询经验的积累，进一步创新发展出具有中国特色的原创理论或思想。

2. 业务型公司

综观国内管理咨询公司的业务发展模式，主要包括三种类型：专注咨询业务、专注培训业务、以咨询能力为基础拓展其他业务板块的“咨询 + X”模式。

（1）专注咨询业务

这一类型的公司还可进一步细分为几种业务模式。第一，专注于某一功能板块的咨询业务，如专注于人力资源业务的北京韬略、北京佐佑等；专注于质量管理的北京科立特、深圳康达信认证等。第二，专注于某一区域，主要是各地方成立的小型咨询公司或带有一定行政色彩的咨询公司。第三，提供综合性咨询服务，这类公司可以是灵活的小型咨询公司，也可以是规模体量较大的中大型咨询公司，但上规模的咨询公司大多选择了在提供咨询业务的基础上拓展其他业务板块的“咨询＋X”业务模式。

（2）以培训业务为基础

这类公司包括专注于某一功能板块的培训业务，或综合性的系统培训业务，此外还有部分公司以培训业务为基础发展咨询业务。例如专注于人才培养的天元鸿鼎，将自己定位为“人才培养系统解决方案提供商”；长松咨询和聚成咨询提供包括组织、财务、营销等全面的培训业务。

（3）“咨询＋x”的多元业务模式

国内相当一部分管理咨询公司发展至今，已形成了“咨询＋X”的业务模式，以“咨询＋投资”“咨询＋培训”或“咨询＋培训＋投资”最为常见，代表公司为北大纵横、正略钧策。其他多元化发展的模式还包括华夏基石的“咨询＋猎头＋培训”、AMT的“咨询＋IT”等。其中尤为突出的商业模式创新的代表公司，当属和君咨询的“咨询＋投资＋商学”。

3. 论坛式机构

私人董事会近几年得到快速发展，是一种根据市场发展趋势和中小型企业发展需求，针对创业成长型中小型企业提供的低成本、高附加值的新型管理咨询服务模式。该服务按照一套完整的服务流程，派遣专家组成企业外部服务团队，为客户提供专业化服务，帮助企业快速成长。私人董事会一般由专业机构运作，由经验丰富的咨询师引导，由非竞争领域企业CEO参与，是有专家、有导师、有教练的服务项目。目前国内发展较好的私人董事会如伟事达、领教工坊、五五私人董事会等。

私人董事会的运作高于一般的企业内部圆桌会议，但又与传统的管理培训有所区别。传统的总裁班课程能给企业高管带来一些思维上的突破，但缺乏一些针对本土企业量身定制的东西，即课程上共性的知识与企业需要解决问题的实际需要之间存在差距，而这个问题恰恰在私人董事会可以得到解答，是一种能够更好地帮助企业进行日常答疑解惑和纠偏的管理咨询模式。

（三）本土管理咨询公司典型模式剖析

在传统模式外，咨询公司进行了各有特色的创新。

1. 和君集团的商业模式

和君集团的业务模式为“和君咨询 + 和君资本 + 和君商学”的“一体两翼”模式。以做强做大咨询业务作为公司事业的根本，利用“管理咨询 + 投资银行”的双重专业能力，研究产业走向、捕捉投资机会，为和君资本源源不断地提供优质项目，以此带动和君资本投资业务的发展，同时，和君咨询又为投后管理和增值服务提供强有力的支持，而和君资本获得的投资回报又弥补了管理咨询商业模式上的不足；和君咨询和和君资本的大量管理案例、投资案例以及商学思想为和君商学教育提供高质量的教材教案，和君商学培养的学员为咨询和资本两块业务提供人才支持。同时，商学教育本身又是一种市场开发手段，可以为咨询和资本提供项目来源；咨询、资本、商学两两互哺、相生互动，共同组成一个和谐共生的有机整体，为客户提供管理改进、资本运作和人才培养的组合服务。2013 年，该商业模式荣获了由《21 世纪商业评论》颁发的 2012 年度“中国最佳商业模式”奖。

2. 深圳市中铭智集团商业模式

深圳市中铭智集团成立于 2006 年，到 2014 年因其独特的模式受到关注，并引发争议。中铭智致力于平台的打造，涵盖培训平台、招商平台、资本平台、网络平台及广告传媒等多领域，定位于企管培训、资源整合和创新型平台经济运营商，称为教产融一体三翼模式。在该模式内，中铭智融入了免费、会员制、直销、系统服务等概念。

中铭智主打的服务为培训，主要包括企业运营的十大模块，每模块 3 天（分为讲课和招商两部分），全年总计 30 天，学习全免费，以低门槛吸引企业进入。但招商年费为 29800 元/人/年，且不限定产品类型，即任何企业均可在该招商平台上进行招商。参与招商的企业成为会员。合作伙伴也是该模式的重要一环。合作伙伴要分期向中铭智上交50万元费用，但合作伙伴招收来的会员上交中铭智的年费中80%归属合作伙伴，这刺激了合作伙伴的招揽力度。

接下来还有复杂的分成机制。会员交纳了年费后，第一年在平台上的招商收益全部拿走。第二年需再交纳年费，同时中铭智公司帮助企业梳理、调整招商模式、业务模式、商业模式等，也就是进行咨询服务。用中铭智宣传招商大于销售，招商的思维可以理解为中铭智和其会员都是平台公司，而不具体经营产品，据说可以帮助企业达到年招商收益1亿元，留下3000万作为平台费用，中铭智和一级合作商各1500万。

第三年客户继续交年费，中铭智与合作伙伴共同占其5%的原始股份，并继续提供咨询服务，推动企业上市。合作伙伴还有二级、三级分销商，均帮助一级合作伙伴创收，并分享会员带来的利益。

中铭智代表了一类以培训、巨额收益和投资上市为卖点吸引客户的咨询、培训公司的商业模式，这类模式对咨询行业以及实业界的影响，需要有关部门加强研究并进行持续关注。

五 咨询公司的管理思想

咨询公司作为中国管理学思想的重要推动者，面对管理学出现的新问题、新动向做出了可贵的探索。2014年，随着中国经济深化转型，中国企业面对环境的变革在商业模式、组织架构、运营管理、企业文化等层面做出了大量可贵的探索，主要咨询公司针对实业界出现的变革，进行了管理理论、思想、观点的总结，反映咨询公司对商业实践的认知水平。

（一）年度主要管理思想

1. 迎接移动互联时代

以小米模式如日中天、阿里巴巴美国上市、网络银行获银监会批准等现象为代表，移动互联网对经济领域的植入以及引发的变革越来越深入。咨询公司加快总结提炼互联网思维的研究，出现了大量优秀成果。

和君咨询赵大伟于2014年3月20日出版了《互联网思维——独孤九剑》，是国内第一部系统阐述互联网思维的著作，用九大互联网思维——用户思维、简约思维、极致思维、迭代思维、流量思维、社会化思维、大数据思维、平台思维、跨界思维，以专业的视角全方位解读移动互联网给传统产业带来的变革，涉及战略规划、商业模式设计、品牌建设、产品研发、营销推广、组织转型、文化变革等企业经营价值链条的各个方面。

2. 拥抱组织变革

2014年初，万科集团率先推出合伙人制，海尔早就开始了自主经济体变革，甚至基金公司都在推行合伙人制，投资人直接锁定创业人才，和君集团董事长王明夫的《人才奔腾，怒放生命——在和君合伙人年终例会上的讲话》一文提出了“方向→HR→组织→战略”的新思维新逻辑，人才竞争可能会颠覆传统的组织理论，合伙人、平台化、生态化才能为人才提供无限成长空间，并驱动资源追逐人才。

3. 雾霾时代的领导力

由中国人民大学的教授群组建的华夏基石管理咨询集团，一方面沿着人力资源研究的主线深入挖掘，一方面不断延伸优秀历史客户华为集团的研究，彭剑锋教授在任正非“灰度管理”的基础上，发展出灰度领导力的思想，认为经济转型推动企业似乎进入了一个前景不明朗的“灰蒙蒙”的生存发展期，在这样的时代里，企业家要夯实使命、责任、能力这三要素，提升道德感召、跨界思维、竞合意识、开放包容和真实领导这五个方面的“度”。

4. 企业文化的落地

华夏基石作为人力资源、企业文化咨询领域领先的本土咨询公司，在企业文化领域不断推出新的作品。2014年1月1日，具有多年实践经验的王祥武、黄健江出版《企业文化的逻辑》一书，按照“文化—分工和协作—绩效”的逻辑阐述了企业文化与经营绩效之间的关系。王祥武、谭俊峰于8月1日出版《华夏基石方法：企业文化落地本土实践》，以“知信行”模型为基础，以一线的实践经验、一手的实操资料，系统论述企业文化落地的方法。

（二）咨询公司管理思想传播渠道

伴随新媒体、自媒体的飞速涌现，中国咨询公司管理思想的传播渠道更加多元化，2014 年是咨询奏出最强音的一年。培训、年会、峰会、电视这些传统的模式自不必说，咨询精英辗转各地，传播商学思想，更为系统、引爆眼球的方式越来越受到咨询公司的青睐。

1. 商学院

和君商学院创造并引领了咨询公司商学教育的大趋势。和君商学院成立于 2007 年 1 月，其前身为 2003 年成立的王明夫投资银行私塾，主要为和君公司和客户选拔、培训和输送高等级人才，为企业的管理培训提供系统解决方案。截至目前，和君商学院的青年商学培训计划已经办至第七届，累计培养毕业生超过 3000 人。第八届的报考人数和毕业生人数呈现加速增长的态势，分布范围从北京到全国、从国内到全球。同时，和君商学院也举办企业总裁班和企业在线班、互联网和大数据 CEO 班、董秘班等各类培训。本报告正式发布前，和君商学已经在新三板挂牌上市。

和君商学院的蓬勃发展为中国咨询公司的商业模式和人才培养作出了重大贡献，受其影响，其他咨询公司也重视商学院的发展。北大纵横管理咨询公司创建的北大纵横商学院以咨询式培训为主要特色，根据不同的行业为企业度身设计内部培训体系，并进行严格的培训质量体系控制。该商学院 2014 年为大量企业进行了培训。

2013 年 3 月 31 日，纵横商学院开办了首届后 MBA 班，招收对象为 MBA 和 EMBA，每班 50 人，是免费的公益课堂，旨在以“数千家企业实践，造就成中国企业管理思想大成宝库”。该项目 2014 年在全国广撒网，以省会为主在各地办班，不仅起到了培训管理力量的作用，对整合当地资源，沟通客户关系也起到了重要作用。与和君采取巡回宣讲、自愿报名的形式不同，北大纵横更多地采取与有关部门、高校联合办班的形式，例如 2014 年 3 月 19 日，《山西省人民政府国有资产监督管理委员会关于组织参加北大纵横学院“后 MBA”教育学习的通知》[①] 就以政府信息公告形式，将 50 个名额分配给了 26 个省属企业。8 月 29 日，合肥班也以中国科技大学发布通知的形式开展。[②]

其他咨询公司也有商学院、管理学院的活动，实际上是传统培训班的形式，并未形成建制。

2. 管理杂志

管理杂志，是传播管理思想的重要载体，主要分为电子与纸质两种形式。

和君咨询集团内刊《和君视野》以总结沉淀和君咨询师最前沿的商业观察和管理思想为主要内容，致力于为企业管理者提供思想动力，办刊时间近十年，广受赞誉。

华夏基石则拥有纸质杂志《洞察》与被称为中国第一本人力资源动态电子杂志的《HR 前沿》（目前已停刊）以及内刊《石悦报》。《洞察》强调独特的视角和洞见、问题导向、鲜活案例，受到了业内的欢迎。而《石悦报》以员工工作、学习、生活的感悟、交流、指引为主，同时提供下载。

多年来，正略钧策管理咨询公司的观点文章以《正略钧策管理评论》丛书的形式正式出版，最新的第 9 辑于 2012 年 9 月 1 日出版，目前还没有见到 2014 年的新书。其他公司以电子期刊形式发布的观点文章较多。

3. 自媒体

借助移动互联网的东风，2014 年是咨询公司自媒体的全面爆发年，各公司已不满足于微博、博客（部分更新速度大幅度放缓），纷纷抢占移动端。

和君咨询、华夏基石、正略钧策、北大纵横等业内主要企业均通过运营自己的微信平台，发布各自最新的观点、观察和思考。它们原创性强，对管理学的传播产生了重大影响。

---

① http：//www. sxgzw. gov. cn/list - gk - nr. jsp？ urltype = news. NewsContentUrl&wbtreeid = 1208&wbnewsid = 9470.

② http：//mba. ustc. edu. cn/LifeDetail. aspx？ menuId = 90101&id = 12084.

（三）咨询公司管理思想提升方向

2014 年，虽然经济形势存在一些下行趋势，但经济内在的活力涌现，这激发了咨询公司提升和传播管理思想的极大热情，各公司都提出了打造本土商学思想、为民族作出贡献的使命。在接下来的几年内，这种趋势将不断强化。

在这种趋势的推动下，咨询公司的研究院呼之欲出。目前，咨询公司具有强大的实践基础，近年的实际情况表明，即使高校商学院的学生，也对咨询公司的商学思想和案例有着浓厚的兴趣。但是这些管理思想，更多的以文章、观点、讲课的形式存在，即使出版的书籍，其论证也脱不掉“观点 + 案例”的简单论述模式，虽然听众如云、观者击节，但是只有案例说明，缺乏逻辑论证和实证，很多内容确实经不起推敲。咨询公司管理思想必须规范、提升，建立与学术界的交流接口，推进管理思想上升为管理学。

因此，咨询公司投资建立研究院，以科学、系统的方法论，充分利用 30 年来积累的案例库，借助数据分析技术，通过与咨询公司商学院的有效互动，能够有力地推动中国管理学的升级，依托时代背景，诞生中国商学派并非只是梦想。

中国管理咨询行业要肩负起管理创新的重大使命，相信在不久的将来，随着管理学第三个春天的到来，中国可能会向世界输出管理，中国管理咨询业将走向世界，服务越来越多的全球组织。

管理专题篇

Management

B.14

依法治国下的中国管理及创新

贾政和　吴世柱*

摘　要：依法治国，是中国共产党领导的崭新的伟大事业，是宏观的规范治理和科学管理，是国家治理现代化的必然选择。依法治国的实质，是实现国家治理法治化，是“全面推进依法治国”的另一表述。本文重点思考随着法制建设的不断完善和规范，如何实现中国管理的创新，在国家治理法治化、现代化要求下政府和企业的积极作为等问题。

关键词：依法治国　中国管理　创新

* 贾政和，江苏省律师协会常务理事，南京市律师协会副会长，江苏圣典律师事务所主任；吴世柱，江苏圣典律师事务所专职律师。

中国共产党十八届三中全会公报提出，全面深化改革的总目标是完善和发展中国特色社会主义制度，推进国家治理体系和治理能力现代化。到2020年，使各方面制度更加成熟更加定型，建立现代政府管理体系。2014年政府工作报告提出，依法行政，创新社会治理，有序化解社会矛盾，建立健全机制，维护良好的社会秩序。个人和企业要勇于创业创新，全社会要厚植创业创新文化，让人们在创造财富的过程中，更好地实现精神追求和自身价值。

总之，依法治国是宏观的规范治理和科学管理，涉及国家事务的方方面面，是国家治理现代化的必然选择。为此，我们将从如下四个方面进行论述。

一　国家管理法治化的几点思考

随着改革开放的不断深入，市场经济在中国得以确立。市场离不开法治，市场经济是法治经济，法律是确保市场得以有序进行的有力工具。市场经济要做大做强，法律必须日益完善，要不断适应经济的发展要求。同时，政府与企业、市场与权力之间的关系，也必须用法治的手段加以规范，这就必然要求健全法制、用法治的方式全面推进改革。

1997年，党的十五大召开，确立了依法治国基本方略，国家管理法治化的目标得以明确；党的十八届四中全会重点研究全面推进依法治国问题，这在中央全会的历史上是第一次。这是深刻总结我国社会主义法治建设的经验教训做出的重大抉择，同时，国家治理现代化、国家管理法治化也迈入实质阶段。

中国正在走一条区别于任何国家的、具有中国自身特色的法治之路。依法治国的实质，是实现国家治理法治化，是“全面推进依法治国”的另一表述。

“法治好不好，要看是否符合本国的发展需要，而不是光看形式。任何国家的法治建设道路都具有本国特色。从这个意义上讲，世界上并不存在统一的‘宪政’模式。西方的法治体系是西方在特殊的历史条件下发展起来的，也不是一成不变的。……就权力约束的本质而言，中国共产党需要的是通过制度创新来实现依宪治国和依宪执政。”①

国家管理法治化，我们认为必须从立法、国家公信力建设及吏治三个方面进行科学有效的管理，这是依法治国的前提和确保法治得以实施的关键。

1. 国家管理法治化，首先要以符合民意的科学立法推行善法之治

作为总目标的国家治理现代化，是以法治为手段的现代管理。只有全面推进依法治国，才能实现党、国家、社会各项事务治理制度化、规范化、程序化，实现国家治理体系和治理能力现代化。

古希腊著名思想家亚里士多德指出，“法治”一词的基本含义应包含两重意义：已成立的法律获得普遍的服从，而大家所服从的法律本身又应该是制定得良好的法律（善法）。由此，法治应是善法之治。立法权如何配置，关涉我国国家机关之间权力的横向、纵向划分。目前，我国设区的市 284 个，享有地方立法权的有 49 个，包括 27 个省会市、4 个经济特区所在市和 18 个经国务院批准的较大的市。

如此众多的享有立法权的主体，法治的前提要保证有善法，就要深入调研并知国情、省情、域情，否则，脱离了社会现实的立法必然违背立法规律。例如商鞅变法就是先调研，在掌握社情民意基础上得善法的范例：商鞅被孝公招贤，自魏国入秦，遍访秦国疆域，深入了解民间疾苦，接地气、得民意，深知大秦国情，在此基础上提出了符合秦国国情的“废井田、重农桑、奖军功、实行统一度量和建立县制”等策略，“当时而立法，因事而制礼”，立法、变法，秦成为战国后期强国。这便是典型的创新立法，善法之治。

“良法之治必须恪守以民为本、立法为民的理念，应当遵循人类社会发展的‘三大定律’：一、人是社会的中心；二、满足个人利益是治理社会的基础；三、政府宗旨就是保护人民去创造财富的自由。我们制定出来的法律

① 郑永年：《中国共产党是中国法治建设的领导主体》，《人民日报》2015 年 5 月 3 日。

应当符合宪法精神、反映人民意志，不应该背离人类理性，不应该背离社会发展的客观规律，更不应背离最广大人民的根本利益和集中意志。”①

从某个方面说，立法包含两个层面：一个是新法的诞生，另一个是及时地废除与现实不相适应的旧法。

及时梳理与法治要求不相符合的积弊陈规也是法治的时代要求，甚至说废止旧法往往更能起到推动法治进步的作用。比如：

任建宇案：2011 年，因为任建宇在腾讯微博和腾讯博客复制、转发、评点一百多条“负面信息”，被重庆市公安局以“涉嫌煽动颠覆国家政权”在 2011 年 9 月 23 日逮捕，随后决定对任建宇“劳动教养两年”。

唐慧案：2012 年，湖南人士唐慧因上访反映 11 岁女儿被强奸案件，被当地政府部门处以劳教一年半。虽然劳教很快被取消，但称“再次受到伤害”的唐慧将当地劳教委诉上法庭。

唐慧事后表示，不断上访的动力是相信法律，希望遇到清官。2013 年 7 月 15 日，湖南省高院对“上访妈妈”唐慧行政诉讼案作出二审判决，改变永州市中院的一审判决，判定永州市劳教委向唐慧支付赔偿金 2641.15 元。

以上两案都是年度极具影响的案件，特别是在网络引发了广泛而持久的讨论。无数人从现代社会条件、司法文明的角度去拷问劳动教养制度存在的弊端。从另一个侧面也反映了社会公众对废止劳动教养制度的期待，折射了对现代国家法治的热情。

鉴于以上案例的影响及现行《刑法》体系的完备，劳教制度在党的十八届三中全会做出的《中共中央关于全面深化改革若干重大问题的决定》中予以废止。

因此，良法善治的前提，不仅要有科学民主的立法作为保障，还要及时清理已经不符合现实需要的旧法，使那些不适应现实需要的法律不再成为阻碍法治的羁绊。要把顶层设计与民主立法有机地结合起来，坚持立法的开放

① 王春晖：《法治实现的前提必须是“良法善治”》，新华网思客。

性与人民性。如此，奠定国家法治的善法之基。

2. 社会管理法治化：打造公信政府

党的十八大报告提出，围绕构建中国特色社会管理体系，加快形成党委领导、政府负责、社会协同、公众参与、法治保障的社会管理体制。社会管理法治化是当前和今后一个时期社会管理创新的基本手段和主要方法，对于提高我国社会管理科学化水平、改进政府服务方式、促进社会和谐具有战略意义。

政之要在于信，公信力不仅是政府的生命，更是法治的生命。在改革开放后，因种种原因导致的公信力缺失成为当前推进各项工作最大的障碍。例如：

瓮安事件：2008 年 6 月 28 日下午，因对贵州省瓮安三中初二年级女学生李树芬（1991 年 7 月生，瓮安县玉华乡雷文村泥坪组人）死因鉴定结果不满，死者家属聚集到瓮安县政府和县公安局上访。在有关负责人接待过程中，一些人煽动不明真相的群众冲击县公安局、县政府和县委大楼，最终酿成严重打砸抢烧突发事件。

事后贵州省委书记石宗源说："6·28"事件的教训是极其深刻的。我们必须对这一事件进行深刻反思，认真汲取教训。我们的权力是人民给的，权力意味着责任。冰冻三尺，非一日之寒。这次事件表面的、直接的导火索是李树芬的死因。但背后深层次原因是瓮安县在矿产资源开发、移民安置、建筑拆迁等工作中，侵犯群众利益的事情屡有发生，而在处置这些矛盾纠纷和群体事件过程中，一些干部作风粗暴、工作方法简单，甚至随意动用警力。

以上案例说明，社会管理没有实现法治化，民众维权就体现为信访不信法，而在上访的过程中，由于矛盾没有程序规制，往往容易引发群体性事件。如何使民众自觉地依靠并相信法治，是依法治国取得实效的关键。这就要求我们的司法、行政人员，必须严格公正司法、执法，通过每位公务人员的努力，尽快树立国家公信，如此，依法治国的国策才能落到实处。

习近平总书记强调，要"处理好改革'最先一公里'和'最后一公里'

的关系，突破‘中梗阻’，防止不作为，把改革方案的含金量充分展示出来，让人民群众有更多获得感”。这正说明，中央很多的方针政策是集全国之智、举国之力研究制定出来的，然而往往在执行过程中政策走样、不持续，不仅难以达到应有的效果，还使政府失去公信。此即为习总书记所言的“中梗阻”。

“人无信不立，国无信则衰”，既然吹响了法治的号角，就要以信立天下，以信取天下，破除“中梗阻”，在人民利益面前，言必行，行必果，让民众看到希望、坚定信心。

3. 治国即治吏，必须建立科学有效的干部绩效考核机制，建立以德、以绩选才的用人机制，切实在各级党政机关落实推行

“中梗阻”的根本原因就在于落实或执行政策的人。要改变这种弊端，根本措施就在于管理人，即治吏。

2012 年 12 月 4 日，习近平总书记主持召开中共中央政治局会议，审议通过了中央政治局关于改进工作作风、密切联系群众的八项规定。自 2012 年 12 月 4 日至 2014 年 10 月 31 日，共查处违反八项规定问题 67737 起，处理 89585 人。[①]

作为整肃吏治的具体要求，八项规定实施三年来，作风建设呈现出崭新的生机和活力，官场不再是“浑水一潭”，民心极大振奋。这充分证明，从严治吏是确保政治清明的关键。

习近平指出，用一贤人则群贤毕至，见贤思齐就蔚然成风。选什么人就是风向标，就有什么样的干部作风，乃至就有什么样的党风。要改进考核方法手段，既看发展又看基础，既看显绩又看潜绩，把民生改善、社会进步、生态效益等指标和实绩作为重要考核内容，而不再囿于简单的国内生产总值增长率。

总书记要求，把好干部选用起来，需要科学有效的选人用人机制。要紧密结合干部工作实际，认真总结，深入研究，不断改进，努力形成系统完

① 《八项规定实施两年全国共处理 89585 人》，新浪网，2014－12－06。

备、科学规范、有效管用、简便易行的制度机制。要完善工作机制，推进干部工作公开，坚决制止简单以票取人的做法，确保民主推荐、民主测评风清气正。

从严治党，关键是从严治吏。2013 年初，习近平总书记在十八届中纪委一次全会上，明确提出“老虎苍蝇一起打”的新理念，反腐新序幕就此揭开。周永康、徐才厚等“大老虎”应声落马，天下震动。中共反腐呈现无死角、无盲区、零容忍等特点，展示出新一届党中央刮骨疗毒的决心与胆识。这就表明，新一届党中央极为重视吏治，不仅提出了明确的政绩观，而且以刮骨疗毒的决心和勇气重树吏治正风，深得人心。

“中梗阻”的根本原因，就是人的问题；只有解决人的问题，才能从根本上解决“中梗阻”的问题。所以，无论是法治、政策还是具体的规章制度，重在执行和落实。只有执行者具有主观能动性、责任心，好的制度、好的政策才能发挥出它应有的作用。

从上述三个方面可以看出，权力机关的立法是推行法治的前提，而国家公信的建设与国家吏治又密不可分。“经过长期努力，中国特色社会主义法律体系已经形成，总体上解决了有法可依问题。……现在，我们的工作重点应该是保证法律实施，做到有法必依、执法必严、违法必究。有了法律不能有效实施，那再多法律也是一纸空文，依法治国就会成为一句空话。”①

二　政府实现法治化管理的积极作为

“国家治理体系是在党领导下管理国家的制度体系，包括经济、政治、文化、社会、生态文明和党的建设等各领域体制机制、法律法规安排，也就是一整套紧密相连、相互协调的国家制度。”② 国家治理体系就是中央政府和地方政府在党的领导下建立与运行各方面相互协调的制度体系。依法治

① 习近平在中央政法工作会议上的讲话（2014 年 1 月 7 日）。

② 习近平讲话。

国必然要求依法行政；依法行政的实质就是政府实现社会事务的法治化管理。

为此，我们认为，依法治国条件下的政府作为，应积极从以下五个方面改进并行使管理职能。

1. 推动《行政法》作为社会管理立法，依法行政

只有制定行政基本法，才可以真正实现“依法行政”。20多年来，我国制定了行政诉讼法、行政复议法、行政许可法、行政处罚法、行政强制法、国家赔偿法、行政监察法等重要行政法律，行政法律体系逐步建立，但是距统一的“有法可依”仍有距离。

莱昂·狄骥认为“国家就是政府为着公共利益进行的公共服务的总和”①。这种公共服务理论契合了“依法行政”“国家治理现代化”的要求，公共服务理论在行政领域带来的是新公共管理运动、新治理和新公共服务运动，在行政法领域带来的是政府服务和社会管理方面的法治变革。

比如，2015年3月15日，全国人大代表在十二届全国人大三次会议闭幕会上表决通过了关于修改《立法法》的决定，其中，关于将某些“暂行条例”转换成法律便属于行政立法，也从立法权限和法典化两个方面说明了当前制定行政法的迫切性。

仅税法方面，全国政协委员、财政部财政科学研究所原所长贾康接受媒体采访时表示，我国目前的十余种税收条例都要制定成法律，从而催生出十余部税法。据贾康介绍，财政部制定了一个时间表，计划在2020年前完成所有税种的立法工作，任务十分紧迫。

目前，我国税收共18种，但只有3种是由法律规定的，其他15种都是国务院制定暂行条例后开征的。暂行条例属于行政法规，效力低于法律。自1985年全国人大把税收立法权授予国务院，“条例”或“暂行条例”就成了大多数税收的征收依据，其收入约占税收总收入的70%，而且一些“暂

① 莱昂·狄骥：《公法的变迁》，郑戈译，中国法制出版社，2010。

行条例”已经“暂行”了近20年。①

以上数据从一个侧面说明了行政立法的凌乱与不规范、不统一。此次《立法法》的修改，就是要实现实质上的依法行政。因此，当前社会管理的现实需要迫切要求单独成立行政法系统的母法——《行政法》。

首先，行政法单独立法可以母法的形式规定行政法的原则，统领行政子法；其次，行政法作为国家行政的依据，可以设定中央政府与地方行政机关的权限，有明确的“权力清单”；再次，也是实现对社会管理现代治理、规范治理的需要；最后，以程序促公平正义，积极完善行政决策程序立法，将公众参与、专家论证、风险评估、合法性审查和集体讨论决定等程序作为社会管理领域重大行政决策的必经程序，推进社会管理决策的法治化。

2015年1月6日，江苏省人民政府发布第100号政府令，公布《江苏省行政程序规定》自2015年3月1日起施行。该程序规定第一条即明确“为了规范行政行为，促进依法行政，建设法治政府，保障公民、法人和其他组织的合法权益”。第二条明确了适用范围即“本省行政机关，法律、法规授权的组织和依法受委托的组织行使行政职权，应当遵守本规定。法律、法规对行政程序另有规定的，从其规定”。由此，在江苏省内统一的行政程序有了依据，这是省级政府统一行政立法的范例。

国际发达国家的行政立法主要有两种模式：一种是公正模式，更加注重社会公正，如美国。美国1946年6月11日第七十九届国会通过了《美国联邦行政程序法》，1966年9月6日编入《美国法典》。另一种是效率模式，如德国行政程序法，更加关注效率。我国正处在社会的转型时期，在行政立法的原则上，要努力实现公正与效率的平衡。

“行政机关既要保护权利，又要实现对社会的有效监管。如果不进行有效监管的话，食品安全、环境保护、药品安全问题就不能得到有效解决，就无法保障国民的基本安全。”②

① 《立法法15年来首次“大修”红头文件不在调整范围》，《中国经济周刊》。

② 江必新：《迈向统一的行政基本法》，《清华法学》2012年第5期。

这足以说明，行政基本法是解决公共服务理论条件下国家事务管理、依法行政的最广泛、最该具备的依据。同国际上成熟的行政立法相比，我国的行政立法与社会管理现状差距明显。所以，为创新社会管理，适应依法治国的时代要求，真正实现依法行政就必先解决“有法可依”的问题。中央政府及地方具有立法权的行政机关，应尽快将其提上日程，并梳理本行政管辖域内的行政立法，明白自己的“权利义务清单”，借鉴国际成熟经验，克服各种困难，尽快出台我国的行政法。

2. 主动创新打造现代服务型政府

党的十八大报告指出，“建设职能科学、结构优化、廉洁高效、人民满意的服务型政府。”[①] 这一论述，为服务型政府确立了四大标准和四大目标，即“职能科学、结构优化、廉洁高效、人民满意”。

服务型政府的实质是“人民满意”。如何做到人民满意？李克强总理在2014年政府工作报告中强调“坚持主动作为，狠抓落实，切实做到勤政为民。经济发展进入新常态，精神面貌要有新状态。各级政府要切实履行职责，狠抓贯彻落实，创造性开展工作。完善政绩考核评价机制，对实绩突出的，要大力褒奖；对工作不力的，要约谈诫勉；对为官不为、懒政怠政的，要公开曝光、坚决追究责任。”[②]

对于落实总理的要求、达到人民满意，必须进行政府管理创新。就政府管理创新，目前存在两种理论，即“企业家政府理论”和“新公共服务理论”。

企业家政府理论是指用企业的经营理念以及企业中广泛运用的科学管理方法，来改革和创新政府管理方式，使政府更有效率和活力，但它并不是要把政府作为企业来运作。这一理论的领军人物是美国学者戴维·奥斯本和特德·盖布勒。该理论提出的政府改革的十项原则，对于我们正确认识政府的职能、重新审视政府现时代的角色都有重要的启示。

---

① 《坚定不移沿着中国特色社会主义道路前进　为全面建成小康社会而奋斗——在中国共产党第十八次全国代表大会上的报告》，《人民日报》2012年11月18日。

② 李克强2014年政府工作报告。

事实上，李克强总理在政府工作报告中的观点与企业家政府理论的部分观点契合。比如“国务院各部门全年取消和下放246项行政审批事项，取消评比达标表彰项目29项、职业资格许可和认定事项149项，再次修订投资项目核准目录，大幅缩减核准范围”①，正契合了企业家政府理论中的“政府不必事必躬亲，而要善于授权，鼓励公众参与管理”要求，同时，这也是对政府传统行政模式的一次创新。易言之，政府如此集中放权还是第一次。

因此，主动创新实现人民满意的服务型政府建设，要立足于我国的国情，借鉴一切优秀的成果。比如引进以下三种管理方式，积极走向行政现代化。

“顾客”战略，要求各级行政机关及公务人员不仅要对层级制中的上级和上司负责，还要对行政相对人负责，在行政管理制度中重点加入行政相对人对实质行政的评价，以利于考核或衡量行政效能。控制战略，即改变公共体制的控制位置和形式。赋予组织、管理者、雇员以及社区成员通过掌握重大决策权来改进绩效的自由，并要求其对结果负责。文化战略，用先进的文化、用制度约束形成的文化变革行政人员的价值观、模式、假设和期望，使服务理念与法治思维根植于行政人员，“人民满意”是通过文化管理作为手段之一实现的。

总之，运用法治思维将成熟的行政制度规范化，使其符合人民对公正与效率的需求，是依法治国的必然要求，更是现代服务型政府应当具备的特征。

3. 运用法治思维，树立危机管理意识，建设消化矛盾的政府，积累正资产

法治思维就是将法治的诸种要求运用于认识、分析、处理问题，是一种以法律规范为基准的逻辑化的理性思考方式。国务院2010年发布《关于加强法治政府建设的意见》，要求行政机关工作人员特别是领导干部要“切实提高运用法治思维和法律手段解决经济社会发展中突出矛盾和问题的能

① 李克强2014年政府工作报告。

力”。这实际上就是要求政府管理危机，具备运用法治手段解决社会矛盾的能力。

“瓮安事件”发生时，金一南将军在贵州省讲课。当他得知瓮安县县委书记平时不抽烟、不喝酒、不打麻将、不进歌舞厅，上任7年让瓮安的GDP翻了一番，经济建设可谓成绩显著。但当贵州省委书记石宗源找县委书记谈话时，县委书记自认为GDP也翻了一番，追究责任很冤。金一南将军不禁感叹：“我觉得，瓮安出了那么大的事，县委书记被追究责任时之所以还感到‘冤’，反映出其错误的政绩观和社会正义感的缺失。”① 这足以证明，地方政府官员有些认识还仅停留在发展GDP的阶段，还没有形成符合时代要求的法治思维。

在首都各界纪念现行宪法公布施行30周年大会上，习近平指出：“各级领导干部要提高运用法治思维和法治方式深化改革、推动发展、化解矛盾、维护稳定能力。努力推动形成办事依法、遇事找法、解决问题用法、化解矛盾靠法的良好法治环境，在法治轨道上推动各项工作。”

因此，建设法治国家、法治政府，培养和提高公权力行使者运用法治思维治国理政的能力是其中的一项重要工作。尤其是现阶段，一定要从唯GDP论的固化思维转到“四个全面”，在全面依法治国、全面建设小康社会的进程中，不断运用法治手段管理各种社会危机，化解突发、多发的社会矛盾。政府不仅要提供好公共事务的管理和服务，还要解决好来自各方面的矛盾。政府管理危机与消化积累的矛盾是相辅相成的，消化矛盾化解危机，也是政绩，也是发展。各级政府不仅要避免激化矛盾，还要具有消化矛盾的能力，要不断积累正资产，这才是我党执政的根基。

4. 行政管理用好政府法律顾问制度

全会已经提出要推进法律顾问制度，但推进迟缓，使得这项国策并没有及时地发挥作用。

据统计，美国约有28000名政府律师，在联邦政府、州政府、城市和县

---

① 金一南：《中国今天面临最大的危险是什么》，中国军网，2014－10－09。

政府的各个层次上代表政府利益提供法律服务，新加坡约有200名政府律师，香港特别行政区大约有450名律师为政府提供法律服务。具体来说，美国28000多名政府律师服务于司法部、移民局、卫生部、环境保护署、税务总署等部门。在拥有如此庞大政府律师队伍之外，美国联邦政府仍然有巨资聘请的私人律师，为其预防法律风险、提供法律服务。由此可见，推行政府法律顾问制度，在国际上也是推进依法行政、法治建设和转变执政理念的重要举措和有效措施。

事实上，律师长期积累的执业经验，对法律的精通，是政府领导决策的参谋，同时，还能积极参与法律事务的处理，为社会稳定作出积极贡献。我国已经有近25万人的律师队伍，律师事业的发展充分证明，律师不仅是法官、检察官的得力助手，还是政府与企业可以信赖并能明显得到成效的顾问。如此庞大的律师队伍不仅具有相关的专业知识，而且还具有丰富的实践经验，因此，建立政府法律顾问咨询专家库，专业范围为法律、国土资源、城建规划、金融证券、公共管理、科教卫生等，均与政府日常管理工作密切相关，这样就能为政府的各项工作提供必要的专业支持。

就目前政府法律顾问推广实践来看，效果明显，作用积极。“当然，政府法律顾问制度在管理体制机制、工作保障等方面还不尽完善。我们相信，在积极推行政府法律顾问制度的工作中，律师一定能够依法诚信规范履责，成为各级政府及其工作部门依法决策的法律参谋和依法履行管理职责的法律帮手，在深入推进依法行政、加快建设法治政府中发挥应有作用。”①

5. 有针对性进行创新，以实际成效取信于民

“坚持创新管理，强化服务，着力提高政府效能。提供基本公共服务尽量采用购买服务方式，第三方可提供的事务性管理服务交给市场或社会去办。积极推进决策科学化、民主化，重视发挥智库作用。全面实行政务公开，推广电子政务和网上办事。各级政府要自觉接受同级人大及其常委会的监督，接受人民政协的民主监督，认真听取人大代表、民主党派、工商联、

---

① 赵大程：《积极推进政府法律顾问制度》（权威访谈），2014年11月5日。

无党派人士和各人民团体的意见。我们的所有工作都要全面接受人民的监督，充分体现人民的意愿。”①

李克强总理政府工作报告以上提到的部分，实际上就是对社会管理创新的具体明确的要求，即建设服务型政府；创新政府购买第三方服务的方式，将事务性管理转移，以提高政府效能；智库建设；电子政务、法律规定内的公开行政；坚持民主集中制。

目前亟待针对性解决的问题表现在如下几个方面：一是社会诚信体系不健全；二是社会矛盾纠纷易发、多发；三是执法公信力不高；四是公民基本权利保障不到位等。

因此，在法治化条件下创新社会管理，必须有针对性地创新，以实际成效使政府行政让人民群众有焕然一新的感觉。

充分运用现代科技，由政府主导社会诚信建设，使一处失信，处处受限的法治化约束促进社会诚信体系的形成。

构建信息平台，健全联动监管系统，实现信息共享，依法打击失信违法行为。将“德主刑辅”的理念在具体的社会管理中得到落实，即充分发挥法律促诚信的作用，使法律促进社会成员自觉形成诚信的道德观念，从而使道德回归的目的通过法治手段取得。

充分发挥多元纠纷解决功能，畅通利益诉求表达渠道，努力用多种有效化解矛盾的形式，缩短民众维权到实现公平正义的距离。

着眼于社会矛盾的预防体系建设，建立重大事件的预警评估机制—应急机制，发挥多元化纠纷解决机制作用，将各类矛盾纠纷纳入法治框架内解决，以法治保障现代社会的公平与正义。

如果说公平正义是产品，是成果，那么，我们不仅要创新实现它的程序，还要提升实现它的效率。在现代社会，迟到的正义从某种意义上来说是非正义的。所以，解决纠纷的机制，不仅在于要实现公平正义，还要高效。

以上方面综合起来说明，依法治国就是中国各项事业综合管理的法

① 李克强 2015 年政府工作报告。

治化。

正如2015年政府工作报告所提出的要求："我们要全面推进依法治国，加快建设法治政府、创新政府、廉洁政府和服务型政府，增强政府执行力和公信力，促进国家治理体系和治理能力现代化。"而达到这一要求，必须做到凡属重大改革于法有据，行政用权问责于法有据，用法治这一现代最文明有效的治理方式治国理政，同时，依法治国不偏道德建设，注重在法律不能调整的领域，以德治国，德主刑辅，成为深入人心的治国安邦之策。

三　依法治国对现代企业发展提出的要求

依法治国方略的实施，也必然要求企业依法经营，成为法治企业。2015年政府工作报告表明，改革更加深化，对企业依法决策、依法经营、依法管理的能力和国际化提出了更高的要求。

"加快实施走出去战略。鼓励企业参与境外基础设施建设和产能合作，推动铁路、电力、通信、工程机械以及汽车、飞机、电子等中国装备走向世界，促进冶金、建材等产业对外投资……拓宽外汇储备运用渠道，健全金融、信息、法律、领事保护服务。注重风险防范，提高海外权益保障能力。"①

为实现这一目标，必须有前瞻的视野，与时俱进的思维。

1. 高度重视并应用法律顾问制度以防范风险

市场经济是法治经济。而法治本身便具有科学与民主的特性。管理企业，从未有在现代社会如此需要法治思维、法律意识。党的十八届三中全会指出，要"普遍建立法律顾问制度"，不仅是指政府，更是推进法治企业建设的重要举措。

有专家认为，四中全会推进"依法治国"将为中国经济带来新红利，通过法治规范市场竞争秩序，能够使各类市场主体平等参与竞争，有效规范

① 李克强2015年政府工作报告。

经济秩序、降低运营成本、提高运营效率，为各类所有制企业提供公平的竞争环境。

现代企业须是法治企业。必须强化企业的法律治理，通过制定规则和程序，明确企业行为标准，规范企业经营决策，确保企业和员工依法经营、按规办事、按章操作。

企业决策的法治化。在律师经办企业相关案例中，许多的重大纠纷不是企业管理水平的问题，而是有关经营者决策失误所造成的。有些企业经营者由于自身法律意识淡薄，信关系不信法，加之企业决策程序缺少有效监督，导致经营者的擅自决策给企业造成重大损失。有些是不懂法，不按法律法规和企业章程及制度办事，自作主张；有些是不信法；有些是不守法，为了追求暴利采取不正当的手段等。造成这些问题的症结，就是企业也缺少法治。

从国际国内的对比打造符合现代法治要求的企业治理结构，实现法治化管理。国际化公司必须要有应对涉外法律事务的方案。相较于国际资本市场，中国的改革落后于国际社会。同时，相关的国际规则对我国企业也属陌生。然而，现代科技的迅猛发展，又不断催生出更多的国际化规则，这就要求我们在参与国际事务的同时，未雨绸缪，防患未然，以免国际不法分子利用国际规则损害我方利益，使我们国家、企业遭受不应有的损失。

为此，我们建议大型国际化公司要成立专业化的国际事务团队，包括但不限于律师等专家为成员，研究相关国际规则，审核相关国际合作，并在国家司法领域国际合作中，完善我国司法协助体制，扩大国际司法协助覆盖面。

把企业章程视为企业的宪章，把有关商法作为企业的行为准则。关键是依法发挥股东会、董事会、监事会、经理层的作用，合理界定职责权限。尤其要在健全授权委托制度上下工夫，明确授权权限和程序，既不能过度集权，又不能过度授权。同时，确保股东会、监事会的知情权，充分发挥监事会的作用，防止出现内部人控制等问题。

2. 立足国际竞争，以前瞻思维管理现代企业

中国正从劳动密集型产业转向更高附加值、更强调创新的产业，这意味着，

中国企业到达了新的阶段：置身国际竞争，就必须更多创新，更加国际化。

中国改革开放30多年来，经济结构及其组成发生了重大的变化。从原来的国营企业变为国有企业，从原来的自给保障发展到外向竞争，从国有企业垄断经营到开放民营资本，从引进外资到境外投资，从物理空间的经营到虚拟互联网络的经营……总之，中国改革开放的环境已经与国际一体化：我们已经置身于国际竞争之中。

在竞争问题上，传统企业仍然固守着成本竞争的陈旧观念，认为只要产品或服务具有低成本的优势，就可以打开市场，就能生存，事实上，在国际竞争白炽化的今天，这一观点被证明是错误的。

1995年，格力董事长朱江洪到意大利考察，遇到一个客户抱怨格力空调噪声大，要退机。打开一看，原来是空调外壳里的一块小海绵没有贴好。这个由于工人操作不严谨而引发的质量事件，让朱江洪感觉遭受了“奇耻大辱”。尽管当时空调供不应求，他还是下令整顿质量。格力人立足于国际竞争的“狠抓质量，打造精品”由此开始。

1999年，格力投入百万元巨奖推行“零缺陷”工程，不久率先引进“六西格玛管理法”。美国一家企业订购了4万台的格力空调，结果发现有问题的只有4台，也就是万分之一的维修率！凭着坚实的质量保证，格力还在空调行业破天荒地提出“整机六年免费包修”，这令许多空调品牌惊叹莫及，也在竞争激烈的空调市场上赢得了消费者的信赖。2006年9月，格力获得了“中国世界名牌”称号，这是中国空调企业第一次也是唯一一次被评为“中国世界名牌”。

再以手机为例，中国的华为、小米等成为后起之秀，以积极的姿态迈入国际竞争，并取得了超越三星的销售业绩。这说明，靠低廉成本来开拓市场时代的终结。并且，随着国际化反倾销等措施的严厉执行，现代企业在国际竞争中必须以质量求生存。

因此，参与国际竞争并在国际竞争中找到差距，是未来企业做大做强的根本。必须研究国际法、国内法，研究相关服务与质量体系标准，以不可撼动的实力赢得竞争与市场。

3. 法治经济的本质特征是诚信经营，必须精心于诚信管理

在国际化、全球化面前，不仅是中国进入了法治时代，市场经济也早就进入国际法（条约、协定）时代。企业必须将经营行为始终规范在法律框架内，牢固树立契约观念，恪守法律底线经营。

比如《企业信息公示暂行条例》第一条就明确规定“为了保障公平竞争，促进企业诚信自律，规范企业信息公示，强化企业信用约束，维护交易安全，提高政府监管效能，扩大社会监督，制定本条例”。可见，条例首要的目的就是要促进企业“诚信自律”。第十七条又规定“有下列情形之一的，由县级以上工商行政管理部门列入经营异常名录，通过企业信用信息公示系统向社会公示，提醒其履行公示义务”，确定了通过信息公示，建立并运用企业信息公示系统，将企业诚信经营信息纳入公众的视野，并与其他国家机关互通，形成企业诚信体系，这就是用法治促进企业诚信的科学管理。

四　国家安全战略下的危机管理

习近平指出：“从国家安全面临的威胁来看……当前，我国经济社会发生深刻变化，改革进入攻坚期和深水区，社会矛盾多发叠加，面临各种可以预见和难以预见的安全风险挑战。”

因此，面对国际国内局势，要求我们要在国家安全战略的视角下，将影响国家安全的有关危机纳入视野，科学管理、化解危机，从国家安全角度健全立法应对以下危机。

1. 互联网络、移动新媒体应用管理滞后与意识形态失守的危机

互联网及移动新媒体的兴起和运用，既为执政党意识形态的创新和发展提供了难得的机遇，同时又带来了强烈的冲击和挑战。如果不及时有效地应对这种挑战，执政党的意识形态很可能出现困境，甚至危机（表现为信仰危机和意识形态功能性危机等）。[①]

① 张衍前：《网络时代执政党意识形态危机及对策研究》，博士学位论文，中共中央党校。

因此，我们必须强化对互联网的管理，不是限制守法网民上网，而要充分将互联网优势运用到我们的宣传、党务等各项工作中去。

2015 年 1 月 18 日《网络谣言 2014 年度风险评估与 2015 年度防治报告》发布。报告指出，2014 年，网络谣言已经成为社会高危风险之一，对其的全面防治应该成为常态。①

该报告的发布者，中国人民大学危机管理研究中心主任唐钧介绍：这个研究报告选取了 2014 年 1 月 1 日到 12 月 31 日期间，在互联网、移动终端客户端流传的 124 个谣言典型案例为研究对象，通过定量和定性的研究方法，分别对网络谣言的特点、产生的社会原因和背景及谣言防治三方面内容进行分析。

研究发现，2014 年度网络谣言有渗透深、主体多、手法全、危害大的特点。报告中，网络谣言主要被分为四大种类，在 124 件典型案例中所占的比例稍有不同，其中：时政类谣言最多，占 28%；生活类谣言其次，占 26%；经济类谣言占 24%；人物类谣言占 22%。

时政类的谣言涉及的主要有关政治、经济、军事、外交等社会公共事务以及有关社会突发事件的时政类话题。权威信息的缺位，给这类谣言的出现和流传留下了信息空间。而此类谣言的流传，会极大地损害信息权威，甚至引发社会恐慌，威胁社会秩序。

由此可见，互联网络对执政党意识形态的冲击和挑战是全方位的，不仅直接冲击着意识形态的某些基本内容（包括思想理论和价值观念），还强烈地冲击着意识形态传统的传播观念、传播体制和传播手段。在强大的冲击和挑战下，如果执政者不采取及时的应对措施，人们就会对其意识形态理论产生不信任感甚至怀疑，出现信仰危机。

这也是政党政治在当今社会发展过程中所遇到的世界性问题，是由于互联网新技术的应用，导致的危机管理意识与技术革新之间的矛盾。易言之，同样的科技应用，不能因为我们落后而演变成危机。

① 《网络谣言已成高危社会风险：需要系统治理》，“站长之家”网站，2015－01－21。

所以，在互联网时代，从国家安全战略方面一定要尽快成立相应的高端机构，从国家安全战略管理危机，把危机转化成党和政府引导宣传舆论的绝佳机遇，改变传统的宣传工作方式，把科技优势充分发挥出来，变被动为主动。

2. 优秀传统文化没有传承与发展以及腐朽文化入侵的危机

中华民族有着五千年绵延不绝的灿烂文明，拥有世界最丰富的典籍，源远流长的各个思想流派，独特的文学艺术，它闪耀世界，泽被神州。至今，某些古典文献仍超越国境，影响全球。诸子百家，都有很多值得当代人吸取的精华。如道家的重建与自然的关系思想，包括重建与大自然（宇宙）的关系、重建与小自然（家园）的关系、重建与内部自然（身体）的关系等，又如儒家所倡导的仁、义、礼、智、信等，都是文化遗产的精华。

随着现代传播技术的应用，某些腐朽思想改头换面、精心包装，通过游戏、影视等和平的手段，对我们进行着润物无声但危害巨大的侵蚀。

中华民族的先哲们为我们的文化发展打下了坚实厚重的基础，我们理应在此基础上发展我们更为优秀的文化，而不是让那些极易产生感官迷惑的东西径直入侵我们的灵魂。

鲁迅说："惟有民魂是值得宝贵的，惟有他发扬起来，中国才有真进步。""民魂"，主要是指中华民族优秀传统文化。当下中国正面临文化传承危机。

习近平总书记指出：夯实国内文化建设根基，一个很重要的工作就是从思想道德抓起，从社会风气抓起，从每一个人抓起。要继承和弘扬我国人民在长期实践中培育和形成的传统美德，坚持马克思主义道德观、坚持社会主义道德观，在去粗取精、去伪存真的基础上，坚持古为今用、推陈出新，努力实现中华传统美德的创造性转化、创新性发展，引导人们向往和追求讲道德、尊道德、守道德的生活，让 13 亿人的每一分子都成为传播中华美德、中华文化的主体。①

① 习近平在中共中央政治局第十二次集体学习时的讲话。

因此，文化安全即属国家安全、民族安全。从国家安全战略角度上，我们不能仅说“代表先进文化”，还要有具体的行动、技术与成果来做保证，让先进文化催生的免疫力自发抵制腐朽文化的入侵，这就是当前国家文化战略最迫切需要解决的问题。

3. 各种非政府组织（NGO）的隐性活动与党组织力量削弱的危机

任何一次革命，都率先体现在对新技术的应用上。在互联网时代，谁能掌握科技应用的主动权，谁才不受制于人。

非政府组织，是 Non - Governmental Organizations 的意译，英文缩写 NGO。

中国人民公安大学教授王存奎曾说：“有关资料显示，目前在我国活动的数千家境外非政府组织中，有政治渗透背景的有数百家。”

香港中文月刊《紫荆》发表文章说，一些非政府组织（NGO）曾经在西方推动苏东剧变和“颜色革命”中扮演了急先锋作用。但随着“颜色革命”的偃旗息鼓和中国作为世界上最大的社会主义国家的快速崛起，西方开始把主要矛头瞄准中国，西方利用 NGO 对发展中国家和原苏东地区渗透扩张的手段也必然会应用到中国，而且可能还有过之而无不及。①

文中介绍 NGO 近年来发展速度惊人。目前世界上各类 NGO 达数百万之多，其中国际性 NGO 超过 35 万个，国际上确认的国际组织 90% 以上都是 NGO。几乎每天都有新的 NGO 在涌现。

截至 2005 年的统计，目前世界上享有联合国经社理事会咨商地位的 2719 个 NGO，发达国家占 70%，而发展中国家仅占 30%；与联合国新闻部保持着“正式”关系的近 2000 个 NGO 中，发展中国家仅占 16%。

西方利用 NGO 对发展中国家进行渗透主要有三大手段。

一是资助发展中国家的各种 NGO 来施加政治影响。从 20 世纪 70 年代开始，西方国家越来越多地开始把援助对象从受援国政府转向各种 NGO 或个人，目的是通过援助直接与受援国百姓打交道，了解情况，收集信息，施

① 《西方势力借 NGO 向中国渗透》，中国新闻网，2008 - 06 - 05。

加政治影响。如1993年到2003年，某西方国家用于帮助独联体国家进行“民主改革”的90亿美元专项援助，其中3/4都提供给这些国家的企业、NGO和独立媒体。

二是利用NGO的渠道进行软性渗透。西方通过各种NGO，以所谓人道主义救援、维护人权、推广民主进程、维护宗教自由和新闻自由等各种借口，对发展中国家进行渗透，培植亲西方的代理人。

三是通过NGO控制或影响舆论，为西方实现渗透和演变服务。西方国家一方面支持本国的电台、报刊和电视台走向国际，在发展中国家“落地生根”，树立“公信力”；另一方面，以新闻自由等为幌子不断施压发展中国家开放媒体管制，资助发展中国家创立所谓的“独立”电台、电视台和报刊。

在西方资助下，中东欧和中亚多数国家都允许西方的电台和电视台落地或成立各种“独立”媒体，在格鲁吉亚和乌克兰“颜色革命”中，许多选民投票支持亲西方人士上台，正是西方媒体在当地发挥影响力的结果。

西方也一直不断向中国施压，要求效仿原苏东地区开放媒体管制，但一直没有得逞。因此，在拉萨事件中，中国媒体没有受西方媒体误导，坚持客观公正报道整个事件过程，取得了世界公信，消除了人们的疑惑。

鉴于认识到NGO的危害，2014年12月22日，全国人大常委会审议境外非政府组织管理法草案。该草案规定了境外非政府组织在中国境内设立代表机构和开展一次性临时活动的申请登记许可程序，还明确了违法行为的法律责任。① 这标志着从国家安全角度，将其纳入法治化管理的时代已经到来。

与这些组织的活动相比，不可否认，我们某些党的基层组织不同程度地存在思想懈怠、被动观望的情形。因此，管理危机必先识别危机，缩短危机变成危害的距离，这就要求具有危机意识、立法加速、执法到位。

以上列举的各类危机，均反映了习主席提到的国家安全问题。为此，从

① 《专家：有NGO对华政治渗透》，凤凰网，2014－12－26。

国家安全战略的视角，应及时在制定《反国家分裂法》《反间谍法》等法律的基础上，进行广泛调研，及时进行立法、细化法律执行标准，对有些危害国家安全的行为量化、明晰，在依法治国的国策下，坚决打击和制裁，维护国家的安全与稳定，只有如此，我们国家才能在和平安全的环境下实现“四个全面”。

五　结语

依法治国是国家的宏观科学管理。法治，作为治国重器，必然会深入社会生活的方方面面。从此意义上说，中国管理就是依法管理。由此可见，全面推进依法治国就是要在国家的政治、经济、社会生活等各个方面用健全的法治管理。

将依法治国的科学管理落到实处并发挥出巨大的推动力，重点是有法治意识、法治思维，并形成创新，使之在国家建设新征程中全面发挥作用。

B.15

附录　东沙湖论坛综述

东沙湖论坛——中国管理百人峰会由中国管理科学学会主办、南京敏捷企业管理研究所承办，每年一届，迄今已连续举办两届。这个论坛是一个以弘扬新时期的中国梦为核心价值；以平等、合作与共赢为主旨；立足中国，推动中国管理中外交流发展；面向国际，促进中国管理走向世界舞台的专业、创新、智慧、交流、分享的高端对话平台。百位与会者之中既有雄才伟略、深谋远虑的政府官员，知识渊博、明智达理的专家学者，也有不少运筹帷幄、叱咤风云的企业家。他们都带来哪些脑力风暴的思想大碰撞，为中国管理的创新都注入了怎样的新活力，本文通过梳理、分类、归纳，一一概述。

一　带有时代印记的主题

“从学习西方管理思想‘先说’起步，现在到了‘接着讲’的时候了。”中国工程院院士、原国家自然科学基金管理科学部主任郭重庆在首届东沙湖论坛上的一句肺腑之言，道出了管理者们梦寐以求的期盼。东沙湖论坛正是为圆管理中国梦，让世界倾听中国管理的声音应运而生的。在首届东沙湖论坛上，中国管理科学学会理事长郭传杰对开启东沙湖论坛的初衷是这样诠释的：“如古为新，深化推进改革；启智论策，提升管理水平。经世济民的管理科学必将起到不可替代的重要作用。中国经济与社会发展所取得的进展和面临的挑战，需要中国管理学家去解释现象、发现规律、指导实践，构架大格局，提出大思想，对中国现代化道路的探索贡献真知灼见。伟大的时代，必然产生伟大的理论；伟大的实践，又必然需要伟大理论的指导。中国有众多的管理者，丰富的管理实践，却少见自己的管理理论、管理大家。这说明管理学界对中国管理实践研究、提炼升华、传播推介不够。西方的现代管理要继续学习和借鉴，但管理离不开文化土壤。建立中国现代管理科学体系和理论的重任，已历史地落在了当代中国管理学人肩上。”

（一）中国·管理·新十年

每届东沙湖论坛召开之前，组委会都要从众多管理论题中精挑细选出贴合时代的主题。

2013 年，全国两会为中国未来十年描绘了一幅宏伟蓝图。新十年中国面临新的变革。破旧立新，意味着原有的粗放型管理的结束。计划经济时代，中国建立了完整的工业门类。改革开放经济之所以高速发展，得益于新中国成立以来多年积存的资源的释放。到了社会化大发展的今天，改革红利吃完了，需要重新运筹帷幄，制定新的战略，决策未来发展；通过创新型思维，优化资源配置，为未来的博弈未雨绸缪，管理的作用日益显见。未来十年中国管理之路怎么走？管理科学及实践的发展，社会变迁下的宏观管理，资本市场及资源配置，全球化网络化时代的管理变革，新时期企业的转型与创新，国企改革的方向与路径，未来十年中国管理的责任与历史使命……这些管理者们关心的话题都值得研讨。于是，首届东沙湖论坛的主题被确定为“中国·管理·新十年”。围绕这个主题，中国工程院院士、原国家自然科学基金管理科学部主任郭重庆做了题为“直面中国管理实践，提升管理科学前沿”的主旨演讲；国家自然科学基金委管理科学部主任吴启迪做了题为“大数据环境中的管理科学问题”的演讲；中国管理科学学会学术委员会执行主任兼秘书长张晓东做了题为“知行合一新十年”的报告；英国利物浦大学副校长、西交利物浦大学执行校长席酉民做了题为“挑战与整合：新环境下的管理探索”报告；美国宏道资讯公司创始人董事长陈丕宏做了题为“互联网生态与管理变革”报告。

首届东沙湖论坛还安排了两场专题对话。在论题为“管理：全球化·网络化”的对话中，主持人新加坡亚洲管理学院院长周衛国与法国 SKEMA

高等商学院教授 Richard Francis、英国兰卡斯特大学管理学教授 David Brown、国际技术管理协会（IAMOT）执委 Dominique Jolly 一起就中小企业如何在全球化环境中生存、中西方文化差异与管理进行了讨论。在另一场论题为“企业：转型·创新”的对话中，围绕主持人北京外国语大学国际商学院副院长宋泽宁提出的企业转型创新与国际化论题，三一重工总工程师易小刚、康爱特国际化工（集团）总裁侯蕲平与中国科技大学管理学院执行院长梁樑讨论了企业实施国际化、全球化过程中的管理实践，转型变革期企业的创新思路、应对之策。

（二）转型变革中的中国管理

2014 年，产能过剩、QE 退出、债务隐患、金融风险、楼市波动……多年来隐藏积累的风险，对短期和长期经济运行构成的威胁显现。中国亟待通过政企分开、转变职能、简政放权，完善制度机制，提高行政效能，推进行政机构改革，迎接一个新的稳定增长期。“中国梦”与“改革年”成为热词。2014’第二届东沙湖论坛上，全国人大常委、中国社会科学院副院长、学部委员蔡昉做了题为“中国经济新常态——供应潜力与需求平衡”的演讲。他论证了中国经济几十个季度增长减缓，低于过去 35 年平均值，是高速增长后的减速，是供应方因素造成的。硬性拉动经济增长，反而会形成泡沫，影响经济稳步发展。改革开放以来，中国经济高速发展得益于人口红利，经济新的增长应源自深化改革。改革有利于实现中国经济平衡。他在报告中论述的中国经济状况，反映的既是经济发展的需求，也是对中国管理适应时代转型变革的呼唤。

转型变革将给中国带来新一轮发展机遇。中国经济新常态、科技日新月异及新工业革命背景下的挑战和机遇、全球互联时代管理将如何创新、企业核心价值的解构与重构、民企发展持续突破的路径、商业模式的转型与创新、国企改革的方向……都是管理者们切实关心的话题。2014’第二届东沙湖论坛的主题因此被确定为“转型变革中的中国管理”。围绕这个主题，这届论坛上，全国人大常委，中国社会科学院副院长、学部委员蔡昉做了题为“中国经济新常态——供应潜力与需求平衡”演讲；中国工程院院士郭重庆做题为“互联网将重新定义管理”演讲；中国工程院院士殷瑞钰做题为“哲学视野中的工程”的报告；江苏省人才创新创业促进会会长赵永贤做题为“人才——制胜之本”的报告；西交利物浦大学执行校长、管理学家席酉民做题为“本土领导力”报告；同程网创始人吴志祥做题为“移动互联网的生死挑战”报告；美国斯坦福大学终身教授谢德荪做题为“源创新：创新管理新模式”报告；Infor 大中华区商业咨询总监鹿崇做题为“未来制造业创新技术应用”报告。

这届东沙湖论坛同样举办了两场专题对话。“互联网·全球化·管理现代化”专题对话由 VOLVO 全球董事李东辉主持，郭重庆院士，美国斯坦福大学终身教授谢德荪，SKEMA 商学院苏州校区校长、南澳大学商学院国际研究生院副院长 Laubie Li，正和岛高级副总裁、上海达橙实业有限公司董事长、香港达凯国际董事长杨云，魏德米勒亚太区总裁、普华永道原顾问宛晨五位嘉宾围绕互联时代管理和管理创新的机遇与挑战的论题展开了热烈讨论。在“转型·变革·文化创新”另一场专题对话中，研究红色管理的中国军事文化研究会主任、总参某研究所原副政委李凯城，擅长西方管理的今时代领导力机构创始人、花旗集团管理咨询原董事长兼总经理陈文芳，研究阴阳五行的观臣管理顾问有限公司董事长熊炳晨，德胜管理体系的创立者聂圣哲，本土大型跨国公司管理专家 Michael，谈及了各种不同的管理理念。中国管理文化的传承，中西方文化的碰撞，引发与会者极大的兴趣。

与首届不同的是，第二届东沙湖论坛组织召开了一个中国管理百人峰会闭门会。会上，与会的 40 ~ 50 位嘉宾围坐圆桌，就中国管理理论与实践、敬业度靠什么提高、中国文化与管理、阿里巴巴上市带来什么四个论题各抒己见，畅所欲言。

东沙湖论坛自开幕以来便引起媒体的极大关注，特别是 2014’东沙湖论坛——中国管理百人峰会。据南京敏捷企业管理研究所对新闻媒体监测和不完全统计，“中国网”对会议全程进行了视频直播，《科技日报》、“21 世纪网”等媒体发布了署名文章，转载相关消息的网站数以千计。关键词

“东沙湖论坛＋中国管理百人峰会”搜索量接近百万次；关键词“东沙湖论坛＋郭重庆”搜索量更是迅速攀升至百万次。微信平台上，含有东沙湖论坛关键词的微信公共订阅号转载量达到四五百个，含有《管理蓝皮书》关键词的微信公共订阅号转载量近两百个。

综上所述，东沙湖论坛上，管理大师们的一篇篇文章笔酣墨饱，所涉及的管理理论、管理实践广博高深；一场场报告辞丰意雄，涵盖的内容博洽多闻。为使读者明白易晓，下面对两届东沙湖论坛专家学者的大会演讲、闭门会发言和对话分门别类地进行概述。

二　来自管理科学前沿的冲击波

改革开放初期，大量西方管理学译著、文章、评述一拥而入，国人开始如饥似渴地学习国外管理。之后，在国际讲坛上，中国管理者在演讲中所涉及的理论和方法套用的多是西方的；所用的管理热词、国际流行语多是“舶来品”。在国外发表的论文也多是西方管理学理论体系的延伸，或中国本土的一些应用。中国有独特、优秀的历史传承，有对整个人类具有借鉴意义的管理历史。如何从牵涉面甚广的管理领域中筛选出最值得研究的课题？怎么从汗牛充栋的中国历史古典中寻觅、梳理出古为今用的管理思想？怎样从浩如烟海的中国管理实践中总结、归纳出具有中国特色的管理理论？两届东沙湖论坛上，多位著名管理大师鞭辟入里地发表了见解。

（一）九个值得研究的中国管理问题

中国工程院院士、原国家自然科学基金管理科学部主任郭重庆总结出九个值得研究的中国管理问题。

1. 竞争性领域国家创新体系可否拓展为全球开放创新体系

自主创新是国家发展的核心战略。从内生的、封闭的自主创新到联盟式、合作式的协同创新，再到无边界、平台型的开放式创新是一个技术发展的规律。开放型的创新将是一个主要选择，整合者得天下，单打独斗式的创新不符合科技发展的潮流。自主创新与国际合作是相辅相成的，唯有自主创新，才有国际合作的基础，有了国际合作，才能提升自主创新的水平。应警惕民族主义的泛化。

2. 符合中国情景的企业治理结构的研究

中国模仿英美模式，以股东为中心的企业统治，是否合适？应探索企业治理中的员工地位问题。毛泽东的“鞍钢宪法”是否有现实意义？国企，特别是央企的治理结构该到有个说法的时候了，学者们大有作为。

3. 中国企业的重新定义研究

企业的定义因不同的经营理念有不同的表述，中国企业的定义是什么？理想的企业概念，应该是不再以追求利润为唯一目的；人的价值高于物的价值；共同的价值高于个人的价值；用户的价值高于公司的价值；实现企业利益、社会利益、员工利益一体化。可否建立一个中国的企业评价指标体系，以指引中国企业的健康发展，并试试对中国的500强企业做个评估。

4. 中国社会建设的架构及路径研究

社会发展、社会建设、社会管理的提出是对中国经济与社会发展失衡的反思。服务型政府、社会企业和社会公共组织——包容性社会建设的三方共建模式将浮出水面。政府不能包办一切。现代意义上的社会管理是全民社会自己管理的社会，社会组织参与公共服务，协调社会关系，化解社会矛盾，表达公众诉求，实际上是政府行政改革的基础。管理学界应站在社会管理学术前沿，作出历史的贡献。

5. 对民营企业对中国经济长远发展作用和地位的再研究

不可否认经济发展初期一个强势政府的必要性。但中国行政权力的过度泛滥，必将导致权力寻租和资源配置的低效。从中国经济的长远健康发展来看，主导力量必须从政府向企业转移，特别是向民企转移。在我国新的历史发展阶段，企业家在自下而上地变革着这个社会，他们是中国崛起的操手。中国在竞争性领域微观经济结构仍偏国有，这并不是一种要素资源有效配置的选择，垄断不是一种市场化、公平化的制度安排。国企的体制性缺陷，使其无法绕开市场化、国际化转型的“坎”，中国国企的强势能保持多久是被普遍关注的一个问题。

6. 中国经济与社会服务转型路径的研究

中国当前最紧迫的问题：经济发展转型，经济结构调整，民生问题，社会建设。一句话："服务转型"。后工业化社会和服务经济不像工业社会服务以商业和运输形态为主，服务经济社会服务是以技术、知识和公共服务为主，也就是以信息服务为主，依仗信息技术的发展，一个崭新的社会经济形态呼之欲出。也就是 IT 掀开了服务业革命的大幕。愈来愈多的产品的核心价值已不是产品本身而是服务（如手机、电视），很多制造商被边缘化。

7. 中国大规模的工业化建设是否已接近尾声，后工业化社会产业结构、就业结构的研究以及如何迎接后工业化社会到来的研究

传统产业不是夕阳产业，产业的高新划分实践证明对经济增长和科技发展没有意义，政府手里没有水晶球能预知产业前景。低碳经济是一个绕不开的挑战。制造业是人类登峰造极的工业化的核心，它极大地改善了人类的物质生存条件，但带来一个失衡的、不可持续发展的难题。特别是今天，当我国一次能源消耗及 CO_2 排放总量均居世界首位，且人均一次能源消耗及人均 CO_2 排放也已超过世界平均水平时，中国国家利益和世界责任间的冲突是一个长期的现实存在，找到一个平衡点是当前一个正确的选择。中国制造业必须从产能规模扩张的发展思路上反思：中国制造业的辉煌还能延续多久？下一步如何走？可以预见的是 IT 将重新定义制造业，新的产品、新的流程、新的服务都将与 IT 有关，产品与服务的融合是大势所趋。

8. 应对劳动力等生产力要素成本上升挑战的研究

中国正处于一个转折点：廉价劳动力、廉价土地、长驱直入的全球市场将一去不复返了，中国增长的动力在哪里？

2014 年中国出现了民工荒。这印证了新古典经济增长理论的核心论点：劳动力缺乏，并受此制约，资本边际报酬递减，若没有技术进步、全要素生产率（TFP）的提高和人力资本素质的提升，经济增长将不可持续。中国劳动力短缺，出现了刘易斯拐点征兆。政府调控的货币、财政及产业政策还有多少余地？对潜在增长率的提升有多大作用？都值得商榷。这就逼得我们不

得不考虑经济会不会滞胀，不得不提防“中等收入陷阱”。

9. 应对中国经济转型挑战的路线图研究

（1）农业现代化包括农地产权流动和农业规模经营，以促进农业剩余劳动力进一步转移和提高农业劳动生产率。应对策略：促进农业现代化、工业化、城镇化并举，特别是农业现代化先行，没有农业的现代化，工业化和城镇化就不可持续，牺牲农民利益促进工业化和城镇化的路是短视的，走不到头的。难点：土地作为基本生产要素，市场化优化配置顺理成章，但农地产权流动会动摇政权基础？产业结构、就业结构已发生变化，但社会结构却落后于经济结构，这种失衡能持续吗？

（2）工业化要完成市场经济转型，需要加快开放型创新，促进技术进步，产业升级；实施教育改革，提升人力资本素质；提高全要素生产率；推进绿色发展和国企改革。难点：开放性创新（与自主创新的国策相悖）；教育改革（缺乏改革思路与动力）；国企改革（既得利益者的阻力及缺乏社会共识）。

（3）城镇化要通过提供社会均等化的卫生医疗、教育、就业服务；完善住房保障体系建设；推进基础设施建设和发展社会养老服务产业，最终消纳进城农民和提高居民消费率。难点：打破社会身份差别，实现均等化服务，突破中国城乡的二元经济格局是中国经济与社会发展的中长期目标。

2020～2030年实现农业劳动生产率与工业劳动生产率的均衡，完成刘易斯第二个拐点，实现二元经济向一元经济的圆满过渡，迈过中等收入陷阱这个坎，将是中国社会建设的一个里程碑。

（二）中国管理科学研究在经济转型中面临的挑战

随着经济的高速腾飞，经济失衡、动力不足、货币超发、通货膨胀等因素迭见杂出，中国经济增速放缓，行业产能过剩，财政收入增速回落，多年积累的债务风险显现，亟待转型与变革。与中国经济相辅相成的中国管理，面对挑战该如何做？中国工程院院士、原国家自然科学基金管理科学部主任郭重庆提出中国管理科学研究在中国经济转型中面临的三大挑战：谨防不要被国外带头大哥带偏路、传统管理方法及理论将被 IT 改写、摆脱信息泛滥而思想和知识及解决方案贫乏的困境。

1. 管理科学是致用的科学

中国管理科学研究应直面中国管理实践，突出问题意识和导向。应从问题中凝练科学问题，发现规律，解释现象，指导实践。中国管理研究队伍中真正发现规律、指导实践的人较少，多热衷于套用西方的价值和知识体系去解释中国现象，这种研究成果只能是“南桔北枳”。而我们自己的中国特色管理研究的学者们还缺乏积累与底气，问题在于没有建立起自己的知识体系和价值观。现在面临的问题是：与中国当今经济与社会伟大变革相比，中国管理科学的理论研究滞后于经济社会转型的实践，显得太苍白了。“直面中国管理实践”是当今中国管理学界面临的最大挑战！

2. IT 将重新定义管理

随着大数据时代的到来，决策不再凭经验和直觉，而是基于数据的分析和优化。一手联互联网接人类社会，一手联物联网接物质世界，一手靠社会化配置的计算服务“云”，一手靠社会化配置的专业服务“海”（海量数据的挖掘、分析、优化、决策），消费者就像用水用电那样，随时随地都获得想要的信息、解决方案。“云” + “海”可以满足人类各种各样、随时随地的个性化决策服务需求。传统管理科学那种宏大叙事，单靠思辨和定性，缺乏数据支撑，或关起门来在自己设定的参数里玩数学游戏的研究方法已走到头了，管理科学与信息技术的联手是必然趋势。管理需要重新定义。

3. 以海量数据分析支持决策信息服务

信息时代，人们淹没在海量信息中，沉浸于无序、混杂的噪声中，沉溺科学计算里，而疏于海量数据挖掘、分析、优化、决策的信息服务，缺乏一种从爆炸的信息中寻找有用资源的能力，也就是 IRKP 困境（即信息技术手段富有，但解决方案贫乏）。未来的科学技术前沿在信息分析模拟技术，提高信息处理能力，即把自然科学研究方法“模拟仿真”引入管理科学中，进行社会模拟仿真、社会计算、计算实验，模拟复杂的自然和社会现象，提高对经济危机、社会动态、商业竞争的分析预报，减少决策失误，提高管理能力。今后管理科学的研究方法可能在数据整合、案例推理、计算推演和心理行为分析四个方面。

（三）大数据环境中的管理科学问题

大数据正以一种前所未有的方式，通过对大量数据分析，获得巨大价值的产品和服务，或者深刻的洞见。国家自然科学基金委员会管理科学部主任吴启迪分析了政府、企业和科技界大数据技术与应用发展态势，大数据环境下的公共管理、商业管理和工程与制造业管理产业结构与运行模式对管理新思想和变革的呼唤，提出了大数据环境下的管理新变革和新课题。

1. 大数据环境下的公共管理变革

公共管理是大数据应用潜力最强劲、改善民生意义最显著的领域。一是医疗卫生，基于医疗大数据的共享和分析，提供针对性的疾病预防和诊疗，通过从时空状态对生老病死进行解读，解决生命科学问题；二是泛在教育，个性化教育、泛在学习和终身教育等实践，使教育领域出现革命性变革；三是公共安全，提高应急处理和自然灾害、传染疾病和食品安全等灾害防控能力，提升国防安全水平等；四是智慧城市，通过利用大数据信息，更好地理解和控制城市运营，优化有限资源使用；五是行政管理，如战略决策、政策制定和舆情分析等；六是交通与物流，利用大数据分析解决世界性大城市交通难题和网购物流管理问题等；七是合理利用现有能源，保护和改善生态环境。

2. 大数据环境下的商业管理变革

利用大数据的新型商业模式，创造新的产业空间。如零售业利用大数据关联分析，更准确地了解消费行为，挖掘新的商业模式；销售规划上通过大量数据比较，优化商品价格；运营上提高运营效率和运营满意度，优化劳动力投入，准确预测人员配置要求，避免产能过剩，降低人员成本；供应链上利用大数据进行库存、物流优化、供应商协同等工作。金融业上进行市场趋势预测、投资分析、金融诈骗识别和风险规避。

3. 大数据环境中的工程与制造业管理变革

综合运用系统工程思维方式，加强系统性创新。研发和设计新模式，客户参与设计（众包模式与客户参与设计）；通过收集、挖掘和分析整个供应链的数据，制造企业能缓和供需之间的矛盾，控制预算开支并提升服务；产品生产阶段，给制造企业大数据应用带来契机，将出现新一代仿真技术、物联网和云计算技术；维护阶段，提供新一代故障诊断与预测。

大数据科学技术与应用研究，一是多学科交叉融合，立足信息科学，探索大数据的获取、存储、处理、挖掘和信息安全等创新技术与方法，从管理角度探讨大数据对现代企业生产管理和商务运营决策带来的变革与冲击；二是技术、应用与管理并重，虽然目前呈现技术领先态势，但对管理模式的影响是显著的，相关配套政策和法律是必需的，几者应并重互动；三是社会需求拉动，基于物联网和社会化网络的大数据应用方兴未艾，特别要关注如教育、卫生、安全和政务等关系国计民生的公共事业的需求。

4. 大数据环境下的管理新课题

大数据的网络化、社会化、智慧化发展趋势，将使管理面临一系列新课题。系统科学与工程管理及相关领域需要研究大数据环境下的系统理论和方法论及其在工程管理中的应用；工商管理及相关领域，面临企业经营模式、服务模式的应变、变革与创新；公共管理及相关领域的大量需求，如医疗、卫生、教育、能源、环境和食品安全等。管理需要开展多学科交叉、多领域合作，共同探讨大数据相关科学问题，推进大数据应用发展。

（1）大数据与智慧城市。智慧城市基于物联网、云计算和大数据等新一代信息技术，能高效利用资源，降低成本、节约能源，改进服务交付和生活质量，减少环境影响，支持创新和低碳经济，让城市生活更智能。

（2）大数据与祖国传统医学。中国中医科学院通过对数千年中流传下来的中医经典著作、中医大师数十年的临床经验和海量的临床病例挖掘分析，制定中医标准术语集和规范化病例系统，对中医科学化、规范化具有重要意义。

（3）大数据与环境污染控制。在城市布局传感器网络进行 PM2.5 监控，利用大数据分析整个城市 PM2.5 浓度分布和流量趋势与空气质量、交通状况、污染程度等数据的相关性，发现 PM2.5 成因，提出具有针对性的解决方案；建立基于大数据的空气质量监测体系、空气质量评估标准、空气质量分析方法和空气质量改善方案等。

5. 大数据环境下的新需求

（1）运用并发展复杂系统科学有效解决大数据环境带来的新的科学问题，即运用复杂系统科学建模大数据环境下的网络生态环境及其协同演化机制、社会化网络环境下的系统行为机理和社会结构等。

（2）通过对宇量数据有效分析理解复杂系统，即通过大规模观察社会系统、生态系统、神经系统等，记录宇量数据，理解并预测复杂系统性能。

（3）大数据时代所带来的信息安全问题变得更为严峻。谁来保证大数据时代的信息安全？需要深入思考。

（四）哲学视野中的工程

工程是直接生产力。科学、技术与工程密切相关。中国工程院院士殷瑞钰提出，工程是在客观自然、经济社会、人文要素和信息环境下，对技术要素与非技术要素的集成、构建、运行、管理。从哲学视角看，工程活动所采用（集成）的各种技术始终围绕构建一个新的存在物的需要而展开。技术集成系统必须与特定的自然、社会条件下诸多经济基本要素，例如资源、土地、资本、劳动力、市场、环境等，互相协同作用，并通过构建和运行，形成工程系统并产生特定的、预期的功能和价值。工程是相关技术群的优化集成，具有集成统一性、协同性、相对稳定性。工程创新的重要意义在于，凸显工程创新的系统观和集成性创新，引导人们对工程系统根本性变革的关注。工程创新既要重视“突破性”创新，也要重视渐进性、积累性创新；不同背景、不同类型的工程，往往具有不同的创新特点、创新途径和创新形式，不一定是一种模式。

（五）管理也要删繁就简、简单易行

世界变得纷繁芜杂，百年管理亦变得错综复杂。管理科学和管理理论需要删繁就简、言简意赅、浅显易懂地普及和应用。中国管理科学学会学术委员会常务副主任兼秘书长张晓东为此提出易管理概念。

管理中的 e 代表信息化、网络化和生态化，易则指变易、变迁和变革。网络科技促成融合交织、关系复杂、动态多变、边界模糊的网状经济。网状经济时代，竞争边界网状交织处于动态变化之中，知识成为影响产品价格的要素，渠道成本分摊和共赢日益普遍……社会面临互联、融合、分享、自主、小众社会、生态回归的发展趋势。科技、商业、人文交相驱动推动人类不断向前，最终走向生态回归。易管理目标是求简、应变，用框架和工具、用最新科技顺应新人类。比如，新模式公司围绕数据管理与信息安全研发一整套工具和应用软件。

到 1980 年，管理学至少发展了各有侧重的十几个学派。管理新课题包括网络生态、虚实交替、创客经济、移动工作、新新人类、价值重构等。管理的本质，管 = 控制，理 = 秩序化，管理是“秩序化 + 控制”，即管理就是特定的时空条件下，配置、组织、协调、控制资源，从而有效实现目标的过程。站在管理学及其方法角度，可以从职能、功能、技能方面做一个基于管理能力的分类体系。以前大多数管理都从管理活动角度进行定义，但管理的本质还可以是面对对象的管理建模和研究。所以，再定义一次，管理就是为有效实现目标，配置、组织、协调、控制人、物、事及其之间关系的学问。对人的管理有文化管理、情绪管理、沟通管理等，对事的管理有工作管理、项目管理、流程管理等，对物的管理有产品管理、物资管理、档案管理等。企业可以放在一个生态系统中考量。企业生态系统的内生态是人，即以人为本；外生态是市场、文化、管理、产品、资金和技术，再向外扩展，则包括政治、政府、法律、客户、经济、竞争者、社会和合作伙伴。

三　新工业革命带来的震撼

（一）互联网将重新定义制造业

中国工程院院士、国家自然科学基金委管理学部原主任、中国工程院工程管理学部原副主任郭重庆通过人类正处于一个经济、社会与技术大变革时代；互联网将重新定义制造业；中国制造业产业升级的抓手可能是工业互联网；开放型创新，促进产业升级四个章节，对互联网时代管理的转型变革进行了诠释。他认为，人类正处于一个经济、社会与技术大变革时代，互联网正颠覆性地冲击着各行各业的生存命脉，历史赋予中国一次机会。可以预见，互联网将重新定义制造业，产品与服务融合是大势所趋。制造业产品将向数字化、智能化、互联化发展；在开源、开放、共创、共享的互联网思维下，企业的生存与发展将更多地依赖社会化价值创造；为实时化洞察市场，精准满足消费者需求，制造业将从纵向供应链整合转变为横向价值链、网络生态链。传统制造业企业面临的挑战是自身的人力资本及知识结构与信息化大潮要求不相符，必须在企业组织架构上进行改造。要从垂直化向扁平化（分散网络化、社会化、国际化）转型；从封闭型向开放型（制造商——供应商及生产型服务商——客户在一个平台上，生成一个外部生态创新系统）转型；从单干型向整合型（从传统企业到轻公司）转型。同时，“互联网技术+平台型”企业将成为未来制造业企业发展范式：“技术创新+商业”模式创新，制造业将进入“泛制造业时代”；自主创新与国际合作相辅相成，唯有自主创新，才有国际合作基础，有了国际合作，才能提升自主创新水平。应抛弃以生产者自我为中心，以产品为中心，以技术为中心的制造文化情结，对商业模式进行深度变革。中国制造业产业升级的抓手可能是工业互联网。中国有偌大的制造业生产能力和消费市场，中国工业互联网完全可以跨越美国抢先一步。他大声疾呼：谁来承接“中国工业互联网”的历史担当。技术创新成败的关键在于商业化，靠价值驱动，中国制造业涅槃新生呼唤一代企业家参与。

（二）未来制造业美好前景

Infor 大中华区商业咨询总监鹿崇描绘了一幅未来制造业的美好图画。未来制造业不仅会融合 3D 打印、移动办公设备、机器人、传感设备、数据库，还会采用细分行业的制造业解决方案、松散耦合的互联网技术结构、物联网技术架构、消费级的用户体验、智能化的业务分析和混合型商业云等技术。不仅能让企业通过电脑实时监控生产现场，看到最新数据和报表，还能为企业智能化制造服务。比如，智能化工厂里某台设备出问题，平板电脑上立刻发出关键部件出问题，生产马上就要停止的告警。报警后，出现问题的一台泵被锁定。随着泵的温度的上升，跟着平板电脑里三维动画的指示，工作人员很快找到损坏的泵。系统根据成本和生产关键性因素，提供更换部件或者维修的建议。如果订购原件周期很长，系统会根据性价比，投入产出比，算出对企业生产的影响值。同时，还会提出用3D打印机打印部件，换下损坏的泵先生产，等订购的原件到货后再换下来的建议。

四　互联时代的管理大变革

高科技的关键是变革。互联网效应下的成长速度非常快，微信、微博、facebook从零到上亿用户，背后是几何级数效应，网络所有参与者的平方。风雨欲来风满楼，面对即将来临的互联时代的管理变革，多位与会者侃侃而谈。

（一）互联网生态与管理变革

宏道资讯等企业创始人陈丕宏对互联网生态变化带来的管理变革进行了说明。从有文明开始，网络的形成便把人与人之间的距离拉近。最早的车同轨、书同文、烽火台就是移动的网络。网络是任何一个社会发展，传播文化、知识，构筑商业的基础。现在的网络是虚拟化的三度空间网络。如果身处三度空间时代还在进行壕沟战，跟不上员工心态、做事方法和学习状态的变化，当然不行。21世纪产业形态发生巨大变化，比如，宏道公司全世界300多员工，其中40%在家用企业社交网络，作为活动性、机动性的组织。如此一来，在办公室办公的必要性减弱。云的发展，虚拟化的结果是，携带自己的办公设备办公，多元化智慧型终端机的使用，使企业的基本运作成本降低。整个IT环境的重大变革，让不在传统工作流程中的每个人都能帮客户解决问题。企业社交化，使传统垂直管理方式变成水平动态管理。全球化体系下，不同领域、不同参与人用新的工作方式、分时的工作方式，而不是同时的工作方式参与。若能帮助全世界企业改变传统的工作和管理方式，不做无谓的拷贝，只做权限上的分享，做到更有效，一天省一个小时，全世界一年可能带来的产值达到全球GDP的2.5%。

（二）“互联网＋云”使天地人物全面网络化

互联网云时代的来临，使世界变得更加绚丽多彩。云计算、大数据、社交网络、移动互联、3D打印、Google眼镜等IT热点技术在赋予人们生活、工作新的视野、新的感受同时，也正以前所未有的速度冲刷着传统的思维和观念。中国管理科学学会学术委员会常务副主任兼秘书长张晓东举例说，世界即将全面进入机器认知的全新时代，空间宇航、深海技术，新交通工具（高速、智能），天、地、人、物等全面网络化，其中地联是指万维网，物联即物联网，天联是指云网，所谓人联，基因技术和计算机技术的结合，会带来人联，如眼神传递数字化信息。比如，读心术、人体密码、回收能量、数字鸿沟、变废为宝等技术都在迅速发展。再如，量子科技，生命科学与技术。可大胆假设，未来将从物的人化到人的物化，人体器官的可修复和可替换，这将是一个更加巨大的变化。网状经济时代已经到来。例如，复制成本趋零。B2B和B2C不再严格区分，顾客和对手网状分布，产品定位复杂；竞争边界网状交织并处于动态变化之中；企业的顾客和竞争对手多元化，今日竞争对手或是明日的合作伙伴，顾客可同时成为企业的资本。知识成为影响产品价格的要素，隐性功能可能显性；低于成本出售甚至免费都成为可能乃至风潮，发展空间巨大；渠道成本分摊和共赢日益普遍等。

（三）互联网引发金融革命

这几年，中国企业的发展突飞猛进，华为、阿里巴巴等一批在国际获得很高声誉的企业，尤其让海外人士惊讶。阿里巴巴是外资，华为是民资，中国各种所有制企业都开始在世界崛起。虽然它们的发展与资本所有制有一定关系，但中国的突破是全方位的突破。各个行业、不同所有制企业都在国际上有很强的声音，也从另一个侧面反映中国管理理论远远落后于实践的问题。中国企业管理实践远远走在企业管理理论之前，是毋庸置疑的。中国银行战略发展部业务经理、研究员王志锋认为，中国管理理论落后于实践，有从计划经济到市场经济转型中，中国企业层次不一、发展各异的原因。互联时代不仅 GDP 总量要转型，更重要的是社会组织结构需要重新构造。信息时代与工业时代的组织、管理模式区别很大。西方两百年形成的一整套完善的管理思想、体系、流程、理念，是与工业化社会体系配套的。信息社会正处于转型变革中，互联网电子商务在中国发展速度惊人。2010 年前后，大家论及互联网金融必谈美日欧经验。搞了两年发现，他们没什么经验可谈了。中国互联网金融企业有了上千家，支付宝、余额宝完全颠覆了整个传统银行业。中国企业跨国运作需要国际化管理体系和梯队作支撑。正是有了这么多的变化，我们的管理成就多，毛病也多，冲突也多，确实到了该变革的时候了。

五　东西方思想的大碰撞

（一）东西方人际关系的差异

英国兰卡斯特大学管理学教授 David Brown 对全球化进程中中国的人际关系和人际网络进行研究后认为，“关系”是一个很中国的概念。在中国大部分关系网是个人和个人之间的关系。中国的关系网主要是建立在社会人群地位和层次上。企业主和高管之间的个人关系和网络很大程度影响了企业的发展。东方关系比较深，侧重人和人，西方没那么多、那么深。但西方关系网不同，人与人之间的关系没那么复杂。西方社交网、关系网是企业之间的社会架构。欧洲大部分中小企业的关系是为了达到共同目标而建立的商业关系，没有一个很长的时间限定。而中国的关系很长久。中国人际关系网非常牢固，且没有终结点，很难把关系放下，跟他人建立新的关系。建立新的关系网需要花费大量资源。强大的关系网不利于公司和新的机构发展新的关系，这是弱点。西方所有关系都在不停变化且很公开，总是不断建立新的关系。在中国则很难。中国中小企业要在管理和生产上改革，需要寻找新的来源和尊严。所以，中小企业要变革，很重要的是要进行组织系统改革和社交人际关系的扩展。

（二）走出国门的中国企业面临的挑战

国际技术管理协会（IAMOT）执委 Dominique Jolly 将外资直接投资分为两种：一是来自日本、美国和欧洲等国家的现金投入，这些外资投入从改革开放开始到现在大约每年 1 亿欧元。一是中国到南美洲、欧洲和北美洲等地区的投入。中国对外投资从 1978 年的零，到现在几亿几亿速度增长，一直持续到 2006 年，2006 年是个结点，增长到了 1 亿元人民币。这是一个新现象，以前从来没有过中国对外大量投资。全球化挑战一是员工，中国的管理人才在美国也能同样工作。如果到法国发展，要找到熟悉法国语言，理解法国文化的员工。还有一个挑战是商标。中国有很多驰名商标。但是欧洲是否知道阿里巴巴、东风和腾讯？要想让国外都知道，就需要大量的投资，要创新机构和产业链。

（三）国际化是企业持续发展的动力

过去中国工程机械制造业落后，现在基本上完成追赶过程。目前，三个欧洲处于前三位的公司已被三一重工和中联重科收购。2012 年下半年，国家宏观经济调控，特别是基础设施建设调控，把工程机械行业带入寒冬。三一重工总工程师易小刚分析认为，企业持续增长之路就在国际化。一个企业怎样走出国门，我们把国际化作为很重要的转型，定位为二次创业。国际化碰到的问题，首先是文化背景怎么解决。三一重工国际化一是收购，二是本土化，收购后基本都用原班人马。中国企业家的优势是国内天时地利人和，有庞大的国内市场。但在国际化市场，人口红利没有了，工资水平与国际的差别很小。Made in China 的国际地位很低。中国品牌知名度的提高要靠国人共同努力。

康爱特国际化工（集团）总裁侯蕲平对精细化工业发展的三个阶段进行了分析。第一阶段是20世纪80年代早期，当时产品匮乏，反应迅速就能赢；第二阶段是市场扩张，在中国所有县都有化肥厂、化工厂时期，具有全国销售能力才能存活；第三阶段是目前的转型期。经过30多年发展，人力资本增加了，化工原料不便宜，能源和运输费抬高了，中国还有竞争力吗？中国企业在世界舞台上能否保持竞争力，就在这一轮转型升级上。中国市场面临第三次洗牌。一是从过去多用人，到现在通过引进欧美关键设备提高效率。中国产业集群建立起来后，国外很多自动化设备部件用的是中国的。我们已有自动化条件，现在的关键是以自动化扩大产能，减少人员成本，提高效率。二是整合，行业整合是未来5~10年中国企业效率提高超越成本增速、价格下滑速度的保证。此外，国际化进程中，我的企业同样当地企业用当地人，人是最重要的。收购国外企业不仅要有产品、结构战略相关度和整合意图，还要有人去做。用原来的班子，根据产品在市场的独特性衡量中西染缸里哪种颜色更多一点。全世界跑多了会发现，全世界感情都一样，交流的基本逻辑都一样。关系怎么形成？就是接受它的文化。

六　科学管理的新思考

管理最需要解决某个风险点、关键点面临两难抉择时，怎么迅速决策。英国利物浦大学副校长、西交利物浦大学执行校长席酉民以日本核泄漏为例，对环境的不确定性进行了以下研究：一是核电站下一步如何发展，产生什么影响不确定；二是核泄漏对人类生存造成哪些影响不清晰；三是关键要素数量增多，超出人类认知极限，不知道因果关系和规律；四是事物变化难以捕捉。未来管理世界的不确定性（U）、模糊性（A）、复杂性（C）和快变性（C）四大特征简称UACC，所带来的挑战：第一，复杂性会造成管理系统要素及其间关系认知的局部性，造成管理者机制设计不完备，降低管理达到目标能力。第二，快变性使组织目标和战略难以保持稳定持续，缩小了人为干涉空间。第三，环境不确定性造成未来不可预测性使组织目标难以制定，组织成员行为不确定性造成行为不可控制，导致人为操作过程不可设计。第四，模糊性下因果链条不清晰增加了管理机制设计困难，使管理者无从下手干涉组织过程。

和谐管理理论的首要任务是在特定环境、组织和领导情境下，辨识对执行阶段性战略目标最关键的和谐主题。围绕主题实现“谐则”，以行为路线的事先规定和安排，形成相对确定性下的理性设计和优化的控制机制，解决通过制度、流程、结构达到组织投入要素的协调匹配和整体优化，使员工行为遵照组织设计的既定路线。“和则”的核心是“能动致变的演化机制”，解决的是依据行为主体的智能特点，在组织中营造氛围，搭建人能发挥作用的平台，影响行为主体选择组织所期望的行为，最终使组织自主根据环境变化适应和调节。“谐则”的核心是“优化设计的控制机制”，对相对确定的企业的核心模块，根据逻辑体系优化设计。和谐管理理论的整合思路是“愿景导向、主题为核、和谐互动和领导耦合”，有四个步骤：首先，通过愿景和主题解决 UACC 的导向问题；其次，将已有的管理理论按遵循的规则和逻辑分为“谐则”指导下的“优化设计的控制机制”与“和则”指导下的“能动致变的演化机制”；再次，将管理挑战、问题与这两种机制通过愿景、和谐主题与和谐耦合联结起来，形成一个整合管理理论的逻辑框架和程序；最后，分析这个整合程序中的关键要素，即领导者的作用和要求。“和谐耦合”体现“和则”与“谐则”围绕主题在不同条件下、不同层次间的相互作用、相互转化及系统整体的涌现特性。包含策略性思考、程序及步骤思考、文化及人际思考的系统性思考，是一个不间断的螺旋式推进过程。UACC 需要进一步研究战略、领导、模糊性、智慧和顿悟。研究难题包括：选择性注意、主题识别，自主管理与能动性释放，二（多）元性互动与耦合，整体性研究方法。

七　中国文化与管理的对话

（一）喝酒、商业环境、信仰与文化认同

转型·变革·文化创新最重要的是创新文化。一项调查数据表明，中国与美国企业家健康分值分别为51分和73分。今时代领导力机构创始人、花旗集团管理咨询原董事长兼总经理陈文芳分析说，有人认为，分数低的原因是酒文化，不喝酒不能做生意。通常讲管理追求绩效是三流的事，追求团队卓越是二流的事，最重要的是追求文化。有人认为，现有商业环境中擦边球太多，不像美国规则那么清楚，致使做生意很辛苦。还有人认为，中国没有信仰。信仰是天人合一的桥梁，失去这个桥梁，就会带来不安全感、恐惧感。酒文化、商业环境、信仰都与文化有关，由此看出文化的重要性。举一个例子。花旗CEO听取一位年轻人建议，将原来申领信用卡半个月到一个月，改为当场签发。这是由于文化允许这种创新，才避免了提议被扼杀在摇篮里。也是所有部门都认同这种创新，才会同心协力促使成功，这就是文化的力量。正是文化的力量，才使花旗员工即便被允诺高工资、好头衔，也不跳槽的原因。

（二）太极与管理

观臣管理顾问有限公司董事长熊炳晨以太极思想说明中西方管理不存在对立面，可以相互融合的道理。中国文化非常深刻。太极是中国文化的根源。太极生阴阳，阴阳生两仪，两仪生四象。阴阳五行中，阴与阳相生相克，即阴在阳之内，不在阳之背。阴生阳，阳生阴，阴中有阳，阳中有阴，它们之间互相联动会出现三，三在中国古代代表多，无穷变化。五是阴阳五行学里五行的概念，即金水木火土。对应儒家思想的，这个五德也是五个循环、五种力量。比如，金是收放力；水是行动力；木是舒张力；火是礼敬、礼貌、尊敬；土是诚信。五行五力本身是一个闭环系统，从生到克形成一个圆环。文化创新必须从企业家个体能量中提取文化基因。文化创新就是企业

创始人本人的人格内置中有一种基因，把这个基因挖掘出来，进行优化、发展、管理，会形成一种文化。三年入门，五年入行，十年入道。一个没有经过十年沉淀的企业家，谈文化有些牵强。文化需要积淀，经过五年考验，五年正好是五行精神文化汇于一处，之后就进入思考。思考沉淀到位了再发展，十年后即可入道。又回到一，一就是太极。但太极不是道，真正的道是无极，无极生太极。

（三）好的文化要与组织适配

本土大型跨国公司管理专家 Michael：管理就是管人制事。说到管理，自然要提到计划、控制、预算、监控。新时代，大家不愿意被整合，不喜欢整合制约。更多的应该是聚合，打造真正的生态系统。要做成一个生态系统，不管古为今用也好，洋为中用也罢，物质会枯竭，唯有文化生生不息。好的文化或包容性最好的文化就像做生物工程那样，需要把最优秀的遗传基因识别出来，然后进行拼接，再根据组织本身的实际情况适配。好的种子只有找到适合的土壤，才能绽放出艳丽的花朵。很多优秀企业的成功并不是可以完全复制的。“力出一孔”，力是力量的力。世界上最柔软的是水，但水又是最强大的。水蒸气甚至能把几十吨重的火箭推上天去。我们常感觉文化很软，但与中国管理暗合了，文化是最难被衡量和评估的，最终还是要找到符合自己的东西。

（四）文化转型中的文化逆转心

德胜管理体系的创立者聂圣哲：中国理发剪很便宜，外国理发剪经久耐用，还不夹头发，尽管价格比中国剪高 18 倍，甚至 60 多倍，理发师仍愿意购买。这是文化转型中出现的文化逆转心。中华民族原来做事很认真，改革开放后变得浮躁起来。我们做不出指甲钳除了标准外，还有精密制造问题。中国制造做不了中国精造，复兴中国梦很难实现。我们要学美国的开拓，德国的严谨，日本的细致，把这些学会了，我们的制造业、互联网所有的一切，包括中国文化的复苏都有了。

（五）文化创新与文化落地

中国军事文化研究会主任、总参某研究所原副政委李凯城：比文化创新更基本的问题是文化落地。很多企业都有厚厚一本企业文化手册，但并不被员工认同。怎么让文化落地又同时实现文化创新？学科学管理，包括流程管理、质量管理，要向国外学，我们确实有差距。但要学文化管理，不妨回头看看毛泽东。毛泽东把一支以一字不识的农民为主的军队，打造成一个打不垮、拖不烂、战无不胜的铁军，最主要的是思想建军。人的行为受思想支配，把思想管住了，人的行为就管住了。毛泽东管思想的一整套理论体系、一系列具体方法、概括的原则和规律比西方行为科学、企业文化更细、更实用。

八　转型创新与管理变革

（一）源创新让“雪球”滚得更大

美国斯坦福大学终身教授谢德荪将创新分为始创新、流创新和源创新三种。始创新是创造新科技、新产物。商业创新则是旧东西创造新价值。每个人都需要的价值再做得好一点，叫流创新。流创新变成红海竞争，只有拼价格。研发成本越来越高，做新东西越来越难，收益越来越少，最终无论什么行业，流创新都会停止，只有创造一个完全新的价值，即源创新。源创新往往需要很多其他配合，形成一个“生态系统”。每个行业，每件事有很多人在做，价值才能体现出来。比如，科技发展有了汽车，就不用马了。但开始的汽车没有价值，之后有了路、加油站、餐饮及其他配套，汽车的价值就会提高，变成一个生态系统。一个源创新可以拉动十个流创新。汽车形成车产业链、路产业链、加油站产业链几个价值链，这些产业链把汽车产业链拉动起来。源创新不是打造一个产品，而是打造一个新概念、新生态系统，将一群人各自的资源整合起来，提供一个新的价值理念，大家共同获利。越多的人加入提供的价值越高。比如，小米的新理念叫“为发烧而生”的智能手机。60 万发烧友参与开发改进。因为没有中间渠道，手机价格较低，刚开始不用来赚钱，而是把所有发烧友结合在网络上，做一个两面市场。一面是发烧友，提供娱乐、音乐等内容。在这个群体上建立一个网上社交，再销售相关产品和服务。小米与麦当劳相同之处在于，麦当劳找的是想做老板的人，是一个小团队。小米是找手机发烧友，发烧友也有朋友，买了手机后口口相传，品牌就打出来了。

（二）生死决战带来管理变革

同程网创始人吴志祥描述了 2014 年底，在手机商与旅游网站发生的那场激烈的市场比拼中，同程网差一点兵败麦城，最终起死回生的过程。对这场移动互联网挑战他总结为：第一，竞争既然不可避免地发生了，尽最大努力，做好每一件事情，就有生还希望。第二，移动互联网时代，不仅要细分市场第一、行业市场专一，还要让品类在人们心目中占据一个位置，才能存活下来。第三，扁平化管理非常重要。整个公司的任何决策从具体做事的人到最高决策者，绝对不能超过三个层级：产品经理、事业部 CEO、总办。第四，管理者与被管理者形成相互成就的关系。管理者在提供事业发展平台，让被管理者实现梦想的同时，也成就了企业和团队的梦想。互联网时代人才变得更加值钱，管理方式也必须随之而变。

九　新期望、新征程

（一）中国管理要有更强自信

东沙湖论坛开局不错，言其成功，尚为时过早。国家教育咨询委员、中国管理科学学会会长、中国科学院原党组副书记、中国科学技术大学原党委书记郭传杰认为，论坛，一要看影响力，二要看持续性，而持续性更难、更重要。影响力取决于真知灼见，大思想、真见地；持续性要靠合适的机制与耐性。

新一轮科学技术革命正山雨欲来风满楼，以互联网、3D 打印、分布式能源等为代表的新技术风靡全球，世界经济发展格局必将发生深度调整。我国经济发展正步入新常态，从结构到形态都将发生深刻变革。随着资源、环境压力的增大，发展不平衡造成的社会矛盾愈显复杂，经济管理和国家、社会治理一系列新的问题亟待解决。需求是学科发展的主要动力，互联网时代的管理将发生革命性变化。许多事关时代特征、事涉国家命运的大课题，正陆续摆到管理学界面前，无不需要充满智慧的深刻思考和管理创新。巨大的需求必将为管理科学带来空前的发展机遇。

近年来，中国管理学者和业者怀揣的愿望和梦想就是：该是我们从学习、引进，到创造、建立具有我国特色的现代管理科学体系的时候了，中国管理科学也该在国际管理科学领域发出自己的声音了。这是必需的，因为管理不可能脱开自己的文化渊源和实践基础；这是必然的，因为我们拥有丰厚的文化土壤和实践经验。中国管理科学学会任重道远。在这种形势下应运而生的东沙湖论坛，也任重道远。

（二）中国管理研究要持之以恒

中国工程院院士、中国管理科学学会学术委员会主任李伯虎在总结东沙湖论坛取得的成果后，对管理学界提出殷切期望。全球化、网络化时代，科技飞速发展，社会加速变迁，全球相互依存程度空前加深，中国管理科学技术的发展必须立足中国，放眼世界，开放合作；中国管理科学技术的发展必须实施创新驱动发展战略，直面中国现实问题，将管理科学技术创新研究与我国各领域管理的发展战略、管理文化、商业模式、财务模式及组织方式与管理制度等的创新实践紧密融合，深入研究中国各领域管理的历史、现状和未来，重视对政府调控与市场经济相结合的实体经济管理研究，努力促进科技与经济的结合，走出具有中国特色社会主义的管理科学技术自主创新之路；管理科学技术融合了哲学、经济学、系统学、运筹学、数学、信息学等科学技术，是研究解决社会、经济、工程、企业等领域管理问题的一门综合性科学技术。中国管理科学技术要高度重视世界科技的新发展，注重跨学科、多领域合作，重视在管理科学技术中融入新兴信息科学技术，如大数据、云计算、建模与仿真、高性能计算、智能技术、物联网、互联网等，在深刻的实践与思考中实现新的整合与超越，既做到继承性创新，又做到开拓性创新，以适应管理信息化、服务化、智能化、绿色化发展趋势，为我国经济增长方式转型，城镇化、工业化、信息化、农业现代化同步发展作出贡献。

Abstract

2014 was the first year of "deepening reform", the major reform programs have been introduced, China's economic development has entered a new norm, with the introduction of the national five - year plan of thirteen, and the implementation of Internet plus, Made in China 2025, One Belt And One Road, such as the national development strategy, the management science of China will usher in a new challenges and development. "Bluebook of Management" is the annual research report on the development of Chinese management, based on China's management practice and innovation in the topic, at home and abroad to share management ideas and experience.

General Report based on the analysis of global development and human deep integration of Internet by combining with the annual management hot, this paper expounds the global Internet which has become a major feature of the contemporary era, and bring the changes and challenges for China, management and the management of China , also for the future of China's management. Management science and technology articles expound the social transformation of the Internet plus, the wisdom of the management of innovation, ideas, and innovation of ecological research. The management practice of sharing enterprise management innovation of new ideas and new methods, and management innovation based on mobile Internet technology. In the management of education, combined with the future development trend of Chinese business school, from the aspects such as education idea, training mode and operation mode are prospected for the future development of MBA education. Management consulting, the article analyzes the present situation and the tendency of the development of Chinese management consulting industry.

The Fourth Plenary Session of the 18th CPC Central Committee proposed the overall goal of comprehensively promote the rule of law, a major task, the book in thematic papers according to rule of Chinese management and innovation, analyzed with the improvement and standardization of the construction of the legal system, how to realize the innovation of Chinese management, government and enterprises actively as requirements in national governance, rule of law and modernization.

This book reflects the 2015 China's new hot spots, the new trend, the new application of management development, content-rich, relevant and accurate data, and has the guidance and reference for the research of Chinese management scholars and entrepreneurs.

Keywords: Chinese Management; Internet; Globalization; Innovation; Management Education; Management Practice; Governing the Country by Law

Contents

B I General Report

Abstract: Based on the analysis of global development and the deep human integration initiated by the Internet , as well as the annual management hot spots, this paper expounds the global Internet which has become a major feature of the contemporary era and brought about the changes and challenges for China, the management of China , and the future of China's management.

Keywords: Globalization; Internet; Management of China

Abstract: This paper analyzes the current situation of the management and development of China from two perspectives of academic and practical in 2014 – 2015. The Academic perspectives include academic achievements, periodicals, scholars, universities, research institutions, scientific and technological funding. The practice is to investigate and analyze the management practices, management innovation, scientific and technological awards, in order to understand the practical situation of enterprises in 2014 -2015. This paper also makes a statistic analysis on the management of related words.

Keywords: Management of China; Academic; Practice; Statistics; Hot Words

B II Management of Science and Technology

Abstract: Internet plus is to use Internet technology (mobile Internet, cloud computing, big data, Internet of things) with the internet ideas of openness, equality, cooperation, sharing to transform traditional industries, economy and society, thus to create an open, fair, sharing and co-competing economic society of sustainable development. "Internet plus" is a destructive innovation. The process is not easy, even painful and confrontational, but it will lead us into a new economic society.

Keywords: Internet Plus ; Innovation ; Change; The Internet Economy

Abstract: On the basis of explaining smart cloud manufacturing, this article discusses the changes and demands it brings about in management, and clarifies the implication, model, procedure and core component of smart cloud management. It also expounds on the supporting technology of smart cloud management, introduces some cases of implementing such management and illustrates the direction of future development.

Keywords: Smart Cloud Manufacturing; Smart Cloud Management; Supporting Technology; Industry Chain

Abstract: The article focuses on the thoughts of Sun Zhongshan from the view of modern human resource management. The HRM thoughts of Sun Zhongshan mainly include three parts: tapping human resource through the development of education; making the best use of human resource through the incentive, reform of distribution system and better working environment; emphasizing the importance of knowledge. We analyze the HRM thoughts of Sun Zhongshan not only to cherish the memory of this great pioneer of our time but to open up a new prospect as well.

Keywords: Sun Zhongshan; Human Resource Management; Education

Abstract: In the era of informatization and globalization, economic and social development confronts many complexities and changes. Management science, with a century's development, is now faced with a significant reform, namely transforming from a matter – centered philosophy which adjusts people to matters and focuses on managing matters to a people – oriented philosophy. A series of theoretical questions need to be firstly answered for good management of people. For example, is it to manage people's behaviors, mentality or thoughts? Is it to control people, satisfy people or cultivate and develop them? And how do we educate, impact and change people? This article elaborates on the understanding of Chinese Communist Party leaders represented by Comrade Mao Zedong to the foregoing questions, and introduces some laws, methods and working mechanisms related to ideological management summarized by the Communist Party and

权威·前沿·原创

社会科学文献出版社

皮书系列

2015年

盘点年度资讯　预测时代前程

社会科学文献出版社 学术传播中心 编制

社会科学文献出版社
SOCIAL SCIENCES ACADEMIC PRESS (CHINA)

社会科学文献出版社成立于1985年，是直属于中国社会科学院的人文社会科学专业学术出版机构。

成立以来，特别是1998年实施第二次创业以来，依托于中国社会科学院丰厚的学术出版和专家学者两大资源，坚持“创社科经典，出传世文献”的出版理念和“权威、前沿、原创”的产品定位，社科文献立足内涵式发展道路，从战略层面推动学术出版五大能力建设，逐步走上了智库产品与专业学术成果系列化、规模化、数字化、国际化、市场化发展的经营道路。

先后策划出版了著名的图书品牌和学术品牌“皮书”系列、“列国志”、“社科文献精品译库”、“全球化译丛”、“全面深化改革研究书系”、“近世中国”、“甲骨文”、“中国史话”等一大批既有学术影响又有市场价值的系列图书，形成了较强的学术出版能力和资源整合能力。2014年社科文献出版社发稿5.5亿字，出版图书1500余种，承印发行中国社科院院属期刊71种，在多项指标上都实现了较大幅度的增长。

凭借着雄厚的出版资源整合能力，社科文献出版社长期以来一直致力于从内容资源和数字平台两个方面实现传统出版的再造，并先后推出了皮书数据库、列国志数据库、中国田野调查数据库等一系列数字产品。数字出版已经初步形成了产品设计、内容开发、编辑标引、产品运营、技术支持、营销推广等全流程体系。

在国内原创著作、国外名家经典著作大量出版，数字出版突飞猛进的同时，社科文献出版社从构建国际话语体系的角度推动学术出版国际化。先后与斯普林格、荷兰博睿、牛津、剑桥等十余家国际出版机构合作面向海外推出了“皮书系列”“改革开放30年研究书系”“中国梦与中国发展道路研究丛书”“全面深化改革研究书系”等一系列在世界范围内引起强烈反响的作品；并持续致力于中国学术出版走出去，组织学者和编辑参加国际书展，筹办国际性学术研讨会，向世界展示中国学者的学术水平和研究成果。

此外，社科文献出版社充分利用网络媒体平台，积极与中央和地方各类媒体合作，并联合大型书店、学术书店、机场书店、网络书店、图书馆，逐步构建起了强大的学术图书内容传播平台。学术图书的媒体曝光率居全国之首，图书馆藏率居于全国出版机构前十位。

上述诸多成绩的取得，有赖于一支以年轻的博士、硕士为主体，一批从中国社科院刚退出科研一线的各学科专家为支撑的300多位高素质的编辑、出版和营销队伍，为我们实现学术立社，以学术品位、学术价值来实现经济效益和社会效益这样一个目标的共同努力。

作为已经开启第三次创业梦想的人文社会科学学术出版机构，2015年的社会科学文献出版社将迎来她30周岁的生日，“三十而立”再出发，我们将以改革发展为动力，以学术资源建设为中心，以构建智慧型出版社为主线，以社庆三十周年系列活动为重要载体，以“整合、专业、分类、协同、持续”为各项工作指导原则，全力推进出版社数字化转型，坚定不移地走专业化、数字化、国际化发展道路，全面提升出版社核心竞争力，为实现“社科文献梦”奠定坚实基础。

社长致辞

我们是图书出版者，更是人文社会科学内容资源供应商；

我们背靠中国社会科学院，面向中国与世界人文社会科学界，坚持为人文社会科学的繁荣与发展服务；

我们精心打造权威信息资源整合平台，坚持为中国经济与社会的繁荣与发展提供决策咨询服务；

我们以读者定位自身，立志让爱书人读到好书，让求知者获得知识；

我们精心编辑、设计每一本好书以形成品牌张力，以优秀的品牌形象服务读者，开拓市场；

我们始终坚持“创社科经典，出传世文献”的经营理念，坚持“权威、前沿、原创”的产品特色；

我们“以人为本”，提倡阳光下创业，员工与企业共享发展之成果；

我们立足于现实，认真对待我们的优势、劣势，我们更着眼于未来，以不断的学习与创新适应不断变化的世界，以不断的努力提升自己的实力；

我们愿与社会各界友好合作，共享人文社会科学发展之成果，共同推动中国学术出版乃至内容产业的繁荣与发展。

社会科学文献出版社社长

中国社会学会秘书长

2015 年 1 月

皮书起源

"皮书"起源于十七、十八世纪的英国，主要指官方或社会组织正式发表的重要文件或报告，多以"白皮书"命名。在中国，"皮书"这一概念被社会广泛接受，并被成功运作、发展成为一种全新的出版形态，则源于中国社会科学院社会科学文献出版社。

皮书定义

皮书是对中国与世界发展状况和热点问题进行年度监测，以专业的角度、专家的视野和实证研究方法，针对某一领域或区域现状与发展态势展开分析和预测，具备权威性、前沿性、原创性、实证性、时效性等特点的连续性公开出版物，由一系列权威研究报告组成。皮书系列是社会科学文献出版社编辑出版的蓝皮书、绿皮书、黄皮书等的统称。

皮书作者

皮书系列的作者以中国社会科学院、著名高校、地方社会科学院的研究人员为主，多为国内一流研究机构的权威专家学者，他们的看法和观点代表了学界对中国与世界的现实和未来最高水平的解读与分析。

皮书荣誉

皮书系列已成为社会科学文献出版社的著名图书品牌和中国社会科学院的知名学术品牌。2011 年，皮书系列正式列入"十二五"国家重点出版规划项目；2012~2014 年，重点皮书列入中国社会科学院承担的国家哲学社会科学创新工程项目；2015 年，41 种院外皮书使用"中国社会科学院创新工程学术出版项目"标识。

经 济 类

经济类皮书涵盖宏观经济、城市经济、大区域经济，
提供权威、前沿的分析与预测

经济蓝皮书

2015年中国经济形势分析与预测

李　扬 / 主编　　2014 年 12 月出版　　定价 :69.00 元

◆　本书为总理基金项目，由著名经济学家李扬领衔，联合中国社会科学院、国务院发展中心等数十家科研机构、国家部委和高等院校的专家共同撰写，系统分析了 2014 年的中国经济形势并预测 2015 年我国经济运行情况，2015 年中国经济仍将保持平稳较快增长，预计增速 7% 左右。

城市竞争力蓝皮书

中国城市竞争力报告 No.13

倪鹏飞 / 主编　　2015 年 5 月出版　　定价 :89.00 元

◆　本书由中国社会科学院城市与竞争力研究中心主任倪鹏飞主持编写，以“巨手：托起城市中国新版图”为主题，分别从市场、产业、要素、交通一体化角度论证了东中一体化程度不断加深。建议：中国经济分区应该由四分区调整为二分区；按照“一团五线”的发展格局对中国的城市体系做出重大调整。

西部蓝皮书

中国西部发展报告（2015）

姚慧琴　徐璋勇 / 主编　　2015 年 7 月出版　　估价 :89.00 元

◆　本书由西北大学中国西部经济发展研究中心主编，汇集了源自西部本土以及国内研究西部问题的权威专家的第一手资料，对国家实施西部大开发战略进行年度动态跟踪，并对 2015 年西部经济、社会发展态势进行预测和展望。

中部蓝皮书

中国中部地区发展报告（2015）

喻新安 / 主编　　2015 年 7 月出版　　估价 :69.00 元

◆　本书敏锐地抓住当前中部地区经济发展中的热点、难点问题，紧密地结合国家和中部经济社会发展的重大战略转变，对中部地区经济发展的各个领域进行了深入、全面的分析研究，并提出了具有理论研究价值和可操作性强的政策建议。

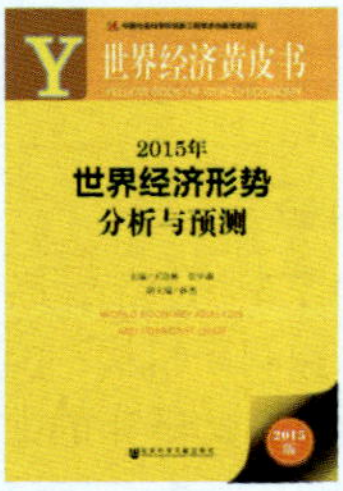

世界经济黄皮书

2015 年世界经济形势分析与预测

王洛林　张宇燕 / 主编　　2015 年 1 月出版　　定价 :69.00 元

◆　本书为中国社会科学院创新工程学术出版资助项目，由中国社会科学院世界经济与政治研究所的研创团队撰写。该书认为，2014 年，世界经济维持了上年度的缓慢复苏，同时经济增长格局分化显著。预计 2015 年全球经济增速按购买力平价计算的增长率为 3.3%，按市场汇率计算的增长率为 2.8%。

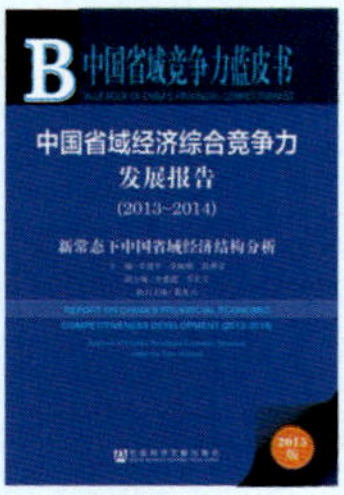

中国省域竞争力蓝皮书

中国省域经济综合竞争力发展报告（2013~2014）

李建平　李闽榕　高燕京 / 主编　　2015 年 2 月出版　定价 :198.00 元

◆　本书充分运用数理分析、空间分析、规范分析与实证分析相结合、定性分析与定量分析相结合的方法，建立起比较科学完善、符合中国国情的省域经济综合竞争力指标评价体系及数学模型，对 2012~2013 年中国内地 31 个省、市、区的经济综合竞争力进行全面、深入、科学的总体评价与比较分析。

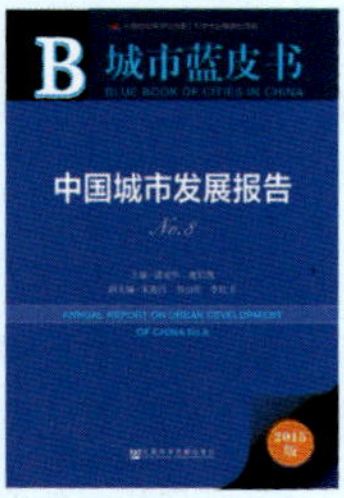

城市蓝皮书

中国城市发展报告 No.8

潘家华　魏后凯 / 主编　2015 年 9 月出版　　估价 :69.00 元

◆　本书由中国社会科学院城市发展与环境研究中心编著，从中国城市的科学发展、城市环境可持续发展、城市经济集约发展、城市社会协调发展、城市基础设施与用地管理、城市管理体制改革以及中国城市科学发展实践等多角度、全方位地立体展示了中国城市的发展状况，并对中国城市的未来发展提出了建议。

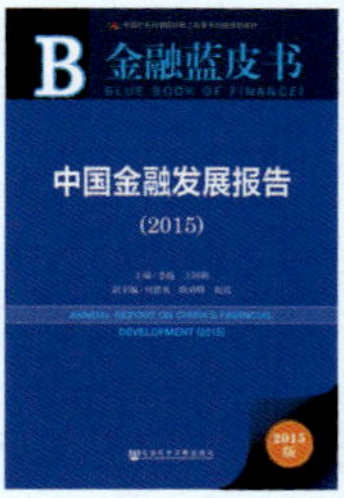

金融蓝皮书

中国金融发展报告（2015）

李　扬　王国刚 / 主编　2014 年 12 月出版　定价 :75.00 元

◆　由中国社会科学院金融研究所组织编写的《中国金融发展报告（2015）》，概括和分析了 2014 年中国金融发展和运行中的各方面情况，研讨和评论了 2014 年发生的主要金融事件。本书由业内专家和青年精英联合编著，有利于读者了解掌握 2014 年中国的金融状况，把握 2015 年中国金融的走势。

低碳发展蓝皮书

中国低碳发展报告（2015）

齐　晔 / 主编　2015 年 7 月出版　估价 :89.00 元

◆　本书对中国低碳发展的政策、行动和绩效进行科学、系统、全面的分析。重点是通过归纳中国低碳发展的绩效，评估与低碳发展相关的政策和措施，分析政策效应的制度背景和作用机制，为进一步的政策制定、优化和实施提供支持。

经济信息绿皮书

中国与世界经济发展报告（2015）

杜　平 / 主编　2014 年 12 月出版　定价 :79.00 元

◆　本书是由国家信息中心组织专家队伍精心研究编撰的年度经济分析预测报告，书中指出，2014 年，我国经济增速有所放慢，但仍处于合理运行区间。主要新兴国家经济总体仍显疲软。2015 年应防止经济下行和财政金融风险相互强化，促进经济向新常态平稳过渡。

低碳经济蓝皮书

中国低碳经济发展报告（2015）

薛进军　赵忠秀 / 主编　2015 年 6 月出版　定价 :85.00 元

◆　本书汇集来自世界各国的专家学者、政府官员，探讨世界金融危机后国际经济的现状，提出“绿色化”为经济转型期国家的可持续发展提供了重要范本，并将成为解决气候系统保护与经济发展矛盾的重要突破口，也将是中国引领“一带一路”沿线国家实现绿色发展的重要抓手。

社会政法类

社会政法类皮书聚焦社会发展领域的热点、难点问题，提供权威、原创的资讯与视点

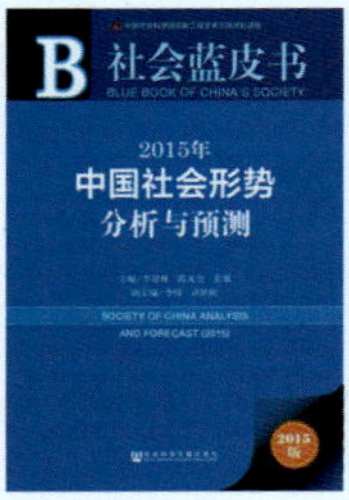

社会蓝皮书

2015 年中国社会形势分析与预测

李培林　陈光金　张　翼 / 主编　2014 年 12 月出版　定价 :69.00 元

◆　本书由中国社会科学院社会学研究所组织研究机构专家、高校学者和政府研究人员撰写，聚焦当下社会热点，指出 2014 年我国社会存在城乡居民人均收入增速放缓、大学生毕业就业压力加大、社会老龄化加速、住房价格继续飙升、环境群体性事件多发等问题。

法治蓝皮书

中国法治发展报告 No.13（2015）

李　林　田　禾 / 主编　　2015 年 3 月出版　　定价 :105.00 元

◆　本年度法治蓝皮书回顾总结了 2014 年度中国法治取得的成效及存在的问题，并对 2015 年中国法治发展形势进行预测、展望，还从立法、人权保障、行政审批制度改革、反价格垄断执法、教育法治、政府信息公开等方面研讨了中国法治发展的相关问题。

环境绿皮书

中国环境发展报告（2015）

刘鉴强 / 主编　　2015 年 7 月出版　　估价 :79.00 元

◆　本书由民间环保组织“自然之友”组织编写，由特别关注、生态保护、宜居城市、可持续消费以及政策与治理等版块构成，以公共利益的视角记录、审视和思考中国环境状况，呈现 2014 年中国环境与可持续发展领域的全局态势，用深刻的思考、科学的数据分析 2014 年的环境热点事件。

反腐倡廉蓝皮书

中国反腐倡廉建设报告 No.4

李秋芳　张英伟 / 主编　2014 年 12 月出版　　定价 :79.00 元

◆　本书继续坚持“建设”主题，既描摹出反腐败斗争的感性特点，又揭示出反腐政治格局深刻变化的根本动因。指出当前症结在于权力与资本“隐蔽勾连”、“官场积弊”消解“吏治改革”效力、部分公职人员基本价值观迷乱、封建主义与资本主义思想依然影响深重。提出应以科学思维把握反腐治标与治本问题，建构“不需腐”的合理合法薪酬保障机制。

女性生活蓝皮书

中国女性生活状况报告 No.9（2015）

韩湘景 / 主编　2015 年 4 月出版　定价 :79.00 元

◆　本书由中国妇女杂志社、华坤女性生活调查中心和华坤女性消费指导中心组织编写，通过调查获得的大量调查数据，真实展现当年中国城市女性的生活状况、消费状况及对今后的预期。

华侨华人蓝皮书

华侨华人研究报告 (2015)

贾益民 / 主编　2015 年 12 月出版　估价 :118.00 元

◆　本书为中国社会科学院创新工程学术出版资助项目，是华侨大学向世界提供最新涉侨动态、理论研究和政策建议的平台。主要介绍了相关国家华侨华人的规模、分布、结构、发展趋势，以及全球涉侨生存安全环境和华文教育情况等。

政治参与蓝皮书

中国政治参与报告（2015）

房　宁 / 主编　2015 年 7 月出版　估价 :105.00 元

◆　本书作者均来自中国社会科学院政治学研究所，聚焦中国基层群众自治的参与情况介绍了城镇居民的社区建设与居民自治参与和农村居民的村民自治与农村社区建设参与情况。其优势是其指标评估体系的建构和问卷调查的设计专业，数据量丰富，统计结论科学严谨。

行业报告类

行业报告类皮书立足重点行业、新兴行业领域，
提供及时、前瞻的数据与信息

房地产蓝皮书

中国房地产发展报告 No.12（2015）

魏后凯　李景国 / 主编　　2015 年 5 月出版　　定价 :79.00 元

◆　本年度房地产蓝皮书指出，2014 年中国房地产市场出现了较大幅度的回调，商品房销售明显遇冷，库存居高不下。展望 2015 年，房价保持低速增长的可能性较大，但区域分化将十分明显，人口聚集能力强的一线城市和部分热点二线城市房价有回暖、房价上涨趋势，而人口聚集能力差、库存大的部分二线城市或三四线城市房价会延续下跌（回调）态势。

保险蓝皮书

中国保险业竞争力报告（2015）

姚庆海　王　力 / 主编　2015 年 12 出版　　估价 :98.00 元

◆　本皮书主要为监管机构、保险行业和保险学界提供保险市场一年来发展的总体评价，外在因素对保险业竞争力发展的影响研究；国家监管政策、市场主体经营创新及职能发挥、理论界最新研究成果等综述和评论。

企业社会责任蓝皮书

中国企业社会责任研究报告（2015）

黄群慧　彭华岗　钟宏武　张　蒽 / 编著
2015 年 11 月出版　估价 :69.00 元

◆　本书系中国社会科学院经济学部企业社会责任研究中心组织编写的《企业社会责任蓝皮书》2015 年分册。该书在对企业社会责任进行宏观总体研究的基础上，根据 2014 年企业社会责任及相关背景进行了创新研究，在全国企业中观层面对企业健全社会责任管理体系提供了弥足珍贵的丰富信息。

投资蓝皮书

中国投资发展报告（2015）

谢　平 / 主编　　2015 年 4 月出版　　定价 :128.00 元

◆　2014 年，适应新常态发展的宏观经济政策逐步成型和出台，成为保持经济平稳增长、促进经济活力增强、结构不断优化升级的有力保障。2015 年，应重点关注先进制造业、TMT 产业、大健康产业、大文化产业及非金融全新产业的投资机会，适应新常态下的产业发展变化，在投资布局中争取主动。

住房绿皮书

中国住房发展报告（2014~2015）

倪鹏飞 / 主编　　2014 年 12 月出版　　定价 :79.00 元

◆　本年度住房绿皮书指出，中国住房市场从 2014 年第一季度开始进入调整状态，2014 年第三季度进入全面调整期。2015 年的住房市场走势：整体延续衰退，一、二线城市 2015 年下半年、三四线城市 2016 年下半年复苏。

人力资源蓝皮书

中国人力资源发展报告（2015）

余兴安 / 主编　　2015 年 9 月出版　　估价 :79.00 元

◆　本书是在人力资源和社会保障部部领导的支持下，由中国人事科学研究院汇集我国人力资源开发权威研究机构的诸多专家学者的研究成果编写而成。作为关于人力资源的蓝皮书，本书通过充分利用有关研究成果，更广泛、更深入地展示近年来我国人力资源开发重点领域的研究成果。

汽车蓝皮书

中国汽车产业发展报告（2015）

国务院发展研究中心产业经济研究部　中国汽车工程学会
大众汽车集团（中国）/ 主编　2015 年 8 月出版　　估价 :128.00 元

◆　本书由国务院发展研究中心产业经济研究部、中国汽车工程学会、大众汽车集团（中国）联合主编，是关于中国汽车产业发展的研究性年度报告，介绍并分析了本年度中国汽车产业发展的形势。

国别与地区类

国别与地区类皮书关注全球重点国家与地区，
提供全面、独特的解读与研究

亚太蓝皮书

亚太地区发展报告（2015）

李向阳 / 主编　　2015 年 1 月出版　　定价 :59.00 元

◆　本年度的专题是“一带一路”，书中对“一带一路”战略的经济基础、“一带一路”与区域合作等进行了阐述。除对亚太地区 2014 年的整体变动情况进行深入分析外，还在此基础上提出了对于 2015 年亚太地区各个方面发展情况的预测。

日本蓝皮书

日本研究报告（2015）

李　薇 / 主编　　2015 年 4 月出版　　定价 :69.00 元

◆　本书由中华日本学会、中国社会科学院日本研究所合作推出，是以中国社会科学院日本研究所的研究人员为主完成的研究成果。对 2014 年日本的政治、外交、经济、社会文化作了回顾、分析，并对 2015 年形势进行展望。

德国蓝皮书

德国发展报告（2015）

郑春荣　伍慧萍 / 主编　2015 年 5 月出版　定价 :69.00 元

◆　本报告由同济大学德国研究所组织编撰，由该领域的专家学者对德国的政治、经济、社会文化、外交等方面的形势发展情况，进行全面的阐述与分析。德国作为欧洲大陆第一强国，与中国各方面日渐紧密的合作关系，值得国内各界深切关注。

国际形势黄皮书

全球政治与安全报告（2015）

李慎明　张宇燕 / 主编　2015 年 1 月出版　定价 :69.00 元

◆　本书对中、俄、美三国之间的合作与冲突进行了深度分析，揭示了影响中美、俄美及中俄关系的主要因素及变化趋势。重点关注了乌克兰危机、克里米亚问题、苏格兰公投、西非埃博拉疫情以及西亚北非局势等国际焦点问题。

拉美黄皮书

拉丁美洲和加勒比发展报告（2014~2015）

吴白乙 / 主编　2015 年 5 月出版　定价 :89.00 元

◆　本书是中国社会科学院拉丁美洲研究所的第 14 份关于拉丁美洲和加勒比地区发展形势状况的年度报告。 本书对 2014 年拉丁美洲和加勒比地区诸国的政治、经济、社会、外交等方面的发展情况做了系统介绍，对该地区相关国家的热点及焦点问题进行了总结和分析，并在此基础上对该地区各国 2015 年的发展前景做出预测。

美国蓝皮书

美国研究报告（2015）

郑秉文　黄　平 / 主编　2015 年 6 月出版　定价 :89.00 元

◆　本书是由中国社会科学院美国所主持完成的研究成果，重点讲述了美国的“再平衡”战略，另外回顾了美国 2014 年的经济、政治形势与外交战略，对 2014 年以来美国内政外交发生的重大事件以及重要政策进行了较为全面的回顾和梳理。

大湄公河次区域蓝皮书

大湄公河次区域合作发展报告（2015）

刘　稚 / 主编　2015 年 9 月出版　估价 :79.00 元

◆　云南大学大湄公河次区域研究中心深入追踪分析该区域发展动向，以把握全面，突出重点为宗旨，系统介绍和研究大湄公河次区域合作的年度热点和重点问题，展望次区域合作的发展趋势，并对新形势下我国推进次区域合作深入发展提出相关对策建议。

地方发展类

地方发展类皮书关注大陆各省份、经济区域，
提供科学、多元的预判与咨政信息

北京蓝皮书

北京公共服务发展报告（2014~ 2015）

施昌奎 / 主编　　2015 年 1 月出版　定价：69.00 元

◆　本书是由北京市政府职能部门的领导、首都著名高校的教授、知名研究机构的专家共同完成的关于北京市公共服务发展与创新的研究成果。本年度主题为“北京公共服务均衡化发展和市场化改革”，内容涉及了北京市公共服务发展的方方面面，既有对北京各个城区的综合性描述，也有对局部、细部、具体问题的分析。

上海蓝皮书

上海经济发展报告（2015）

沈开艳 / 主编　2015 年 1 月出版　定价 :69.00 元

◆　本书系上海社会科学院系列之一，本年度将“建设具有全球影响力的科技创新中心”作为主题，对 2015 年上海经济增长与发展趋势的进行了预测，把握了上海经济发展的脉搏和学术研究的前沿。

广州蓝皮书

广州经济发展报告（2015）

李江涛　朱名宏 / 主编　2015 年 7 月出版　估价 :69.00 元

◆　本书是由广州市社会科学院主持编写的“广州蓝皮书”系列之一，本报告对广州 2014 年宏观经济运行情况作了深入分析，对 2015 年宏观经济走势进行了合理预测，并在此基础上提出了相应的政策建议。

文化传媒类

文化传媒类皮书透视文化领域、文化产业，
探索文化大繁荣、大发展的路径

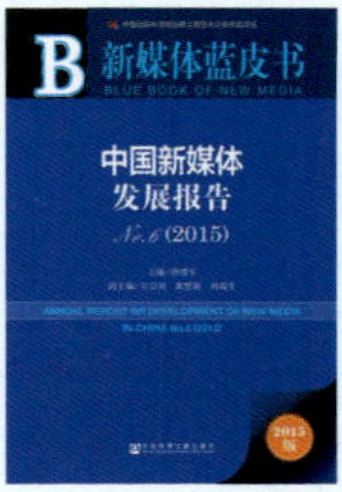

新媒体蓝皮书

中国新媒体发展报告 No.6（2015）

唐绪军 / 主编　　2015 年 7 月出版　　定价 :79.00 元

◆　本书深入探讨了中国网络信息安全、媒体融合状况、微信谣言问题、微博发展态势、互联网金融、移动舆论场舆情、传统媒体转型、新媒体产业发展、网络助政、网络舆论监督、大数据、数据新闻、数字版权等热门问题，展望了中国新媒体的未来发展趋势。

舆情蓝皮书

中国社会舆情与危机管理报告（2015）

谢耘耕 / 主编　　2015 年 8 月出版　　估价 :98.00 元

◆　本书由上海交通大学舆情研究实验室和危机管理研究中心主编，已被列入教育部人文社会科学研究报告培育项目。本书以新媒体环境下的中国社会为立足点，对 2014 年中国社会舆情、分类舆情等进行了深入系统的研究，并预测了 2015 年社会舆情走势。

文化蓝皮书

中国文化产业发展报告（2015）

张晓明　王家新　章建刚 / 主编　　2015 年 7 月出版　　估价 :79.00 元

◆　本书由中国社会科学院文化研究中心编写。从 2012 年开始，中国社会科学院文化研究中心设立了国内首个文化产业的研究类专项资金——“文化产业重大课题研究计划”，开始在全国范围内组织多学科专家学者对我国文化产业发展重大战略问题进行联合攻关研究。本书集中反映了该计划的研究成果。

经济类

G20国家创新竞争力黄皮书
二十国集团(G20)国家创新竞争力发展报告（2015）
著(编)者:黄茂兴 李闽榕 李建平 赵新力
2015年9月出版 / 估价:128.00元

产业蓝皮书
中国产业竞争力报告（2015）
著(编)者:张其仔 2015年7月出版 / 估价:79.00元

长三角蓝皮书
2015年全面深化改革中的长三角
著(编)者:张伟斌 2015年10月出版 / 估价:69.00元

城乡一体化蓝皮书
中国城乡一体化发展报告（2015）
著(编)者:付崇兰 汝信 2015年12月出版 / 估价:79.00元

城市创新蓝皮书
中国城市创新报告（2015）
著(编)者:周天勇 旷建伟 2015年8月出版 / 估价:69.00元

城市竞争力蓝皮书
中国城市竞争力报告（2015）
著(编)者:倪鹏飞 2015年5月出版 / 定价:89.00元

城市蓝皮书
中国城市发展报告NO.8
著(编)者:潘家华 魏后凯 2015年9月出版 / 估价:69.00元

城市群蓝皮书
中国城市群发展指数报告（2015）
著(编)者:刘新静 刘士林 2015年10月出版 / 估价:59.00元

城乡统筹蓝皮书
中国城乡统筹发展报告（2015）
著(编)者:潘晨光 程志强 2015年7月出版 / 估价:59.00元

城镇化蓝皮书
中国新型城镇化健康发展报告（2015）
著(编)者:张占斌 2015年7月出版 / 估价:79.00元

低碳发展蓝皮书
中国低碳发展报告（2015）
著(编)者:齐晔 2015年7月出版 / 估价:89.00元

低碳经济蓝皮书
中国低碳经济发展报告（2015）
著(编)者:薛进军 赵忠秀 2015年6月出版 / 定价:85.00元

东北蓝皮书
中国东北地区发展报告（2015）
著(编)者:马克 黄文艺 2015年8月出版 / 估价:79.00元

发展和改革蓝皮书
中国经济发展和体制改革报告（2015）
著(编)者:邹东涛 2015年11月出版 / 估价:98.00元

工业化蓝皮书
中国工业化进程报告（2015）
著(编)者:黄群慧 吕铁 李晓华 2015年11月出版 / 估价:89.00元

国际城市蓝皮书
国际城市发展报告（2015）
著(编)者:屠启宇 2015年1月出版 / 定价:79.00元

国家创新蓝皮书
中国创新发展报告（2015）
著(编)者:陈劲 2015年7月出版 / 估价:59.00元

环境竞争力绿皮书
中国省域环境竞争力发展报告（2015）
著(编)者:李建平 李闽榕 王金南
2015年12月出版 / 估价:198.00元

金融蓝皮书
中国金融发展报告（2015）
著(编)者:李扬 王国刚 2014年12月出版 / 定价:75.00元

金融信息服务蓝皮书
金融信息服务发展报告（2015）
著(编)者:鲁广锦 殷剑峰 林义相
2015年7月出版 / 估价:89.00元

经济蓝皮书
2015年中国经济形势分析与预测
著(编)者:李扬 2014年12月出版 / 定价:69.00元

经济蓝皮书·春季号
2015年中国经济前景分析
著(编)者:李扬 2015年5月出版 / 定价:79.00元

经济蓝皮书·夏季号
中国经济增长报告（2015）
著(编)者:李扬 2015年7月出版 / 估价:69.00元

经济信息绿皮书
中国与世界经济发展报告（2015）
著(编)者:杜平 2014年12月出版 / 定价:79.00元

就业蓝皮书
2015年中国大学生就业报告
著(编)者:麦可思研究院 2015年7月出版 / 估价:98.00元

就业蓝皮书
2015年中国高职高专生就业报告
著(编)者:麦可思研究院 2015年6月出版 / 定价:98.00元

就业蓝皮书
2015年中国本科生就业报告
著(编)者:麦可思研究院 2015年6月出版 / 定价:98.00元

临空经济蓝皮书
中国临空经济发展报告（2015）
著(编)者:连玉明 2015年9月出版 / 估价:79.00元

民营经济蓝皮书
中国民营经济发展报告（2015）
著(编)者:王钦敏 2015年12月出版 / 估价:79.00元

农村绿皮书
中国农村经济形势分析与预测（2014~2015）
著(编)者:中国社会科学院农村发展研究所
国家统计局农村社会经济调查司
2015年4月出版 / 定价:69.00元

农业应对气候变化蓝皮书
气候变化对中国农业影响评估报告（2015）
著(编)者:矫梅燕　2015年8月出版 / 估价:98.00元

企业公民蓝皮书
中国企业公民报告（2015）
著(编)者:邹东涛　2015年12月出版 / 估价:79.00元

气候变化绿皮书
应对气候变化报告（2015）
著(编)者:王伟光 郑国光　2015年10月出版 / 估价:79.00元

区域蓝皮书
中国区域经济发展报告（2014~2015）
著(编)者:梁昊光　2015年5月出版 / 定价:79.00元

全球环境竞争力绿皮书
全球环境竞争力报告（2015）
著(编)者:李建建 李闽榕 李建平 王金南
2015年12月出版 / 估价:198.00元

人口与劳动绿皮书
中国人口与劳动问题报告No.15
著(编)者:蔡昉　2015年1月出版 / 定价:59.00元

商务中心区蓝皮书
中国商务中心区发展报告（2015）
著(编)者:中国商务区联盟
中国社会科学院城市发展与环境研究所
2015年10月出版 / 估价:69.00元

商务中心区蓝皮书
中国商务中心区发展报告No.1（2014）
著(编)者:魏后凯 李国红　2015年1月出版 / 定价:89.00元

世界经济黄皮书
2015年世界经济形势分析与预测
著(编)者:王洛林 张宇燕　2015年1月出版 / 定价:69.00元

世界旅游城市绿皮书
世界旅游城市发展报告（2015）
著(编)者:鲁勇 周正宇 宋宇　2015年7月出版 / 估价:88.00元

西北蓝皮书
中国西北发展报告（2015）
著(编)者:赵宗福 孙发平 苏海红 鲁顺元 段庆林
2014年12月出版 / 定价:79.00元

西部蓝皮书
中国西部发展报告（2015）
著(编)者:姚慧琴 徐璋勇　2015年7月出版 / 估价:89.00元

新型城镇化蓝皮书
新型城镇化发展报告（2015）
著(编)者:李伟　2015年10月出版 / 估价:89.00元

新兴经济体蓝皮书
金砖国家发展报告（2015）
著(编)者:林跃勤 周文　2015年7月出版 / 估价:79.00元

中部竞争力蓝皮书
中国中部经济社会竞争力报告（2015）
著(编)者:教育部人文社会科学重点研究基地
南昌大学中国中部经济社会发展研究中心
2015年9月出版 / 估价:79.00元

中部蓝皮书
中国中部地区发展报告（2015）
著(编)者:喻新安　2015年7月出版 / 估价:69.00元

中国省域竞争力蓝皮书
中国省域经济综合竞争力发展报告（2013~2014）
著(编)者:李建平 李闽榕 高燕京
2015年2月出版 / 定价:198.00元

中三角蓝皮书
长江中游城市群发展报告（2015）
著(编)者:秦尊文　2015年10月出版 / 估价:69.00元

中小城市绿皮书
中国中小城市发展报告（2015）
著(编)者:中国城市经济学会中小城市经济发展委员会
《中国中小城市发展报告》编纂委员会
中小城市发展战略研究院
2015年10月出版 / 估价:98.00元

中原蓝皮书
中原经济区发展报告（2015）
著(编)者:李英杰　2015年7月出版 / 估价:88.00元

社会政法类

北京蓝皮书
中国社区发展报告（2015）
著(编)者:于燕燕　2015年7月出版 / 估价:69.00元

殡葬绿皮书
中国殡葬事业发展报告（2014~2015）
著(编)者:李伯森　2015年4月出版 / 定价:158.00元

城市管理蓝皮书
中国城市管理报告（2015）
著(编)者:谭维克 刘林　2015年12月出版 / 估价:158.00元

城市生活质量蓝皮书
中国城市生活质量报告（2015）
著(编)者:中国经济实验研究院　2015年7月出版 / 估价:59.00元

城市政府能力蓝皮书
中国城市政府公共服务能力评估报告（2015）
著(编)者:何艳玲　2015年7月出版 / 估价:59.00元

创新蓝皮书
创新型国家建设报告（2015）
著(编)者:詹正茂　2015年7月出版 / 估价:69.00元

慈善蓝皮书
中国慈善发展报告（2015）
著(编)者:杨团　2015年6月出版 / 定价:79.00元

地方法治蓝皮书
中国地方法治发展报告No.1（2014）
著(编)者:李林　田禾　2015年1月出版 / 定价:98.00元

法治蓝皮书
中国法治发展报告No.13（2015）
著(编)者:李林 田禾　2015年3月出版 / 定价:105.00元

反腐倡廉蓝皮书
中国反腐倡廉建设报告No.4
著(编)者:李秋芳　张英伟　2014年12月出版 / 定价:79.00元

非传统安全蓝皮书
中国非传统安全研究报告（2014~2015）
著(编)者:余潇枫 魏志江　2015年5月出版 / 定价:79.00元

妇女发展蓝皮书
中国妇女发展报告（2015）
著(编)者:王金玲　2015年9月出版 / 估价:148.00元

妇女教育蓝皮书
中国妇女教育发展报告（2015）
著(编)者:张李玺　2015年7月出版 / 估价:78.00元

妇女绿皮书
中国性别平等与妇女发展报告（2015）
著(编)者:谭琳　2015年12月出版 / 估价:99.00元

公共服务蓝皮书
中国城市基本公共服务力评价（2015）
著(编)者:钟君 吴正杲　2015年12月出版 / 估价:79.00元

公共服务满意度蓝皮书
中国城市公共服务评价报告（2015）
著(编)者:胡伟　2015年12月出版 / 估价:69.00元

公共外交蓝皮书
中国公共外交发展报告（2015）
著(编)者:赵启正 雷蔚真　2015年4月出版 / 定价:89.00元

公民科学素质蓝皮书
中国公民科学素质报告（2015）
著(编)者:李群 许佳军　2015年7月出版 / 估价:79.00元

公益蓝皮书
中国公益发展报告（2015）
著(编)者:朱健刚　2015年7月出版 / 估价:78.00元

管理蓝皮书
中国管理发展报告（2015）
著(编)者:张晓东　2015年9月出版 / 估价:98.00元

国际人才蓝皮书
中国国际移民报告（2015）
著(编)者:王辉耀　2015年2月出版 / 定价:79.00元

国际人才蓝皮书
中国海归发展报告（2015）
著(编)者:王辉耀 苗绿　2015年7月出版 / 估价:69.00元

国际人才蓝皮书
中国留学发展报告（2015）
著(编)者:王辉耀　苗绿　2015年9月出版 / 估价:69.00元

国家安全蓝皮书
中国国家安全研究报告（2015）
著(编)者:刘慧　2015年7月出版 / 估价:98.00元

行政改革蓝皮书
中国行政体制改革报告（2014~2015）
著(编)者:魏礼群　2015年4月出版 / 定价:98.00元

华侨华人蓝皮书
华侨华人研究报告（2015）
著(编)者:贾益民　2015年12月出版 / 估价:118.00元

环境绿皮书
中国环境发展报告（2015）
著(编)者:刘鉴强　2015年7月出版 / 估价:79.00元

基金会蓝皮书
中国基金会发展报告（2015）
著(编)者:刘忠祥　2016年6月出版 / 估价:69.00元

基金会绿皮书
中国基金会发展独立研究报告（2015）
著(编)者:基金会中心网　2015年8月出版 / 估价:88.00元

基金会透明度蓝皮书
中国基金会透明度发展研究报告（2015）
著(编)者:基金会中心网 清华大学廉政与治理研究中心
2015年9月出版 / 估价:78.00元

教师蓝皮书
中国中小学教师发展报告（2014）
著(编)者:曾晓东 鱼霞　2015年6月出版 / 定价:69.00元

教育蓝皮书
中国教育发展报告（2015）
著(编)者:杨东平　2015年5月出版 / 定价:79.00元

科普蓝皮书
中国科普基础设施发展报告（2015）
著(编)者:任福君　2015年7月出版 / 估价:59.00元

劳动保障蓝皮书
中国劳动保障发展报告（2015）
著(编)者:刘燕斌　2015年7月出版 / 估价:89.00元

老龄蓝皮书
中国老年宜居环境发展报告(2015)
著(编)者:吴玉韶　2015年9月出版 / 估价:79.00元

连片特困区蓝皮书
中国连片特困区发展报告（2014~2015）
著(编)者:游俊　冷志明　丁建军 2015年3月出版 / 定价:98.00元

民间组织蓝皮书
中国民间组织报告(2015)
著(编)者:潘晨光　黄晓勇　2015年8月出版 / 估价:69.00元

民调蓝皮书
中国民生调查报告（2015）
著(编)者:谢耘耕　2015年7月出版 / 估价:128.00元

民族发展蓝皮书
中国民族发展报告（2015）
著(编)者:郝时远 王延中 王希恩
2015年4月出版 / 定价:98.00元

女性生活蓝皮书
中国女性生活状况报告No.9 （2015）
著(编)者:韩湘景 2015年4月出版 / 定价:79.00元

企业公众透明度蓝皮书
中国企业公众透明度报告(2014~2015)No.1
著(编)者:黄速建 王晓光 肖红军
2015年1月出版 / 定价:98.00元

企业国际化蓝皮书
中国企业国际化报告(2015)
著(编)者:王辉耀 2015年10月出版 / 估价:79.00元

汽车社会蓝皮书
中国汽车社会发展报告（2015）
著(编)者:王俊秀 2015年7月出版 / 估价:59.00元

青年蓝皮书
中国青年发展报告No.3
著(编)者:廉思 2015年7月出版 / 估价:59.00元

区域人才蓝皮书
中国区域人才竞争力报告（2015）
著(编)者:桂昭明 王辉耀 2015年7月出版 / 估价:69.00元

群众体育蓝皮书
中国群众体育发展报告（2015）
著(编)者:刘国永 杨桦 2015年8月出版 / 估价:69.00元

人才蓝皮书
中国人才发展报告（2015）
著(编)者:潘晨光 2015年8月出版 / 估价:85.00元

人权蓝皮书
中国人权事业发展报告（2015）
著(编)者:中国人权研究会 2015年8月出版 / 估价:99.00元

森林碳汇绿皮书
中国森林碳汇评估发展报告（2015）
著(编)者:闫文德 胡文臻 2015年9月出版 / 估价:79.00元

社会保障绿皮书
中国社会保障发展报告（2015）No.7
著(编)者:王延中 2015年4月出版 / 定价:89.00元

社会工作蓝皮书
中国社会工作发展报告（2015）
著(编)者:民政部社会工作研究中心
2015年8月出版 / 估价:79.00元

社会管理蓝皮书
中国社会管理创新报告（2015）
著(编)者:连玉明 2015年9月出版 / 估价:89.00元

社会蓝皮书
2015年中国社会形势分析与预测
著(编)者:李培林 陈光金 张 翼
2014年12月出版 / 定价:69.00元

社会体制蓝皮书
中国社会体制改革报告No.3（2015）
著(编)者:龚维斌 2015年4月出版 / 定价:79.00元

社会心态蓝皮书
中国社会心态研究报告（2015）
著(编)者:王俊秀 杨宜音 2015年10月出版 / 估价:69.00元

社会组织蓝皮书
中国社会组织评估发展报告（2015）
著(编)者:徐家良 廖鸿 2015年12月出版 / 估价:69.00元

生态城市绿皮书
中国生态城市建设发展报告（2015）
著(编)者:刘举科 孙伟平 胡文臻 2015年7月出版 / 估价:98.00元

生态文明绿皮书
中国省域生态文明建设评价报告（ECI 2015）
著(编)者:严耕 2015年9月出版 / 估价:85.00元

世界社会主义黄皮书
世界社会主义跟踪研究报告（2014~2015）
著(编)者:李慎明 2015年4月出版 / 定价:258.00元

水与发展蓝皮书
中国水风险评估报告（2015）
著(编)者:王浩 2015年9月出版 / 估价:69.00元

土地整治蓝皮书
中国土地整治发展研究报告No.2
著(编)者:国土资源部土地整治中心 2015年5月出版 / 定价:89.00元

网络空间安全蓝皮书
中国网络空间安全发展报告（2015）
著(编)者:惠志斌 唐涛 2015年4月出版 / 定价:79.00元

危机管理蓝皮书
中国危机管理报告（2015）
著(编)者:文学国 2015年8月出版 / 估价:89.00元

协会商会蓝皮书
中国行业协会商会发展报告（2014）
著(编)者:景朝阳 李勇 2015年4月出版 / 定价:99.00元

形象危机应对蓝皮书
形象危机应对研究报告（2015）
著(编)者:唐钧 2015年7月出版 / 估价:149.00元

医改蓝皮书
中国医药卫生体制改革报告（2015～2016）
著(编)者:文学国 房志武 2015年12月出版 / 估价:79.00元

医疗卫生绿皮书
中国医疗卫生发展报告（2015）
著(编)者:申宝忠 韩玉珍 2015年7月出版 / 估价:75.00元

应急管理蓝皮书
中国应急管理报告（2015）
著(编)者:宋英华 2015年10月出版 / 估价:69.00元

政治参与蓝皮书
中国政治参与报告（2015）
著(编)者:房宁 2015年7月出版 / 估价:105.00元

政治发展蓝皮书
中国政治发展报告（2015）
著(编)者:房宁 杨海蛟 2015年7月出版 / 估价:88.00元

中国农村妇女发展蓝皮书
流动女性城市融入发展报告（2015）
著(编)者:谢丽华 2015年11月出版 / 估价:69.00元

宗教蓝皮书
中国宗教报告（2015）
著(编)者:金泽 邱永辉 2016年5月出版 / 估价:59.00元

行业报告类

保险蓝皮书
中国保险业竞争力报告（2015）
著(编)者:项俊波 2015年12月出版 / 估价:98.00元

彩票蓝皮书
中国彩票发展报告（2015）
著(编)者:益彩基金 2015年4月出版 / 定价:98.00元

餐饮产业蓝皮书
中国餐饮产业发展报告（2015）
著(编)者:邢颖 2015年4月出版 / 定价:69.00元

测绘地理信息蓝皮书
智慧中国地理空间智能体系研究报告（2015）
著(编)者:库热西·买合苏提 2015年12月出版 / 估价:98.00元

茶业蓝皮书
中国茶产业发展报告（2015）
著(编)者:杨江帆 李闽榕 2015年10月出版 / 估价:78.00元

产权市场蓝皮书
中国产权市场发展报告（2015）
著(编)者:曹和平 2015年12月出版 / 估价:79.00元

电子政务蓝皮书
中国电子政务发展报告（2015）
著(编)者:洪毅 杜平 2015年11月出版 / 估价:79.00元

杜仲产业绿皮书
中国杜仲橡胶资源与产业发展报告（2014~2015）
著(编)者:杜红岩 胡文臻 俞锐
2015年1月出版 / 定价:85.00元

房地产蓝皮书
中国房地产发展报告No.12（2015）
著(编)者:魏后凯 李景国 2015年5月出版 / 定价:79.00元

服务外包蓝皮书
中国服务外包产业发展报告（2015）
著(编)者:王晓红 刘德军 2015年7月出版 / 估价:89.00元

工业和信息化蓝皮书
移动互联网产业发展报告（2014~2015）
著(编)者:洪京一 2015年4月出版 / 定价:79.00元

工业和信息化蓝皮书
世界网络安全发展报告（2014~2015）
著(编)者:洪京一 2015年4月出版 / 定价:69.00元

工业和信息化蓝皮书
世界制造业发展报告（2014~2015）
著(编)者:洪京一 2015年4月出版 / 定价:69.00元

工业和信息化蓝皮书
世界信息化发展报告（2014~2015）
著(编)者:洪京一 2015年4月出版 / 定价:69.00元

工业和信息化蓝皮书
世界信息技术产业发展报告（2014~2015）
著(编)者:洪京一 2015年4月出版 / 定价:79.00元

工业设计蓝皮书
中国工业设计发展报告（2015）
著(编)者:王晓红 于炜 张立群 2015年9月出版 / 估价:138.00元

互联网金融蓝皮书
中国互联网金融发展报告（2015）
著(编)者:芮晓武 刘烈宏 2015年8月出版 / 估价:79.00元

会展蓝皮书
中外会展业动态评估年度报告（2015）
著(编)者:张敏 2015年1月出版 / 估价:78.00元

金融监管蓝皮书
中国金融监管报告（2015）
著(编)者:胡滨 2015年4月出版 / 定价:89.00元

金融蓝皮书
中国商业银行竞争力报告（2015）
著(编)者:王松奇 2015年12月出版 / 估价:69.00元

客车蓝皮书
中国客车产业发展报告（2014~2015）
著(编)者:姚蔚 2015年2月出版 / 定价:85.00元

老龄蓝皮书
中国老龄产业发展报告（2015）
著(编)者:吴玉韶 党俊武 2015年9月出版 / 估价:79.00元

流通蓝皮书
中国商业发展报告（2015）
著(编)者:荆林波 2015年7月出版 / 估价:89.00元

旅游安全蓝皮书
中国旅游安全报告（2015）
著(编)者:郑向敏 谢朝武 2015年5月出版 / 定价:128.00元

旅游景区蓝皮书
中国旅游景区发展报告（2015）
著(编)者:黄安民　2015年7月出版 / 估价:79.00元

旅游绿皮书
2014~2015年中国旅游发展分析与预测
著(编)者:宋瑞　2015年1月出版 / 定价:98.00元

煤炭蓝皮书
中国煤炭工业发展报告（2015）
著(编)者:岳福斌　2015年12月出版 / 估价:79.00元

民营医院蓝皮书
中国民营医院发展报告（2015）
著(编)者:庄一强　2015年10月出版 / 估价:75.00元

闽商蓝皮书
闽商发展报告（2015）
著(编)者:王日根 李闽榕　2015年12月出版 / 估价:69.00元

能源蓝皮书
中国能源发展报告（2015）
著(编)者:崔民选 王军生　2015年8月出版 / 估价:79.00元

农产品流通蓝皮书
中国农产品流通产业发展报告（2015）
著(编)者:贾敬敦 张东科 张玉玺 孔令羽 张鹏毅
2015年9月出版 / 估价:89.00元

企业蓝皮书
中国企业竞争力报告（2015）
著(编)者:金碚　2015年11月出版 / 估价:89.00元

企业社会责任蓝皮书
中国企业社会责任研究报告（2015）
著(编)者:黄群慧 彭华岗 钟宏武 张蒽
2015年11月出版 / 估价:69.00元

汽车安全蓝皮书
中国汽车安全发展报告（2015）
著(编)者:中国汽车技术研究中心
2015年7月出版 / 估价:79.00元

汽车工业蓝皮书
中国汽车工业发展年度报告（2015）
著(编)者:中国汽车工业协会 中国汽车技术研究中心
丰田汽车（中国）投资有限公司
2015年4月出版 / 定价:128.00元

汽车蓝皮书
中国汽车产业发展报告（2015）
著(编)者:国务院发展研究中心产业经济研究部
中国汽车工程学会 大众汽车集团（中国）
2015年7月出版 / 估价:128.00元

清洁能源蓝皮书
国际清洁能源发展报告（2015）
著(编)者:国际清洁能源论坛（澳门）
2015年9月出版 / 估价:89.00元

人力资源蓝皮书
中国人力资源发展报告（2015）
著(编)者:余兴安　2015年9月出版 / 估价:79.00元

融资租赁蓝皮书
中国融资租赁业发展报告（2014~2015）
著(编)者:李光荣 王力　2015年1月出版 / 定价:89.00元

软件和信息服务业蓝皮书
中国软件和信息服务业发展报告（2015）
著(编)者:陈新河 洪京一　2015年12月出版 / 估价:198.00元

上市公司蓝皮书
上市公司质量评价报告（2015）
著(编)者:张跃文 王力　2015年10月出版 / 估价:118.00元

设计产业蓝皮书
中国设计产业发展报告（2014~2015）
著(编)者:陈冬亮 梁昊光　2015年3月出版 / 定价:89.00元

食品药品蓝皮书
食品药品安全与监管政策研究报告（2015）
著(编)者:唐民皓　2015年7月出版 / 估价:69.00元

世界能源蓝皮书
世界能源发展报告（2015）
著(编)者:黄晓勇　2015年6月出版 / 定价:99.00元

碳市场蓝皮书
中国碳市场报告（2015）
著(编)者:低碳发展国际合作联盟
2015年11月出版 / 估价:69.00元

体育蓝皮书
中国体育产业发展报告（2015）
著(编)者:阮伟 钟秉枢　2015年7月出版 / 估价:69.00元

体育蓝皮书
长三角地区体育产业发展报告（2014~2015）
著(编)者:张林　2015年4月出版 / 定价:79.00元

投资蓝皮书
中国投资发展报告（2015）
著(编)者:谢平　2015年4月出版 / 定价:128.00元

物联网蓝皮书
中国物联网发展报告（2015）
著(编)者:黄桂田　2015年7月出版 / 估价:59.00元

西部工业蓝皮书
中国西部工业发展报告（2015）
著(编)者:方行明 甘犁 刘方健 姜凌 等
2015年9月出版 / 估价:79.00元

西部金融蓝皮书
中国西部金融发展报告（2015）
著(编)者:李忠民　2015年8月出版 / 估价:75.00元

新能源汽车蓝皮书
中国新能源汽车产业发展报告（2015）
著(编)者:中国汽车技术研究中心
日产（中国）投资有限公司 东风汽车有限公司
2015年8月出版 / 估价:69.00元

信托市场蓝皮书
中国信托业市场报告（2014~2015）
著(编)者:用益信托工作室　2015年2月出版 / 定价:198.00元

信息产业蓝皮书
世界软件和信息技术产业发展报告（2015）
著(编)者:洪京一 2015年8月出版 / 估价:79.00元

信息化蓝皮书
中国信息化形势分析与预测（2015）
著(编)者:周宏仁 2015年8月出版 / 估价:98.00元

信用蓝皮书
中国信用发展报告（2014~2015）
著(编)者:章政 田侃 2015年4月出版 / 定价:99.00元

休闲绿皮书
2015年中国休闲发展报告
著(编)者:刘德谦 2015年7月出版 / 估价:59.00元

医药蓝皮书
中国中医药产业园战略发展报告（2015）
著(编)者:裴长洪 房书亭 吴篠心 2015年7月出版 / 估价:89.00元

邮轮绿皮书
中国邮轮产业发展报告（2015）
著(编)者:汪泓 2015年9月出版 / 估价:79.00元

中国上市公司蓝皮书
中国上市公司发展报告（2015）
著(编)者:许雄斌 张平 2015年9月出版 / 估价:98.00元

中国总部经济蓝皮书
中国总部经济发展报告（2015）
著(编)者:赵弘 2015年7月出版 / 估价:79.00元

住房绿皮书
中国住房发展报告（2014~2015）
著(编)者:倪鹏飞 2014年12月出版 / 定价:79.00元

资本市场蓝皮书
中国场外交易市场发展报告（2015）
著(编)者:高峦 2015年8月出版 / 估价:79.00元

资产管理蓝皮书
中国资产管理行业发展报告（2015）
著(编)者:智信资产管理研究院 2015年6月出版 / 定价:89.00元

文化传媒类

传媒竞争力蓝皮书
中国传媒国际竞争力研究报告（2015）
著(编)者:李本乾 2015年9月出版 / 估价:88.00元

传媒蓝皮书
中国传媒产业发展报告（2015）
著(编)者:崔保国 2015年5月出版 / 定价:98.00元

传媒投资蓝皮书
中国传媒投资发展报告（2015）
著(编)者:张向东 2015年7月出版 / 估价:89.00元

动漫蓝皮书
中国动漫产业发展报告（2015）
著(编)者:卢斌 郑玉明 牛兴侦 2015年7月出版 / 估价:79.00元

非物质文化遗产蓝皮书
中国非物质文化遗产发展报告（2015）
著(编)者:陈平 2015年5月出版 / 定价:98.00元

广电蓝皮书
中国广播电影电视发展报告（2015）
著(编)者:杨明品 2015年7月出版 / 估价:98.00元

广告主蓝皮书
中国广告主营销传播趋势报告（2015）
著(编)者:黄升民 2015年7月出版 / 估价:148.00元

国际传播蓝皮书
中国国际传播发展报告（2015）
著(编)者:胡正荣 李继东 姬德强
2015年7月出版 / 估价:89.00元

国家形象蓝皮书
2015年国家形象研究报告
著(编)者:张昆 2015年7月出版 / 估价:79.00元

纪录片蓝皮书
中国纪录片发展报告（2015）
著(编)者:何苏六 2015年9月出版 / 估价:79.00元

科学传播蓝皮书
中国科学传播报告（2015）
著(编)者:詹正茂 2015年7月出版 / 估价:69.00元

两岸文化蓝皮书
两岸文化产业合作发展报告（2015）
著(编)者:胡惠林 李保宗 2015年7月出版 / 估价:79.00元

媒介与女性蓝皮书
中国媒介与女性发展报告（2015）
著(编)者:刘利群 2015年8月出版 / 估价:69.00元

全球传媒蓝皮书
全球传媒发展报告（2015）
著(编)者:胡正荣 2015年12月出版 / 估价:79.00元

少数民族非遗蓝皮书
中国少数民族非物质文化遗产发展报告（2015）
著(编)者:肖远平 柴立 2015年6月出版 / 定价:128.00元

世界文化发展蓝皮书
世界文化发展报告（2015）
著(编)者:张庆宗 高乐田 郭熙煌
2015年7月出版 / 估价:89.00元

视听新媒体蓝皮书
中国视听新媒体发展报告（2015）
著(编)者:袁同楠　2015年7月出版 / 定价:98.00元

文化创新蓝皮书
中国文化创新报告（2015）
著(编)者:于平 傅才武　2015年7月出版 / 估价:79.00元

文化建设蓝皮书
中国文化发展报告（2015）
著(编)者:江畅 孙伟平 戴茂堂
2016年4月出版 / 估价:138.00元

文化科技蓝皮书
文化科技创新发展报告（2015）
著(编)者:于平 李凤亮　2015年10月出版 / 估价:89.00元

文化蓝皮书
中国文化产业供需协调检测报告（2015）
著(编)者:王亚南 2015年2月出版 / 定价:79.00元

文化蓝皮书
中国文化消费需求景气评价报告（2015）
著(编)者:王亚南 2015年2月出版 / 定价:79.00元

文化蓝皮书
中国文化产业发展报告（2015）
著(编)者:张晓明 王家新 章建刚
2015年7月出版 / 估价:79.00元

文化蓝皮书
中国公共文化投入增长测评报告(2015)
著(编)者:王亚南　2014年12月出版 / 定价:79.00元

文化蓝皮书
中国文化政策发展报告（2015）
著(编)者:傅才武 宋文玉 燕东升
2015年9月出版 / 估价:98.00元

文化品牌蓝皮书
中国文化品牌发展报告（2015）
著(编)者:欧阳友权　2015年4月出版 / 定价:89.00元

文化遗产蓝皮书
中国文化遗产事业发展报告（2015）
著(编)者:刘世锦　2015年12月出版 / 估价:89.00元

文学蓝皮书
中国文情报告（2014~2015）
著(编)者:白烨　2015年5月出版 / 定价:49.00元

新媒体蓝皮书
中国新媒体发展报告No.6（2015）
著(编)者:唐绪军　2015年7月出版 / 定价:79.00元

新媒体社会责任蓝皮书
中国新媒体社会责任研究报告（2015）
著(编)者:钟瑛　2015年10月出版 / 估价:79.00元

移动互联网蓝皮书
中国移动互联网发展报告（2015）
著(编)者:官建文　2015年6月出版 / 定价:79.00元

舆情蓝皮书
中国社会舆情与危机管理报告（2015）
著(编)者:谢耘耕　2015年8月出版 / 估价:98.00元

地方发展类

安徽经济蓝皮书
芜湖创新型城市发展报告（2015）
著(编)者:杨少华 王开玉　2015年7月出版 / 估价:69.00元

安徽蓝皮书
安徽社会发展报告（2015）
著(编)者:程桦　2015年4月出版 / 定价:89.00元

安徽社会建设蓝皮书
安徽社会建设分析报告（2015）
著(编)者:黄家海 王开玉 蔡宪　2015年7月出版 / 估价:69.00元

澳门蓝皮书
澳门经济社会发展报告（2014~2015）
著(编)者:吴志良 郝雨凡　2015年5月出版 / 定价:79.00元

北京蓝皮书
北京公共服务发展报告（2014~2015）
著(编)者:施昌奎　2015年1月出版 / 定价:69.00元

北京蓝皮书
北京经济发展报告（2014~2015）
著(编)者:杨松　2015年6月出版 / 定价:79.00元

北京蓝皮书
北京社会治理发展报告（2014~2015）
著(编)者:殷星辰　2015年6月出版 / 定价:79.00元

北京蓝皮书
北京文化发展报告（2014~2015）
著(编)者:李建盛　2015年5月出版 / 定价:79.00元

北京蓝皮书
北京社会发展报告（2015）
著(编)者:缪青　2015年7月出版 / 估价:79.00元

北京蓝皮书
北京社区发展报告（2015）
著(编)者:于燕燕　2015年1月出版 / 定价:79.00元

北京旅游绿皮书
北京旅游发展报告（2015）
著(编)者:北京旅游学会　2015年7月出版 / 估价:88.00元

北京律师蓝皮书
北京律师发展报告（2015）
著(编)者:王隽　2015年12月出版 / 估价:75.00元

北京人才蓝皮书
北京人才发展报告（2015）
著(编)者:于淼　2015年7月出版 / 估价:89.00元

北京社会心态蓝皮书
北京社会心态分析报告（2015）
著(编)者:北京社会心理研究所　2015年7月出版 / 估价:69.00元

北京社会组织管理蓝皮书
北京社会组织发展与管理（2015）
著(编)者:黄江松　2015年4月出版 / 定价:78.00元

北京养老产业蓝皮书
北京养老产业发展报告（2015）
著(编)者:周明明　冯喜良　2015年4月出版 / 定价:69.00元

滨海金融蓝皮书
滨海新区金融发展报告（2015）
著(编)者:王爱俭 张锐钢　2015年9月出版 / 估价:79.00元

城乡一体化蓝皮书
中国城乡一体化发展报告（北京卷）（2014~2015）
著(编)者:张宝秀 黄序　2015年5月出版 / 定价:79.00元

创意城市蓝皮书
北京文化创意产业发展报告（2015）
著(编)者:张京成　2015年11月出版 / 估价:65.00元

创意城市蓝皮书
无锡文化创意产业发展报告（2015）
著(编)者:谭军 张鸣年　2015年10月出版 / 估价:75.00元

创意城市蓝皮书
武汉市文化创意产业发展报告（2015）
著(编)者:袁堃 黄永林　2015年11月出版 / 估价:85.00元

创意城市蓝皮书
重庆创意产业发展报告（2015）
著(编)者:程宇宁　2015年7月出版 / 估价:89.00元

创意城市蓝皮书
青岛文化创意产业发展报告（2015）
著(编)者:马达 张丹妮　2015年7月出版 / 估价:79.00元

福建妇女发展蓝皮书
福建省妇女发展报告（2015）
著(编)者:刘群英　2015年10月出版 / 估价:58.00元

甘肃蓝皮书
甘肃舆情分析与预测（2015）
著(编)者:陈双梅　郝树声　2015年1月出版 / 定价:79.00元

甘肃蓝皮书
甘肃文化发展分析与预测（2015）
著(编)者:安文华　周小华　2015年1月出版 / 定价:79.00元

甘肃蓝皮书
甘肃社会发展分析与预测（2015）
著(编)者:安文华　包晓霞　2015年1月出版 / 定价:79.00元

甘肃蓝皮书
甘肃经济发展分析与预测（2015）
著(编)者:朱智文 罗哲　2015年1月出版 / 定价:79.00元

甘肃蓝皮书
甘肃县域经济综合竞争力评价（2015）
著(编)者:刘进军　2015年7月出版 / 估价:69.00元

甘肃蓝皮书
甘肃县域社会发展评价报告（2015）
著(编)者:刘进军　柳民　王建兵　2015年1月出版 / 定价:79.0

广东蓝皮书
广东省电子商务发展报告（2015）
著(编)者:程晓　2015年12月出版 / 估价:69.00元

广东蓝皮书
广东社会工作发展报告（2015）
著(编)者:罗观翠　2015年7月出版 / 估价:89.00元

广东社会建设蓝皮书
广东省社会建设发展报告（2015）
著(编)者:广东省社会工作委员会　2015年10月出版 / 估价:89.0

广东外经贸蓝皮书
广东对外经济贸易发展研究报告（2014~2015）
著(编)者:陈万灵　2015年5月出版 / 定价:89.00元

广西北部湾经济区蓝皮书
广西北部湾经济区开放开发报告（2015）
著(编)者:广西北部湾经济区规划建设管理委员会办公室
广西社会科学院广西北部湾发展研究院
2015年8月出版 / 估价:79.00元

广州蓝皮书
广州社会保障发展报告（2015）
著(编)者:蔡国萱　2015年7月出版 / 估价:65.00元

广州蓝皮书
2015年中国广州社会形势分析与预测
著(编)者:张强 陈怡霓 杨秦　2015年6月出版 / 定价:79.00元

广州蓝皮书
广州经济发展报告（2015）
著(编)者:李江涛 朱名宏　2015年7月出版 / 估价:69.00元

广州蓝皮书
广州商贸业发展报告（2015）
著(编)者:李江涛 王旭东 荀振英　2015年7月出版 / 估价:69.00

广州蓝皮书
2015年中国广州经济形势分析与预测
著(编)者:庾建设 沈奎 谢博能
2015年6月出版 / 定价:79.00元

广州蓝皮书
中国广州文化发展报告（2015）
著(编)者:徐俊忠 陆志强 顾涧清
2015年7月出版 / 估价:69.00元

广州蓝皮书
广州农村发展报告（2015）
著(编)者:李江涛 汤锦华　2015年8月出版 / 估价:69.00元

广州蓝皮书
中国广州城市建设与管理发展报告（2015）
著(编)者:董皞 冼伟雄　2015年7月出版 / 估价:69.00元

广州蓝皮书
中国广州科技和信息化发展报告（2015）
著(编)者:邹采荣 马正勇 冯元
2015年7月出版 / 估价:79.00元

广州蓝皮书
广州创新型城市发展报告（2015）
著(编)者:李江涛 2015年7月出版 / 估价:69.00元

广州蓝皮书
广州文化创意产业发展报告（2015）
著(编)者:甘新 2015年8月出版 / 估价:79.00元

广州蓝皮书
广州志愿服务发展报告（2015）
著(编)者:魏国华 张强 2015年9月出版 / 估价:69.00元

广州蓝皮书
广州城市国际化发展报告（2015）
著(编)者:朱名宏 2015年9月出版 / 估价:59.00元

广州蓝皮书
广州汽车产业发展报告（2015）
著(编)者:李江涛 杨再高 2015年9月出版 / 估价:69.00元

贵州房地产蓝皮书
贵州房地产发展报告（2015）
著(编)者:武廷方 2015年6月出版 / 定价:89.00元

贵州蓝皮书
贵州人才发展报告（2015）
著(编)者:于杰 吴大华 2015年7月出版 / 估价:69.00元

贵州蓝皮书
贵安新区发展报告（2014）
著(编)者:马长青 吴大华 2015年4月出版 / 定价:69.00元

贵州蓝皮书
贵州社会发展报告（2015）
著(编)者:王兴骥 2015年5月出版 / 定价:79.00元

贵州蓝皮书
贵州法治发展报告（2015）
著(编)者:吴大华 2015年5月出版 / 定价:79.00元

贵州蓝皮书
贵州国有企业社会责任发展报告（2015）
著(编)者:郭丽 2015年10月出版 / 估价:79.00元

海淀蓝皮书
海淀区文化和科技融合发展报告（2015）
著(编)者:孟景伟 陈名杰 2015年7月出版 / 估价:75.00元

海峡西岸蓝皮书
海峡西岸经济区发展报告（2015）
著(编)者 黄端 2015年9月出版 / 估价:65.00元

杭州都市圈蓝皮书
杭州都市圈发展报告（2015）
著(编)者:董祖德 沈翔 2015年7月出版 / 估价:89.00元

杭州蓝皮书
杭州妇女发展报告（2015）
著(编)者:魏颖 2015年4月出版 / 定价:79.00元

河北经济蓝皮书
河北省经济发展报告（2015）
著(编)者:马树强 金浩 刘兵 张贵 2015年3月出版 / 定价:89.00元

河北蓝皮书
河北经济社会发展报告（2015）
著(编)者:周文夫 2015年1月出版 / 定价:79.00元

河北食品药品安全蓝皮书
河北食品药品安全研究报告（2015）
著(编)者:丁锦霞 2015年6月出版 / 定价:79.00元

河南经济蓝皮书
2015年河南经济形势分析与预测
著(编)者:胡五岳 2015年2月出版 / 定价:69.00元

河南蓝皮书
河南城市发展报告（2015）
著(编)者:谷建全 王建国 2015年3月出版 / 定价:79.00元

河南蓝皮书
2015年河南社会形势分析与预测
著(编)者:刘道兴 牛苏林 2015年4月出版 / 定价:69.00元

河南蓝皮书
河南工业发展报告（2015）
著(编)者:龚绍东 赵西三 2015年1月出版 / 定价:79.00元

河南蓝皮书
河南文化发展报告（2015）
著(编)者:卫绍生 2015年3月出版 / 定价:79.00元

河南蓝皮书
河南经济发展报告（2015）
著(编)者:喻新安 2014年12月出版 / 定价:79.00元

河南蓝皮书
河南法治发展报告（2015）
著(编)者:丁同民 闫德民 2015年7月出版 / 估价:69.00元

河南蓝皮书
河南金融发展报告（2015）
著(编)者:喻新安 谷建全 2015年6月出版 / 定价:69.00元

河南蓝皮书
河南农业农村发展报告（2015）
著(编)者:吴海峰 2015年4月出版 / 定价:69.00元

河南商务蓝皮书
河南商务发展报告（2015）
著(编)者:焦锦淼 穆荣国 2015年4月出版 / 定价:88.00元

黑龙江产业蓝皮书
黑龙江产业发展报告（2015）
著(编)者:于渤 2015年9月出版 / 估价:79.00元

黑龙江蓝皮书
黑龙江经济发展报告（2015）
著(编)者:曲伟 2015年1月出版 / 定价:79.00元

黑龙江蓝皮书
黑龙江社会发展报告（2015）
著(编)者:张新颖 2015年1月出版 / 定价:79.00元

湖北文化蓝皮书
湖北文化发展报告（2015）
著(编)者:江畅 吴成国 2015年7月出版 / 估价:89.00元

湖南城市蓝皮书
区域城市群整合
著(编)者:童中贤 韩未名 2015年12月出版 / 估价:79.00元

湖南蓝皮书
2015年湖南电子政务发展报告
著(编)者:梁志峰 2015年5月出版 / 定价:98.00元

湖南蓝皮书
2015年湖南社会发展报告
著(编)者:梁志峰 2015年5月出版 / 定价:98.00元

湖南蓝皮书
2015年湖南产业发展报告
著(编)者:梁志峰 2015年5月出版 / 定价:98.00元

湖南蓝皮书
2015年湖南经济展望
著(编)者:梁志峰 2015年5月出版 / 定价:128.00元

湖南蓝皮书
2015年湖南县域经济社会发展报告
著(编)者:梁志峰 2015年5月出版 / 定价:98.00元

湖南蓝皮书
2015年湖南两型社会与生态文明发展报告
著(编)者:梁志峰 2015年5月出版 / 定价:98.00元

湖南县域绿皮书
湖南县域发展报告No.2
著(编)者:朱有志 2015年7月出版 / 估价:69.00元

沪港蓝皮书
沪港发展报告（2014~2015）
著(编)者:尤安山 2015年4月出版 / 定价:89.00元

吉林蓝皮书
2015年吉林经济社会形势分析与预测
著(编)者:马克 2015年2月出版 / 定价:89.00元

济源蓝皮书
济源经济社会发展报告（2015）
著(编)者:喻新安 2015年4月出版 / 定价:69.00元

健康城市蓝皮书
北京健康城市建设研究报告（2015）
著(编)者:王鸿春 2015年4月出版 / 定价:79.00元

江苏法治蓝皮书
江苏法治发展报告（2015）
著(编)者:李力 龚廷泰 2015年9月出版 / 估价:98.00元

京津冀蓝皮书
京津冀发展报告（2015）
著(编)者:文魁 祝尔娟 2015年4月出版 / 定价:89.00元

经济特区蓝皮书
中国经济特区发展报告（2015）
著(编)者:陶一桃 2015年7月出版 / 估价:89.00元

辽宁蓝皮书
2015年辽宁经济社会形势分析与预测
著(编)者:曹晓峰 张晶 梁启东 2014年12月出版 / 定价:79

南京蓝皮书
南京文化发展报告（2015）
著(编)者:南京文化产业研究中心 2015年12月出版 / 估价:79

内蒙古蓝皮书
内蒙古反腐倡廉建设报告（2015）
著(编)者:张志华 无极 2015年12月出版 / 估价:69.00元

浦东新区蓝皮书
上海浦东经济发展报告（2015）
著(编)者:沈开艳 陆沪根 2015年1月出版 / 定价:69.00元

青海蓝皮书
2015年青海经济社会形势分析与预测
著(编)者:赵宗福 2014年12月出版 / 定价:69.00元

人口与健康蓝皮书
深圳人口与健康发展报告（2015）
著(编)者:曾序春 2015年12月出版 / 估价:89.00元

山东蓝皮书
山东社会形势分析与预测（2015）
著(编)者:张华 唐洲雁 2015年7月出版 / 估价:89.00元

山东蓝皮书
山东经济形势分析与预测（2015）
著(编)者:张华 唐洲雁 2015年7月出版 / 估价:89.00元

山东蓝皮书
山东文化发展报告（2015）
著(编)者:张华 唐洲雁 2015年7月出版 / 估价:98.00元

山西蓝皮书
山西资源型经济转型发展报告（2015）
著(编)者:李志强 2015年5月出版 / 定价:89.00元

陕西蓝皮书
陕西经济发展报告（2015）
著(编)者:任宗哲 白宽犁 裴成荣 2015年1月出版 / 定价:69

陕西蓝皮书
陕西社会发展报告（2015）
著(编)者:任宗哲 白宽犁 牛昉 2015年1月出版 / 定价:69.0

陕西蓝皮书
陕西文化发展报告（2015）
著(编)者:任宗哲 白宽犁 王长寿 2015年1月出版 / 定价:65

陕西蓝皮书
丝绸之路经济带发展报告（2015）
著(编)者:任宗哲 石英 白宽犁
2015年8月出版 / 估价:79.00元

上海蓝皮书
上海文学发展报告（2015）
著(编)者:陈圣来 2015年1月出版 / 定价:69.00元

上海蓝皮书
上海文化发展报告（2015）
著(编)者:荣跃明 2015年1月出版 / 定价:74.00元

上海蓝皮书
上海资源环境发展报告（2015）
著(编)者:周冯琦 汤庆合 任文伟
2015年1月出版 / 定价:69.00元

上海蓝皮书
上海社会发展报告（2015）
著(编)者:杨雄 周海旺 2015年1月出版 / 定价:69.00元

上海蓝皮书
上海经济发展报告（2015）
著(编)者:沈开艳 2015年1月出版 / 定价:69.00元

上海蓝皮书
上海传媒发展报告（2015）
著(编)者:强荧 焦雨虹 2015年1月出版 / 定价:69.00元

上海蓝皮书
上海法治发展报告（2015）
著(编)者:叶青 2015年5月出版 / 定价:69.00元

上饶蓝皮书
上饶发展报告（2015）
著(编)者:朱寅健 2015年7月出版 / 估价:128.00元

社会建设蓝皮书
2015年北京社会建设分析报告
著(编)者:宋贵伦 冯虹 2015年7月出版 / 估价:79.00元

深圳蓝皮书
深圳劳动关系发展报告（2015）
著(编)者:汤庭芬 2015年7月出版 / 估价:75.00元

深圳蓝皮书
深圳经济发展报告（2015）
著(编)者:张骁儒 2015年7月出版 / 估价:79.00元

深圳蓝皮书
深圳社会发展报告（2015）
著(编)者:叶民辉 张骁儒 2015年7月出版 / 估价:89.00元

深圳蓝皮书
深圳法治发展报告（2015）
著(编)者:张骁儒 2015年5月出版 / 定价:69.00元

四川蓝皮书
四川文化产业发展报告（2015）
著(编)者:侯水平 2015年4月出版 / 定价:79.00元

四川蓝皮书
四川企业社会责任研究报告（2014~2015）
著(编)者:侯水平 盛毅 2015年4月出版 / 定价:79.00元

四川蓝皮书
四川法治发展报告（2015）
著(编)者:郑泰安 2015年1月出版 / 定价:69.00元

四川蓝皮书
四川生态建设报告（2015）
著(编)者:李晟之 2015年4月出版 / 定价:79.00元

四川蓝皮书
四川城镇化发展报告（2015）
著(编)者:侯水平 范秋美 2015年4月出版 / 定价:79.00元

四川蓝皮书
四川社会发展报告（2015）
著(编)者:郭晓鸣 2015年4月出版 / 定价:79.00元

四川蓝皮书
2015年四川经济发展形势分析与预测
著(编)者:杨钢 2015年1月出版 / 定价:89.00元

四川法治蓝皮书
四川依法治省年度报告No.1（2015）
著(编)者:李林 杨天宗 田禾 2015年3月出版 / 定价:108.00元

天津金融蓝皮书
天津金融发展报告（2015）
著(编)者:王爱俭 杜强 2015年9月出版 / 估价:89.00元

温州蓝皮书
2015年温州经济社会形势分析与预测
著(编)者:潘忠强 王春光 金浩 2015年4月出版 / 定价:69.00元

扬州蓝皮书
扬州经济社会发展报告（2015）
著(编)者:丁纯 2015年12月出版 / 估价:89.00元

长株潭城市群蓝皮书
长株潭城市群发展报告（2015）
著(编)者:张萍 2015年7月出版 / 估价:69.00元

郑州蓝皮书
2015年郑州文化发展报告
著(编)者:王哲 2015年9月出版 / 估价:65.00元

中医文化蓝皮书
北京中医药文化传播发展报告（2015）
著(编)者:毛嘉陵 2015年5月出版 / 定价:79.00元

珠三角流通蓝皮书
珠三角商圈发展研究报告（2015）
著(编)者:林至颖 王先庆 2015年7月出版 / 估价:98.00元

国别与地区类

阿拉伯黄皮书
阿拉伯发展报告（2015）
著(编)者:马晓霖 2015年7月出版 / 估价:79.00元

北部湾蓝皮书
泛北部湾合作发展报告（2015）
著(编)者:吕余生 2015年8月出版 / 估价:69.00元

大湄公河次区域蓝皮书
大湄公河次区域合作发展报告（2015）
著(编)者:刘稚　2015年9月出版 / 估价:79.00元

大洋洲蓝皮书
大洋洲发展报告（2015）
著(编)者:喻常森　2015年8月出版 / 估价:89.00元

德国蓝皮书
德国发展报告（2015）
著(编)者:郑春荣 伍慧萍　2015年5月出版 / 定价:69.00元

东北亚黄皮书
东北亚地区政治与安全（2015）
著(编)者:黄凤志 刘清才 张慧智
2015年7月出版 / 估价:69.00元

东盟黄皮书
东盟发展报告（2015）
著(编)者:崔晓麟　2015年7月出版 / 估价:75.00元

东南亚蓝皮书
东南亚地区发展报告（2015）
著(编)者:王勤　2015年7月出版 / 估价:79.00元

俄罗斯黄皮书
俄罗斯发展报告（2015）
著(编)者:李永全　2015年7月出版 / 估价:79.00元

非洲黄皮书
非洲发展报告（2015）
著(编)者:张宏明　2015年7月出版 / 估价:79.00元

国际形势黄皮书
全球政治与安全报告（2015）
著(编)者:李慎明 张宇燕　2015年1月出版 / 定价:69.00元

韩国蓝皮书
韩国发展报告（2015）
著(编)者:刘宝全 牛林杰　2015年8月出版 / 估价:79.00元

加拿大蓝皮书
加拿大发展报告（2015）
著(编)者:仲伟合　2015年4月出版 / 定价:89.00元

拉美黄皮书
拉丁美洲和加勒比发展报告（2014~2015）
著(编)者:吴白乙　2015年5月出版 / 定价:89.00元

美国蓝皮书
美国研究报告（2015）
著(编)者:郑秉文 黄平　2015年6月出版 / 定价:89.00元

缅甸蓝皮书
缅甸国情报告（2015）
著(编)者:李晨阳　2015年8月出版 / 估价:79.00元

欧洲蓝皮书
欧洲发展报告（2015）
著(编)者:周弘　2015年7月出版 / 估价:89.00元

葡语国家蓝皮书
葡语国家发展报告（2015）
著(编)者:对外经济贸易大学区域国别研究所　葡语国家研究中心
2015年7月出版 / 估价:89.00元

葡语国家蓝皮书
中国与葡语国家关系发展报告·巴西（2014）
著(编)者:澳门科技大学　2015年7月出版 / 估价:89.00元

日本经济蓝皮书
日本经济与中日经贸关系研究报告（2015）
著(编)者:王洛林 张季风　2015年5月出版 / 定价:79.00元

日本蓝皮书
日本研究报告（2015）
著(编)者:李薇　2015年4月出版 / 定价:69.00元

上海合作组织黄皮书
上海合作组织发展报告（2015）
著(编)者:李进峰 吴宏伟 李伟
2015年9月出版 / 估价:89.00元

世界创新竞争力黄皮书
世界创新竞争力发展报告（2015）
著(编)者:李闽榕 李建平　赵新力
2015年12月出版 / 估价:148.00元

土耳其蓝皮书
土耳其发展报告（2015）
著(编)者:郭长刚 刘义　2015年7月出版 / 估价:89.00元

图们江区域合作蓝皮书
图们江区域合作发展报告（2015）
著(编)者:李铁　2015年4月出版 / 定价:98.00元

亚太蓝皮书
亚太地区发展报告（2015）
著(编)者:李向阳　2015年1月出版 / 定价:59.00元

印度蓝皮书
印度国情报告（2015）
著(编)者:吕昭义　2015年7月出版 / 估价:89.00元

印度洋地区蓝皮书
印度洋地区发展报告（2015）
著(编)者:汪戎　2015年5月出版 / 定价:89.00元

中东黄皮书
中东发展报告（2015）
著(编)者:杨光　2015年11月出版 / 估价:89.00元

中欧关系蓝皮书
中欧关系研究报告（2015）
著(编)者:周弘　2015年12月出版 / 估价:98.00元

中亚黄皮书
中亚国家发展报告（2015）
著(编)者:孙力 吴宏伟　2015年9月出版 / 估价:89.00元

中国皮书网

www.pishu.cn

发布皮书研创资讯，传播皮书精彩内容
引领皮书出版潮流，打造皮书服务平台

栏目设置：

- □ 资讯：皮书动态、皮书观点、皮书数据、皮书报道、皮书发布、电子期刊
- □ 标准：皮书评价、皮书研究、皮书规范
- □ 服务：最新皮书、皮书书目、重点推荐、在线购书
- □ 链接：皮书数据库、皮书博客、皮书微博、在线书城
- □ 搜索：资讯、图书、研究动态、皮书专家、研创团队

中国皮书网依托皮书系列“权威、前沿、原创”的优质内容资源，通过文字、图片、音频、视频等多种元素，在皮书研创者、使用者之间搭建了一个成果展示、资源共享的互动平台。

自 2005 年 12 月正式上线以来，中国皮书网的 IP 访问量、PV 浏览量与日俱增，受到海内外研究者、公务人员、商务人士以及专业读者的广泛关注。

2008 年、2011 年，中国皮书网均在全国新闻出版业网站荣誉评选中获得“最具商业价值网站”称号；2012 年，获得“出版业网站百强”称号。

2014 年，中国皮书网与皮书数据库实现资源共享，端口合一，将提供更丰富的内容，更全面的服务。

Liberation Army through long - term management practice. It stresses that ideological management is created - in - China in management field and is the most promising management theory in the information era.

Keywords: Ideological Management; Laws; Methods; Working Mechanism

Abstract: Innovation is one of the essential components for management theories and practices. It has strategic importance to the survival and the development of enterprises and even nations. Since the introduction of this concept into management domain by Schumpeter in the early 20th century with the improvements made by various academics and practitioners, innovation has been widely accepted as one of the fundamental survival strategies for enterprises. In the field of theoretical research, the subjects of studies are usually individual enterprises with the objective of how to promote innovation and maximise the benefits. It usually takes the organisation itself as the referential point. It is evident that there are few research paying attention to the overall ecosystem with emphasises on the mechanisms exist within the whole ecosystem. This article tries to rethink the concept of innovation from the perspectives of individuals, units and social groups, and further examines innovation in three different aspects including the ontology, practice and value. In this article, we have suggested a dynamic system which keeps the balance among three key elements of innovation, including human, objects and environments. In practical level, we extended the innovation ecosystem to the understanding of the mechanisms of why it is needed and how can it be applied in business management. We examined the second dimension of the three key elements, and identified invention, learning and adaptation are the three key practical approaches for successful innovations. Towards the end of the article, we have discussed how a nation can adopt innovation as one of the key objectives and how to balance invention, learning and adaptation through rules and legislations to reach a innovative status. We have also discussed the roles of the nation, enterprises and employees to contribute to the status of innovative nation.

Keywords: Innovation Ecosystem; Innovative Nation; Invention; Learning; Innovative Transformation

B Ⅲ Management Practice

Abstract: The bank card network is a complicated system. On the basis of analyzing its features, CUP (China Union Pay) established an integrated operation management framework of bank card through constant exploration. The implementation of integrated operation is realized through work in three aspects which include establishing a multi – centered integrated operation system, establishing linkage operation relationships between head and branch offices, and establishing deep – seated integrated operation relationships with partners. Among them, the method of "design in advance, control in the process, and subsequent analysis and optimization" is adopted to establish the multi – centered integrated operation system, which has obtained good effects.

Keywords: Bank Card Network; Integrated Operation System; Linkage Operation of Head and Branch Offices; Deep – Seated Operation Relationships; Top – Level Design

Abstract: Modern enterprises need modern management systems. To address the deep-seated conflicts and problems existing in traditional management model, the State Grid has made great efforts to facilitate the reform and reconstruction of business management system by centering on "Three Intensives and Five Bigs" (intensive management of human resources, finance and supplies and systems of big plan, big construction, big operation, big overhaul and big marketing) and developing toward intensification, delayering and professionalization. Through five years' exploration and practice, it has established a full-fledged new management system of modern grid enterprises, which gradually plays an important role in business operation and management and has obtained remarkable economic and social benefits.

Keywords: Business System Reconstruction; Three Intensives and Five Bigs; Management Improvement

Abstract: This article introduces the main models of internationalization of Chinese enterprises, analyzes its current situation and illustrates the main problems confronting Chinese enterprises in internationalization. By studying two cases, it sets forth some solutions and suggestions on coping with such problems.

Keywords: Internationalization of Enterprises; Foreign Direct Investment; Merger and Acquisition

Abstract: This article analyzes the unexpected good results of applying WeChat in management. Through real - life cases of applying WeChat in the management of government affairs, public services, enterprises and finance, we find that WeChat has nearly reshaped the management process, method and philosophy. The mobile internet era will inevitably usher in advance and updating of management. Application of mobile devices in management will be the trend of future development in management. WeChat will play its due role to advance such progress.

Keywords: WeChat; Application of Mobile Devices in Management; Mobile Internet; Management Innovation

B IV Management Education

Abstract: On the basis of the reform and innovation of education model in business schools, this article studies the future development trend of MBA education in business schools against such background. Starting with the development origin, current situation and future trend of Chinese business schools, this article expounds on the development background, current scale, international cooperation, forms and categories of MBA education in China. Meanwhile, on the basis of conducting gap analysis of Chinese MBA with world - class ones and integrating development trend of Chinese business schools, it envisions future development of MBA education from education philosophy, cultivation model and operation model, etc.

Keywords: Education of Business Schools; MBA Education; Innovation of Education Model

Ⅴ Management Consulting

Abstract: The general situation that management consulting is in great demand and short supply has not been changed for a long time. The advent of the era of mobile internet and big data poses greater challenges to the organizational construction of management consulting companies and the professional capability of management consultant. In the meantime, the optimization of economic structure and transformation of growth power under "new normal" bring about new development opportunities for consulting service industry. With constant exploration and practice in service patterns and business models by management consulting companies, the development of this industry has entered a new stage.

Keywords: Management Consulting; Business Model; Management Idea

Ⅵ Management

Abstract: Rule by law is a great new undertaking led by the Communist Party of China, a macroscopic standardized governance, a scientific management and an inevitable choice for modern national governance. As another expression for "managing state affairs according to the law", the nature of rule by law is to realize legalization of national governance. This article focuses on discussing how to realize innovation of Chinese management with the improvement and standardization of legal construction and how to promote positive actions from government and enterprises under the requirements of legalization and modernization of national governance, etc.

Keywords: Rule of Law; Chinese Management; Innovation

皮书起源

“皮书”起源于十七、十八世纪的英国，主要指官方或社会组织正式发表的重要文件或报告，多以“白皮书”命名。在中国，“皮书”这一概念被社会广泛接受，并被成功运作、发展成为一种全新的出版型态，则源于中国社会科学院社会科学文献出版社。

皮书定义

皮书是对中国与世界发展状况和热点问题进行年度监测，以专业的角度、专家的视野和实证研究方法，针对某一领域或区域现状与发展态势展开分析和预测，具备权威性、前沿性、原创性、实证性、时效性等特点的连续性公开出版物，由一系列权威研究报告组成。皮书系列是社会科学文献出版社编辑出版的蓝皮书、绿皮书、黄皮书等的统称。

皮书作者

皮书系列的作者以中国社会科学院、著名高校、地方社会科学院的研究人员为主，多为国内一流研究机构的权威专家学者，他们的看法和观点代表了学界对中国与世界的现实和未来最高水平的解读与分析。

皮书荣誉

皮书系列已成为社会科学文献出版社的著名图书品牌和中国社会科学院的知名学术品牌。2011 年，皮书系列正式列入“十二五”国家重点图书出版规划项目；2012~2014 年，重点皮书列入中国社会科学院承担的国家哲学社会科学创新工程项目；2015 年，41 种院外皮书使用“中国社会科学院创新工程学术出版项目”标识。

中国皮书网

www.pishu.cn

发布皮书研创资讯，传播皮书精彩内容
引领皮书出版潮流，打造皮书服务平台

栏目设置：

□ 资讯：皮书动态、皮书观点、皮书数据、皮书报道、皮书发布、电子期刊

□ 标准：皮书评价、皮书研究、皮书规范

□ 服务：最新皮书、皮书书目、重点推荐、在线购书

□ 链接：皮书数据库、皮书博客、皮书微博、在线书城

□ 搜索：资讯、图书、研究动态、皮书专家、研创团队

中国皮书网依托皮书系列“权威、前沿、原创”的优质内容资源，通过文字、图片、音频、视频等多种元素，在皮书研创者、使用者之间搭建了一个成果展示、资源共享的互动平台。

自 2005 年 12 月正式上线以来，中国皮书网的 IP 访问量、PV 浏览量与日俱增，受到海内外研究者、公务人员、商务人士以及专业读者的广泛关注。

2008 年、2011 年中国皮书网均在全国新闻出版业网站荣誉评选中获得“最具商业价值网站”称号；2012 年，获得“出版业网站百强”称号。

2014 年，中国皮书网与皮书数据库实现资源共享，端口合一，将提供更丰富的内容，更全面的服务。

法律声明

权威报告·热点资讯·特色资源

皮书数据库

ANNUAL REPORT(YEARBOOK) DATABASE

当代中国与世界发展高端智库平台

WWW.PISHU.COM.CN

皮书俱乐部会员服务指南

1. 谁能成为皮书俱乐部成员?

- 皮书作者自动成为俱乐部会员
- 购买了皮书产品（纸质书/电子书）的个人用户

2. 会员可以享受的增值服务

- 免费获赠皮书数据库100元充值卡
- 加入皮书俱乐部，免费获赠该纸质图书的电子书
- 免费定期获赠皮书电子期刊
- 优先参与各类皮书学术活动
- 优先享受皮书产品的最新优惠

3. 如何享受增值服务?

（1）免费获赠100元皮书数据库体验卡

第1步 刮开附赠充值的涂层（右下）；

第2步 登录皮书数据库网站（www.pishu.com.cn），注册账号；

第3步 登录并进入“会员中心”—“在线充值”—“充值卡充值”，充值成功后即可使用。

（2）加入皮书俱乐部，凭数据库体验卡获赠该书的电子书

第1步 登录社会科学文献出版社官网（www.ssap.com.cn），注册账号；

第2步 登录并进入“会员中心”—“皮书俱乐部”，提交加入皮书俱乐部申请；

第3步 审核通过后，再次进入皮书俱乐部，填写页面所需图书、体验卡信息即可自动兑换相应电子书。

4. 声明

解释权归社会科学文献出版社所有

皮书俱乐部会员可享受社会科学文献出版社其他相关免费增值服务，有任何疑问，均可与我们联系。

图书销售热线：010-59367070/7028
图书服务QQ：800045692
图书服务邮箱：duzhe@ssap.cn

数据库服务热线：400-008-6695
数据库服务QQ：2475522410
数据库服务邮箱：database@ssap.cn

欢迎登录社会科学文献出版社官网（www.ssap.com.cn）和中国皮书网（www.pishu.cn）了解更多信息

社会科学文献出版社 SOCIAL SCIENCES ACADEMIC PRESS (CHINA) 皮书系列

卡号：621323930364

密码：

子库介绍
Sub-Database Introduction

中国经济发展数据库

涵盖宏观经济、农业经济、工业经济、产业经济、财政金融、交通旅游、商业贸易、劳动经济、企业经济、房地产经济、城市经济、区域经济等领域，为用户实时了解经济运行态势、把握经济发展规律、洞察经济形势、做出经济决策提供参考和依据。

中国社会发展数据库

全面整合国内外有关中国社会发展的统计数据、深度分析报告、专家解读和热点资讯构建而成的专业学术数据库。涉及宗教、社会、人口、政治、外交、法律、文化、教育、体育、文学艺术、医药卫生、资源环境等多个领域。

中国行业发展数据库

以中国国民经济行业分类为依据，跟踪分析国民经济各行业市场运行状况和政策导向，提供行业发展最前沿的资讯，为用户投资、从业及各种经济决策提供理论基础和实践指导。内容涵盖农业，能源与矿产业，交通运输业，制造业，金融业，房地产业，租赁和商务服务业，科学研究，环境和公共设施管理，居民服务业，教育，卫生和社会保障，文化、体育和娱乐业等 100 余个行业。

中国区域发展数据库

以特定区域内的经济、社会、文化、法治、资源环境等领域的现状与发展情况进行分析和预测。涵盖中部、西部、东北、西北等地区，长三角、珠三角、黄三角、京津冀、环渤海、合肥经济圈、长株潭城市群、关中—天水经济区、海峡经济区等区域经济体和城市圈，北京、上海、浙江、河南、陕西等 34 个省份及中国台湾地区。

中国文化传媒数据库

包括文化事业、文化产业、宗教、群众文化、图书馆事业、博物馆事业、档案事业、语言文字、文学、历史地理、新闻传播、广播电视、出版事业、艺术、电影、娱乐等多个子库。

世界经济与国际政治数据库

以皮书系列中涉及世界经济与国际政治的研究成果为基础，全面整合国内外有关世界经济与国际政治的统计数据、深度分析报告、专家解读和热点资讯构建而成的专业学术数据库。包括世界经济、世界政治、世界文化、国际社会、国际关系、国际组织、区域发展、国别发展等多个子库。